Gaubickelheimer Weg
Auf dem Kloster

Richard Auernheimer · Reinhart Siegert

# Isaak Maus und sein Badenheim

Isaak Maus (1748-1833) als Bauer, Familienvater, Bürgermeister
und Dichter in seinem Heimatort Badenheim

Festschrift zu seinem 250. Geburtstag
und zugleich ein Beitrag
zur Ortsgeschichte von Badenheim

RDW

VERLAG DER
RHEINHESSISCHEN DRUCKWERKSTÄTTE ALZEY

Gefördert durch Druckkostenzuschüsse
der Ortsgemeinde Badenheim,
des Ministeriums für
Kultur, Jugend, Familie
und Frauen Rheinland-Pfalz
und
der Stiftung Kultur im
Landkreis Mainz–Bingen

Die Deutsche Bibliothek – CIP-Einheitsaufnahme

**Isaak Maus und sein Badenheim** : Isaak Maus (1748–1833) als Bauer, Familienvater, Bürgermeister und Dichter in seinem Heimatort Badenheim ; Festschrift zu seinem 250. Geburtstag und zugleich ein Beitrag zur Ortsgeschichte von Badenheim / Richard Auernheimer / Reinhart Siegert. – Alzey : Verl. der Rheinhessischen Dr.-Werkstätte, 1998
ISBN 3-87854-134-1

ISBN 3-87854-134-1

Gesamtherstellung Rheinhessische Druckwerkstätte E. Dietl GmbH & Co. KG, Alzey. 

Gezeichnet nach dem Leben von J.E. Bar in Dessau. verziert u. gest. v. C.F. Stoelzel in Dresden

# Inhalt

– Einzelübersichten am Anfang der einzelnen Kapitel –

# Vorwort

Unser Buch hat ein doppeltes Ziel.

Zum einen will es anläßlich des 250. Geburtstages von Isaak Maus seine Persönlichkeit im Spiegel von zeitgenössischen Texten möglichst plastisch und lebendig dem Leser vor Augen führen.

Isaak Maus ist der einzige berühmte Badenheimer. Er ist vor allem als Dichter bekanntgeworden. 59 seiner schönsten Gedichte sind 1985 unter dem Titel „Der Pflüger hat den Dichterspleen ..." (Gedichte des rheinhessischen Bauern Isaak Maus aus Badenheim, ausgewählt und eingeleitet von Reinhart Siegert; Alzey: Verlag der Rheinhessischen Druckwerkstätte) erstmals nach seinem Tod wieder zugänglich gemacht worden; wir können auf diese weiterhin im Buchhandel erhältliche Lyrikauswahl verweisen und uns hier auf eine kleine Nachlese beschränken. Dafür legen wir erstmals den Akzent auf Isaak Maus als landwirtschaftlichen und politischen Schriftsteller, als praktischen Landwirt und Familienvater und als langjährigen Bürgermeister von Badenheim. Vor allem in seiner Bürgermeister-Amtszeit nämlich hat Badenheim den Schritt in die Neuzeit vollzogen: zu einer modernen Gemeindeverwaltung, zu neuen Maßen und Gewichten, zum modernen Grundbuch- und Versicherungswesen.

Zum anderen hat uns daher die Idee gereizt, an Hand des Badenheimer Gemeindearchivs, das seit der Maus-Zeit ziemlich gesichtspunktreich Auskunft gibt, ein Bild Badenheims in diesem Umbruch zur Neuzeit zu entwerfen. Damit betreten wir völliges Neuland: obwohl Badenheim ein alter Ort ist (erste urkundliche Erwähnung 835), gibt es bisher außer einer Darstellung der Badenheimer Konfessionsverhältnisse im 18.Jahrhundert nahezu keine Ortsgeschichtsschreibung; es gibt keine alten Ortsbeschreibungen, es existiert nicht einmal eine alte Abbildung von Badenheim. Wenn wir daher versuchen, mit einem Badenheimer Familienverzeichnis, einem Badenheimer Häuserbuch und einem Badenheimer Ortsplan der Maus-Zeit das dörfliche Umfeld von Isaak Maus möglichst farbig erstehen zu lassen, wollen wir gleichzeitig ein – wie wir hoffen – solides Fundament legen für eine zukünftige Erschließung der Ortsgeschichte in der Zeit vorher und bis zur Gegenwart.

Der vorliegende Band soll eine für Jedermann gut lesbare Einführung in das Thema sein, zugleich aber auch seltenes und schwer zugängliches Material für die Fachwelt bereitstellen. Das erforderte einige Kompromisse.

Beim Wiederabdruck von zeitgenössischen gedruckten Quellen sind Rechtschreibung und Zeichensetzung an heutige Gepflogenheiten angeglichen, etwaige altertümliche Ausdrucksweisen jedoch gewahrt und, falls nötig, erklärt. Wer Wert auf zeitgenössische Rechtschreib-Besonderheiten und auf die oft lesehemmende Zeichensetzung der Vorlagen legt, wird ohnehin auf die Originale zurückgreifen, die in den Anmerkungen genau genannt sind. – Beim Textabdruck aus Handschriften, wo das Zurückgreifen aufs Original nur schwer möglich ist, sind wir hingegen generell anders verfahren: hier ist um der wissenschaftlichen Brauchbarkeit willen der Text zeichengetreu wiedergegeben; wir haben jedoch der leichteren Lesbarkeit zuliebe dort, wo das durch einfaches Hinzufügen von Buchstaben, Wörtern oder Satzzeichen möglich war, den Text möglichst nahe an heutige Sprachgepflogenheiten herangeführt. Diese Ergänzungen sind durch eckige Klammern kenntlichgemacht. Dasselbe gilt für Maus' erstmals in moderne Antiqua-Schrift übertragenen Prosatexte „Etwas über Ackerbau" und „Versuch einer Apologie"; hier wie bei anderen langen Textstellen haben wir der wissenschaftlichen Zitierbarkeit zuliebe auch die originale Seitenzählung in spitzen Klammern ◇ im Text angegeben. Wir hoffen damit einen gangbaren Kompromiß zwischen den Interessen beider Lesergruppen gefunden zu haben.

Vier größere Texte und Textgruppen haben wir der Übersichtlichkeit zuliebe aus dem „Isaak-Maus-Lesebuch" herausgenommen und daraus ein eigenes Kapitel „Auswahl aus den Werken des Bauerndichters" gebildet. Wo der Zusammenhang dies erforderte, haben wir Querverweise angebracht. Bei einigen ganz kurzen Quellentexten, die auch im einführenden Essay zitiert werden, haben wir dem Zusammenhang zuliebe statt eines Querverweises den Text einfach noch einmal abgedruckt.

Überschriftenformulierungen, die mit einem Sternchen* versehen sind, sind nicht zeitgenössisch, sondern von uns formuliert (das ist bei Texten oder Textauszügen der Fall, die keine originale Überschrift haben). In den Texten selbst bedeutet ein Sternchen*, daß zum betreffenden Wort in den „Quellennachweisen und Erläuterungen" am Ende des Bandes eine Erklärung zu finden ist. In diese „Quellennachweise und Erläuterungen" haben wir außerdem alles verbannt, was nur der Fachmann suchen wird. Kürzungen von unserer Hand sind durch [...] kenntlich gemacht; Druckfehler der Vorlagen sind stillschweigend korrigiert.

Die Transskription[1] der kulturgeschichtlich interessanten und oft auch literarisch reizvollen Briefe Isaak Maus' an seinen Sohn Wilhelm erfolgte nach den Original-Handschriften. Unser Abdruck gibt 38 der erhaltenen 58 Briefe im Originaltext und 20 in Kurzzusammenfassungen wieder. Die aus Platzgründen weggelassenen Briefe haben, da meist zu recht speziellen (v.a. rechtlichen) Themen, für eine breite Öffentlichkeit wenig Interesse; bei ganz wenigen Briefen schien uns ein Verzicht mit Rücksicht auf die darin berührten Verhältnisse einzelner Badenheimer Familien wissenschaftlich vertretbar.

Die Kapitel 1 bis 4.2 stammen von Reinhart Siegert, vom Anhang zu 4.2 bis 5.7 von Richard Auernheimer, doch haben sich beide Autoren über die Kapitelgrenzen hinweg mit Rat und Tat kollegial ergänzt.

Wir danken herzlich all denen, die uns mit Material bei unserer Veröffentlichung geholfen haben: den Maus-Nachkommen für Handschriften aus Familienbesitz, Frau Gerda Bauer † (Sprendlingen) für die Einsicht in den Hirschmann-Nachlaß, dem Heimatmuseum Sprendlingen (Frau Helge Genther), dem Stadtarchiv Landau (Pfalz) und Herrn Dr. Rainer Schoch (Germanisches Nationalmuseum Nürnberg) für wichtige Abbildungs- und Textvorlagen, Frau Milly Ahles und Herrn Peter Brauer für die Überlassung der alten Postkarten von Badenheim. Abdruckerlaubnisse haben bereitwilligst erteilt das Gleim-Haus Halberstadt, das Pfälzische Landesarchiv Speyer und das Staatsarchiv Würzburg.

Die klare und optisch ansprechende digitale Aufbereitung der alten Badenheimer Gemarkungskarte verdankt das Häuserbuch dem Geschick von Dipl.-Geographin Brigitte Auernheimer.

Das Erscheinen in der vorliegenden Form verdankt das Buch Zuschüssen des Ministeriums für Kultur, Jugend, Familie und Frauen Rheinland-Pfalz, der Stiftung Kultur im Landkreis Mainz-Bingen, vor allem aber einem namhaften Druckkostenzuschuß der Ortsgemeinde Badenheim selbst. Für die späteren Gemeinde-Chronisten seien die Namen der Verantwortlichen hier festgehalten: Bürgermeister Karl-Heinz Fogt; Beigeordneter Werner Ott; Gemeinderatsmitglieder Armin Fischborn, Rainer Porscha, Kurt Halberstadt, Hans-Friedrich Kitzer, Richard Reich und Wilfried Zöller.

Und schließlich danken wir auch dem Verlag der Rheinhessischen Druckwerkstätte, der sich durch die Kürze der zur Verfügung stehenden Zeit nicht hat entmutigen lassen und trotzdem sehr bemüht war, dem Band ein ansprechendes Äußeres zu verleihen.

Badenheim/Rheinfelden, im Juni 1998
Richard Auernheimer Reinhart Siegert

Reinhart Siegert

## 1 Isaak Maus und sein Badenheim

Vor 215 Jahren, am 3.Februar 1783, saß der Badenheimer Bauer Paul Karst bei der Zeitungslektüre. Paul Karst stammte aus einer achtbaren Badenheimer Familie: trotz seiner 29 Jahre war er bereits Mitglied im Dorfgericht; er war vollberechtigter Dorfgenosse, sein Hof war die heutige Hauptstraße 37. Tageszeitungen gab es in Deutschland noch gar nicht so sehr lang, und es zeigt ihn als fortschrittlichen und aufgeschlossenen Bauern, daß er routinemäßig Zeitung las. Doch was er an diesem Tag in seiner „Frankfurter Kayserl. Reichs-Ober-Post-Amts-Zeitung"[1] las, elektrisierte ihn:

> „Auszug eines Schreibens aus Maynz, vom 26. Januar.
> Ich kann Ihnen nicht genug danken, Sie nicht zärtlich genug umarmen für die Bekanntschaft mit dem Dichter Mauß[!]. Ich zähle diesen Tag unter die merkwürdigsten meines Lebens, unter die wenigen äusserst seltenen, worinn ich grosse Menschen anstaune. Gleich beym Eintritte ins Zimmer fiel mir sein Aug auf; als ich ihn aber von den Vorzügen seines Standes, von seinem vesten Beharren auf demselben, von den Freuden seiner Muse so wahr und doch so anmassungslos spechen hörte, wäre ich beynahe wieder in alle Schwärmereyen meiner Jugend gefallen. Sein Kittel, seine Gamaschen, seine runden Haare [bäuerliche Frisur] entschwanden meinem Blicke, und mein Herz war getheilt zwischen der innigsten Verehrung, dem liebevollesten Anstaunen dieses Wunderwerks und dem reinsten Danke für Sie, dem ich diese kostbare[n] Augenblicke verdankte. Mauß mußte mir versprechen, nie in die Stadt [Mainz] zu kommen, ohne mich zu besuchen. [Kein Namenszeichen, aber Anmerkung]:
> *) Isaak Mauß ist ein Bauer aus dem Dorfe Badenheim in der Pfalz. Die vortheilhafte Schilderung desselben nebst einigen vortreflichen Gedichten von ihm liefert das deutsche Museum im 9.Stücke des Jahrs 1782 Seite 279-291."

Das dürfte das erste Mal gewesen sein, daß Badenheim in einer Tageszeitung erwähnt wird.

Badenheim hat damals ganz ähnlich ausgesehen, wie wir es heute vor uns haben – wenn man sich das Neubaugebiet wegdenkt. Das geschlossene, harmonische Ortsbild, das heute zu Recht von der Gemeinde gerühmt wird und wofür sie in „Unser Dorf soll schöner werden" Preisträger wurde, geht auf die Zeit von Isaak Maus zurück. Schon damals erstreckte es sich – ich übernehme die Namen aus einer alten Flurkarte – vom Kreuznacher Weg und seiner Fortsetzung, dem Gaubickelheimer Weg, bis zu der Straßengabelung, wo es links nach Pfaffen-Schwabenheim und rechts über den Appelbach geht; es gab – wie heute –, von der Hauptstraße abzweigend, die Mühlgasse, die Kellergasse und die Bratergasse. Die Mühle lag dort, wo heute noch das Mühlgebäude steht, das alte Rathaus war auch zu Maus' Zeiten schon alt, die katholische Kirche sah so aus wie heute. Bis zu ihrem Bau in den Jahren 1772-1775[2] hatten Protestanten und Katholiken dieselbe Kirche gemeinsam benützt; die reformierte Minderheit, zu der Maus gehörte, besuchte Kirche und Schule im nahen Pleitersheim. Nach heftigen Turbulenzen[3] lebten seitdem die drei Konfessionen in Badenheim leidlich friedlich nebeneinander, und als Lutheraner und Reformierte gemeinsam die neue evangelische Kirche bauten, war es Isaak Maus, der das Lied dichtete, das die Badenheimer zur Einweihung am 3.Mai 1829 sangen.

Maus hat seine Jugend in diesem Badenheim im Vorwort zu seinen „Lyrischen Gedichten" schöner geschildert, als es eine Nacherzählung je könnte: den Schulweg nach Pleitersheim, die „Wasserspiele" an der Carlenbach, die lebenslangen Schulfreundschaften; wir haben dieses „anmutige Stück Prosa" (Richard Wilhelm) daher in das „Isaak-Maus-Lesebuch" aufgenommen.

Nach der Konfirmation, mit dreizehn Jahren, beendete Maus die Schulausbildung, genoß noch „einen kurzen Unterricht im Rechnen und Schreiben von meinem Bruder, der fünf Jahre älter war, als ich, und damals im elterlichen Hause, als Schulkandidat privatisirte"[4], und trat dann ins Berufsleben ein. Sein Vater starb zu früh, als daß Maus den Betrieb gleich hätte übernehmen können; so hielt seine Mutter zunächst „einen Knecht, der mit zwei Fuhrochsen den Ackerbau versah, und von mir unterstützt wurde"[5]. Den Hof in der heutigen Hauptstraße 29 bezeichnet Maus als „mäßige Landwirthschaft, die in 50 Morgen Feldgütern und einer Bauernwohnung bestand"; das war jedoch innerhalb Badenheims einer der stattlicheren Höfe, und Maus hat ihn im Lauf seines Berufslebens noch beträchtlich vergrößert, wie eine Auszählung der Parzellen im Badenheimer „Morgenbuch" zeigt.[6]

Badenheim hatte, als Maus zur Schule ging, etwa 300 Einwohner[7] in rund 80 bewohnten Gebäuden; knapp 60 Familienväter waren stimmberechtigt, wenn in Gemeindesachen Beschlüsse gefaßt wurden. Daneben lebten in Badenheim im Jahr 1750 53 Ochsen, 151 Kühe, 96 Schweine und 100 Gänse[8]; Pferde gab es gar keine, weil die Bauern in der Rheinpfalz[9] traditionell mit Zugochsen arbeiteten. Bis zu Maus' Lebensende änderten sich Gebäude- und Einwohnerzahl weniger als der Viehbestand: auf 80 bewohnte Gebäude mit nunmehr 445 Bewohnern trafen jetzt 57 Pferde, 26 Ochsen, 116 Kühe, 104 Rinder, 20 Schafe, 100 Schweine[10] – die Umstellung auf Pferde als Zugtiere war weit fortgeschritten. Die Badenheimer Gemarkung war im Verhältnis zur Einwohnerzahl ungewöhnlich groß; es gab hier gute Ackerflächen und keinerlei Ödland, und die Badenheimer wußten das zu nutzen, so daß Maus gegen Ende seiner Bürgermeisterzeit stolz von ihnen sagen konnte:

> sie „sind fleißige und aufgeklärte Landbauern. Aberglauben und schändliche Neigungen sind hier nicht herrschend; Sittlichkeit, Fleiß und Sparsamkeit, gelten für schöne Tugenden. Ja, ohne partheiisch zu seyn, darf ich sagen, daß dieser Ort zu den aufgeklärtesten, bemittel[t]sten, schönsten und ruhigsten der ganzen Gegend gehört."[11]

Damals gab es noch nicht das Nord-Süd-Gefälle in der Landwirtschaft, das heute in der Bonner Agrarpolitik eine Rolle spielt; im Gegenteil: während die Bauern im Norden sich oft noch selbstgenügsam darauf beschränkten, genug Produkte für die Versorgung der eigenen Familie herzustellen, arbeiteten die Badenheimer und ihre Nachbarn schon für den Verkauf auf dem Markt. Badenheim war damals allerdings noch nicht das „Weindorf", als das es sich heute plakatiert: nur etwa 6% der Gemarkung waren Wingert[12] (heute fast das Dreifache; 1995: 16%; Lagen „Galgenberg" und „Römerberg") – verständlich in einer Zeit, in der man etwas, was im Haushalt fehlte, nicht einfach im nächsten Laden kaufen konnte. Aber sie produzierten mit modernen Methoden weit mehr, als sie selbst verbrauchten, und insbesondere der Wein war ihr Mittel, zu Bargeld zu kommen. Isaak Maus war da keine Ausnahme, und er hat in seinem Gedicht „An meinen Bruder nach der Ernte" humorvoll geschildert, wie ein knitzer Bauer den kauflustigen Städter dazu bringt, immer neue Goldstücke aus seiner Geldkatze zu ziehen:

An meinen Bruder nach der Ernte

Nunmehr vergißt der Landmann alle Not
Und sitzt vergnügt in seiner niedern Hütte,
Ist fröhlich bei dem neuen Brot
Und fühlt nicht mehr, wie heiß, da er noch schnitte,
Die Sonn' auf seinen Rücken hingebrannt.
Ja, aller Schmerz, den er damals empfand,
Und alle Müdigkeit ist nun verschwunden.
Er denket nichts als seinen Überfluß,
Zählt, wieviel Garben er gebunden,
Und rechnet dann, wieviel er zum Genuß,
Wieviel zu seinen Saaten haben muß,
Und wieviel noch für Zinsen abzufassen.
Den Rest, den will er dann für seinen Fleiß,
Für seine Müh' und sauern sauern Schweiß
Vom faulen Städter sich bezahlen lassen
Zum aller- allerhöchsten Preis.

Und mit dem Wein – da wird er sie schon kriegen.
Es gibt nicht viel; und der ist gut.
Da muß sich dann der stolze Städter schmiegen
Und untertänig seinen Hut
Abziehn und Komplimente machen.

Wie wird der gute Bauer lachen,
Wenn jener ihm die Höflichkeit erweist,
Ihn öfters einen „Herren“ heißt*?
Und spricht: „Tun Sie mir den Gefallen
Und lassen ihn – ich spotte wahrlich nicht.
Es ist viel Geld! und bei dem allen
(Wenn's noch vielleicht hieran gebricht)
Bezahl' ich Fuhr und Zoll;
Sie sollen keine Kosten tragen. –
Nun, ist es so? – Nicht anders, als Sie sagen?
Die hundert Gulden mach' ich voll.
Nun? – Weil Sie doch nicht anders wollen,
Auf jedes Faß noch eine Karolin.
Jetzt lassen Sie mir ihn!
Noch nicht? Nun, daß Sie sehen sollen,
So haben Sie die zwanzig Gulden drauf,
Zum Trankgeld zwei Dukaten in den Kauf.
Nur Ja gesagt! und hurtig auf den Wagen:
Bedenken Sie, was es zusammen tut?“
Dann wird der Bauer lächeln und wird sagen:
„Ja, lieber Herr, er ist auch gut.“[13]

Auch Maus wird öfter so gelächelt haben, wird er doch von seinen Zeitgenossen als „ein ausgelernter Oekonom, ein spekulirender Handelsmann“ geschildert, der „durch seinen unermüdeten Fleiß als Landmann und durch seinen kaufmännischen Spekulationsgeist schon längst ein sehr wohlhabender Mann“ geworden sei.[14]

Über die Anrede „Herr“ hingegen wird er bald nicht mehr gelächelt haben: die wurde er gewöhnt. Denn mit dieser respektvollen Anrede, die zu seiner Zeit auf dem Dorf allein dem Pfarrer zustand, ehrten ihn die vielen Besucher, die nicht wegen des Weins, sondern wegen Maus' dichterischer Produktion nach Badenheim kamen.

Und damit sind wir zurück bei Paul Karst und seinem Erstaunen. Es war schwer, im kleinen Badenheim nicht gekannt und genau durchschaut zu werden. Und da war einer, noch dazu ein Gleichaltriger und angesehener Dorfge-

*Isaak Maus, Bauersmann zu Badenheim*

nosse, der da als erster Badenheimer in die Zeitung kam, und das nicht wegen Mord und Totschlag, sondern wegen Gedichten.

Paul Karst, selbst ein aufgeweckter Kopf, setzte sich hin und schrieb einen Brief an den Jungbauern 4 Höfe weiter:

> „Mein lieber Maus! Ich kann meine Verwunderung über den in der gestrigen Zeitung Dich betreffenden Artikel nicht verbergen, und doch kann ich auch nicht deutlich an [den] Tag legen, was ich empfunden, als ich Dich hier öffentlich vor der Welt – meines Theils zum erstenmal – glänzen sah. Ich habe diesen Artikel zweimal mit Verwunderung, zweimal mit Entzücken und noch

zweimal mit innigster Glückwünschung gelesen, woraus leicht zu erachten, welchen Antheil ich an der Verherrlichung Deines Namens nehme. Obwohl ich[,] soviel der unempfindliche Bauernstand es zuläßt, Dich längst schon begriffen und erkannt habe, so verhinderte mich doch stets meine Dir bekannte Blödigkeit, Dir solches zu gestehen."

Damit gab es für Isaak Maus kein Verstecken mehr[15]; Paul Karst deutet im letzten Satz seines Briefes an, daß er sonst selbst dem Geheimnis auf die Spur kommen würde:

„Ich werde doch wohl noch etwas von Deinen Werken zu Gesicht bekommen; ich kann ja das citirte [Deutsche] Museum erfragen, wenn Du mir nicht mit vorträglicherer Gelegenheit an Handen gehen willst."[16]

Und so mußte denn Isaak Maus heraus mit der Sprache. In seinem autobiographischen Vorwort von 1821 hat er wunderbar plastisch geschildert, wie er, der doch mit beiden Beinen auf der Erde stand, zu diesem ungewöhnlichen Hobby gekommen war und sich darin vervollkommnet hatte: wie er über dem Lesen in Gesangbüchern Gefallen am Metrum fand, wie er sich sagen ließ, daß die unter den Lieder stehenden Namen die Namen der Verfasser seien, wie er selbst zu reimen anfing, durch Zufall gebildete Literaturfreunde als Lehrmeister und Gönner fand und schließlich ihr Angebot ausschlagen mußte, ihm eine höhere Schulbildung zu finanzieren. Denn schließlich mußte er den Hof übernehmen, da niemand von seinen Geschwistern dafür in Frage kam.

„Meine Mutter hatte als Wittwe alle Sorgen der Landwirthschaft bisher mit mir getheilt; war froh, daß ihr Isaak so weit gekommen, daß sie sich auf ihn verlassen könnte; wo sie schon einen Vor[ge]schmack der Unterstützung in ihrem höhern Alter empfand, wo ihre Hoffnung fest stand – Nein, bei Gott! ich konnte sie nicht verlassen, und blieb Bauer."[17]

Das Dichten aber konnte er jetzt erst recht nicht lassen, und seine beiden Gönner sorgten für anregenden Lesestoff und dafür, daß einige Kostproben seiner Gedichte in renommierten Zeitschriften seiner Zeit abgedruckt wurden. Die Gedichte von Isaak Maus können sich wirklich sehen lassen; das Besondere aber war, daß er kokett seinen Beruf als Markenzeichen benützte: „Von Isaak Maus, Bauersmann in Badenheim" ist seine gewöhnliche Formulierung. Und damit erregte er in der literarischen Welt größte Aufmerksamkeit – und Sympathie.

Denn Maus lebte in einer ungewöhnlichen Zeit. Normalerweise wird sie „Goethezeit" genannt nach dem „Dichterfürsten"; man könnte sie genausogut „Bauernzeit" nennen nach dem Rang, den die Landwirtschaft in der öffentlichen Diskussion hatte. Anders als heute, wo die EU durch Flächenstillegungen und Mengenbegrenzungen einen marktverderbenden Überschuß abzubauen versucht, war es damals eine Überlebensfrage, angesichts einer rapid wachsenden Bevölkerung die Landwirtschaft zu fördern. Das ging so weit, daß ein Zeitgenosse warnte:

> „Wir haben Schriftsteller, welche nichts als den Landbau predigen; welche die Philosophie, die schönen Wissenschaften, die schönen Künste, die Manufacturen, die Handlung heruntermachen; [...] Folgen wir diesen übertriebenen Gesinnungen, so sind wir bald noch einmal Barbaren. [...] Die Wohlfahrt eines Volkes fodert nicht, daß alle Menschen Pflänzer werden, man darf [=muß] nur diejenigen unterrichten und beschützen, welche es sind."[18]

Und so kam es, daß der dichtende Bauer Maus als geistiges Aushängeschild für seinen Stand Schlagzeilen machte und das kleine Badenheim in die Zeitungen kam. Gebildete pilgerten von weither nach Badenheim, um Maus zu sehen, so oft, daß Maus seine Arbeiten nicht ständig wegen der fremden Besucher unterbrechen konnte und auch vornehme Besucher neben seinem Pflug oder seinem Ochsenkarren herlaufen ließ, wenn sie am Werktag mit ihm sprechen wollten – seinen Marktwert konnte das eher noch erhöhen. Wenn wir an die Zopf- und Perücken-Mode der Zeit und an die ständischen Unterschiede denken, können wir uns vorstellen, was für ein merkwürdiger Anblick das für die Badenheimer Gemeindegenossen gewesen sein muß.

Wie stellte sich die Dorfgemeinschaft dazu, daß da einer so aus ihr herausragte und von Fremden besucht wurde? Ich kann es kurz machen: Isaak Maus war 16 Jahre lang Bürgermeister von Badenheim, und Paul Karst wurde als Gemeindeschreiber sein engster Mitarbeiter. Denn Isaak Maus blieb ein mustergültiger und erfolgreicher moderner Landwirt und im persönlichen Umgang bescheiden und liebenswert. Er war zudem klug genug, sich weder in Sprache noch in Kleidung oder Benehmen von seinen Nachbarn zu unterscheiden und sich nicht durch Besserwisserei unbeliebt zu machen; und so wurde er nicht als Spinner oder Außenseiter angesehen, sondern als führender Kopf der Gemeinde, auf dessen Rat man nicht leicht verzichtete.

Denn Badenheim war keineswegs eine reine Idylle. Die Spannungen zwischen Protestanten und Katholiken z.B. waren noch so stark, daß die katholische Minderheit bis 1875 verhinderte, daß die Kinder beider Konfessionen eine gemeinsame Schule besuchen konnten. Und die oben genannte Zahl von nur 53 (später 83) Zugtieren verrät, wenn man sie in Bezug setzt zu rund 60 im Grundbuch verzeichneten „Hofreiten", daß der Besitz sehr ungleich verteilt war, daß viele von diesen Betrieben nicht einmal über ein eigenes Pfluggespann verfügten – ein Blick auf unser Häuserbuch zeigt, wo richtige Höfe standen und wo sich bescheidene Häuschen drängten. Dazu die Zersplitterung der Fluren in winzige Parzellen, ohne Feldwege, aber dafür mit

Überfahrtsrechten – Isaak Maus wußte sehr wohl, warum er ins Morgengebet des Hausvaters die Bitte um gute Nachbarn aufnimmt[19]: seine eigenen Flurstücke hatten 186 gemeinsame Grenzen mit anderen Dorfgenossen!

Hinzu kam die große Politik, die in Form der französischen Revolutionsheere und der gegnerischen preußischen, österreichischen und sächsischen Truppen in Badenheim in Erscheinung trat und die Bevölkerung über Jahre hinweg in Furcht und Schrecken versetzte. Ein beträchtlicher Teil des Badenheimer Gemeindearchivs besteht aus Protokollen über Zwangsumlagen bei den Bauern für Kriegskontributionen, über Zwangslieferungen, über Zwangsfuhren. Die Badenheimer Bauern bebauten ihre Felder zwischen sich bekriegenden Heeren. Für Isaak Maus wie für seine bäuerlichen Dorfgenossen war unumstößliche Tatsache, daß sie und der Lebensunterhalt ihrer Familien ortsgebunden waren, daß sie also nicht wie manche Pfarrer und Amtleute für einige Zeit ins Exil ausweichen konnten. Wollten sie nicht „Märtyrer bis zum Rost"[20] werden, so mußten sie aus der gegebenen Lage das Beste machen, und es hat keinen Sinn, ihnen das als „Opportunismus" vorzuwerfen. Isaak Maus war nicht passiv; und gerade der Umstand, daß im Gegensatz zu den meisten seiner Zeitgenossen von ihm Meinungsäußerungen vorliegen, gibt uns die Möglichkeit, sie erstmals im Lesebuch zusammenzustellen – auch in ihren Widersprüchen. Immerhin hat er zu Beginn der französischen Besatzungszeit für kurze Zeit mit seinen Freunden in Badenheim demokratische Verhältnisse hergestellt – ganz ohne Gewalt und ohne Vorbild. Und als die zweite französische Besatzungsphase eine Zeit des wirtschaftlichen und rechtlichen Fortschritts zu werden versprach, hat sich Isaak Maus freiwillig und ohne Gehalt in ihren Dienst gestellt, obwohl manche Forderungen der Besatzungsmacht schikanös oder aus sonstigen Gründen unbeliebt und schwer nach „unten" zu vertreten waren – etwa Französisch als Amtssprache, der unsägliche Revolutionskalender, die Rekrutenaushebungen und Steuerforderungen. Isaak Maus war an allen wegweisenden Neuerungen an der Spitze seiner Gemeinde beteiligt: an der Einführung des metrischen Maß- und Gewichtssystems (und nach 1816 an seiner Ersetzung durch ein nichtmetrisches, aber wenigstens für Hessen einheitliches), an der Anwendung des Code Napoleon als moderner Rechtsgrundlage, an der Anlegung des ersten Brandkatasters, an den Anfängen des modernen Meldewesens und der Bevölkerungsstatistik, an ersten Ansätzen zur Flurbereinigung.

Er hat darüberhinaus ohne öffentlichen Auftrag die erste betriebswirtschaftliche Erfassung eines Bauernhofes verfaßt, die uns aus bäuerlicher Hand bekannt ist („Etwas über Ackerbau", 1788, im Werkanhang erstmals wieder abgedruckt), das Badenheimer Wetter protokolliert[21] und, wie seine Briefe und alle Berichte über ihn zeigen, seine humane und engagierte Gesinnung in seinem persönlichen Umfeld zu vertreten und zu verbreiten gesucht.

Über Isaak Maus, der mit 85 Jahren am 31. Dezember 1833 starb, konnte daher sein Urenkel, der ebenfalls dichtende Bauer Johannes Maus in Armsheim, bei der Gedenksteinsetzung auf dem Badenheimer Friedhof ohne Lobhudelei sagen:

Hier ruht im stillen Schoß der Erde
Ein einfach schlichter Bauersmann,
Den mancher Dichter und Gelehrte
Einst achtete und lieb gewann.

Ob er auch trug den Bauernkittel
Und treu blieb seinem niedern Stand,
Hat mancher, reich an Rang und Titel,
Ihn dennoch stolz sein' Freund genannt.

Ja solche, die ihn hoch verehrten,
Sie fühlten selbst sich mit geehrt,
Wenn sie nach Mühen und Beschwerden
Dem Mann am Pfluge zugehört.

Sie nannten ihn den ‚Philosophen',
Den Bauerndichter Isaak Maus,
Dem sie in Prosa wie in Strophen
Gewidmet manchen Ehrenstrauß.

Denn was er war in seinem Leben,
War er aus sich: denn wie bekannt,
Verdankte er dem eig'nen Streben
Den damals selt'nen Bildungstand.

Doch was er schrieb in Reim und Liedern,
Am Pfluge selbst, in Kunst und Leid,
Das war dem warmen Sinn entsprungen,
Der Lieb' und Freundschaft nur geweiht.

Selbstlos, bescheiden bis ans Ende,
Kannt' er den Geiz nach Ehre nicht;
Er regte seine Bauernhände,
Und blieb getreu stets seiner Pflicht.

Drum soll das Mal auf diesem Grabe
Auch Mahnung zu dem Guten sein.
Und wird zum Manne einst der Knabe,
So präg' er's seinen Kindern ein:

‚Hier ruht die Asche deines Ahnen,
Der Bauer und Gelehrter – gar
Auch Dichter – doch als Mensch noch größer,
Als Vater seiner Kinder war.'[22]

Beide Seiten von Isaak Maus, den Dichter und Philosophen einerseits und den Badenheimer Bauern und Hausvater andererseits, möchte ich abschließend aus einigen Briefstellen und Gedichten noch etwas plastischer vorstellen.

Ein Hauptthema von Isaak Maus' Gedichten ist das Landleben. Zwei davon seien hier angeführt:

Der Herbstmonat 1806

Der schöne Herbst, im sanftgetuschten Kleide,
Grüßt freundlich jedes Erdenkind.
Dem Hirtenvolk lacht er auf grüner Weide,
Den Ackersmann umsäuseln so gelind
Die Kinder Äols*, wie zur Zeit der Rosen.
Kurz: alles lebt noch auf der Flur,
Im Frühlingsschmuck steht festlich die Natur,
Der Himmel scheint die Erde zu liebkosen.

Bauern-Lied

Lohnend ist des Sommers schwere Plage,
Herbst und Ernt' sind glücklich wieder ein.
Und der Landmann freut sich seiner Lage,
Jauchzt bei neuem Brot und gutem Wein.
Was kann uns noch fehlen?
Güter für die Seelen
Sind in unsern Hütten unbekannt.
Bauern werden danach wenig streben;
Ihnen gibt das umgepflügte Land
Was wir brauchen, um vergnügt zu leben.
Weg mit aller Weisheit! – Eitler Glanz!
Uns nur statt Minervens Eule*
Eine fette Gans! –

Selbst die Götter hielten viel aufs Schmausen,
Und die Menschen wollten klüger sein?
Nur ihr Glück in hochgelehrten Flausen
Suchen? weder Fleiß noch Wachen scheu'n?
Ei! So große Toren
Werden nicht geboren,
Wo man seinen Acker redlich pflügt.
Alles, was uns nötig ist zu wissen,
Glauben wir zu wissen – sind vergnügt,
Haben uns die Köpfe nie zerrissen
An gelehrten Sachen. Unserm Pflug

Treu und fleißig abzuwarten,
Ist uns schon genug.

Selten gibt's in unserm Dörfchen Feste;
Jährlich einmal fällt die Kirchweih ein.
Unsre Nachbarn sind willkommne Gäste,
Und wir lärmen wild bei gutem Wein.
Trinken in die Runde
Bis zur Morgenstunde,
Froh und fröhlich, gute Brüderschaft;
Tanzen lustig in gereihter Kette,
Stampfen mutig und voll Männerkraft,
Wissen nichts von schlauer Etikette;
Küssen unsre Weibchen, wie sie sind,
Treu und fleißig, uns zum Glücke
Für so manches blind.[23]

Das sind schöne Gedichte, die völlig vergessen lassen, daß der Verfasser auch die Schattenseiten der Landwirtschaft aus eigener Erfahrung kannte, daß sein Reich nicht ein fernes dichterisches Arkadien, sondern ein ganz konkreter Hof an der Badenheimer Hauptstraße war mit zweistöckigem Wohnhaus, Stall, einem weiteren Stall und Schuppen, einer Scheuer und einem Rindvieh- und Schweinestall; wir sind genau darüber unterrichtet durch den erwähnten Brandkataster, den der Bürgermeister Isaak Maus für sein Dorf 1817 anlegte. Seine 50, später weit mehr Morgen Land bebaute er ohne Dienstboten mit eigener Hand, so daß „zu mancher Jahreszeit meine Hände mehr einer Baumrinde als einer Menschenhaut gleichen“[24].

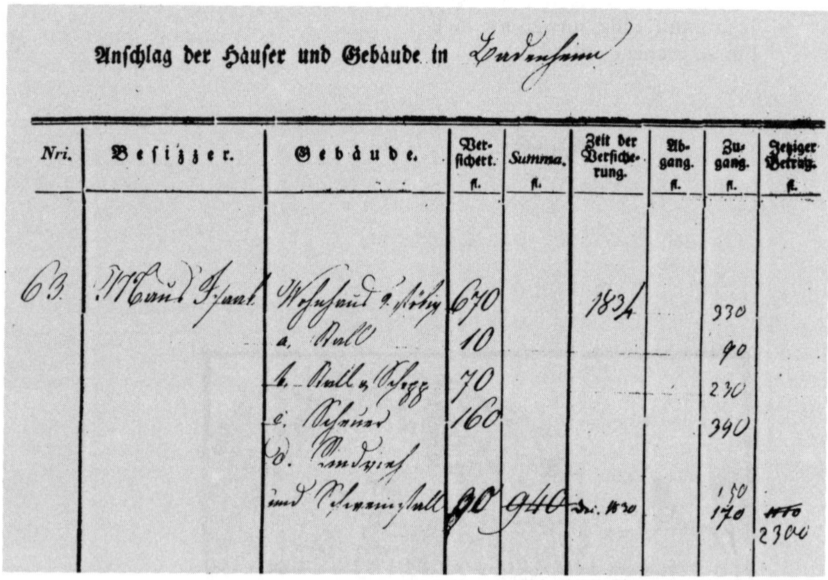

Anschlag der Häuser und Gebäude in Badenheim

| Nri. | Besizzer. | Gebäude. | Versichert. fl. | Summa. fl. | Zeit der Versicherung. | Abgang. fl. | Zugang. fl. | Jetziger Betrag. fl. |
|---|---|---|---|---|---|---|---|---|
| 63. | Maus Isaak | Wohnhaus 2 stöckig | 670 | | 1834 | | 930 | |
| | | a. Stall | 10 | | | | 90 | |
| | | b. Stall u. Schopp | 70 | | | | 230 | |
| | | c. Scheuer | 160 | | | | 390 | |
| | | d. Rindvieh und Schweinestall | 90 | 940 | Dez. 1830 | | 150 170 | ~~1170~~ 2300 |

Aus den erhaltenen Briefen, die er an seinen Sohn Wilhelm schrieb, geht deutlich genug hervor, daß auch das freundliche Badenheim kein Paradies war. Das fing beim Wetter an. An den Rand eines Briefes kritzelt er vor dem Absenden:

> „N.S. [Nachschrift] Ich protestire gegen das heutige Regenwetter. Mein Brief [mit dem Lob der Wetterbesserung] ward gestern früh geschrieben.“[25]

Doch auch schwerere Fälle konnten ihn nicht aus dem seelischen Gleichgewicht bringen:

„Lieber Sohn!
Badenheim war vorzüglich unglücklich durch den Hagel am 25ten Abends. Aller Herbst ist hin! Die Trauben sind durchaus zerfetzt, die Reben entblättert, und für künftiges Jahr schadhaft gemacht.
Der stärkste Zug des Hagelwetters ging gerade über unsern Weinberg; wiewohl auch die Fruchtfelder schwer getroffen worden. An der noch stehenden Gerste ist kein Korn mehr, die auf Glöcken scheint gedroschen zu seyn, und die Haufen selbst sind sehr beschädigt. Kurz! alles bietet den Anblick einer Zerstörung dar, der um so empfindlicher ist, als die Gegenstände vorzüglichen Genuß und Reichthum versprachen."

Daran knüpft er eine philosophische Betrachtung:

„Ich wollte über unsern Planeten zürnen, weil er in seiner Athmosphäre, Sturm, Blitze, Hagel und Eis erzeugte; allein er berief sich auf das Recht, das jeder habe, in seinem Schedel[!] Unsinn auszubrüten. Ja, sagte ich, aber ohne anderer Schaden! Er: Ohne Schaden seines Gleichen, das ist billig; was aber geht ihn der Geringere an, der nicht blitzen kann? Ich merkte, zu welchem System er sich bekenne, und schwieg."[26]

In einem Gedicht hat er das einmal so formuliert:

Abwechslung ist der Lauf der Welt;
Den guten Tagen folgen böse,
Und was uns heut' vorzüglich wohlgefällt,
Was man für's höchste Gut auf Erden hält,
Verliert oft morgen Reiz und Größe.
Und doch ist drum die schöne Welt
Nicht, wie der Trübsinn wähnt, die Hölle,
Worin der Mensch, durch Kummer und durch Qual
Und tausend andre Übel ohne Zahl,
Geläutert werde, bis er einst die Schwelle
Der Ewigkeit betritt. Auch ist sie nicht
Ein Paradies, wie oft die Jugend meinet,
Wo Tag für Tag ein warmes Sonnenlicht
Auf sanfte Rosenwege scheinet.

Der Weise nimmt die Welt für ein Gemisch
Von Gut und Bös, wie er sie stets gefunden,
Wo Lust und Schmerz sich wechselt nach Sekunden."[27]

Daß diese Zufriedenheit nicht leere dichterische Pose, sondern von Maus praktisch gelebte Lebensphilosophie war, bezeugen alle Berichte von Zeitgenossen, die Maus in Badenheim besuchten.

Sie half ihm auch beim Durchhalten in seinen politischen Ämtern. Erst nach 15 Amtsjahren als Bürgermeister von Badenheim, darunter Kriegs- und Hungerjahren, schrieb er als 76jähriger seinem Sohn:

„Lieber Sohn!
Der Zeitpunkt rückt immer näher, wo ich mich der Politischen-Welt entziehen kann; die allerdings nicht werth ist, daß ein vernünftiger Mann in ihr lebt. Indessen würde sie noch tausendmal weniger werth seyn, wenn alle Vernünftige[n] und Rechtschafnen sich aus ihrem Strudel zurückziehen wollten. Nur ein hoher Grad von Jahren geben[!] uns die Erlaubniß[,] die Armen[!] in den Schoos zu legen und das Allgemeine-Beste andern[,] rüstigen Männern zu überlassen."[28]

Er hat viel für Badenheim getan, aber aus Pflichtgefühl, nicht um Spuren zu hinterlassen:

„Eine neue Brücke und [ein] verbesserter Weg, am Wäldchen, ist sehenswerth. Ein Thor würde wenigstens die Anfangsbuchstaben seines Namens auf die Steine haben hauen lassen, um der Nachwelt zu sagen, daß dies Werk unter seinem Consulat entstanden sey."[29]

Ganz besonders liebenswürdig ist er als Familienvater und später als Großvater gewesen. Auch hier hat er durchaus einen Blick für die Realität, aber eben auch Humor:

„Zu Hause wimmelt eine Schaar
Von unerzognen Kindern,
Die meinen Geist auf immerdar
Am höhern Fluge hindern.
Das Lärmen geht ohn' Unterlaß,
Dem fehlet dies, dem andern das:
Wer könnte da noch schreiben?"

Und er schließt versöhnlich:

„Macht auch die Nacht fast alles still,
So hört man doch den Kleinen,
Der alles, was er fühlt und will,
Nur sagen kann durch Weinen
Und doch so lieb und zärtlich ist,
Daß man ihn gerne herzt und küßt,
Auch wenn er weidlich schreiet."[30]

Über seinen Sohn Wilhelm, an den er später die noch erhaltenen Briefe richtet, schreibt er:

„Zum sechsten Mal erblickt er heute
Des Tages Licht, der kleine Sohn;
Heißt Wilhelm, sieht so munter schon
Und kühn sich um wie große Leute.
Noch keinen Schrei hat er getan
Als außer den, womit er unsrer Erde
Beim ersten Schritt auf seiner Lebensbahn

Gehuldigt hat; zu Jammer und Beschwerde,
Die ihn, wie jedes Erdenkind,
Erwarten, sich mit Tränen einverstanden;
Jedoch, sofern sie auch erträglich sind
Und kein erlaubtes Mittel mehr vorhanden
Ist, sie abzuwenden. Doch dies versteht sich schon,
Und jeder Erdensohn,
Der jenen harten Bund beschworen,
Schob auch wohl diese Klausel ein:
Es müßte denn von allen Thoren
Der größte Ausbund sein.“[31]

Und als seine Enkel die Röteln haben, schreibt er unendlich liebevoll:

„Lieber Sohn!
Alles wimmelt um uns her von Rödeln. Wilhelm und Katharingen tragen ihre rothe[n] Flecken aus einer Stube in die andere, Liesbeth und Gretchen sind gepurpurt und liegen krank, die beide[n] Hannes ebenfalls, auch Wilhelmchen, der kleine, läßt die Flügel hängen, und rothe Pünktchen leuchten durch sein ganz geschwollenes Gesicht. Nur der wackere Phillip kreischt noch laut, alle andern sind heischer[!], und können kaum sprechen.“[32]

Oder auch:

„Gestern hab ich meine hiesigen zwölf Enkel gemessen; sie haben zusammen ein Maas von 586 Großherzogl. Zoll.“[33]

Diese nie zur Veröffentlichung bestimmten Zeilen runden nur noch das Bild ab: das Bild einer harmonischen, liebenswürdigen und dabei ungemein tatkräftigen und nach außen wirksamen Persönlichkeit. Isaak Maus hat Spuren hinterlassen.

Der Mensch ist gebohren zur Arbeit, wie der Vogel zum fliegen.

# 2 Isaak-Maus-Lesebuch: Texte zu seinem Leben und Werk

## 2.1 Ein Leben in Badenheim – Autobiographisches und Biographisches

Inhaltsübersicht:



### Isaak Maus: Vorrede, oder Auszug meiner jüngern Lebensgeschichte (1821)

So kritisch es auch immer sein mag, seine eigne Biographie zu schreiben, unterziehe ich mich doch dem Wunsch meiner auswärtigen Freunde und anderer braven Männer, denen jede sichre Nachricht über Seltenheiten der Art angenehm ist.

Was ich in der Vorrede der 1796 [richtig: 1786] gedruckten Gedichte und in dem vier und vierzigsten Brief der 1819 gedruckten poetischen Briefe gesagt habe, ist so wahr, daß ich es auch hier, teils wörtlich, wiederholen muß.

Am 8ten September 1748 wurde ich in hiesigem Dorfe geboren, und war das 7te und letzte Kind meiner Eltern, welche fleißige Bauersleute waren, und alle ihre Kinder auch diesem Stand gewidmet hatten. Eines dieser Kinder starb frühzeitig, zwei Söhne in mannbarem Alter. Nun lebten noch eine Tochter und drei Söhne, wovon die Tochter und der älteste Sohn sich auswärts verheirateten. Der mittlere Bruder hatte sich im Rechnen und Schönschreiben geübt und ließ wenig Neigung zum Bauernstande blicken, daher er, mit Bewilligung meiner Eltern, sich dem Schulstand weihete. Nachher kam er aber zufällig in Herrndienste; das erstemal, seiner schönen Figur wegen, als Heiduk zu dem Herrn Rheingrafen Carl Mangnus[!] zu Grehweiler, hernach als Sekretair zum Freiherrn von Moser, der damals als Reichshofrat nach Wien ging; von diesem zum Fürsten von Lichtenstein in Wien, als Unter-Bibliothekarius; endlich zum Herrn Landgrafen Prinz Georg zu Hessendarmstadt, allwo er vor ungefähr zehn Jahren als Rechnungsrat starb.

Mein Vater war in seinem 53ten Jahre gestorben, da ich 13 Jahre alt war. Meiner Mutter blieb die Hoffnung, daß ich nach wenig Jahren ihrer mäßigen Landwirtschaft, die in 50 Morgen Feldgütern und einer Bauernwohnung bestand, vorstehen könne. Sie hielt einen Knecht, der mit zwei Fuhrochsen den Ackerbau versah und von mir unterstützt wurde, so weit meine damaligen Kräfte reichten. Meine Schuljahre hatten sich, wie auf Dörfern gewöhnlich ist, in meinem sechsten Jahre angefangen und endeten im dreizehnten. Zu Badenheim hatte ich, in der lutherischen Schule bis in mein zehntes Jahr, lesen und schlecht schreiben gelernt; nun ging ich nach Pleitersheim, eine Viertelstunde von hier, in die reformierte Schule, um den Katechismus zu lernen und mich zur Konfirmation zu präparieren. Zu gleicher Zeit gingen mehrere Jungen von hier in diese Schule, um Unterricht im Rechnen zu erhalten, dadurch hatte ich Gelegenheit, durch bloßes Zusehen und Hören, die Anfangsgründe der Arithmetik zu lernen, welche ich in der Folge, teils durch Anweisung meines Bruders, teils aus Büchern, weiter fortsetzte; und nun im Stande war, Wolfens [= Christian Wolffs] Anfangsgründe der gesamten Mathematik zu verstehen.

An meine Schuljahre in Pleitersheim erinnre ich mich noch immer mit einer herzlichen Freude. Es war in der Zeit, wo der Jüngling im Menschen anfängt aufzublühen; ich war, für mein Alter, großgewachsen, gelenkig, stark und flink. Meine Gesellschaft war es auch; und der kleine Bach, die Carlenbach genannt, welcher an unserm Wege hinfloß, den wir täglich zweimal machten, diente uns, unsre Leibeskräfte zu kultivieren. Das Hinüber- und Herüber-Springen ward uns so geläufig, daß wir es zuweilen ohne Anlauf versuchten; wobei es dann nicht fehlen konnte, daß einige dann und wann ins Wasser fielen und den andern etwas zum Lachen gaben.

Hätt' ich damals schon Rousseau's Emil gelesen gehabt; ich würde weniger Scheu getragen haben, unserm guten Schullehrer, Hrn. Zwilling, zu antworten, wenn er wegen ein paar nasser Beine inquirierte.

Fror der Bach zu, so ging das Wasser über die Wiesen, über welche auch unser Weg ging, und der Frost bereitete uns eine herrliche Schlittenfahrt, die aber bloß mit benagelten Schuhen überschliffen wurde, weil Schlittschuhe uns unbekannt waren. Diese gesellschaftlichen Vergnügungen hatten nicht nur den Wert der augenblicklichen Freude, sondern sie verbanden die Herzen dieser Knaben zu einer immerwährenden Freundschaft. So oft einen derselben, bis heute, ein wichtiges Ereignis traf, nahmen die andern, so zerstreut sie auch meistens wohnten, herzlichen Anteil; und starb einer, so war gleichsam Trauer, weil der schöne Kreis sich dadurch verminderte. Drei davon sind mit mir noch am Leben, und ihr Lieblingsgedanke ist der an das ehemalige Schulengehen.

Übrigens hatte diese Schule nichts Vorzügliches gegen die andern Dorfschulen hiesiger Gegend, außer daß Herr Zwilling ein guter Rechner und geschickter Geometer war und bei seiner kleinen Gemeinde Zeit und Raum im Schulhaus hatte, zwölf bis vierzehn fremden Knaben Unterricht zu geben.

Nachdem ich ein Christ geworden war, das heißt, nachdem ich, unter der Anleitung des Hrn. Pfarrers Pharius [Pfarrius] von Wöllstein, mein Glaubensbekenntnis öffentlich abgelegt hatte und durch die Kommunion in die reformierte Kirche war aufgenommen worden, zu welcher auch mein Vater gehörte, quittierte ich die Schule zu Pleitersheim [und] genoß noch einen kurzen Unterricht im Rechnen und Schreiben von meinem Bruder, der fünf Jahre älter war, als ich, und damals im elterlichen Hause als Schulkandidat privatisierte.

Von der Dichtkunst hatte ich nur ein dunkles Gefühl, das sich in der vorzüglichen Liebe zu Gesängen äußerte. Ein musikalischer Takt schien in meinen Adern zu schlagen, und das Metrische der Lieder fesselte mein Herz, daß ich mehrere Stunden lang im Gesangbuche las, ohne den Sinn der Lieder zu verstehen.

In der Meinung, diese Kirchenlieder (keine andere[n] kannte ich) seien etwas Übermenschliches, weil man sie, wie die Bibel, Gottes Wort nennt, fiel mir auch nicht eher ein, sie nachzuahmen, bis ich einmal nach den im Marburger Gesangbuch unter den Liedern stehenden Namen, Luther, Frank, Hermann, Gerhard, u.s.w. fragte, und erfuhr, daß dieses die Namen der Verfasser wären. Ei! dacht' ich, wenn Menschen diese Lieder machen konnten, sollt' ich es wohl auch lernen können; und fing an zu reimen.

Mein Bruder, der indessen an den Hof zu [Gau-]Grehweiler gekommen war, fand Gelegenheit, mir Hagedorns poetische Werke zu verschaffen. Wie staunte ich, ein Buch zu sehen, das kein Gesangbuch war und doch aus Versen bestand. Nun hatte ich eine Lieblingslektüre, freuete mich über den Inhalt dieses Buchs, ohne daß ich viel davon verstanden hätte. Bald aber sah ich, teils aus den Anmerkungen, daß es dergleichen Bücher mehrere gäbe und daß man ihre Verfasser Dichter heiße. Gellert's Fabeln und Erzählungen waren damals noch neu; mein Bruder hatte mir davon gesagt, und Buchbinder Herr Geis zu Kreuznach verschaffte sie mir um ein Billiges.

Aber meine gute Mutter geriet darüber in große Besorgnisse. Sie hatte auf mich, weil mein Vater gestorben war [und] meine Geschwister auswärts wohnten, ihre einzige Hoffnung gesetzt. Ich sollte Stammhalter des Hauses, und ihr Trost im Alter sein; deswegen wollte sie durchaus nicht gestatten, daß ich Geld an Bücher verwendete, indem sie befürchtete, ich würde durch meine Bücher, den Bauernstand und dessen Geschäfte vernachlässigen und dann sicher ein verdorbner Mensch werden.

In der Folge ward ihr Kummer unaussprechlich groß. Sie sah mich jeden Augenblick, den ich von Feldarbeiten frei hatte, mit einem Buch in der Hand – wozu mir die Bekanntschaft mit Herrn Geis hinlänglich verhalf –, sah mich mein Morgen- und Abendbrot beim Buche verzehren; mich die langen Winterabende, bis um Mitternacht, so lang ihr Spinnrad schnurrte, bei dem gemeinschaftlichen Lämpchen sitzen; wobei ihr meine in Gedanken vertiefte Stille, meine oft auf leeres Papier geheftete[n] Blicke unerklärbar schienen. Ach Gott! sprach sie öfters, Sohn! tu mir das Leid nicht an mit deinen Büchern. Geh' in dein Bett und bring dich nicht mutwillig um den Verstand.

Von meiner süßen Beschäftigung konnte ich ihr keinen Begriff geben, so gern ich es getan hätte; sie wollte aber auch keinen davon haben, weil sie gänzlich dagegen eingenommen war.

Auch nach mehreren Jahren, als sie schon die besten Beweise hatte, daß ich weder tiefsinnig noch unarbeitsam würde, sprach sie noch immer mit Verachtung und Eifer von meinen poetischen Beschäftigungen. Ich duldete dieses gerne, weil sie nach ihrer Ansicht Recht hatte und mich übrigens sehr liebte.

Ihre Freude war um so größer, als sie in spätern Zeiten auf das Verflossene zurücksah und mich gerechtfertiget fand. Ich will und darf mir keine Lobrede halten, allein es wäre falsche Demut, wenn ich verhehlen wollte, daß jetzt meine gute Mutter mit mir, als Landwirt und als Mensch, vollkommen zufrieden war. Man wird mir verzeihen, daß ich hier bei Beschreibung der Fürsorge meiner Mutter für mein künftiges Glück so lange verweilte. Es ist nur gar zu menschlich, von denen zu reden, die man vorzüglich liebgewonnen [hat]. Glücklich ist der Sohn, der eine solche Mutter hat und sie zu achten versteht!

Sie starb in ihrem acht und achtzigsten Jahr, in meinen Armen, und ihr gesegnetes Andenken bleibt ewig in meinem Herzen.

Unter den vorbeschriebenen Umständen, und von meinem sechzehnten Jahre an, entströmte manches gereimte Machwerk meiner Feder, wovon aber wenig mehr aufzufinden ist, weil ich auf diese Erstlinge nicht achtete. Einmal hatte ich, in Wintertagen, wo meine Feldarbeit gänzlich ruhete, nach Art eines Wochenblatts einige Bogen für meine vertrautesten Jugendfreunde geschrieben, worin sehr naive Ideen und auch kleine Gedichte vorkamen. Durch Zufall kamen einige dieser Blätter einem Kaufmann in Kreuznach, Hrn. Schmerz, in die Hände; dieser Freund der schönen Wissenschaften erkundigte sich nach dem Verfasser, kam mehrmalen hierher geritten, um mich in meiner Lage und Berufsgeschäften zu beobachten. Er unterhielt sich mit mir über meine Dichtungen, schenkte jedesmal den Dorfkindern (die sich immer gern um geputzte Leute versammeln) Kreuzer und kehrte dann vergnügt zurück. In der Folge sprach Herr Schmerz, mit seinem vertrauten Freund, Herrn Superintendenten Götz in Winterburg, von dem poetischen Bauernjungen zu Badenheim. Und beide beschlossen, mich aus meinem bisherigen Beruf heraus zu heben und mir Unterricht auf Schulen geben zu lassen. Herr Superint. Götz ladete mich ein nach Winterburg und eröffnete mir diesen Plan; und ich würde keinen Anstand genommen haben, diesem Wechsel zu folgen, wenn ich Geschwister gehabt [hätte], die mich meiner Mutter hätten ersetzen können. Allein, in den damaligen Umständen mußte ich es abschlagen, so sehr es auch meinem natürlichen Hang entsprach. Meine Mutter hatte als Witwe alle Sorgen der Landwirtschaft bisher mit mir geteilt; war froh, daß ihr Isaak so weit gekommen [war], daß sie sich auf ihn verlassen könnte; wo sie schon einen Vor[ge]schmack der Unterstützung in ihrem höhern Alter empfand, wo ihre Hoffnung fest stand – Nein, bei Gott! ich konnte sie nicht verlassen, und blieb Bauer.

Die HH. Götz und Schmerz billigten meine Gründe, schenkten mir ihre Freundschaft, die ich mir auch bis zu ihrem Tod unwandelbar erhielt.

Nach diesen gemachten schönen Bekanntschaften ging ich mehrmalen nach Winterburg (es liegt fünf Stunden von hier), um mit Hrn. Superint. [Götz], der bekanntlich ein großer Dichter war, über meine Dichtungen mich zu beraten und mir Vorschläge zu Verbesserungen machen zu lassen. Immer kehrte ich aus dieser romantischen Gegend, und von der Vortrefflichkeit des biedern Freundes eingenommen, mit höherer Begeisterung zurück, und weihete von neuem meine zu entübrigende Zeit den Musen. Auf einem dieser Heimwege entwarf ich das Gedicht: Der Besuch der Götter (steht im ersten Bändchen meiner Gedichte) und schrieb den folgenden Tag über dreihundert Verse davon nieder. Ich bemerke dieses bloß, um zu zeigen, was Bewegung, Anblick der schönen Natur, und herzliche Freundschaft dazu beitragen, unsere Imagination zu beleben.

Durch Herrn Schmerz wurden zuerst von meinen Gedichten einige gedruckt; und zwar in einer Zeitschrift, die Herr Schwan in Mannheim unter dem Titel „Schreibtafel“ heraus gab. Eben so erschienen andere im „Deutschen Museum“. Nun ward ich der Lesewelt bekannt, da noch keine Seele in meinem Dörfchen, außer meiner Mutter und ein einziger vertrauter Schulfreund, um meine poetischen Beschäftigungen wußte. Ich hatte Ursache, dieselben geheim zu halten, und eine natürliche – nenne man es Furchtsamkeit oder Bescheidenheit – machte mir dieses leicht.

Meinen Nachbarn war es ein Rätsel, woher mir die vielen Besuche von fremden Herrn und Damen kämen? Denn fast jede Woche sah man Neugierige, die mich sehen und sprechen wollten. So gern ich mich auch mit manchen dieser Edlen unterhielt, konnte es auf Werktagen nicht anders als bei ununterbrochener Arbeit geschehen; und nicht selten sah man junge Herrn neben mir gehen, indeß ich pflügte oder Getreide vom Feld nach Hause führte. Es konnte nicht fehlen, die Neugier meiner Nachbarn erwachte; und da sie meine Verhältnisse mit diesen Fremden nicht kannten, so erwuchsen mancherlei sonderbare Mutmaßungen unter ihnen, welche darin zusammen trafen, daß ich ein Sonderling sei.

Nur mein Fleiß und [meine] gute Wirtschaftsführung und daß ich, wie sie, mich jeder Bauernarbeit unterzog und Geschick dazu hatte, mich nicht anders kleidete, nicht anders zu sprechen suchte als sie – dieses erhielt mir ihre Achtung.

Ich war in die Jahre gekommen, wo es schicklich ist, daß der Jüngling, der eine Wirtschaft hat oder eine anzutreten vermögend ist, sich verheiratet. Die meinige fo[r]derte es von mir, und meine Mutter wünschte es herzlich.

Nach dem Äußerlichen meiner Person, nach meinen häuslichen Umständen, meinem sittlichen Betragen, hätte es mir bei meinen reichsten Nachbarn nicht gefehlt, eine Tochter zu freien: „allein, der geheimnißvolle Sonderling! Was führt er im Schilde? Macht er nicht verdeckte Schulden? Ist er von Herzen rechtgläubig? Liest er nicht immer fremde Bücher? Was sollen ihm die stolzen Bekanntschaften? – Nein, ich traue ihm nicht!"

Zu meiner Ruhe und täglichem Glück fehlte es mir nicht am Vertrauen und freundschaftlicher Unterhaltung der Söhne und Töchter dieser bedenklichen – übrigens geschätzten, Nachbarn.

Meine Tage waren immer heiter, Nahrungssorgen hatte ich keine, weil mein Gütchen groß genug war, die wenigen Bedürfnisse meines Haushalts zu befriedigen. Um mich her sah ich jugendliche Gesellschaft, die mich liebte; in meinem Innern herrschte die frohe Muse – was fehlte mir? Allein, alles hat seine Zeit.

Die ländlichen Vergnügungen der Jünglinge hatte ich zehn Jahre mitgemacht, war acht und zwanzig Jahr[e] alt, hatte Vieles erprüft und Manches erfahren. In dieser Situation bot sich mir, auf einem nachbarschaftlichen Dorfe, eine Heiratsgelegenheit dar, die mir gefiel. Mein Freund Hr. Götz hatte mir geraten, bei meiner Wahl darauf zu sehen, daß die Person einen gesunden Körperbau, richtigen Menschenverstand und gute wirtliche Eigenschaften habe: wäre sie auch reich, meinte er, so sei dieses kein Fehler.

Es traf alles – nach einem vernünftigen Maßstab gemessen – bei meiner Verlobten so ziemlich ein. Kurz! meine Braut war eine liebenswürdige junge Bauerstochter. Daß es im Ehestand nicht lauter frohe Tage gebe, wußt' ich; die traurigen zu vermindern hofft' ich. Und so gelang es mir, mit Mut die Bahn des Lebens fortzusetzen.

Meine Frau lebt noch, ist um einige Jahre jünger als ich. Wir hatten neun Kinder, wovon noch drei Söhne und zwei Töchter am Leben und alle im Bauernstande verheiratet sind und keinen Mangel an Kindern und Nahrung haben. Da ich dieses schreibe, bin ich Großvater von zwanzig lebenden Enkeln.

Übrigens hab' ich in meinem Hauswesen und [meiner] Wirtschaft fast alles Ungemach bisher erfahren, was einen Hausvater treffen kann.

Krankheiten, Sterbefälle, Viehseuchen, Überschwemmungen, Mißwachs, und Hagelschlag; und endlich den zerstörenden Revolutions-Krieg, wo hiesiges Dörfchen mehrmalen zwischen den Vorposten der streitenden Armeen lag und durch verschiedene Durchmärsche noch härter mitgenommen worden [ist] als durch die Patrouillen der feindlichen Heere.

Diese schlimmen Ereignisse sind vorbeigegangen, wie denn alles hier wechselt; und ich beklage mich über ihr gewesenes Dasein nicht. Es ist Erbteil der Erde, auch Ungemach zu haben.

Nun muß ich meinen Lesern noch etwas von meinem Geburts- und Wohnort sagen.

Badenheim liegt in einer angenehmen und fruchtbaren Gegend, sechs Stunden von Mainz, drei von Bingen, drei von Alzei, und zwei von Kreuznach, in der Mitte; hat beinah sechzig Einwohner*. Es gehörte, vor dem Krieg, dem Herrn Grafen von Schönborn Heisenstamm [Schönborn-Heusenstamm]; ward französisch, wieder deutsch, und gehört gegenwärtig Sr. Königl. Hoheit dem Großherzog von Hessen-Darmstadt.

Die Bewohner sind teils Protestanten, teils Katholiken, leben in guter Eintracht mit einander und sind fleißige und aufgeklärte Landbauern. Aberglauben und schändliche Neigungen sind hier nicht herrschend; Sittlichkeit, Fleiß und Sparsamkeit gelten für schöne Tugenden. Ja, ohne parteiisch zu sein, darf ich sagen, daß dieser Ort zu den aufgeklärtesten, bemitteltsten, schönsten und ruhigsten der ganzen Gegend gehört.

Die Herausgabe dieses Werkchens schließt meine poetische Laufbahn, die ich zwar mit vielem Vergnügen verfolgte, aber stets mehr auf den Ruhm eines guten Hausvaters als den eines guten Dichters sah.

Badenheim, im Jänner 1821.

I. Maus."[1]

# ISAAK MAU

**A: Großvater**

**Isaak Maus** →
. .16
02.09.1751 Duchroth
1711 bis zu seinem Tod Schultheiß von Duchroth

**B: Isaak Maus' Eltern**

**Wilhelm Heinrich Maus**
*14.08.1712 Duchroth
†29.02.1768 Badenheim
Bauer in Badenheim
oo →

**Anna Katharina,** geb. Dietz
*13.09.1714 Badenheim
†05.04.1802 Badenheim

**C: Isaak Maus und seine Geschwister**

1 **Margarethe**
*
†
oo Philipp Geyer, Wendelsheim

**Philipp Heinrich**
*
†
Bauer in Uffhofen

3 Johann **Friedrich**
* .12.1738 Badenheim
†06.06.1769 Badenheim
Jungbauer in Badenheim

4 **Peter**
*
† [starb im Alter von 24 Jahren]
Jungbauer in Badenheim

5 **Christian**
*01.04.1743 Badenheim
†22.11.1807 Darmstadt
Hofrat in Darmstadt
oo (1) Sophia
oo (2) Anna Magdalena, geb. Schuch

6 **Isaak I**
*17.10.1745 Badenheim
†26.07.1747 Badenheim

7 **Isaak II**
*08.09.1748 Badenheim
†31.12.1833 Badenheim
Bauer in Badenheim

oo 28.04.1776
Catharina Elisabeth,
geb. Cornelius
*01.06.1754 Bosenheim
†26.10.1824 Badenheim

## ÄCHSTE VERWANDTE

| D: Isaak Maus' Kinder | E: Isaak Maus' Enkel | F: Isaak Maus' Urenkel |
|---|---|---|
| 1 **Wilhelm** →<br>*10.03.1777 Badenheim<br>†01.03.1849 Bosenheim<br>Bauer in Bosenheim<br>oo 1801<br>Christine Möbus, Bosenheim | Georg **Peter** →<br>*05.08.1812 Bosenheim<br>†15.06.1873 Armsheim<br>Bauer in Armsheim | **Johannes**<br>*14.12.1845 Armsheim<br>†23.02.1922 Armsheim<br>Bauer in Armsheim |
| 2 **Anna Katharina**<br>*09.03.1779 Badenheim<br>†26.01.1799<br>oo 1798<br>Abraham Zöller, Pf.-Schwabenheim | und weitere 28 Enkel und 43 Urenkel | |
| 3 **Margaretha**<br>*29.06.1781 Badenheim<br>†11.09.1799 Badenheim | | |
| 4 Anna **Sara**<br>*28.07.1783 Badenheim<br>†<br>[nach 1841 in die USA ausgewandert]<br>oo 26.12.1807<br>Philipp Heinr. Lorey, Fürfeld | | |
| 5 Maria **Juliane**<br>*10.02.1786 Badenheim<br>†<br>oo 03.06.1808<br>Georg Peter Stumpf, Uffhofen | Wie Isaak Maus Bauerndichter waren:<br><br>seine Söhne Wilhelm (1777-1849)<br>und Konrad (1791-1843) sowie<br>sein Enkel Peter (1812-1873) und<br>sein Urenkel Johannes (1845-1922) | |
| 6 **Christian**<br>*14.05.1788 Badenheim<br>†12.06.1862 Badenheim<br>Bauer in Badenheim<br>oo 22.03.1810<br>Maria Martha Schneider, Badenheim | | |
| 7 **Konrad**<br>*19.02.1791 Badenheim<br>†11.01.1843<br>Bauer in Badenheim<br>oo 10.01.1813<br>Margaretha Schneider, Badenheim | | |
| 8 Katharina **Elisabeth**<br>*19.12.1793 Badenheim<br>†01.01.1800 Badenheim | | |
| 9 **Sophia**<br>*18.02.1797 Badenheim<br>†18.12.1800 Badenheim | | |

*Der oben erwähnte ältere Bruder, der durch seine ungewöhnliche Bildung einerseits Isaak Maus die entscheidendenden geistigen Anregungen gab, andererseits aber durch seine eigene Berufswahl seinem Bruder gar keine andere Wahl ließ, als den väterlichen Hof in Badenheim zu übernehmen, war Christian Maus (1743-1807).*

## Karl Esselborn: Christian Maus

„Christus[!] Maus, geboren zu Bodenheim[!] im Jahre 1743, stand zuerst in Grehweiler in den Diensten des Rheingrafen Karl Magnus, später kam er als Sekretär zu dem Freiherrn Friedrich Karl von Moser, der 1767 Reichshofrat in Wien ward, dann als Unterbibliothekar zu dem Fürsten von Liechtenstein in Wien und zuletzt als Hofkassier zu dem Prinzen Georg Wilhelm von Hessen. Er starb als Rechnungsrat bei dessen Sohne Georg Karl zu Darmstadt am 22. November 1807 im Alter von 64 Jahren, 7 Monaten und 21 Tagen."[3]

*Johannes Maus, der Urenkel von Isaak Maus, berichtet aus der Familienüberlieferung über den Werdegang seines „Großoheims" Näheres:*

## Johannes Maus: Das verhängte Bild. Eine Spinnstubenerinnerung.

Christian Maus wurde im Jahr 1743 als Sohn eines Bauern in einem kleinen Dorfe der Unterpfalz geboren. Schon während seiner Schulzeit zeigte er viel Neigung und Liebe zur Musik, wenig hingegen zum Bauernleben. Sein Lehrer erkannte des Knaben musikalisches Talent, unterrichtete ihn in freien Stunden im Orgelspiel und bewog die Eltern, daß sie dem Sohne in der nahen Stadt Unterricht im Geigenspiel nehmen ließen. Die Gänge dorthin waren des Knaben größte Freude. Im Orgelspielen war er bald seinem Lehrer ebenbürtig, der ihm dann auch gerne die Orgel bei dem Gottesdienst überließ. Die Eltern aber waren von dieser Beschäftigung des Sohnes nicht sehr erbaut, da sie glaubten, daß sie ihn zum Bauernberuf untauglich mache. Oft ließ er seine Neigung zum Lehrerberuf durchblicken, fand aber dabei kein Entgegenkommen bei den Eltern, die bereits bejahrt waren und auf seine Hilfe gerechnet hatten, zumal der Vater kränklich geworden war.

Nach seiner Konfirmation verrichtete Christian nur widerwillig seine ländlichen Arbeiten, und wie er einst in der Hitze der Julisonne in dem engen Hofe seiner Eltern Dung aufladen und mit dem Ochsengespann auf das Feld fahren sollte, gab es eine Revolution in seinem Innern.

Die Dunggabel in weitem Bogen von sich schleudernd, trat er vor seine Eltern und erklärte, er hätte keine Lust, Bauer zu werden, sondern wolle auf andre Weise sein Brot zu verdienen suchen. Es zöge ihn fort in die Ferne.

Sie sollten ihn seiner Neigung folgen lassen, er werde ihnen nie zur Sorge Veranlassung geben, und sie würden nur Gutes an ihm erleben.

Nach hartem Kampfe willigten die Eltern ein, daß er studieren durfte. Er lernte Sprachen und bildete sich vielseitig fort. Da lernte ihn der Rheingraf Karl Magnus kennen und nahm den schön gewachsenen jungen Mann in seine Dienste als Haiduk. Später kam er zu dem Reichshofrat Freiherrn von Moser, dem er als Sekretär nach Wien folgte.

Eines Tages traf Moser mit dem Fürsten und Kardinal von Liechtenstein zusammen; dabei klagte dieser, daß sein Unterbibliothekar und Reisebegleiter plötzlich schwer erkrankt und er jetzt in großer Verlegenheit wegen eines Ersatzmannes sei, da die Reise nicht aufschiebbar sei. Er könne nur einen rechtschaffenen, stattlichen, gebildeten, sprachkundigen und in den Umfangsformen erfahrenen jungen Mann brauchen, der ihn auch in seiner Abwesenheit vertreten könne, und solche Leute seien nicht häufig zu finden.

Nach einigem Nachdenken erwiderte der Freiherr, daß er wohl einen Mann mit diesen Eigenschaften kenne, allein seiner Anstellung stände ein großes Hindernis entgegen, das sich schwerlich beseitigen lasse: der Mann sei kein Katholik, sondern Protestant und reformierten Glaubens. Es sei sein eigner Sekretär, den er selbst zwar nicht gern entbehre, aber aus Rücksicht und Freundschaft für den Kardinal abtreten würde.

Der Kardinal besann sich einige Augenblicke. Dann erklärte er, das sei nun gerade kein Hindernis, wenn der Freiherr ihn empfehle, so nehme er ihn unter guten Bedingungen mit Freude und Dank an. Er sei tolerant, und für die Zeit seiner Inspektionsreisen brauche der junge Mann sich ja nicht auffällig als Protestant zu benehmen.

Moser berichtete alles seinem Sekretär. Dieser stellte sich dem Kardinal vor. Er gefiel diesem und wurde von ihm für die Dauer seiner Reisen als Unterbibliothekar und Sekretär unter guten Bedingungen angestellt.

*[.... In den Diensten des Kardinals hat Christian Maus ein geradezu märchenhaftes Erlebnis, das Johannes Maus als „Spinnstubengeschichte" erzählt]*

Die Reise setzte sich in Süddeutschland fort, bis nach Eintritt der Winterszeit der Kardinal die Rückreise nach Rom antrat und seinen treuen Diener reichbelohnt entließ. Dieser folgte nun der Einladung eines früheren Gönners, des Landgrafen Georg von Hessen, nach Darmstadt, wo er eine Anstellung bei der dortigen Regierung fand.[4]

*Als Darmstädter Hofbeamter hatte Christian Maus einmal im Auftrag seines Herrn nach einem Rechtsstreit einen Acker auf der Gemarkung Arheilgen in Besitz zu nehmen. Dazu war damals eine rechtssymbolische Handlung nötig, in diesem Fall mit dem Pflug (s.u.). Die Arheilger Bauern boykottierten jedoch diese Handlung, indem sie unter mancherlei Vorwänden kein Pfluggespann zur Verfügung stellten, so daß Maus zunächst unverrichteter Dinge nach Darmstadt zurückkehren mußte. Schließlich löst er das Problem durch eine brachliegende Fähigkeit, die sich aus seiner Biographie ergab:*

## Christian Maus an Georg Wilhelm Karl von Hessen-Darmstadt

„Zu Arheilgen habe ich am verwichenen Donnerstag den quest. [fraglichen] Acker in Possession genommen[,] und da ich keine Arheilger Bauern bekommen konnte[,] um solchen zu pflügen, so habe ich einen in der Wixhäuser Gemarkung Ackrenden durch meine Gulden dahin vermocht[,] daß er mir seine Ochsen und Pflug auf etliche Minuten lieh[,] damit ich selbsten eine Furche rings um und eine quer durch zog. Die Müllerin [die Prozessgegnerin] protestirte da gegen, dabei blieb es aber auch."[5]

*Während Christian Maus, abgesehen von dieser schönen Episode, ganz aus dem bäuerlichen Leben in ein höfisches umwechselte, mußte Isaak Maus die einmal geweckten geistigen Interessen mit seinem Beruf als Bauer und mit seiner bäuerlichen Umwelt in Badenheim in Einklang zu bringen suchen.*

## 2.2 Isaak Maus – der dichtende „Bauersmann in Badenheim“ auf dem Weg zur Berühmtheit

Inhaltsübersicht:



*Isaak Maus wurde erstmals in der Mannheimer Zeitschrift „Die Schreibtafel“ dem Lesepublikum als Dichter vorgestellt. Während sonst die Beiträge in der „Schreibtafel“ meist anonym oder mit Initialenangabe erschienen, hielt der Herausgeber hier eine Anmerkung für nötig:*

### [anonym]: „Der Verfasser ist eines gemeinen Bauren Sohn in der Pfalz ...“ (1775)

Der Verfasser ist eines gemeinen Bauren Sohn in der Pfalz, der von Jugend auf ebenfalls zu einem Bauern bestimmt worden, und nie aus seinem Dorfe gekommen [ist]. Er besorgt den Feldbau seiner Mutter, die eine Witwe ist, mit eigener Hand, und in den Ruhestunden schreibt er Gedichte.[1]

*Obwohl von Maus außer zwei Serien von Gedichten in der „Schreibtafel“ noch keine weiteren veröffentlicht waren, nennt*

### [anonym:] Verzeichnis einiger Pfälzer, die Verdienste um die Ausbreitung des Geschmacks in dieser Provinz haben (1779)

»Maus, Isaac, ein Pfälzischer Bauer. Schmerz, Kaufmann zu Creutzenach. Schwan, C.F., Buchhändler zu Mannheim.«[2]

*Maus' poetisches Treiben blieb in Badenheim dennoch im Verborgenen, bis schließlich eine ganz normale, weitverbreitete Tageszeitung über ihn berichtete:*

## [anonym:] Auszug eines Schreibens aus Mainz, vom 26. Januar [1783].

Ich kann Ihnen nicht genug danken, Sie nicht zärtlich genug umarmen für die Bekanntschaft mit dem Dichter Mauß[!]. Ich zähle diesen Tag unter die merkwürdigsten meines Lebens, unter die wenigen äußerst seltenen, worin ich große Menschen anstaune. Gleich beim Eintritte ins Zimmer fiel mir sein Aug auf; als ich ihn aber von den Vorzügen seines Standes, von seinem festen Beharren auf demselben, von den Freuden seiner Muse so wahr und doch so anmaßungslos sprechen hörte, wäre ich beinahe wieder in alle Schwärmereien meiner Jugend gefallen. Sein Kittel, seine Gamaschen, seine runden Haare [bäuerliche Frisur] entschwanden meinem Blicke, und mein Herz war geteilt zwischen der innigsten Verehrung, dem liebevollesten Anstaunen dieses Wunderwerks und dem reinsten Danke für Sie, dem ich diese kostbare[n] Augenblicke verdankte. Mauß mußte mir versprechen, nie in die Stadt [Mainz] zu kommen, ohne mich zu besuchen.

[Anmerkung dazu:] „*) Isaak Mauß ist ein Bauer aus dem Dorfe Badenheim in der Pfalz. Die vorteilhafte Schilderung desselben nebst einigen vortrefflichen Gedichten von ihm liefert das deutsche Museum im 9. Stücke des Jahrs 1782 Seite 279-291."[3]

*(Vgl. im vorliegenden Band S. 43–45)*

*Das bewirkte am nächsten Tag einen erstaunlichen Brief des Bauern Paul Karst an den Bauern Isaak Maus im selben Dorf:*

## Paul Karst an Isaak Maus, Badenheim 03.02.1783

Mein lieber Maus!

Ich kann meine Verwunderung über den in der gestrigen Zeitung Dich betreffenden Artikel nicht verbergen, und doch kann ich auch nicht deutlich an [den] Tag legen, was ich empfunden [habe], als ich Dich hier öffentlich vor der Welt – meines Teils zum erstenmal – glänzen sah. Ich habe diesen Artikel zweimal mit Verwunderung, zweimal mit Entzücken und noch zweimal mit innigster Glückwünschung gelesen, woraus leicht zu erachten [ist], welchen Anteil ich an der Verherrlichung Deines Namens nehme. Obwohl ich, soviel der unempfindliche Bauernstand es zuläßt, Dich längst schon begriffen und erkannt habe, so verhinderte mich doch stets meine Dir bekannte Blödigkeit, Dir solches zu gestehen.

Ich werde doch wohl noch etwas von Deinen Werken zu Gesicht bekommen; ich kann ja das zitierte [Deutsche] Museum erfragen, wenn Du mir nicht mit vorträglicherer Gelegenheit an Handen gehen willst. Badenheim, den 3. Februar 1783.

Paul Karst.[4]

*Inzwischen hatte Maus bereits einen rührigen literarischen Freund gewonnen in dem Mainzer Hauslehrer Hunold, der ihn dort bei seinem Dienstherrn, dem Herrn v. Wamboldt, und schließlich in der gebildeten und höfischen Gesellschaft überhaupt (bis hinauf zum Erzbischof v. Erthal) einführte:*

## Hunold: Auszug aus einem Briefe (1782)

Mainz am 10ten Junius, 1782.

„Den muß und soll ich sehen“, sagt[e] ich zu Herrn R...; „reisen Sie mit?“ – „Ja.“ – „Wie gehen wir aber? zu Fuß, zu Pferde oder im Wagen?“ – „Zu Fuße.“ – „Aber 6 gute Stunden weit!“ – „Tut nichts.“ – Wir gingen zum Gautore hinaus, über Thalheim und Brenzenheim[!] fort. [...] Es ward immer dunkeler, und wir waren noch nicht auf dem rechten Wege. Zu unserm Glücke läutete man von weitem Feierabend, nach der Gegend hin, wo ungefähr Partenheim liegt, auf welches wir zu mußten. Wir gingen dem Läuten über Berg und Tal, Äcker und Wiesen nach, und kamen endlich ziemlich spät nach Partenheim. Ich hatte nie geglaubt, daß dieses Läuten, welches auch in vielen Städten bräuchlich ist, einigen Nutzen habe: nun ward ich denselben an mir selbst gewahr. Und wie viele Sachen gibt es in der Welt, deren Nutzen man nicht einsieht! In Partenheim taten wir fast nichts, als essen und schlafen. Den andern Tag gingen wir zwo Stunden weiter nach dem Dorfe Badenheim. Hier besuchten wir den evangel. lutherischen Hrn. Pfarrer und baten ihn, daß er doch einen gewissen Bauer Isaak Mauß zu sich holen lassen mögte. Er tat es, und nach einer Viertelstunde erschien der Mann, von dem ich Ihnen, mein Bester, zu Anfange des Briefs sagte: „Den muß und soll ich sehen!“

Isaak Mauß ist also ein Bauer aus dem Dorfe Badenheim in der Pfalz. Jetzt will ich Ihnen auch sagen, was er noch mehr ist. In der „Schreibtafel“, einer Zeitschrift, welche zu Mannheim herauskömmt, fand ich einige Gedichte von diesem Bauer, welche so schön waren, daß ich mich entschloß, ihn von Person kennen zu lernen. Dies geschah itzt. Mauß trat in des Hrn. Pfarrers Stube. Hr. R... nahm das Wort und sagte ihm, wir wären hieher gekommen, mit ihm Bekanntschaft zu machen. Herr Mauß (denn so wird er auch sogar von den Pfarrer genannt) bückte sich dafür freundlich, machte aber sonst nicht viel Wesens. Er ist ein Mann ungefähr von 29 Jahren, wohl gebaut und sieht ganz gut aus. Außer einem bedeutenden Blick in den

Augen hat sein Gesicht sonst eben nichts Besonderes. Er ist völlig wie ein Bauer gekleidet, sogar seine Haare sind hinter die Ohren gestrichen. Er ist ein wohlhabender Mann. Diesem und seiner Dichtkunst ungeachtet, arbeitet er auf dem Felde und zu Hause wie jeder anderer[!] Bauer auch. Meine erste Frage an ihn, war: Wann er zuerst Anlage zum Dichten gespüret habe? Er antwortete: Im 16ten Jahre. Er hätte im Marburger Gesangbuche gelesen; die Reime hätten ihm gefallen, und er hätte gedacht: so etwas könntest du ja wohl auch machen; hätte es versucht, Freude daran gefunden, und bis hieher wär' es seine Lieblingsbeschäftigung geblieben. Er hat viele deutsche Dichter gelesen. Er verstehet nur die deutsche Sprache; spricht etwas, aber nicht sehr, bäuerisch, und hat sonst einen sehr guten Vortrag. Ich weiß nicht, ob die heilige Stätte, auf welcher wir uns befanden [im Pfarrhaus von Badenheim, RS], oder was sonst daran Schuld war: gut genug, der Hr. Pfarrer, R..., Mauß und ich sprachen von Gott und der Seele des Menschen. Mauß zeigte hiebei so viel natürlichen Verstand und brachte so passende Gleichnisse an, daß wir uns alle darüber verwunderten. Dieses Gespräch dauerte wohl eine ganze Stunde, und es hätte noch länger gewährt, wenn nicht die Frau Pfarrin[!], die wir hinter dem Tische ganz vergessen hatten, um ein ander[es] Gespräch, worin sie auch mitreden könnte, gebeten hätte.

Herr Mauß ward nun ersucht, etwas von seinen Gedichten zu holen. Er willigte drein und erlaubte mir, mit ihm nach Hause zu gehen. Seine häusliche Einrichtung ist wie jedes andern Bauern seine. Er hat eine junge Frau, und zwei Kinder sah ich in der Stube.

Nun brachte er eine Menge Gedichte und Briefe von seiner Arbeit her. Die meisten Briefe waren an seinen Bruder in Darmstadt [gerichtet], viele auch in Prose; doch wenn etwas vom Landleben oder dergleichen darin vorkam, so hatte er einige Verse angebracht. Er schreibt nicht weniger gut in Prose als in Versen. Seine Schreibart ist leicht, und seine Gedanken sind richtig. Er hat viel feinen Witz, und weiß ihn immer am rechten Orte anzubringen. Er las mir Gedichte von 4 Bogen [Umfang] vor. Sie waren recht gut gearbeitet. Auch hatte er ein Schauspiel in Versen angefangen. Er liest schön und mit viel Nachdruck, so, daß wenn sein liebes Weib über seine beißende Satire nicht manchmal hell aufgelacht hätte, ich wirklich glaubte, bei einem methodischen Gelehrten zu sein, so täuschte mich sein Lesen und seine Arbeit. Er sagte, daß er wegen seiner Feldarbeit im Sommer sehr wenig, sondern das Meiste im Winter schriebe. Ich bat ihn, er mögte mir einige von seinen Gedichte mitgeben; aber er entschuldigte sich damit, daß sie verloren gehen mögten. Vielleicht, weil er mich noch nicht genug kannte; ich drang auch nicht weiter in ihn.

Jezt gingen wir wieder zum Pfarrer. Unterwegs fragte ich ihn: Ob er denn gar kein Verlangen habe, in die Stadt zu ziehen, und mit Gelehrten

Bekanntschaft zu machen? Er antwortete: „Nein, gar nicht. Die Dichter malen ja das Landleben so reizend und wünschen sich aufs Land; warum sollt' ich denn weggehen?“ „Ja, mein lieber Mann,“ sagt' ich, „dies schreiben die Dichter nur; aber sie denken anders. Sie tun aber recht, Freund, daß Sie auf dem Lande bleiben wollen; denn als Bauer werden Sie immer mehr Aufsehen machen, als wenn Sie Gelehrter von Profession oder Stadtbewohner wären.“ – Dies glaube er auch, gab er zur Antwort, und eben über diesen Gedanken habe er ein Gedicht gemacht, welches er bei dem Pfarrer vorlesen wollte. Er tat es, und es war ihm ungemein wohl geraten. Er las uns auch noch 5 bis 6 andere Stücke vor, die recht meisterlich durchgearbeitet waren; besonders in Einem derselben verriet er sehr viel Kenntnis. Er sprach darin von Locke, Sulzer und vielen [anderen] großen Gelehrten, und dies zwar so, als wenn er sie zusammen gelesen hätte. Vorzüglich gefiel mir ein Brief in Versen. Es sagte, daß er ihn wie Prose lesen wollte und daß wir den Vers nicht leicht bemerken würden. Ich gab genau acht und fand nicht die geringste Versetzung der Wörter darin. Als etwas Besonderes muß ich anmerken, daß er, obschon ihn die Natur zum Dichter [nicht: zum Winzer!] bestimmt hat, sehr wenig Wein trinkt.

Nun war meine Neugierde einigermaßen befriedigt. Um ihn genauer zu untersuchen, hätte ich freilich mehr Zeit nötig gehabt. Vielleicht habe ich bald Gelegenheit, mich länger mit ihm zu unterhalten. – Wir machten uns wieder auf Weg. Die liebe Sonne, welche schon hinter den Bergen war, malte den Himmel mit den schönsten Farben. Es war so Luftstille, daß das empfindsamste Mädgen und der zärtlichste Dichter keinen Zephir* gefühlt hätten. Der Mond wartete schon am Himmel, um sich bald in seiner ganzen Größe zu zeigen; Menschen und Vieh, die des Tages Last getragen, zogen vor uns nach Hause. – Unser Gespräch war vom Dichter Mauß, vom Vergnügen des Landlebens und dem elenden Zwang in Städten. [...][5]

## Hunold: Auszug eines Briefes. Vom Rheinstrom, den 20. März, 1785.

Seit zwei Jahren habe ich Ihnen nichts von unserm Maus geschrieben, und Sie möchten doch wohl wieder etwas von ihm hören? – Diese Zeit über hatte ich oft das Vergnügen, in seiner Gesellschaft zu sein, und kann Sie also jetzt genauer mit diesem außerordentlichen Manne bekannt machen. [...] Denn man fängt nun in der Tat an, aufmerksam auf diesen Zögling der Natur zu werden, der seiner Mutter so viel Ehre macht.

Vor einigen Wochen war er in Mainz. Der Kurfürst [Friedrich Karl Joseph v. Erthal], welcher einiges in Prose und Versen von ihm gelesen hatte, bezeigte ungemeinen[!] Wohlgefallen darüber und wünschte, ihn von

Person zu kennen. Herr und Frau v. W[amboldt] schätzen ihn so hoch, daß sie ihm, wenn er in diese Stadt kömmt, Tisch und Wohnung in ihrem Hause geben. Er speiste auch einmal bei dem Grafen von S... [Spaur?] zu Mittag.

*Jedoch werde wahres Verdienst in Deutschland nicht immer gewürdigt.*

Sogar einige bürgerliche, und zwar studierte Personen, suchten anfangs den bekannt werdenden Namen dieses Mannes [Maus'] auf gewisse Art zu verkleinern. Sie durchschauten seine Gedichte, die in einigen Monatsschriften erschienen, mit eben dem Splitterrichtersauge, wie die Schriften des größten Gelehrten; und diese Gedichte hat man doch hie und da aufgerafft und ohne Auswahl, weil man alles von einem solchen Manne für schätzbar hielt, dem Publikum vorgelegt. Welcher Gelehrte würde es aber wohl [für] gleichgültig ansehen, wenn man seine Aufsäze – die vielleicht die ersten Versuche sind – ohne seine Einwilligung öffentlich bekannt machte? Jene Kritiker mußten ganz vergessen, daß Maus nicht die geringste Anleitung zur Dichtkunst bekommen habe, daß er so, wie jeder andre Bauer, seine Arbeit verrichte und ihm folglich wenig Zeit zum Lesen und Schreiben übrig bleibe. Unter diesen Umständen mußte halb so viel, als damals von ihm bekannt wurde, schon Jedermann in Verwunderung setzen. Er soll doch wohl kein Wieland sein? Und wer weiß, ob sich dieser [= Wieland] mancher Gedichte, die aus dem unstudierten Kopfe des Bauersmanns geflossen [sind], schämen werde? Wäre Maus in England oder Frankreich erstanden, da sollte man sehen, wie Große und Kleine ihn um die Wette zu erheben gesucht hätten! Aber wir ahmen die Ausländer nur in Kleinigkeiten nach. Bei uns muß oft das Genie so, wie die Heiligen, erst ein Jahrhundert im Grabe gelegen haben, ehe es von seinen Landesleuten anerkannt wird; und so denke ich, wird auch Maus noch leben, wenn seine Splitterrichter lange vergessen sind.

*Das positive Urteil Göckingks habe aber einem besseren allgemeinen Urteil die Bahn gebrochen.*

In Mausens Gesprächen herrscht ungemein viel Ordnung und Zusammenhang. Was er spricht, ist sachmäßig. [...] Er hat mich manchmal zwei Stunden lang von seinem Dorfe, dessen innere Verfassung ihm ganz genau bekannt ist, unterhalten: und ich hörte ihm so gern zu als einem Minister, der von seinem Staate spricht. In Auflösung der Rätsel zeigt er sehr viel Scharfsinn. [...] Es scheint mir, als wenn er sich zum unverbrüchlichen Gesetze gemacht habe, niemandem, auch den Größten nicht, zu schmeicheln. Glaubt er aber, daß die Wahrheit nicht wohl aufgenommen werde, dann ist er so klug und hält mit derselben zurück; aber der geringste Schein von

Unwahrheit und Verstellung ist ihm gehässig. [...]. Ein Gewisser sagte ihm, daß hauptsächlich sein Stand die Ursache sei, warum man aus seinen Gedichten so viel mache. Er antwortete mit der größten Bescheidenheit und auf eine Art, die gar keine Verstellung verriet, daß er selbst dieses immer geglaubt habe. Und dieses Geständnis tat er mir noch einmal in vollem Ernste, als wir allein waren.

Er ist mit den meisten Werken unsrer guten Schriftsteller bekannt, und hat sonst noch viele literarische und nützliche Kenntnisse. Mit einem vornehmen Ökonomen unterhält er schon einige Jahre einen Briefwechsel über die Landwirtschaft, der zu seiner Zeit gemeinnützig werden dürfte. In meiner Stube hängen 22 Kupferstiche von Gelehrten und großen Männern. Ich schrieb ihm, ohne ihre Namen zu nennen, von jedem derselben einige Anekdoten. In seiner Antwort nannte er sie alle nach der Reihe her und schrieb mir noch mehr Anekdoten dazu.

Ein einzigesmal war er in seinem Leben auf einem Maskenballe, und ich konnte ihn, aller angewandten Mühe ungeachtet, nicht wieder dazu bewegen; von guten Schauspielen aber ist er ein großer Liebhaber.

In seinem Hause bemerkt man viel Ordnung und Reinlichkeit. Seine gute alte Mutter sagte mir, daß sie 6 Söhne und eine Tochter habe, über deren keines sie die geringste Klage führen könne. [...]

Wenn man den Mann, der so richtig denkt und so schön schreibt, auf dem Felde hinter dem Pfluge hergehen oder Mist aufladen sieht oder mit den Bauern, wie mit seines Gleichen [!], von ganz gemeinen Dingen sprechen hört; dann stellt man sich unter einer menschlichen Gestalt zwei verschiedene Personen vor. Ein untrügliches Merkmal seines guten, stillen Lebenswandels ist wohl, daß ihn sein Amtmann, der doch schon viele Jahre den Dienst hat, nicht einmal kennt. Auch hat er den Ruf eines sehr fleißigen Bauers. Zur Zeit der Feldarbeit wendet er nur die Sonntage zum Lesen und Schreiben an; und dies ist die Ursache, warum er, außer wenn über Gemeindesachen beratschlaget wird, nicht in die Schenke kommt. Ist er aber abwesend, so erbitten sich doch die Bauern nachher seinen Rat in ihrer Angelegenheit.

Er hat mich oft versichert, daß er mit seinem Stande vollkommen zufrieden sei, recht vergnügt lebe, und sein Dorf nie verlassen werde. Bei allen[!] dem ist es gewiß zu bewundern, daß des Mannes Ruf, der schon so viele Vornehme und Gelehrte nach Badenheim gezogen [hat], unter seinen Nachbarn keinen Neid erwecket; ein Beweis von seiner Menschenkenntnis und guten Lebensart. Einige Badenheimer sagten mir selbst, daß sie es für eine Ehre hielten, den Mann zu besitzen. Hätte Maus auch keinen so vortrefflichen Kopf: ich würde mich wegen seines guten Herzens glücklich schätzen, ihn zum Freunde zu haben. Doch dies sei genug von ihm. Lesen Sie nun seine Ankündigung [der „Gedichte und Briefe", erschienen 1786] und die beigelegte Epistel von ihm (an Göckingk), woraus Sie den Mann noch besser kennen lernen, als aus meiner Beschreibung. etc.[6]

## Hunold: Brief an einen Freund. Über des poetischen Bauers Mauß zu Badenheim Charakter und Lebensumstände (1785)

Ganz unerwartet kam vorige Woche unser lieber Maus zu mir. Als ich ihn erblickte, sprang ich vom Stuhle auf, drückte seine Rechte, und sprach: „Nun, bester Mann, es ist mir ja recht herzlich lieb, daß Sie mich besuchen." Mein fröhliches Gesicht überzeugte ihn von der Wahrheit dieser Versicherung, und er versprach sogleich, einige Tage bei mir zu bleiben. [...]. – Ich suchte meinem Gaste die Zeit so angenehm zu vertreiben, als es mir möglich war, und nützte zugleich diese schöne Gelegenheit, ihn etwas näher kennen zu lernen. Wir speisten Mittags zusammen in einem unserer besten Gasthöfe, ich nahm ihn aber nicht mit an die Wirtstafel, oder an die sogenannte Table d'hôte. Sie werden die Ursache leicht erraten. Ein Bauer unter Herren! – Hätte ich denn nicht den Gästen erst erklären müssen, daß mein Bauer etwas mehr als Bauer sei oder, welches einerlei ist, daß er nicht nur der Mensch sei, welcher unter einer Menge possierlicher an Leib und Seele buntscheckiger vernünftiger Geschöpfe, die auf unserer Erdenfläche herumstelzen, am ordentlichsten und klügsten lebt und das Meiste zum Unterhalt der menschlichen Gesellschaft beiträgt: sondern daß er auch Dichter von Natur sei, und einen sehr guten Kopf habe? – und würden mir es denn die Herren geglaubt haben? Wir speisten also in einem besondern Zimmer, und zwar recht herrlich. Wie lange meinen Sie wohl, daß wir bei Tische saßen? Lachen Sie nicht, von 1 Uhr bis 5. Wahrlich wie große Herren! wenigstens was die Länge der Zeit betrifft.

Ich lenkte das Gespräch auf Maußen selbst. Er sagte mir, daß er noch als Kind schon viel Wißbegierde bei sich gespüret habe. In Gesellschaft anderer Bauern sei er oft für sich hingesessen und habe an etwas gedacht, wovon gar nicht die Rede gewesen wäre. Seine Mutter sei daher auf den Gedanken gekommen, als wenn er einst gar närrisch werden würde. Nachdem er etwas größer geworden [sei], habe er alle Bücher gelesen, die er nur immer [habe] auftreiben können. Hierüber sei seine Mutter oft böse geworden, habe sie ihm weggenommen, weil sie geglaubt [habe], daß er über dem Lesen seine Arbeit vernachlässigte. Sie habe sich endlich doch beruhiget, als sie gesehen [habe], daß er eben so gut wie jeder andere Bauer seine Arbeit verrichte, das Werkzeug ausbessere und zum Teil es auch selbst mache. In seiner Nachbarschaft gäbe es einige Liebhaber vom Lesen, die, als sie gemerkt [hätten], daß er auch Vergnügen daran finde, ihn mit Büchern versehen hätten, worauf er dann angefangen [habe], poetische und prosaische Aufsätze zu machen. – Hieher gehört nun das, was ich Ihnen, mein Wertester, schon in einem meiner Briefe von Mauß gesagt habe.

Nach der Mahlzeit ging ich mit ihm spazieren und zeigte ihm unsere schöne Gegend von der Rheinseite. Den Abend brachten wir in Gesprächen hin. Nicht weit von Badenheim, sagte er, wären einige junge Leute, die viel guten Willen hätten, etwas zu lernen. Sie hätten ihn ersucht, daß er ihnen Anleitung zum Briefschreiben und zur Dichtkunst geben möchte. Er habe ihnen daher Hauptwörter gegeben, zu denen sie Beiwörter machen sollten. Auch habe er sie in Definitionen geübt. – Da wir eben von Definitionen sprachen: so bat ich ihn, daß er mir doch die Unwissenheit definieren möchte. Er besann sich ein wenig, und sagte: „Unwissenheit kann nichts anderes sein als Mangel“: Woran aber Mangel? – „Mangel an Begriff.“ – „Nun, definieren Sie mir doch Luxus!“ – Hier besann er sich etwas länger. Dann sagte er: „Luxus ist Verfeinerung der sinnlichen Freuden.“ – Er versicherte mich[!], daß er Wolfs* Arithmetik bis auf die Algebra studiert habe, ohne daß ihm etwas dunkel geblieben wäre. Man sieht daraus, daß Mauß nicht allein einen poetischen, sondern auch [einen] philosophischen Kopf hat.

Den andern Tag bald frühe war er wieder bei mir. Wir tranken Kaffee und sprachen und lasen dabei. Ich verrichtete nun am Pulte meine tägliche Arbeit, und Er saß am Tische und schrieb einen Brief in Versen, der in zwei Stunden schon zu einem halben Bogen angewachsen und recht schön war. Das Gespräch war itzt von der Erziehung seiner Kinder, deren ältestes, ein Bübchen, ungefähr sechs Jahre alt ist. Er sagte, daß dieser Kleine nach Allem frage und besonders immer Märchen von ihm erzählt haben wolle; Er wisse nun deren nicht genug: so ersinne er selbst welche.

Ich führte ihn in unser Schauspiel, aber mit allem Fleiße nicht ins Parterre, sondern auf den Sechsbatzenplatz. Ich hatte die nämliche Ursache, wie bei der Wirtstafel, und Sie werden gleich sehen, daß ich sehr wohl [daran] tat: denn, als mich einer im Parterre fragte, wo denn Mauß wäre; so zeigte ich ihm denselben auf dem Sechsbatzenplatz. Er sah einen Augenblick hinauf und sagte: „Dem sieht man doch nichts Gelehrtes an!“ – Nun verließ ich das Parterre, und setzte mich zu Maußen – Bedenken Sie nur, mein Wertester! daß man vom Parterre aus fast niemanden auf dem Sechsbatzenplatze recht erkennen kann, und dieser wollte ihm [Maus] ansehen, daß er nichts Gelehrtes an sich habe. Da gefiel mir Se. Exz. Herr V.* besser; dieser Herr kam zu mir bis in den obersten Stock, ließ sich von Maußen seine Gedichte vorlesen, bezeigte ihm seine Verwunderung und sein Wohlgefallen darüber und unterhielt sich mit ihm wohl eine ganze Stunde. – Es freuet mich ganz ungemein, wenn ich sehe, daß man einen Mann bloß wegen seiner Verdienste schätzt. Bei Maußen ist dies so ganz der Fall. Er ist nicht von Stande, nicht schön gekleidet, trägt keine kostbaren Ringe, Schnallen, Uhrketten etc., und man achtet ihn doch. Wenn ein Männchen sich darauf etwas einbildet, daß er diese schönen Sächelchen an sich hat, und wenn andere ebenso kleine Geister ihn dieserhalb schätzen: so möchte ich mich über die liebe Einfalt bald krank lachen. Man sollte den Meister schätzen, der diese Sachen gemacht hat, und nicht den, der sie trägt. –

Einige meiner Freunde baten mich, sie mit Maußen bekannt zu machen. Ich führte ihn dahin. Es ward Schach gespielt. Mauß sah mit vieler Aufmerksamkeit zu. Er verstand nichts von diesem Spiele. Als er einige Spiele mit angesehen hatte, fragte er, ob dieser Zug, den er zeigte, nicht besonders vorteilhaft sei? Meine Freunde wunderten sich, und sagten, daß dieses einer von den Hauptzügen wäre. – Mauß hat eine sehr gute Lebensart, wenn man anders von dem sagen kann, daß er gute Lebensart hat, in dessen Gesellschaft sich andere wohl gefallen. Besteht aber Lebensart darin, daß man die von dem Tanzmeister erlernte[n] Verbeugungen und Stellungen in Gesellschaft gut nachmachen kann, ohne weiter dabei ein Wort, oder wenigstens kein gescheites, vorzubringen: so hat Mauß so wenig Lebensart, als diese Drahtpüppchen Kopf haben, und ich wollte denselben wohlmeinend raten, sich immer so puppenmäßig fortzubewegen, daß sie nicht Leute von Verstand durch ihre Reden erschrecken, die eine ziemlich gute Meinung von ihnen hatten, als sie nicht redeten.

Ich bin
Ihr
Freund H....[7]

*Unmittelbar anschließend folgt*

## Ein Brief des Dichters Mauß an seinen Freund H... zu M... nebst einem Rätsel (1785)

*Im gereimten Briefanfang berichtet Maus von „schweren Sommergeschäften", die sein „poetisches Feuer" im Augenblick niederhielten, und kommt dann auf die Absicht, seinen ersten Gedichtband zu veröffentlichen:*

Mit meinen Manuskripten ist es noch, wo es auch damals war, als Hr. v. S.... deswegen mit mir sprach. Der eigentliche Liebhaber oder Begehrer war Hr[.] Lavatter[!] in Zürch[!], dessen Sekretär* schrieb an Hrn. von L.* in Mannheim, und dieser lies sich weiter erkundigen, besonders [über] Hr. Inspektor W.* zu Kreuzenach, ob ich von meinen Gedichten ihm einige überlassen wollte, um sie nach und nach in eine periodische Schrift einzurücken. Man sagte mir allerlei Schönes vor, von Ehre, von Pflichten gegen sein Vaterland, von schuldiger Anwendung seiner Talente und von dem Wohlwollen großer Männer etc. etc. Da sich aber bei dem Allen meine häuslichen Umstände nicht um ein Haar verbessern würden, so beschloß ich, mit meinem Bruder in Darmstadt deswegen zu sprechen und hernach mich zu äußern.

„Nein!“ sagte mein Bruder, „ohne bare Erkenntlichkeit leiste nichts. Verkauft nicht ein jeder sein Eigentum, so teuer er kann? Es ist ein Produkt, das du selbst gepflanzt hast, und so wie dein Korn und Wein muß es dir Bequemlichkeiten verschaffen.“ Und nun sollte denn meine Poesie ein ökonomischer Zweig werden, um mich erstens in die bessern Umstände zu setzen, meiner Begeistrung freien Lauf zu lassen; zweitens meine Kinder nach Muße zu erziehen; und drittens meine Freunde zuweilen besuchen, und ihnen öfter schreiben zu können. Ob sie, die Dichtkunst, mir diese Vorteile verschaffen wird? ist die große Frage. Ich gestehe, daß ich es ihr nicht so recht zutraue, und werde daher, wie immer, nur die zur Feldarbeit entbehrlichen Stunden darzu verwenden. Bin ich denn diesen Winter so glücklich, meine Sachen zu mustern: so könnte es sein, daß ich in der Ostermesse mit Hrn. Göking davon spräche. Dieser sanfte Gelehrte hat eine Monatschrift [das „Journal von und für Deutschland“] angekündigt, wobei er sich erbietet, Manuskripte anzunehmen, sie in seiner Schrift bekannt zu machen, etwas vom Werk überhaupt zu sagen und auch, wenn es der Raum gestattet, Auszüge zu geben; dann auf den Messen zu Frankfurt und Leipzig nach dem vom Verfasser zu bestimmenden Preis an Buchhändler zu verkaufen, und, wenn es begehrt wird, gegen Abzug [von] vier Prozent, Vorschuß zu tun; bei einer Nichtübereinkunft aber alles getreu wieder zurückzuschicken.

Es scheint mir dieser Weg nicht uneben zu sein, um meine Sachen, nach Wert, ins Publikum zu bringen. Fürs erste wird es also auf meinen Fleiß, und fürs Zweite auf den zu bestimmenden Preis ankommen, ob sie [Sie?] mich bald gedruckt sehen, oder nicht. [...]

Ihr

redlicher Freund, Mauß.

*Das nächste Heft derselben Zeitschrift bringt eine gereimte Sympathieerklärung „An Mauß“ (mit versteckter Verfasserandeutung: wohl von „Stille“, d.i. Hermann Christoph Gottfried Demme), versehen mit einer galligen Anmerkung:*

* Einige vergoldete Herren, die der Brief über Maußens Charakter und Lebensumstände im ersten Hefte so sehr geärgert hat, werden's ohne Zweifel übel nehmen, diesen Namen abermal hier zu lesen, und bei ihrem Spiel-

tische, wo ihr Witz am meisten glänzt, unser Journal ein Bauern-Journal taufen. Das mögen sie nun! Ich meines Orts bin der demütigen Meinung, daß Mauß, ob er gleich kein Gold auf seiner Weste und keine zwei Uhren in der Tasche trägt, immer ein Mann ist, von dem sich mit Ehren vor dem Publikum reden läßt. Leute zu Mainz, die Verdienst, in Seide oder im Leinenkittel, zu schätzen wissen, urteilen, zu meinem Troste, eben so, und wirklich haben einige der Edelsten, das Wort im ganzen Umfange genommen, sich herabgelassen, die Subskription auf seine Gedichte, die er vor Kurzem angekündigt hat, hier zu besorgen."[8]

*Denn mittlerweile hatte Maus ganz professionell durch gleichlautende Anzeigen in renommierten Zeitschriften zur Vorbestellung seines ersten Gedichtbandes eingeladen:*

## Isaak Maus: Subskriptionsanzeige zu „Gedichte und Briefe" (1786)

Ankündigung.

Ich kündige hiermit dem Publikum die Früchte meiner unstudierten Muse an, und bin gesonnen, dieselben dem Druck zu übergeben, dafern ich so glücklich bin, die nötige Anzahl Subskribenten zu erhalten.

Das Werk wird aus poetischen Briefen und Gedichten bestehen und zwischen 12 und 20 Bogen [Umfang] betragen; welches sich nicht genau bestimmen läßt, weil ich das Ordnen und Zusammenschreiben nicht unternehmen kann, bis ich wegen Zeitverlust und Druckerkosten durch eine hinlängliche Anzahl Unterschriften gesichert bin.

Kann ich diese Unterschriften bis Johanni oder längstens Michaelis erhalten, so soll noch dieses Jahr das Werk – so schön es sich nach den Subskriptionsumständen tun läßt – , das Exemplar zu einem Gulden, in Oktav erscheinen. Fänden sich aber die Subskribenten sparsam, so dürfte es bis Ostern 86 dauern.

Wem ich noch ganz unbekannt bin, der kann nähere Nachricht von mir und Proben meiner Dichtkunst im deutschen Museum 1782 im 9ten und 1784 im 1ten Stück; auch in der zu Mannheim herausgekommenen Schreibtafel 4ten und 7ten Lieferung; in Herrn Schlezens Gedichten; und im ersten Heft des zu Mainz 1785 erschienenen Magazins für Philosophie und schöne Literatur; und noch anderswo finden.

Denen, die sich die Mühe geben wollen, mir Subskribenten zu sammlen, verspreche ich, nebst meiner Dankbarkeit, zehn Prozent. Und überhaupt, wer so großmütig ist, diesen meinen Plan zu begünstigen, entweder durch Bekanntmachung in öffentlichen Blättern oder durch Sammlung einiger

Subskribenten, dem kann ich nicht sowohl Gegendienste, wozu ich zu gering bin, als Dank, reinen herzlichen Dank versprechen.

Im März, 1785.

Isaak Maus,

Bauersmann im Dorf Badenheim, bei Kreuznach in der Pfalz.[9]

*So die gleichlautende Ankündigung in „Deutsches Museum“ (Leipzig), „Deutsche Zeitung“ (Gotha), „Deutscher Merkur“ (Weimar) und anderswo.*
*Die respektablen Herausgeber dieser weitverbreiteten Blätter machten Maus' Subskription zu ihrem persönlichen Anliegen; so schreibt die „Deutsche Zeitung“:*

Der Herausgeber [d. i. Rudolph Zacharias Becker] ist so glücklich, diesen Bauersmann persönlich zu kennen und ihn unter seine Freunde zählen zu dürfen. Er macht sich daher ein Vergnügen daraus, für Obersachsen die Haupt-Collection der Subscribenten zu übernehmen; so daß er die Aufträge andrer Collecteurs besorgen und ihnen die von Herrn Maus gemachten Bedingungen ohne Abzug erfüllen wird; doch bittet er, Briefe und Gelder postfrei an die Expedition dieser Zeitung einzusenden. Folgendes schrieb der Bauersmann im vorigen Herbst an einen seiner Freunde in Mainz, auf die Nachricht, daß er krank sei:

„Krank? – Lieber Hunold! das ist schlimm [...]“ [Folgt Gedicht]

*Und ebenso das „Deutsche Museum“:*

Der Herausgeber des deutschen Museums [d.i. Christian Heinrich Boie] hängt dieser Ankündigung noch ein auf dem Umschlag der deutschen Zeitung für die Jugend und ihre Freunde abgedrucktes Gedichtchen an, das der wackere Bauersmann im vorigen Herbst an einen seiner Freunde in Mainz auf die Nachricht, daß er krank sei, schrieb, und wird mit Vergnügen, soviel seine Lage erlaubt, die Subskription unterstützen.

[Folgt „Krank? – Lieber Hunold! das ist schlimm. [...]“]

*Auch sonst bekam Maus Ermunterung und Zuspruch, so vom bekannten „Dichtervater“ Gleim, der junge Talente durch großzügige Vorbestellungen zu unterstützen pflegte:*

## Isaak Maus an Johann Wilhelm Ludwig Gleim, Badenheim 21.08.1785

Vater Gleim!

Auf Ihren lieben Brief und schönen Fr.[iedrich] d'Or*, die ich d. 16ten August richtig erhalten habe, muß ich Ihnen antworten. Es freuet mich unendlich[,] daß Sie so viel Zutrauen zu meinen Talenten und zu meiner Ehrlichkeit haben, und ich werde mich befleißen[,] das alles zu leisten[,] was Sie so freundschaftlich fo[r]dern und so großmütig bezahlen. Allein, wenn es noch ein bischen lang zugeht[,] ehe meine Gedichte erscheinen: so müssen Sie doch nicht böse werden auf Ihren Maus, der zu erst seine Erndte u[nd] hernach die Wintersaat besorgt, eh' er sich völlig den Musen überlaßen kann. Ich bin keiner der reichen Bauern[,] die mit dem Stock in der Hand auf ihr Landgut spatziren, blos anordnen und Befehle erteilen, hernach wie Junker schmaußen und wie Beamte sich fürchten lassen. Ich muß selbst Hand an die schwersten Arbeiten legen und scheine weder dem Fremden, der mich siehet, noch meinem Nachbar, das[,] was ich bin. Und wenn Sie, Ehrwürdiger Greis! in dem Augenblick[,] als ich Ihren Brief erhielt[,] meine Geschäfte und meine Empfindungen hätten sehen können, so würden Sie ausgerufen haben: Welch ein Abstand! –

Sobald ich die hinlängliche Anzahl Subscribenten habe[,] laße ich in einem öffentlichen Blatt einen Vesten[!] Termin bekannt machen[,] bis dahin zu subscribiren, und auf dem wird mit dem Drucke angefangen werden. Das wird alles so auf den Winter fallen[,] wo ich von Feldarbeiten los bin.

Hrn. Fischer, und allen denen[,] die mir die Freundschaft erzeigen und Subscribenten sammlen, bin ich indessen von Herzen dankbar und freue mich zu einer Zeit zu leben[,] da es gute Menschen auf der Erde giebt, deren Blick[?, verschrieben] nicht an dem Rock ihres Mitbürgers kleben bleibt.

Jetzt[,] da es auf Michaelis losgeht, wünschte[!] ich doch bald die gesammelten Subscribenten zu wissen[,] um zu sehen[,] ob es sich der Mühe verlohnt[,] daß man Autor wird; denn daß ich einigen Vorteil dadurch zu erhalten hoffe, gestehe ich aller Welt. Für einen Mann in meinen Umständen und meiner Denkungsart ist die Ehre[,] gedruckt zu sein, keine[sic!] wichtige Besitzung, und kann mein Glück auf keine Art befördern als durch baaren Zuschuß. Mir dadurch mehrere Freunde zu erwerben[,] wäre Eitelkeit; ein Paar wenigen[,] die ihr Herz mit mir teilen, sind nebst meiner Frau und [meinen] Kindern mir genug auf dieser Pilgrim Reise. Und diese Paar Wenige bin ich so glücklich gewesen[,] vom Himmel zu erhalten. Reicht mir aber, wie Sie, edler Greis! getan haben, im Vorbeigehen ein Redlicher die Hand[,] dann greife ich ohne Umstände zu, drücke sie an meinen Busen und fühle alles für ihn[,] was man guten Menschen schuldig ist.

Da ich nicht weiß[,] ob Ihnen eine gedruckte Nachricht zukam, oder ob Sie meine Ankündigung aus einer Monatsschrift ersehen haben, so lege ich gegenwärtiges Blatt bei.

[Ich] Bin übrigens dankbar für Ihre Gewogenheit, und wünsche Ihnen noch lange, lange zu leben.
Ihr

Badenheim d: 21ten August 1785.

Diener
Is[aak] Maus[10]

*Oder von einem weniger Prominenten, dem Oberpfarrer der Diözese Idstein:*

## M.C. Sommer: Freundschaftliche Verse von einem Stümper an einen Meister in der Poesie (1786)

Der Ungelehrte ein Poet!
Das wird sich trefflich reimen.
Ein Mann, der hinter'm Pfluge geht!
Wer läßt sich so was träumen?
Der soll der Musen Liebling sein!
Wird mancher Kritikaster schrei'n.

Wer sich vom Helikon entfernt
Dem Ackerbau zum Preise,
Und Weisheit nicht methodisch lernt,
Wird nimmermehr recht weise,
Und wer nicht sein Latein versteht,
Der wird unmöglich ein Poet.

Recht, Herr Magister Lobesan!
Sie können herrlich schließen;
Ich sehe sie mit Staunen an,
Vom Kopf bis zu den Füßen
Muß alles Witz an Ihnen sein;
Denn Sie verstehen Ihr Latein.

Wie sieht es aber, lieber Maus,
Nach dieser Art zu schließen,
Um Deine Poesien aus?
Die sind nicht zu genießen!
Denn Du verstehest kein Latein
Poet kannst du unmöglich sein!

Und doch pränumeriere ich
Auf deine Poesien,
Ich schwöre Dir, sie freuen mich
Weit mehr als alle Chrien*,
Die Schulwitz schulgerecht gemacht
Und die der Mutterwitz verlacht.

Verstand und Witz erlernt man nie
Auf Universitäten,
Die Schulen formen kein Genie,

So wenig als Poeten,
Dies sind nur Früchte der Natur,
Und nähren sich auf ihrer Flur.

Freund! Dich hat die Natur erfreut
Mit diesen edlen Schätzen,
Du kannst Dich nach Gelegenheit
Mit diesem Schatz ergötzen,
Sind Deine Pferde ausgespannt,
Nimmst Du die Harfe in die Hand.

O! schätze doch Dein Glück recht hoch,
Das Könige beneiden,
Ihr Glück ist glänzend, aber doch
Oft leer von edlen Freuden,
Die Dir Dein nied'rer Stand gewährt,
Und Deine Poesie vermehrt.

Leb' lange glücklich und vergnügt,
In Deiner nied'ren Sphäre!
Wirst du mein Freund, bin ich vergnügt,
Und rechne mirs zur Ehre;
Denn solche Männer schätze ich,
Und bin ichs wert, so liebe mich.

Idstein, den 14. März 1786.
M.C. Sommer, Inspektor der hiesigen Diöcese.[11]

*So konnte Maus über den Erfolg der Subskription in der „Deutschen Zeitung" berichten:*

Da ich so glücklich war, auf 600 Subscribenten zu erhalten, so soll nächstens mit dem Drucke meiner poetischen Briefe und Gedichte angefangen werden. Die Subskription dauert nur noch vier Wochen; bis wohin die Namen müssen eingesandt sein, um solche dem Werke vordrucken und die Anzahl der Abdrucke darnach bestimmen zu können. Denen weit entfernten Herren Subkribenten kann ich ihre Exemplare nicht postfrei zusenden, werde aber dafür sorgen, daß das Porto möglichst leicht sein soll. Das Werk wird etwas stärker, als ich anfangs glaubte, der Preis aber bleibt 1 Rtlr.* Auch wird jetzt Vorausbezahlung angenommen – wer es gern tut. Badenheim, den 12.März 1786. Isaak Maus, Bauersmann im Dorf Badenheim, bei Kreuznach in der Pfalz.[12]

*Und im Juli 1786 meldete die „Deutsche Zeitung":*

Die Gedichte des Bauersmanns Isaak Maus zu Badenheim werden jetzt eben die Presse verlassen. Die Herren Interessenten, welche hier bloß subskribiert, nicht pränumeriert* haben, belieben also auf das Exemplar 1 Convent. Gulden franco einzusenden. Die Ablieferung der Exemplare wird so bald als möglich geschehen.“[13]

*In einem biographischen Vorwort zu seinem schön ausgestatteten Gedichtband stellt sich Isaak Maus seinen Lesern vor:*

## Isaak Maus: Vorwort zu „Gedichte und Briefe“, 1786

Vorrede.

Ein so unzünftiger Schriftsteller, als ich bin, muß sich's wohl gefallen lassen, vor dem richterlichen Publikum ein scharfes Verhör auszuhalten; zumal wenn seinen Geistesprodukten die Kraft zu bestechen fehlt. Ich will also zum voraus mich näher zu erkennen geben; die Ursachen anführen, die mich bestimmten, meine gereimten Sachen dem Drucke zu übergeben; und dann auf gütliche Nachsicht hoffen.

Nie war ich von meinen Eltern, die fleißige Bauersleute waren, zu etwas anderem als zum Bauern bestimmt; und nie fühlte ich eine Abneigung gegen diesen Stand. Die Liebe zur Poesie regte sich bei mir nicht früh, weil man auf dem Lande gewöhnlich etwas spät zu geistigen Begriffen reift; zwar gefiel mir der musikalische Takt in den Liedern schon lange vorher, ehe ich den Sinn der Lieder fassen konnte. Und manche Stunde saß ich am Gesangbuche, und las Kirchenlieder, bloß weil sie abgemessene Silben hatten.

Auch stand ich damals schon in der Meinung, daß das Gesangbuch, welches man hier, wie die Bibel, Gotteswort nennet, etwas Übermenschliches sei; bis ich einmal wegen den unter den Liedern stehenden Namen, als: Luther, Frank, Hermann, Gerhard u.s.w. fragte, und erfuhr, daß dieses die Namen der Verfasser wären.

Ei!, dacht' ich, wenn Menschen dieses machen konnten, so sollt' ich es auch wohl lernen? und fing an zu reimen. Einer von meinen Brüdern fand Gelegenheit, mir Hagedorns poetische Werke zu verschaffen; und wie staunte ich, ein Buch zu sehen, das kein Gesangbuch war, und doch aus Versen bestand!

Ich las nun täglich in diesem Buche, freute mich über die verschiedenen Gattungen von Gedichten, ohne daß ich sie halb verstanden hätte. Bald aber sah ich, teils aus den Gedichten, teils aus den Anmerkungen, daß es dergleichen Bücher mehrere gäbe, und daß man ihre Verfasser Dichter nenne.

Gellerts Fabeln und Erzählungen war[en] das erste, was ich mir kaufte, und auch das erste, worüber meine Mutter in Unwillen geriet. Sie hatte auf mich, weil mein Vater indessen gestorben, meine Geschwister teils verheuratet, teils in Diensten waren, ihre einzige Hoffnung gesetzt; wollte also durchaus nicht gestatten, daß ich Geld an Bücher verwenden sollte, indem sie besorgte, ich würde durch vieles Lesen zum Bauern so gut als verdorben sein. Ja, in der Folge ward ihr Kummer unaussprechlich groß. Sie sah mich jeden Augenblick, den ich von Feldarbeiten frei hatte, mit einem Buch in der Hand (die ich mir hin und wieder zusammen borgte), sah mich die langen Winterabende bis um Mitternacht, so lange ihr Spinnrad schnurrte, bei dem gemeinschaftlichen Lämpchen sitzen; wo[bei] ihr meine in Gedanken vertiefte Stille, meine auf ein leeres Papier geheftete[n] Blicke, unerklärbar schienen. „Ach Gott!" sprach sie öfters, „Sohn!, tu mir das Leid nicht an mit deinen Büchern. Geh' in dein Bett, und bring dich nicht mutwillig um den Verstand." Ich konnte ihr von meiner süßen Beschäftigung keinen Begriff geben, und sie wollte auch keinen davon haben, und ob sie schon in der Folge sah, daß ich weder tiefsinnig, noch unarbeitsam wurde, so sprach sie doch immer mit Verachtung und Eifer von meiner poetischen Beschäftigung. Ich duldete alles gerne, weil ich wußte, daß sie mich übrigens liebte und in ihrem Beruf eine sehr rechtschaffene Frau war. Sie lebt noch und lächelt zuweilen selbst darüber, daß sie ehedem so hart gegen eine Sache war, durch welche doch itzt ihr Sohn das Glück hat, manchen Rechtschaffnen zum Freunde zu haben.

Unter obenbemeldten Umständen schrieb ich manchen poetischen Brief, manches Liedchen, die aber verloren gingen, weil ich nie daran dachte, meine Sachen zu sammeln; bis endlich meine Freunde hier und da einiges von meiner Muse drucken ließen und man mich darauf um meine Manuskripte befragte und mir Geld dafür anbot. Ich wollte es anfangs nicht wagen, dem Publikum zur Schau zu stehen; aber einige meiner im Reiche der Literatur bewanderten Freunde versicherten mich[!], daß, dafern ich nicht selbst sammelte, ein Fremder meine zerstreute[n] Gedichte zusammen raffen und, der Seltenheit wegen, Gewinn davon ziehen würde.

Nun trug ich weiter kein Bedenken, mir und meinen Kindern das zuzueignen, worauf kein Fremder Anspruch zu machen hat – und dafern er ein ehrlicher Mann ist, nicht machen wird; – schlug den Weg der Subskription ein und war so glücklich, mein Unternehmen über alle Erwartung gut ausfallen zu sehen.

Ich bin stolz, nicht Dichter, sondern ein guter Bauer, ein nützlicher Untertan und ein tätiger Hausvater zu sein. Ich könnte hieraus hundert Gründe folgern, um den Mangel an Politur zu entschuldigen, die ich selbst in meinen Gedichten [ver]misse. Ich verhehle es gar nicht, daß ich mehr auf die Neugier des Publikums als auf den Wert meiner Gedichte rechnete; und muß es zum Lobe der Menschheit itzt frei gestehen, daß der größte Teil meiner Subskribenten (wie ich es durch Briefe und Handlungen fest überzeugt bin) bloß unterzeichneten[!], um mir einigen Gewinn zur bessern

Erziehung meiner Kinder und zur Erleichterung meines harten und mir so teuren Standes zu verschaffen. Gedankt sei's diesen Edlen!

Diejenigen aber, die bloß nach Wert zu kaufen gedachten und vielleicht die Köpfe schütteln, muß ich bitten, sich zu erinnern, daß die Sachen nicht für das Publikum geschrieben waren; und daß man von einem Bauersmann, der alle Arbeiten seines Standes mit eigner Hand verrichtet, der keine Schule frequentiert, der nie einigen Unterricht genossen hat, den nie Autorsucht plagen wird und der nie aus seinem Dorfe gekommen ist, wohl nichts Großes erwarten konnte; muß sie bitten, meine Sachen nicht mit Meisterstücken zu vergleichen, sondern das, was ich geleistet habe, mit den bekannten Schwierigkeiten, die ich zu bekämpfen hatte, zusammen zu halten, und dann aus diesem Gesichtspunkte allein – mich zu beurteilen.

Badenheim bei Kreuznach in der Pfalz
im Junius 1786

Isaak Maus.[14]

Gedichte und Briefe
von
Isaak Maus
Bauersmann in Badenheim.

Mainz,
gedruckt in der kurfürstl. privilegirten Buchdruckerei,
bei Johann Benjamin Wailandt.
1786.

*1094 Besteller subskribierten 1286 Exemplare; die Ortsliste im Subskribentenverzeichnis ist überaus stattlich:*

Allendorf
Alsenz
Altenbamberg
Altshausen
Alzei
Amberg
Amsterdam
Anweiler
Arheilgen
Armsheim
Augsburg
Bacherach
Badenheim
Ballenberg
Bamberg
Basel
Baireuth
Bechtheim
Bendorf
Bensheim
Berchtolsgaden
Biberach
Biberich
Bingen
Birkenau
G. Böckelheim
W. Böckelheim
Bockenau
St. Bockenheim
Bonn
Borgfeld
Bregenz
Bremen
Broich
Brundrut [Pruntrut]
Büdingen
Burgfriedberg
Burtscheid
Camberg
Cassel
Crefeld
Darmstadt
Daun
Dillingen
Donauwerth
Düren
Dürkheim
Düsseldorf
Ehingen
Eichloch
Eichstätt
Eisfeld
Eckelsheim
Elberfeld
Ellingen
Ellrich
Elsheim
Erfurt
Erkenbrechtshausen
Erlangen
Es[s]enheim
Feil
Ferrieden
Flonheim
Frankenberg in Franken
Frankenberg in Hessen
Frankenthal
Frankfurt
Friedewald
Fürfeld
Fuld[a]
Gehmen (Westfalen)
Giesen
Gladbach
St. Goar
Golgenstein
Gotha
Graiz
Grehweiler
Grumbach
Grünstadt
Guntersblum
Haag
Hachenburg
Halberstadt
Hamm
Hannover
Häuserhof
Hausen
Heidelberg
Helmizheim
Hemkirchen
Heppenheim
Herrstein
Hetternheim
Hildburgshausen
Hirbel
Hirschland
Homberg
H. Homburg
Homburg b. Zweibr.
Horrweiler
Idstein
Jena
Ingolstadt
Joksweiler
Ippesheim
Jugenheim
Kaisersheim
Karlsberg b. Zweibr.
Kast[el]laun
Kempten
Kirchberg
Kirchen
Kirchheim-Bohland.
Kirn
Kieeburg
Klepsau
Koblenz
Königheim
Königshofen
Kranzberg
Krebsweiler
Kreutzenach
Kriegsfeld
Küps
Landshut
Langenlonsheim
Fr. Laubersheim
Laufen
Laupheim
Leiningen
Lilienthal
Limbach
Linnig
Lohnstein
Lüttig
Mainz
Mannheim
Marburg
Markbreit

Meidingen
Meiningen
Meisenheim
Meckenbach
Memmingen
Mergentheim
Miesau
Miltenberg
Molsheim
Monsingen
Mühlhausen
München
Münster am St.
Schl. Naumburg
Neapel
Neubamberg
Neunkirchen
Neusaarwerden
Neustadt
Neuwied
Niederrad
Niedersaulheim
Niederwiesen
Niemburg
Nohfelden
Nürnberg
Oberflörsheim
Oberingelheim
Oberneuland
Obersaulheim
Ochsenhausen
Odenbach
Odernheim am Klahn[!]
Oettingen
Oggersheim
Ockstadt
Ortenburg
Osterholz
Ottersberg
Petrowy in Schlesien
Pirmasenz
Pleitersheim
Regensburg
Reimlingen
Remscheid
Reusch
Reval
Rheingrafenstein
Rod
Rosenthal
Rothenburg
Rudolstadt
Ruppertshofen
Saarbrücken
Salzburg
Sandsee
Schönthal
Schornsheim
Schwabenheim
S[ch]wetzingen
Seflingen
Selßen
Siedenburg
Sobernheim
Soetern
Solingen
Speier
Staudernheim
Steinbach
Stralsund
Straubing
Stromberg
Stuttgart
Sugenheim
Sulzheim
Theodorshall[e]
Trarbach
Trier
Trippstadt
Uffenheim
Uiberlingen
Ulm
Ulsenheim
Untenheim
Unterwechingen
Usingen
Vendersheim
Volxheim
Wächtersbach
Wallertheim
Weilburg
Weiler
Weilheim
Wendelsheim
Werbachhausen
Werhan im Odenwald
Werningerode
Werrstadt
Wetzlar
Wi[e]sbaden
Willingshausen
Winnweiler
Winterburg
Wittgenstein
Wöllstein
Wörni[t]zostheim
Wohnsheim [Wonsheim]
Worms
Wirzburg
Zweibrücken

*Aus Badenheim subskribierten „Hr. Pet. Alles. – Hr. v. Besch, kath. Pfr. – Hr. Paul Karst, Bauersm. – Hr. J.C. Pilger. – Hr. Joh. Schneider, Bauersm. – Hr. Pfr. Sträuber“; aus Eckelsheim „Hr. Diehl, Bauersmann. – Hr. Lauckhard, Pfr. Vikar“; aus Darmstadt u.a. „Hr. Kassierer Maus, 12 Ex.“ Bauern als Subskribenten sind auch genannt in Fürfeld, Krebsweiler, Miesau, Pleitersheim, Schwabenheim, Vendersheim, Volxheim und Wörrstadt, weitere zu vermuten unter den rund 130 Bestellern ohne Berufsangabe.*
*Leider schweigt die gelehrte Kritik zu dieser Buchveröffentlichung Maus' weitgehend, was möglicherweise mit dem Selbstverlag zu tun haben könnte: er erreichte seine Zielgruppe direkt und nicht über den Buchhandel; das Buch erschien nicht in den Leipziger Messekatalogen. Die einzige bisher bekanntge-*

*wordene Besprechung stammt aus einem „grundgelahrten" Blatt und ist wegen ihrer sozialen Komponente interessant:*

## [anonym]: Rezension zu Isaak Maus: Gedichte und Briefe, 1786

Wenn diese Gedichte sich nur dadurch auszeichneten, daß sie von einem Landmann herrühren, [...] so dürften wir ihrer in unsern Blättern wohl schwerlich erwähnt haben. Wir würden ihm die beträchtliche Anzahl der Pränumeranten, als eine ihm nicht ganz entbehrliche Unterstützung, von Herzen gegönnt und uns durch tiefes Stillschweigen gesichert haben, ihm einen Käufer zu entziehen. So aber, da der würkliche Wert dieser Gedichte uns erlaubt, mit gutem Gewissen nicht wenig zu ihrem Lobe zu sagen, so übernehmen wir diese Anzeige mit desto größerm Vergnügen. Wir finden bei unserm ländlichen Dichter eine Menge Ideen und selbst gelehrte Kenntnisse; eine Sprache, die nicht die Sprache seines Dörfchens, aber auch nicht gesuchte Büchersprache ist. Natur und Ungezwungenheit charakterisieren seinen Stil und Ausdruck, seine Bilder und Gedanken sind oft edel und gewählt, seine Versifikation ist leicht und fließend. [...] Freilich sind diese Gedichte nicht von Fehlern aller Art gänzlich frei; manent adhuc vestigia ruris*; doch ist ein großer Teil von der Art, daß mancher Dichter von einigem Namen sich ihrer nicht zu schämen hätte, und fast alle beweisen, daß der Verf. Talente besitzt, durch die er in einer andern Lage zwar ungleich mehr geglänzt haben würde, die aber, wahrscheinlich zu seinem größern Glück und der durch nichts ersetzbaren Ruhe des Lebens, unausgebildet geblieben sind."[15]

*Ermutigt durch das allgemeine Lob, durch viele neue gesellschaftliche Kontakte und Besucher in Badenheim, dachte Isaak Maus sogar daran, eine zweite Auflage seiner Gedichte zu veranstalten:*

## Isaak Maus an Johann Wilhelm Ludwig Gleim, Badenheim 14.01.1790

„Badenheim d- 4ten Januar 1790.

Auch einmal wieder an Sie[,] theuerster lieber Herr Gleim! muß ich schreiben. Es ist lange[,] daß ich nichts von Ihnen erfahre, als was ich zuweilen in öffentlichen Blättern las, welches mich doch soviel belehrte[,] daß Sie noch munter und thätig sind, worüber ich mich herzlich freue. Nach Ihrem freundschaftlichen Versprechen erwartete ich Anmerkungen von Ihnen, die die Verbesserung meiner gedrukten Gedichte bei einer allenfalsigen 2ten Auflage betreffen sollten [...].

Im Fall bemelte [oben genannte] Anmerkungen wirklich geschrieben sind, und noch unter Ihren Papieren sich befinden, wollte ich Sie herzlich bitten[,] mir dieselben izt zukommen zu lassen; da ich im Begrif bin[,] meine Gedichte durchzusehen und sie Hrn. Hermann in Fr[ank]furt zur 2ten Auflage zu überlassen. [...] Ich mache kein Lamentirens weiter, aber es ist mir herzlich daran gelegen.

Keine merkwürdige[n] Gedichte hab ich seither gemacht, fast alles schrenkt sich auf einige poetische Briefe ein[,] welche ich an verschiedene meiner Freunde geschrieben habe. Ob sie einmal in einem zweiten Band meiner Gedichte erscheinen werden und ob dieser Band selbst zur Reife kommt[,] weiß ich izt noch nicht.

Der Bauernstand, der mein Loos ist, giebt mir zu wenig Zeit[,] um meine Schriftstellerische[!] Launen auszuführen. Nicht einmal für mich kann ich alles aufs Papier werfen[,] was mir mein poetischer – Genius od.[er] Dämon, wie Sie wollen, eingiebt. Der Ackerbau ist aber nicht einzig Schuld an dieser Eingeschränktheit, auch sechs Kinder lärmen um mich her, und haben so viel zu sagen und sich sagen zu lassen, daß der stillen, zum Dichten und Schreiben bequemen Stunden, gar wenig sind. Die Welt mag wohl darbei gewinnen, aber mein eigner Geist verliert wirklich dardurch. Wie sehr die Einsamkeit unsern Geist stärkt und die Seele erhebt[,] hat Hr. Zimmermann* treflich gelehrt; und diese Einsamkeit geht mir ab, eine beständige Zerstreuung läßt mich nie zur seligen Stunde kommen[,] wo ich zu mir selbst sagen könnte: ‚Izt hast du diesen Plan und Wunsch ausgeführt, diese Sache völlig und glücklich geendet.‘ – Obs nicht Loos der Menschheit sey? Ach, bester Vater Gleim! Dieser Glaube erhält mich so fest an meinem Stande, macht mir dessen Pflichten so theuer als – Ihre Freundschaft.

Isaak Maus.“[16]

*Doch daraus wurde nichts: ab jetzt hielten die Wirren der Französischen Revolution die Welt in Atem, und die Gegend um Badenheim ganz besonders: sie wurde zum Kriegsschauplatz.*

LIBERTÉ ÉGALITÉ

FRATERNITÉ

[ou la mort]*

## 2.3 Badenheim zwischen den Fronten – Isaak Maus als Zeitzeuge der Revolutionskriege

Inhaltsübersicht:



### Hans Klauer: Vom Bauerndichter Isaak Maus und seiner Zeit

Am 21. Oktober 1792 hatte Custine Mainz erobert. Von dort aus suchte man die Bevölkerung für das Frankentum zu gewinnen. Flugblätter und Zeitungen trugen dazu bei, die Leute möglichst in Unruhe zu halten. Die Landesherren waren geflohen und ihre Beamten mit. Die breite Masse wollte natürlich nichts mehr von Fronen und Steuern wissen. Bald herrschte auf dem Lande fast überall Anarchie. So blieb man denn auch in Badenheim mit den Lieferungen zurück. Die Kapaun- und Hühnersteuern und der Zinsteller wurden nicht mehr gezahlt, das unangenehme Krebsfangen für die Herrschaft und das lästige allwöchentliche Butterschleppen zu derselben nach Mainz unterblieb, von dem Klosterzins für Pfaffenschwabenheim wollte man nichts mehr wissen usw. – In diesen aufgeregten Zeit setzte Maus mit einer Reihe von vernünftig denkenden Männern eine vorläufige Reform der Ortsverwaltung für Badenheim durch, um, wie er schreibt, „den Vaterort soviel wie möglich vor Unglück und Verderben zu sichern und um bei den Bürgern gute tugendhafte Gesinnungen, Ordnung und Recht zu erhalten". Es wurden in freier Wahl durch die Bürger zehn brave und unbescholtene Männer aus der Gemeinde bestimmt, die mit dem Schultheiß und dem Ortsgericht die Geschicke der Gemeinde in dieser schicksalsschweren Zeit lenken sollten. Dieser gewählte provisorische Ortsausschuß setzte durch, daß eine Reihe veralteter Verordnungen aufgehoben und neue eingeführt wurden. So sollten die Kriegsbeschwerden auf alle Einwohner, auch auf den Schultheiß, die Geistlichen, die Juden, usw. nach Billigkeit umgelegt werden. – Wer Melkvieh hat, hat auch zur Unterhaltung des Faselviehes beizutragen, auch die Herrn Geistlichen. – Das allgemeine Almosen ist vor allem Unterschleif zu sichern. – Der sogenannte Gottesteller ist jedermann freigestellt. – Der Weinkauf wird abgeschafft. – Solange der Krieg dauert, soll die Kirchweih abgeschafft und danach auf die Martinszeit verlegt werden. – Die Imse und Trinkgelage sollen bei Gericht abgeschafft werden. – Ein gemeines Gerichtsprotokoll ist zu führen und alle Verordnungen und Abänderungen sind in dasselbe einzutragen usw. – Maus schreibt: „Nach diesen Verordnungen glaubte ich, könnte Badenheim der Furie alles Unsinns und aller Torheit spotten." – „Aber weit gefehlt!2 setzt er bedauernd dazu. – Zunächst war der alte Schultheiß, der sich in seiner Herrschaft bedroht sah, nicht mit dieser Neuordnung einverstanden. Auch war er an so manchem interessiert, das abgeschafft werden sollte, wie am Weinkauf, der Kirchweih, der Imse beim Gericht usw., denn er war der einzige Wirt im Dorfe. Aber auch die kleinen Leute fühlten sich benachteiligt, weil der Ortsausschuß, den sie selbst gewählt hatten, durchweg aus vermögenden Bürgern bestand.

So war die Situation in Badenheim, als am 31. Januar 1793 zwei Wöllsteiner Bürger in Badenheim mit dem schriftlichen Auftrage des französischen Kommissars erschienen, um von der Gemeinde eine Erklärung zu fordern, ob sie sich unter den Schutz der französischen Republik begeben wollte. – Der Ortsvorstand war in größter Verlegenheit. Mit einem gewundenen, nichtssagenden Schreiben, das Neutralität versicherte, wollte man sich aus der Schlinge ziehen. Maus hatte das Schreiben entworfen. Aber in der Gemeinde trat eine Spaltung ein. Neun Mann unterschrieben die französische Erklärung. „In der Gemeindeversammlung wurde beratschlagt und gezankt, je nachdem die Gemüter für Einigkeit und Ruhe oder für Umsturz und Zügellosigkeit gestimmt waren", berichtet Maus. Nach einigen Stunden ging man ohne Beschluß auseinander. Am Abend unterschrieben noch einige. Am anderen Morgen, gingen die, welche unterschrieben hatten, von Haus zu Haus und sammelten noch manche Unterschrift. Die Erklärung, die zwar nur von einem Teile der Gemeinde unterschrieben war, ging jetzt nach Wöllstein und von dort nach Mainz. Am 18. Februar kam von Mainz ein Schreiben nach Badenheim zurück, welches besagte, daß die Gemeinde unter dem Schutz der fränkischen Republik stehe und Munizipalrat und Maire zu wählen sei.

Die Franken waren genau informiert. Sie wußten, daß das Wort unseres Maus in der Gemeinde etwas galt. Deshalb suchten sie ihn für ihr Sache zu gewinnen, In einem Schreiben aus dem Jahre 1793 betont er, er habe allen Versuchen der Freiheitsprediger Meuth und Salziola [sic, recte wohl: Falciola], die in sein Haus kamen, trotz vieler Schmeicheleien und Versprechungen herzhaft widerstanden. Schließlich hätten sie erklärt, man habe in ihm einen ganz anderen Mann vermutet, und zuletzt hätte man ihm gedroht, ihn nach Mainz transportieren zu lassen, wenn er nicht schwöre. – In seiner Not begab sich Maus nach Wöllstein, um bei dem dortigen reformierten Pfarrer, der auch sein Pfarrer war, zu erfahren, ob man auf keinerlei Weise diesem Schwören entgehen könne. Bei dem reformierten Pfarrer traf er auch den lutherischen Geistlichen. Er besprach sich mit den Herren, und beide versicherten ihm, daß sie alles Mögliche getan hätten und doch keine Dispentation[!] erhalten konnten. Sie hätten bereits den Eid geleistet in der Hoffnung, ihre Herrschaften würden es ihnen nicht übelnehmen. Der Herr Pastor, gemeint ist der katholische Geistliche, und der Herr Amtsschreiber hätten sich geweigert, und die Kommissionäre nähmen jetzt ihre Effekten in Beschlag und drohten mit Exportieren.

Maus begegnete in Wöllstein dem Kommissionär Meuth, der ihn anhielt. Hören wir, was Maus selbst über diese Begegnung berichtet:

> „Dem Kommissionär Meuth stieß ich auf der Straße auf; er fragte mich, was ich in Badenheim gemacht hätte, und setzte hinzu, ich sei in Mainz angeklagt, daß ich die Leute von dem Freiheitssystem abhalte; er habe Ordre, mich zu exportieren. Ich entschuldigte mich, so gut ich konnte. Er sagte hierauf: ‚Ich komme übermorgen nach Badenheim, und dann will ich sehen, ob er's wieder gutmacht und der Gemeinde mit gutem Beispiel vorangeht; ich will ihm eine Proklamation an den Schultheiß mitgeben, auch sag er's den Leuten, daß sie schlechterdings schwören müßten, und wir müßten Exeku-

tion gebrauchen, wo wir Widerstand finden. Ich nehme soeben dem Herrn Pastor allhier seine Sachen in Beschlag und habe schon nach Mainz geschrieben, um einen anderen Geistlichen. – So wird verfahren, dies merk' er sich!'"...

Als Maus nach Badenheim kam, suchte er sofort den katholischen Pastor auf und erzählte ihm, was sich in Wöllstein zugetragen habe. Dann ging er zum Schultheiß und erledigte[!] sich seines Auftrages. Der Schultheiß wußte schon durch seinen Schwiegersohn aus Wöllstein über alle Vorgänge, die sich dort abgespielt hatten, Bescheid. Er sagte, es helfe keine Ausflucht, man müsse schwören, und setzte noch hinzu: ‚Ich bin's entschlossen, das Exportieren soll der Teufel holen.' – Am anderen Tage beratschlagte man noch einmal im Ortsvorstande mit dem Schultheiß, man befragte auch die beiden Geistlichen, und die allgemeine Meinung war, daß man nicht widerstehen könne. – Am folgenden Tage – am 24. Februar [1793] – wurde in Badenheim geschworen. – Maus schreibt:

„Nun kam der 24. Februar, und ich hatte Ursache genug, die Härte der Kommissäre zu befürchten. Ich ging also ganz weg, ging nach Sprendlingen zum Herrn Amtmann [Sander], teils um mir Rats zu holen, teils um zu erfahren, ob wirklich allenthalben mit der Strenge würde verfahren werden, wie ich es in Wöllstein gesehen hatte. Ich traf die beiden Geistlichen bei dem Herrn Amtmann an. Sie meinten, daß den Bauern das Schwören niemand übelnehmen werde.
Indessen kam Meuth mit ein paar gewaffneten Männern nach Badenheim, suchte mich in meinem Haus auf, und als er mich nicht fand, befahl er, mich sogleich rufen zu lassen. Meine Frau, welcher es bange vor Mißhandlungen war, schickte mir meinen Sohn nach und ließ mich bitten, nach Hause zu kommen ... Bei Sprendlingen begegnete mir schon eine Bote mit einem Brief von Meuth an die dortigen Kommissionäre, und kaum war ich zu Haus, so kam Kommissionär Auche mit zwei Reutern, um Meuth zu unterstützten. – Man hatte schon zur Gemeinde geläutet, ehe ich nach Hause kam, und Herr Schultheiß ließ mich sofort rufen. Als ich zu ihm kam, saß er und Meuth ganz vertraut bei einem Glase Wein, und ich wußte nicht anders, als Herr Schultheiß würde mit der Gemeinde schwören. Auch den Gerhard Schlamp hatte Herr Schultheiß rufen lassen. Der Schultheiß beteuerte jetzt, daß er nicht wohl sei; mich und Schlamp beredete er, mit dem Kommissionär aufs Rathaus zu gehen. Er rief uns noch einmal zurück und reichte uns die Schlüssel und versprach selbst nachzukommen. Es waren viele Bürger nicht zu Hause, denen aber, die zugegen waren, bedeutete Meuth, daß alle ohne Ausnahme schwören müßten. Er las einige Proklamationen ab, wovon immer eine fürchterlicher lautete als die andere."

Maus ging mit zum Rathaus. Er versuchte von dort zu verschwinden. Er wurde aber von dem Sprendlinger Kommissionär Auche bemerkt. Dieser stellte ihn zu Rede und frage ihn, wohin er wolle. Als Maus Geschäfte zu

Hause vorschützte, winkte der Kommissionär seinen Reitern und folgte ihn nach. Maus berichtet:

> „Er fragte mich, ob ich schwören würde, und als ich Einwendungen machte, verwies er mich, ich hätte versucht, die anderen Bürger abwendig zu machen. Er bedrohte mich sogleich mit Arrest und wollte mich nach Mainz transportieren lassen, wenn ich nicht zuvörderst schwören und den anderen Bürgern dadurch ein Beispiel geben würde. Ich suchte ihn durch Gefälligkeiten zu gewinnen, aber es half nichts ... Indessen hatte es auf dem Rathaus schon ziemlichen Fortgang genommen, und mehr als dreißig Bürger hatten schon geschworen, ehe ich wieder hinaufkam. – Und nun schwur ich mit den übrigen, die zugegen waren." –

Wie das Schwören sich vollzog, schildert Maus an einer anderen Stelle; er schreibt:

> „Das wirkliche Versprechen oder Angeloben war die profanste Handlung von der Welt und geschah ohne alle Ceremonie, die ihr das Ansehen des Eides hätte geben können. Mit bedecktem Haupte, die Tabakspfeife im Mund, ohne einen Arm oder Finger in die Höhe zu heben, sprach man dem Kommissionär die Worte nach: Ich schwöre treu zu sein dem Volk und den Grundsätzen der Freiheit und Gleichheit."
> [Klauer zitiert hier nicht ganz genau; den exakten Wortlaut s. im vorliegenden Band S. 239]

Und nun ward man als Freund der mächtigen Franken belobt und mit tausend schönen Versprechungen überhäuft. – Als das Schwören vorbei war, fand die Wahl der Deputierten für nach Mainz statt. Auf Vorschlag der Bürger wurde Maus zum Deputierten gewählt. Er lehnte jedoch ab. Als einer der fränkischen Kommissionäre den Professor Blau, einen katholischen Geistlichen aus Mainz, der der Freiheitspartei angehörte, vorschlug, unterstützte Maus den Antrag, denn der Professor war ihm von früher her als verständiger Mann bekannt. – Am Abend fand ein Freitrunk statt. Maus nahm daran natürlich nicht teil. Er ging wie alle anständigen Bürger nach Hause und verschloß gut Tür und Fensterladen, um nicht von der trunkenen Gesellschaft in der Nacht belästigt zu werden. –

Fünf Wochen danach war das Bild ein anderes. Als die preußischen Truppen vom Hunsrück im Anzug waren, verließen die Franzosen schleunigst die Gegend. In der Nacht vom 28. auf den 29. März [1793] wurde der Freiheitsbaum in Badenheim beseitigt. Am 29. kam ein Kommando von sieben preußischen Husaren nach Badenheim. Sie suchten den Freiheitsbaum. Da er weg war, verlangten sie die rote Mütze von ihm. Sie wurde ihnen abgeliefert. Wie es gewöhnlich so ist, sammelte sich eine Menge von Gaffern an. Der Kommandierende der sieben Mann [...] fragte die Anwesenden, ob man im Dorfe mit dem alten Schultheiß und den früheren Gerichtsleuten zufrieden gewesen sei. Der versammelte Haufen antwortete: „Ja." Nun erklärte der Preuße: „Euer alter Schultheiß und die Gerichtsleute sind wieder eingesetzt und die neuen abgesetzt!" [...]

Jetzt begannen schlimme Tage für Maus. Aber mit Mannesmut wußte er sich zu verteidigen und fand dabei die Unterstützung aller rechtdenkenden Bürger, vielleicht haben aber auch seine anderen Verbindungen dafür gesorgt, daß man ihm nicht an den Kragen ging. – „Der Schultheiß zeigte bei mehreren Gelegenheiten deutlich, daß es ihm darum zu tun sei, einige Bürger, welche es am wenigsten verdient hatten, von den Preußen züchtigen zu lassen", äußert Maus an einer Stelle. Zu diesen Bürgern gehörte er selbst. [...]

Die Kommission, die zur Untersuchung von der hochgräflichen Herrschaft eingesetzt war, ließ nicht mehr lange auf sich warten. Viele Tage und Wochen wurde in Badenheim untersucht und verhört. So manches Mal stand Maus vor den hohen Herren; mancherlei Fragen wurden ihm gestellt, aber stets wußte er Antwort zu geben. Eine dieser oft sonderbaren Fragen war, wie er mit den Männern des Ortsvorstandes zufrieden sei. Seine Antwort war die: „Was der[!] allgemeine Charakter betrifft, halte ich sie für ehrliche Leute, die aber oft so wenig Meister ihrer Leidenschaften sind als andere Bürger. Uebrigens wünsche ich einigen unter diesem ehrsamen Chor mehr Aktivität und Amtsfleiß und – weil ich doch am Wünschen bin – ein ungeheuchelteres Betragen gegen die Gemeinde." – Sicher eine offene, ehrliche Antwort. – Mochte man ihm so manche Falle gestellt haben, man konnte ihm nichts anhaben, rein ging er aus der Untersuchung hervor. Aber wir dürfen ihm wohl Glauben schenken, wenn er schreibt, daß es „harte, schwere Tage" für ihn waren. –

Die ganze Zeit der Revolution und der für ihn noch fast schlimmeren Tage danach hat Maus auch einmal in poetischer Form geschildert, in einem Briefe, den er im Februar 1794 an seinen Freund Hunold in Erfurt schrieb. Der Brief lautet:

> „Freund, meine Muse saß betrübt und bang
> In ihrer kriegsbedrohten Hütte
> [...]"
> [vgl. „Der Pflüger hat den Dichterspleen ...", 1985, S.131-136]

Die Franzosen gingen zwar, aber sie kamen wieder. Allmählich fand man sich mit dem geschichtlich Gewordenen ab. Man gewöhnte sich an den Gedanken, politisch zu Frankreich zu gehören, ja man sah es mit der Zeit als einen Gewinn an, Bürger eines mächtigen Staates zu sein. Freilich, kulturell blieb man mit Deutschland verbunden. Zur Ehre der französischen

Verwaltung von damals sei gesagt, daß sie nicht daran dachte, Assimilationspolitik zu treiben, wie es heute leider von einigen Staaten gegenüber der unterworfenen Bevölkerung in ihren neuerworbenen Gebieten geschieht. Als einen großen Fortschritt erkannte man, daß das alte Feudalsystem mit seine Zehnten und Fronden abgeschafft worden war. Als Napoleon kam, kamen durchweg gewissenhafte Beamte und mit ihnen geordnete Zustände in das Land, wie man sie früher zur Zeit des ‚Landschreiberregiments' nicht kannte. Trotz mancher Fehler erfreute sich die französische Verwaltung nach und nach wachsender Beliebtheit, zumal die Franzosen schon in eigenem Interesse sich Mühe gaben, für das eroberte Land nach besten Kräften zu sorgen. So gab man dem Volke in dem Departementalrat eine Vertretung, die bei der Verwaltung mitwirken sollte. In dem bürgerlichen Gesetzbuch, dem „Code civil", der allen das gleiche Recht sicherte, sah die Bevölkerung ein großes Geschenk. Auf die Schwurgerichte, bei denen Männer des Volkes als Laienrichter mitwirkten, war man besonders stolz, und in den öffentlichen und mündlichen Gerichtsverfahren sah man mit Recht eine große Errungenschaft. Die öffentliche Sicherheit, um die es während des ganzen 18. Jahrhunderts in unserer Heimat so betrüblich aussah – es sei nur an Schinderhannes und seine Kumpane erinnert –, wurde hergestellt. Der Straßenbau wurde energisch betrieben. Zwar war der Handel durch die Kontinentalsperre gelähmt, aber der Landmann hatte durchweg gute Jahre; denn während das rechtsrheinische Deutschland von 1796 bis 1813 mancherlei Ungemach auszustehen hatte, konnte der Bauer in Ruhe und Frieden seine Felder bestellen. Dabei war der Absatz gut, und die Preise waren sehr hoch. Wirtschaftlich betrachtet, ging es also den Bewohnern unserer Heimat durchweg gut. –

Freilich wurde mit den Jahren der Steuerdruck größer und größer. Die Kriege, die Napoleon führte, verschlangen große Summen. Aber nicht nur an Geld, sondern auch an Menschen. [...]

Doch wenden wir uns Isaak Maus zu. Auch Maus mußte sich mit dem französischen Regiment abfinden und fand sich damit ab. Er wurde sogar 1809 Maire in seinem Heimatorte Badenheim. Er hatte das Amt trotz seines Alters und mancherlei Bedenken angenommen, weil er es zur Zeit für seine Pflicht hielt:

„Den Hals dem Joche hinzuhalten
Gebot die Zeit und meine Pflicht [...]"

Solange die Franzosen im Lande waren, blieb er auf seinem Posten, und unter der deutschen Herrschaft behielt er ihn auch. Aus dem französischen Maire war jetzt ein großherzoglich hessischer Bürgermeister geworden. Erst als 76jähriger Greis – im Jahre 1824 [richtig: 1825] – legt er sein Amt nieder, das er so lange Jahre mit der größten Gewissenhaftigkeit und Umsicht zum Wohl der Gemeinde geführt hatte. [...]

Als in dem Jahre 1818 der erste Provinzialrat für Rheinhessen gebildet wurde, wurde Maus mit seinem Freunde, dem Bürgermeister Franz Brunk von Fürfeld, von der Bevölkerung gewählt und [von] dem Großherzog dazu ernannt. Aus den Briefen an seinen Sohn Wilhelm in Bosenheim geht hervor, daß er sich sehr für die Beratungsgegenstände wie Straßenbau, Katasterwesen usw. interessierte.

Im Jahre 1819 gab er seine „Poetische[n] Briefe“ und zwei Jahre darauf seine dritte Sammlung, seine „Lyrische und vermischte Gedichte“ heraus. Damit schloß er – wenigstens für die Öffentlichkeit – seine poetische Laufbahn.[1]

*Maus hat aus freien Stücken und frühzeitig politisch Farbe bekannt. Straßburg war das erste Revolutionszentrum im deutschsprachigen Raum. 1790 hatte sich dort nach dem Vorbild des Pariser Jakobinerklubs eine »Gesellschaft der Constitutionsfreunde« gebildet. Vermutlich als Reaktion auf Brissots »Internationales Manifest der Revolution« vom Dez. 1791 schickte Maus unter voller Namensnennung an die Gesellschaft eine Grußepistel, die die Vorkämpferrolle des revolutionären Freankreich für aufklärerische Ideale feiert und hofft, daß es die »finstern Geister« in Deutschland, die »sich ein dunkles Herrscherwesen loben«, besiege, so »Daß Despot und Pfaff es ewig merke / Welcher Geist auf Frankreich ruht!«. J.F. Reichardt war Zeuge davon, wie diese Grußadresse im Januar 1792 von dem ob seiner Radikalität berüchtigten Jakobiner Eulogius Schneider vorgelesen und dieser damit beauftragt wurde, das Gedicht im Namen der Gesellschaft zu beantworten.*

## Johann Friedrich Reichardt: Vertraute Briefe über Frankreich (Januar 1792)

Gegen 7 Uhr trafen wir uns alle wieder in der Gesellschaft der Constitutionsfreunde, welche diesen Tag Deutsch gehalten ward. Ein Geistlicher, der sich, aus Bonn dünkt mich, hierherbegeben hat, Professor [Eulogius] Schneider, war der Präsident und wurde mir gleich durch seine hochmütige Selbstgenügsamkeit fatal. Er zeigte sich auch bald in allem so. Ein ziemlich mittelmäßiges Gedicht auf die Constitution, das ein Pfälzischer Bauer, mich dünkt, Maus hieß er, eingeschickt hatte, las er schlecht vor, und ließ darauf sich selbst mit großer Behaglichkeit von einem Redner der Gesellschaft einen der besten deutschen Dichter schelten, der das Gedicht im Namen der Gesellschaft beantworten müsse [...].[2]

*Das Gedicht, das auch unter anderen Titeln wie „Der Teutsche an die Franken“ durch Flugblätter und Zeitschriften umgehend in ganz Deutschland bekannt wurde, lautet:*

## Isaak Maus: Lied auf die Franken (Dez. 1791/Jan. 1792)

Seid willkommen, edle Franken!
Menschenrecht sei unser Bund,
Dessen Rettung Welten euch verdanken.
Alter Irrwahn kehrt in weise Schranken,
Menschenwohl auf sichern Grund!

Tapfre Männer, mit Entzücken
Reicht der Teutsche Euch die Hand
Brennt vor Lust, Euch an sein Herz zu drücken,
Euer Haupt mit einem Kranz zu schmücken,
Den Verdienst und Ruhm Euch wand.

Zieht, ihr Krieger, bis zum Rheine,
Und ihr findet keinen Feind.
Jeder Bürger liebt das Volk der Seine,
Bietet ihm von seinem Brod und Weine,
Ist ihm Bruder, ist ihm Freund.

Laßt die finstern Geister toben,
Die aus Habsucht, Stolz und Neid,
Statt des göttlich hellen Lichts von Oben
Sich ein dunkles Herrscherwesen loben,
Wo nicht Recht, nur Macht gebeut.

All ihr Drohen ist vergebens,
Recht und Wahrheit steigt empor,
Und ein edler Schutzgott leichten Schwebens
Trägt zum Lohn das größte Gut des Lebens,
Freiheit, euren Schritten vor!

Kehrt ihr einst, nach schönen Siegen,
Froh und ruhmbekränzt nach Haus,
O! so laßt das Schwert zur Sichel biegen,
Helft das Land des freien Volkes pflügen,
Ruht von euren Taten aus.

Gott erhalt‘ euch eu’re Stärke,
Eu’re Weisheit, euern Mut;
Und versiegle jene großen Werke,
Daß Despot und Pfaff es ewig merke
Welcher Geist auf Franken ruht!

Isaak Maus, Landbauer zu Badenheim.[3]

*War Maus' Gedicht durchaus maßvoll gewesen, so ist Schneiders in der gleichen auffälligen metrischen Form geschriebene Erwiderung radikale Jakobinerliteratur reinsten Wassers:*

## [Eulogius Schneider]: Der Franke an die Teutschen (Jan. 1792).

Hört, Thuiskons Heldensöhne,
Was das Volk der Franken spricht:
Sei es, daß die Kriegstrompete töne
Und die Erd' von unsern Tritten dröhne,
Euch bekriegt der Franke nicht.

Nur dem Frevler, dem Verräter,
Drohet unser Kriegspanier*.
Eine Horde schwarzer Missetäter,
Feige Söhne hochgerühmter Väter,
Suchen und zerstäuben wir.

Lange sprachen fremde Mächte
Unserm Vaterlande Hohn;
Drum erwacht' der Franke zum Gefechte,
Denn es gilt die Freiheit und die Rechte
Einer großen Nation!

Ha! es gilt auch Eure Rechte,
Ha! es gilt der Menschheit Glück.
Unterliegt der Franke im Gefechte,
O! so beugt die Kniee, werdet Knechte,
Völker, kehrt zum Joch zurück!

Nein! wir werden nicht erliegen:
Nein! wir sind und bleiben frei!
Keiner wird ins alte Joch sich schmiegen:
Hört es, Völker! Sterben oder Siegen,
Ist der Franken Kriegsgeschrei.

Fluch und Tod dem Erdensohne
Der sich uns entgegen stemmt!
Stürzen soll der Fürst von seinem Throne,
Und zertreten werde jede Krone,
Die das Glück der Menschheit hemmt.

Hör' es, Kaiser der Germanen!
Uns erschrecket kein Despot:
Deine Schmeichler, Priester und Ulanen*
Mögen's lesen, was auf unsern Fahnen,
Wehet: Freiheit oder Tod!

Aber Heil dem niedern Dache,
Wo der stille Landmann wohnt!
Unsre Heere dienen ihm zur Wache:
Nur den Feind zermalmet unsre Rache,
Der auf Gold und Marmor tront.

Reicht, als Brüder, uns die Hände,
Rächt mit uns der Menschheit Ehr'!
Sprecht: Es komme der Tirannen Ende,
Und das schönste Bild der Gottheit schände
Keine Sklavenkette mehr.[4]

*Doch noch vor dem Einfall des französischen Generals Custine in die Rheinpfalz (der erfolgte am 30.09.1792) und längst vor der Hinrichtung Ludwigs XVI. (21.01.1793), die die Französische Revolution in Deutschland die zuerst durchaus verbreiteten Sympathien kostete, schwenkte Maus politisch um. Das „Mannheimer Intelligenzblatt, [...] Nro. 76. Freitags den 21ten September 1792' brachte ein neues Gedicht von Maus mit dem Hinweis: „Wir haben erst vor wenigen Tagen ein neues Produkt seines [Maus'] Dichtertalents erhalten" sowie mit dem Nachsatz: „Diese Verse sind auch besonders, das Stük um 1 kr. zu haben.' Dieses antirevolutionäre und antidemokratische Gedicht, dessen genaue Entstehungszeit und Entstehungsanlaß unbekannt sind, verbreitete sich als Flugblatt und in Zeitschriften wie ein Lauffeuer durch Deutschland:*

## An Deutschlands gute Bürger von Isaak Maus, Bauersmann zu Bardenheim[!] bei Kreuznach. 1792.

[1] Friede sei uns Erden-Söhnen teuer!
Fliehet, Brüder! Revolution
Ach! sie ist ein wütend Ungeheuer,
Sie zerstört der Ruhe festen Thron.

[2] Sie bringt guten Herrschern Sorg und Kummer,
Leitet schief des großen Volkes Kraft,
Reißt die Unschuld aus dem sanften Schlummer,
Stößt sie in den Sturm der Leidenschaft;

[3] Säet Zwietracht in die besten Herzen,
Reizt und fordert schrecklich Bruder-Mord,
Achtet in der Wut nicht eigne Schmerzen,
Nicht den Dolch, der wild die Brust durchbohrt.

[4] Macht das gute sanfte Volk der Bürger
Tigern ähnlich, führt zum Straßen-Raub,
Wird der edleren Gefühle Würger,
Ist für Recht und Glück und Wahrheit taub.

[5] Fliehet, Brüder! dieses Ungeheuer,
Das nur Gift in eure Herzen speit,
Seine Tritte sind verzehrend Feuer,
Schrecken, Tod und Elend sein Geleit.

[6] Laß doch, Freunde! keiner sich betören;
Durch den angefachten wilden Brand,
Menschen-Glück und Bürger-Wohl zu stören,
Im geliebten deutschen Vaterland.

[7] Seht umher! wie unter guten Fürsten
Deutschlands Staaten schön und herrlich blüh'n;
Laßt uns nicht nach falscher Freiheit dürsten,
Tausenden nicht Ruh und Glück entziehn.

[8] Laßt den guten Genius* nur walten,
Der die Allemannen** nie verließ,
Frei wird er von Sclaverei uns halten,
Die für Deutsche stets ein Unding hieß.

[9] Sanfte Leitung, nicht Tyrannen-Hiebe,
Wählt der Fürst, der seinem Staate lebt,
Und des Bürgers ungeschminkte Liebe
Ist das Ziel, wornach[!] der Weise strebt.

[10] So auch unsre Fürsten, lieben[!] Brüder!
Ha! sie mühen sich um Menschen-Glück,
Meinen's wahrlich! edel, gut und bieder,
Segen hängt an ihrem Vaterblick.

[11] Opfern eig'ne Ruh und Kraft dem Volke,
Sehen sich von Gott verpflichtet an,
Zu zerstreuen jede trübe Wolke,
Die das Land in Unruh setzen kann.

[12] Selig, selig ist die große Handlung,
Wo der Herrscher seinem Volke frönt,
Er erscheint in himmlischer Verwandlung
Hier zum Seraph schon von Gott gekrönt.

[13] Ihn umschwebt ein Heer der lichten Geister,
Des Olympus*** freilich ungeseh'n –
Abgesandt vom großen Welten-Meister,
Seinem trauten Liebling beizusteh'n.

[14] Schändlich rasend wär es, nicht gehorchen,
Wenn der Fürst zu unsrem Wohl befiehlt,
Blieb' es auch dem kurzen Blick verborgen,
Glücklich schon! wer nur die Wirkung fühlt!

[15] O! versag' ihm niemal[s] das Vertrauen,
Nicht die Liebe, nicht die Folgsamkeit;
Gönnt die Sorg ihm, unser Glück zu bauen,
Der er treu und väterlich sich weiht.

[16] Gönnt ihm aber auch die Vater-Ehre,
Macht und Würde, weil sie Gott ihm gönnt,
Sagt! wann er nicht hoch und mächtig wäre,
Ob er strafen, ob er lohnen könnt?

[17] Schrecklich muß das Laster triumphieren,
Wo dem Herrscher es an Macht gebricht,
Und wer soll der Armen Sache führen,
Tut's die Hand des guten Fürsten nicht?

[18] Leidenschaft und Irrtum und Cabale,
Trieben stets ihr ruchlos Wesen hoch,
Wo nicht jemand mit gerechter Schale
Aller, aller Bürger Taten wog.

[19] Laßt uns also, Brüder! niemals wähnen,
Selbst-Beherrschung sei der Völker Glück,
Große Häupter schwärmerisch entkrönen,
War von je ein tolles Wagestück.

[20] Überlaßt dem Himmel diese Sache,
Der so weislich jedes Ding regiert,
Sterblichen gebühret keine Rache,
Wenn auch ein Tyrann das Zepter führt.

[21] Auch Gottlob! im lieben deutschen Reiche
Sind Gerichte, die dem Frevler drohn'n;
Und zur Schonung wahrer Cartuschs* Streiche
Blitzt vergebens eine goldne Kron.

[22] Niedre Armut darf des Siegs sich freuen,
Wenn es mit dem Ungerechten ficht;
Wär' er Kaiser, wird man sich nicht scheuen,
Ihm bedeuten Deutschlands Recht und Pflicht.

[23] Und wir wollten über Drückung klagen?
Freiheit suchen, die uns nirgends fehlt?
Wollten töricht Bubenstücke wagen?
Leider! vom Chimären****-Glück beseelt.

[24] Nein! ihr Brüder! laßt im goldnen Frieden,
Uns an Deutschlands sicherm Herde ruh'n,
Himmlisch Glück ist uns von Gott beschieden,
Wann wir recht und gut und edel tun.

[25] Drückt auch manchmal uns ein niederer Bube,
Dem die Blendung vor dem Thron gelingt:
O! es reift ihm schnell die dunkle Grube,
Die ihn groß und fürchterlich verschlingt.

[26] Sanft und duldend kleine Uebel leiden,
Auf der Erde kurzem Prüfungs-Pfad,
Und die nahen größern zu vermeiden,
Sei auch uns der höhern Weisheit Rat!

[27] Seinen Fürsten lieben und ihn ehren,
Und, trotz falscher Hetzung und Geschwätz,
Auf die Friedens-Stimme Gottes hören,
Sei uns deutschen Bürgern Grund-Gesetz![5]

*Das Gedicht ist hier zitiert nach der umfangreichsten mir vorliegenden Fassung (Erstdruck?, o.O. 1792, Flugschrift von 4 S. Umfang, 27 Strophen); daneben existieren viele weitere Ausgaben, die meist gekürzt und in den erklärungsbedürftigen Stellen oft geschickt verändert sind; Maus hat das Gedicht gekürzt und verändert 1821 in seine „Lyrischen Gedichte" aufgenommen (S.191-195) und sich dadurch dazu bekannt. – Als jedoch der Einmarsch der französischen Truppen die Herrschaft des Badenheimer Ortsherrn Graf von Schönborn-Heusenstamm außer Kraft setzte, nutzte Maus zunächst mit einigen Bauern die Gelegenheit, die Macht des bisherigen Schultheißen zu brechen (s.o. Klauer). Er ging sogar noch weiter – und wurde dafür von den zurückgekehrten alten Herren zur Rechenschaft gezogen:*

## A. Klebe: Reise auf dem Rhein [...] durch die Französischen Departemente des Donnersbergs (1793/1800)

Unter denen, welche nach der Eroberung von Mainz durch die kombinierte [preußisch-sächsische] Armee (1793) als sogenannte Patrioten in Inquisition kamen, gehörte auch der als Dichter bekannte Landmann Isaak Maus zu Badenheim. Er hatte eine eigene Constitution für sein Dorf entworfen, welche er dem damaligen rheinisch-teutschen National-Convent vorlegte. Ich habe nicht gehört, ob? und wie? er für diesen seltsamen Einfall bestraft worden sei?[6]

*Als die Franzosen jedoch Zwang anwandten, um die Bevölkerung der besetzten Gebiete zu Zustimmungserklärungen zur neuen französischen Verfassung zu bewegen, sperrte sich Maus standhaft. Klauers oben abgedruckte Darstellung wird gestützt durch ein erhalten gebliebenes Aktenstück:*

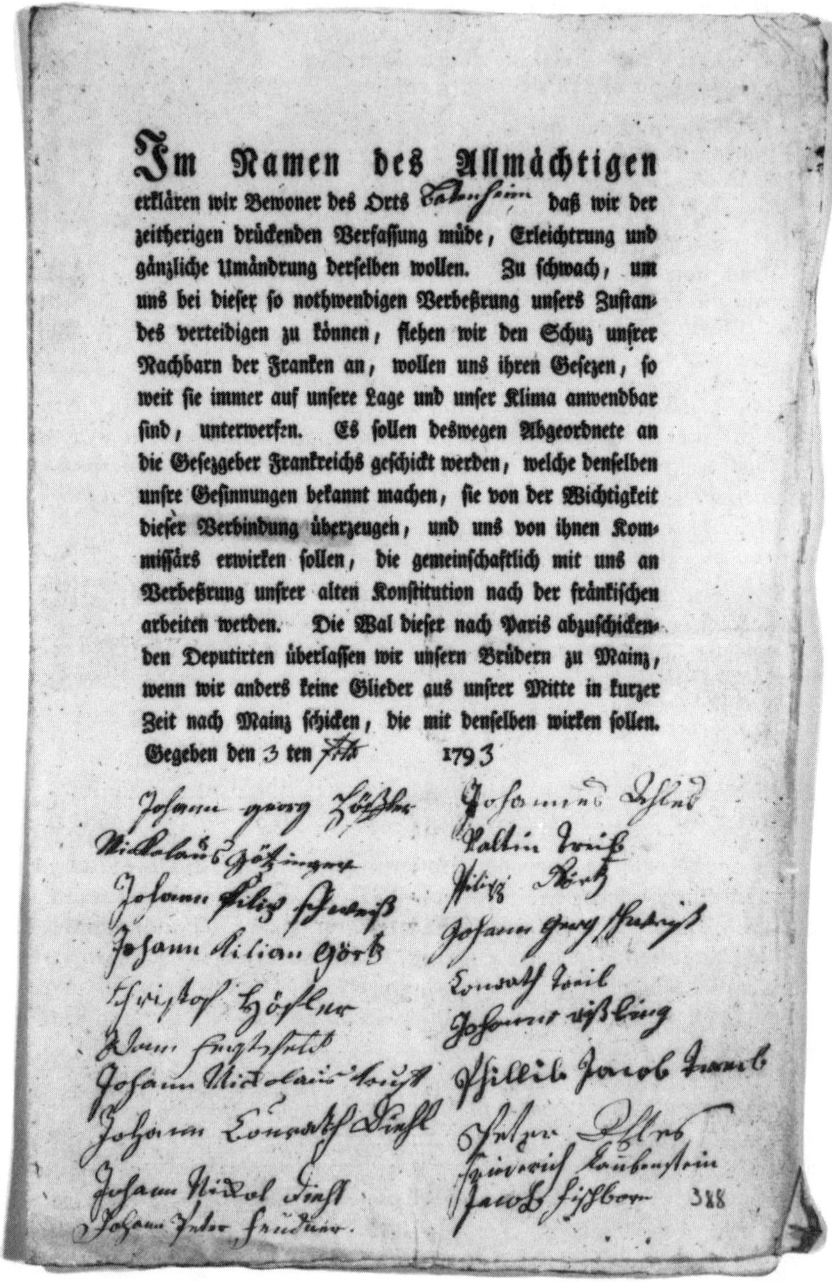

Im Namen des Allmächtigen
erklären wir Bewoner des Orts [illegible] daß wir der zeitherigen drückenden Verfassung müde, Erleichtrung und gänzliche Umändrung derselben wollen. Zu schwach, um uns bei dieser so nothwendigen Verbeßrung unsers Zustandes verteidigen zu können, flehen wir den Schuz unsrer Nachbarn der Franken an, wollen uns ihren Gesezen, so weit sie immer auf unsere Lage und unser Klima anwendbar sind, unterwerfen. Es sollen deswegen Abgeordnete an die Gesezgeber Frankreichs geschickt werden, welche denselben unsre Gesinnungen bekannt machen, sie von der Wichtigkeit dieser Verbindung überzeugen, und uns von ihnen Kommissärs erwirken sollen, die gemeinschaftlich mit uns an Verbeßrung unsrer alten Konstitution nach der fränkischen arbeiten werden. Die Wal dieser nach Paris abzuschickenden Deputirten überlassen wir unsern Brüdern zu Mainz, wenn wir anders keine Glieder aus unsrer Mitte in kurzer Zeit nach Mainz schicken, die mit denselben wirken sollen.
Gegeben den 3 ten [illegible] 1793

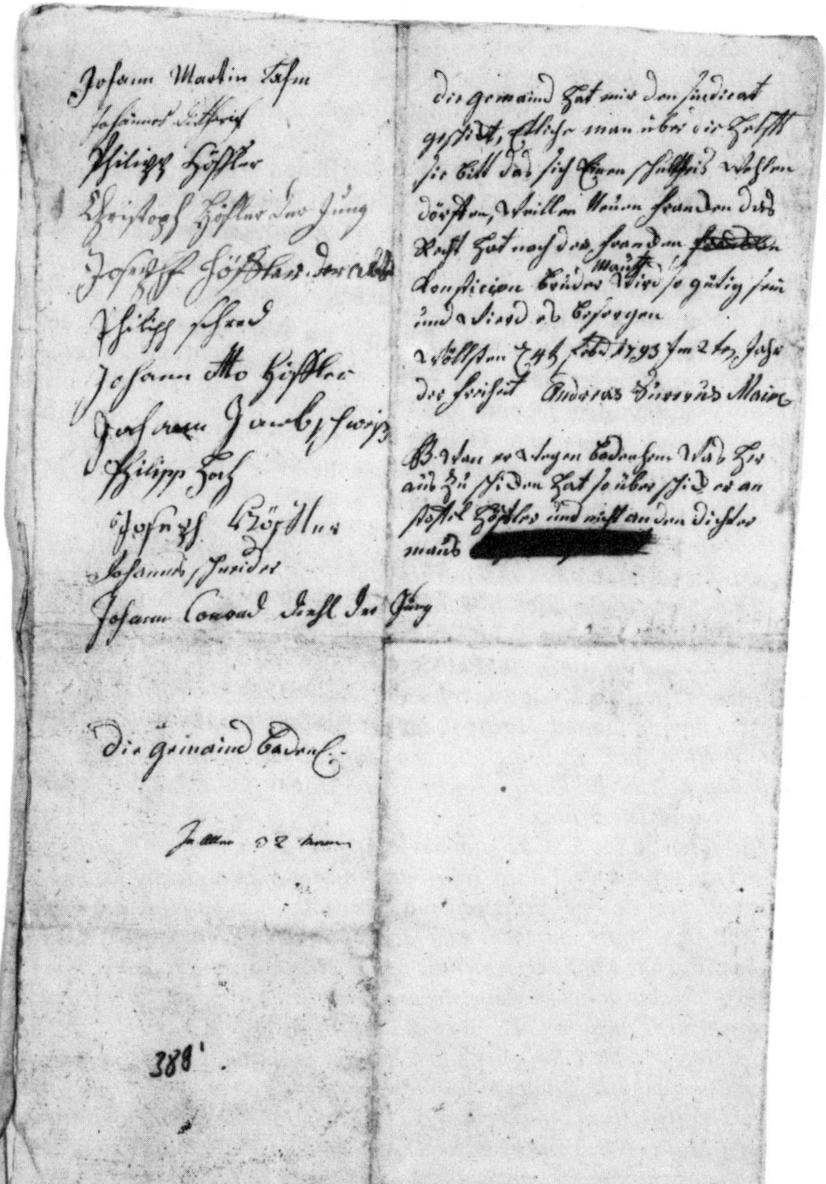

## Badenheimer Munizipalitätserklärung vom 3. Februar 1793

Vorgedruckter Text: „Im Namen des Allmächtigen erklären wir Bewohner des Orts ... [hier von Hand: Badenheim], daß wir der zeitherigen drückenden Verfassung müde, Erleicht[e]rung und gänzliche Umänd[e]rung derselben wollen. Zu schwach, um uns bei dieser so nothwendigen Verbeßrung unsers Zustandes verteidigen zu können, flehen wir den Schutz unsrer Nachbarn, der Franken, an, wollen uns ihren Gesetzen, so weit sie immer auf unsere Lage und unser Klima anwendbar sind, unterwerfen. Es sollen deswegen Abgeordnete an die Gesetzgeber Frankreichs geschickt werden, welche denselben unsre Gesinnungen bekannt machen, sie von der Wichtigkeit dieser Verbindung überzeugen, und uns von ihnen Kommissärs erwirken sollen, die gemeinschaftlich mit uns an Verbeßrung unsrer alten Konstitution nach der fränkischen arbeiten werden. Die Wahl dieser nach Paris abzuschickenden Deputierten überlassen wir unsern Brüdern zu Mainz, wenn wir anders keine Glieder aus unsrer Mitte in kurzer Zeit nach Mainz schicken, die mit denselben wirken sollen. Gegeben den .. ten... 179-“ [von Hand eingefüllt: 3ten Febr. 1793][7]

*Unterschrieben haben in dieser Reihenfolge: Johann Georg Höfler [„Höffler“, nicht: „Hößler“], Nikolaus Götzinger, Johann Philipp Schweiß, Johann Kilian Görz, Christoph Höfler [sen.], Adam Ferstenfeld, Johann Nikolaus Kruft, Johann Konrad Diehl [sen.], Johann Nikolaus Diehl, Johann Peter Feudner, Johannes Ahles, Valentin Treib, Philipp Görz, Johann Georg Schweiß, Konrad Treib, Johann Riesling, Philipp Jakob Treib, Peter Ahles, Friedrich Laubenstein, Jakob Fischborn, Johann Martin Lahm, Johannes Dietrich, Philipp Höfler, Christoph Höfler jun., Joseph Höfler sen., Philipp Scheid, Johann Otto Höfler, Johann Jacob Schweiß, Philipp Hoch, Joseph Höfler [jun.], Johann Schneider, Johann Konrad Diehl jun.*

*Damit erklären 32 [von ca. 62 stimmberechtigten] Badenheimer Haushaltsvorstände [Frauen und wohl auch Juden sind nicht stimmberechtigt] durch ihre Unterschrift, daß sie eine Verfassung nach französischem Vorbild haben wollen. Maus hat nicht unterschrieben, und das darunterstehende Fazit zeigt, daß damit der führende Kopf der Gemeinde fehlte: „Die Gemeind Badenh. In Allem 32 Namen.“ Rechts daneben von gleicher Hand: „Die Gemaind hat mir den Sindicat geschickt, Etliche man[!] über die Helfft[;] sie bitt[,] das[!] [sie] sich einen Schultheis wehlen dörffen, weillen Neuen Franken das Recht hat nach der Franken Consticion[!]. Bruder Mauth [!, Meuth] wird so gütig sein und wird es besorgen. Wöllste[i]n d. 4ten Febr. 1793 Im 2ten Jahr der Freiheit[.] Andreas Surerus[,] Maire. NB. Wan[n] er wegen Badenheim Was Heraus zu schicken hat[,] so überschick er [es] an Stoffel Höffler und nicht an den Dichter Maus.“ [Danach sind ca. 2-4 Worte durch Schwärzung unlesbar gemacht]*

*Als am 24.02.1793 in Badenheim der Eid auf die neue Verfassung abgelegt werden mußte, leistete ihn Maus nur unter Zwang, wie von Klauer oben dargestellt; er selbst hat in einer Versepistel an seinen Freund Hunold eingehend darüber berichtet.*[8] *Trotz diesem Zwang wurden er und viele andere als Kollaborateure verfolgt, als preußische und sächsische Truppen die Franzosen nach wenigen Wochen wieder vertrieben. Zu seiner und seiner Mitverfolgten Verteidigung schrieb Isaak Maus eine der besten politischen Flugschriften der Zeit:*

Versuch einer Apologie der Deutschen[!] Bürger und Landleute, welche, nach der Franzosen Verlangen und gezwungen den Freiheitseid geleistet haben, von Isaac Maus[,] Bauersmann in Bodenheim [sic], Frankfurt 1794.

*hier erstmals wiederabgedruckt (aus Umfangsgründen in der Werkauswahl, S. 233–244).*

*Die Wirren und Drangsale der Zeit spiegeln sich auch in seiner dichterischen Produktion aus jenen Jahren:*

## „Rothe Zeitung“: „... in diesen Gegenden noch eine Menschen-Seele zu finden“ (1796):

Pfalz am Rhein. Dieses gesegnete Land hat bisher die Uebel des alles zerstörenden Krieges am härtesten empfunden. Es wird daher den Lesern nicht unangenehm sein, in diesen Gegenden noch eine Menschen-Seele zu finden, die sich über den blutigen Erden-Staub empor schwingt, und diese ist der aus dieser Zeitung schon bekannte Bauer und Dichter Isaac Maus zu Badenheim bei Kreuznach. Er schrieb vor einiger Zeit Folgendes an einen Preuß. Feld-Prediger: „Mein Lieber! Wäre Ihre Prophezeihung in Erfüllung gegangen, und ich säß im Schatten des Palmbaums, so sollten Sie eine gereimte Epistel erhalten, so schön sie die Friedens-Muse mir eingeben würde.

Allein, so lang um meine Hütte
Waffen klirren, und Trommelschlag
Dörfer schreckt, und Kriegessitte
Die sanfteren Gefühle höhnt,
So lang erwarte keine Lieder.
Nur mit dem goldnen Frieden kehrt
Die Muse meiner Hütte wieder:
Wenn sie indeß kein Feuer aufgezehrt!

Es sieht jetzt in unserer Gegend kriegerischer als je aus. Bellona*, das trotzige Weib, ist einmal am Ruder, und neidisch auf die Verehrungen, die der Landmann der Göttin Ceres* bringt, sieht sie mit Grimm auf unsere fruchtbaren Gauen herab.

Man sieht die Fratze immer sich
Noch scheußlicher entfärben,
Der Anblick schon ist schauerlich
Und drohet uns Verderben.
Sie treibt mit wilder Satanswut
Durch Deutschlands schönste Staaten,
Und schleudert Pech und Schwefelglut
Auf Rheinlands fette Saaten.
Sie nimmt sich glänzend stolz darbei,
Als wüßte man nicht, wer sie sei.

Dies ist noch nicht alles, mein Lieber! was uns ängstiget. Auch eine abscheuliche Viehseuche herrscht neben dieser Kriegs-Furie, und bringt den gedrückten Landmann vollends zur Verzweiflung.

Verzeih, hier fällt mir eine Träne
Vom Aug', ich laß ihr freien Lauf;
Bei einer solchen Trauerszene
Hört aller Stoizismus auf. –
Da liegen sie, die unschuldsvollen Tiere,
Zu Totenopfern hingestreckt. –

Dieses Unglück hat auch mich entsetzlich getroffen. Nicht ein einziges Stück Hornvieh ist mir geblieben.

Die Erde deckt für mehr als tausend Gulden,
Was meiner Wirtschaft Nahrung gab;
Und tötend Gift steigt ihr aus diesem Grab,
Wirft sie aufs Siechenbett der Schulden.

So siehet es auf mehr als 100 Dörfern hiesiger Gegend aus."[9]

*Mit den preußischen und sächsischen Besatzungstruppen, deren gebildete Offiziere seine Gesellschaft suchten, stellte sich Maus gut; freilich wich er in seinen Äußerungen vom Politischen ins Moralische aus. S.C. Wagener berichtet von einem Auftritt:*
*„Erst gestern wieder hat uns Freund Maus einen angenehmen Tag gemacht. Er war wieder der Gast des Herrn Generals von B[ismarck]. Dieser las seinem Gaste zum Nachtische einige vortreffliche Erzeugnisse seiner Muse vor. Herr Maus zog hierauf ebenfalls ein Papier aus der Tasche, und regalierte uns gegenseitig mit einem seiner neuesten Gedichte, das er meisterhaft deklamierte, und [das] ich Ihnen hier mitteile:*

LIED EINES DEUTSCHEN PATRIOTEN.

Bied're Deutsche! zeigt als Patrioten
Euch dem schwer bedrohten Vaterland.
Achtet nicht der dummen Pöbelrotten,

Die aus Irrtum eures Eifers spotten;
Sie beherrscht nur Unverstand.

Laßt das Herz fürs Gute nie erkalten,
Spannet nicht der Seele Schwungkraft ab;
Strömet gleich in mancherlei Gestalten,
Von der Allmacht Hand unaufgehalten,
Ungemach auf uns herab.

Kleine Geister weinen oder fliehen,
Droht dem Vaterland' ein Mißgeschick;
Aber große Seelen – die bemühen
Sich, das Land dem Übel zu entziehen,
Sei's auch oft mit wenig Glück.

Stehet fest, ihr Brüder! auch im Leiden
Dem System des Weisen stets getreu!
Beugt, wie er, den Nacken sanft, bescheiden;
Suchet nie ein Übel zu vermeiden
Durch verworfne Gleißnerei.

Nimmer, nimmer beuget eure Kniee
Vor dem stolzen Moloch Tyrannei,
Der die Unschuld würget! – Deutscher, fliehe diesen Greuel! Mit Verachtung ziehe
Still an seinem Thron' vorbei.

Reine Wahrheit sei uns immer heilig.
Ob auch grimmig Fanatismus schnaubt;
Tyrannei in jedem Fall' abscheulig,
Duldung aber über alles heilig –
Was auch unser Nachbar glaubt.

Staatsverfassungen sind Hypothesen:
Mit der Wahrheit ganz und gar vermählt
War noch keine! Alle geben Blößen,
Zeugen von dem eingeschränkten Wesen,
Das die Sterblichen beseelt.

Alle aber haben auch ihr Gutes;
Keine, die durchaus den Irrweg geht!
Und der Patriot lebt frohes Mutes
Unter jeder; wirket so viel Gutes,
Als in seinen Kräften steht.

Niemals wird er kühne Neurung wagen,
Die den graden Menschensinn empört.
Doch kann er, Verbess'rung vorzuschlagen,
Seinem guten Herzen nicht versagen,
Das den Trieb zum Wachstum nährt.

Aber töricht aller Welt zu spotten,
Und auf Eigendünkel und Genie –
Seinem Steckenpferd – dahin zu trotten,
Ist kein Zug des wahren Patrioten;
Ist das Werk der Despotie.

Sich vor dieser Furie knechtisch beugen,
Ist Versündigung an Gott,
Und der Würde, die der Menschheit eigen.
Sklavenvolk mag ihr die Segel streichen,
Nicht der deutsche Patriot!“[10]

*Doch mit dem Friede von Basel (1795) zwischen Frankreich und Preußen bahnte sich der nächste Herrschaftswechsel in den linksrheinischen Gebieten an:*

## Isaak Maus: Epistel an Georg Christian Ludwig Lindenmeyer, früher Oberschultheiß in Jugenheim und Regierungsassessor in Grumbach, jetzt „auf der rechten Rheinseite“ [= im Exil] (1796)

So, wie nach einem Schiffbruch die Unglücklichen, auf Brettern, Balken und Delphinen ihr Leben gerettet, einander wieder finden, so kommen vom Krieg verschlagene Freunde jetzt wieder zusammen, da sich die politische Ebbe, durch den Dreizack des Bürger[s] Bartolmeis*, ein wenig geglättet hat.

Diese letztverflossene Woche erhielt ich mehr Briefe aus der Ferne, als vorher in einem langen Jahre. Ich muß meinen Freunden danken, daß sie mein Wohlbefinden voraussetzen; daß sie gar nicht daran denken, ihr Freund in Badenheim könnte unter Ruinen begraben liegen; der Krieg könne ihn so elend gemacht haben, daß er für alle sanften Freuden, für Freundschaft und den Umgang der Musen völlig verdorben sei.

Laßt um den Menschen her Kanonendonner hallen,
Den Lebensplan in Schutt zerfallen,
Den ihm Erziehung, Stand, Geschick
Zu sein und seiner Kinder Glück,
Hat vorgezeichnet – türmet seinem Blick
Verwüstung vor und Undurchdringlichkeiten
In wünschenswerte bess're Zeiten;
Und nun begehrt von ihm ein Zauberstück.
Befehlt zur Ruh' und Gleichmut ihn zurück,
Die seiner Seele vormals eigen waren? –
Ach! fo[r]dert ihm nicht stille Weisheit ab!
Wie kann sich diese zur Verwüstung paaren,
Die ihn umgibt und Jahre schon umgab?

Er ruh' in kalter Stumpfheit aus;
Wird sich der Himmel wieder heitern,
Und bis dorthin sein Schiff nicht gänzlich scheitern,
Ein Sonnenblickchen seinem Haus
Vergönnt sein, mag es sich erweitern,
Sein Herz, und nach und nach
Verlieren diese düstern Falten,
Und seinen Frohsinn wiederum erhalten:
Ein Wunder, das allein die Zeit vermag.

Im Reich der Litteratur, mein Bester! bin ich Fremdling, ja Idiot geworden. [...]

Mein Hauswesen geht noch immer in gutem Geleise; meine alte Mutter, Frau und Kinder sind gesund; wir säen und ernten, dreschen und backen, mitten unter den Armeen.

Käm' jetzt, mit seinem Palmenzweig,
Der Friedensengel auf die Erde:
Wir wären noch an Mut und Kräften reich,
Vergäßen leicht des harten Kriegs Beschwerde,
Und stiegen froh aus unsers Kerkers Gruft,
In paradiesisch reine Luft.

Die jetzigen Aussichten sind aber für unsere Gegend wenig tröstend. Zwischen zwei streitenden Heeren zu wohnen, ist für den Landmann äußerst verderblich.

Man schmeichelt zwar beiderseits, uns zu schonen; indessen hat uns der Rückzug der Franken und das Vorrücken der Deutschen mißtrauisch gemacht. Ich will Sie mit keiner Erzählung davon betrüben; öffentliche Blätter werden es Ihnen verkündet haben?

Der Mensch, begierlich und vom Wahn erhitzt,
Verleugnet seine Menschenwürde,
Find't lächerlich, was sich auf Recht und Tugend stützt,
Und wälzt die ungeheure Bürde
Des unverdienten Elends spottend hin
Auf seines Bruders wunden Rücken. –
Woher ihm der verkehrte Sinn?
Woher die Lust, das teuflische Entzücken,
An Höllentaten, schwarz und wild?
Ist dies der weise Mensch, der Gottheit schönes Bild? –
Reift er zur künft'gen Seligkeit hinüber? –
Wer löst mir diese Rätsel? Lieber!«[11]

*Die Franzosen kehrten zurück und führten ihr Verwaltungssystem ein. Badenheim wurde zur Mairie und gehörte jetzt zum Kanton Wöllstein im neu eingerichteten Departement Donnersberg. Ihr Verwaltungssystem versprach stabile Verhältnisse, eine geordnete Rechtssprechung und ein gewisses Maß an Bürgerbeteiligung. Als wieder eine Unterschriftenaktion den Wunsch zur Zugehörigkeit zu Frankreich aussprechen sollte, diesmal aber ohne offenen Zwang, unterschrieb Isaak Maus mit an der Spitze der Badenheimer Liste, gleich hinter dem „Agenten" (= provisorischen Bürgermeister) Wilhelm Maurer und dem luth. Pfarrer Georg Christian Streuber; 66% der Badenheimer Stimmberechtigten unterschrieben, weit mehr als im Kantonsdurchschnitt.*

## Badenheimer Bitte um Angliederung an die französische „Mutter-Republick" (1798)

[Das Badenheimer Exemplar ist nicht datiert; die gleichlautende Wöllsteiner Bitte trägt den Briefkopf: „Wöllstein, den 24. Floreal" (= 13. Mai 1798)]

„Freiheit Gleichheit

An Bürger Rudler[,] Commissaire du Gouvernement in den vier neuen Departementern zwischen Maas und Rhein und Rhein und Mosell.

Unterschri[e]ben[e] Bewohner der Gemeinde Badenheim [Ortsname offensichtlich in ein vorgefertigtes handschriftliches Formular eingesetzt] des Kantons Wöllstein im Departement vom Donnersberg haben schon den 20. Ventos [= 19.03.1798, Datum eingesetzt wie oben] die Souveränität des Volkes, durch Pflanzung eines Freiheitsbaumes feierlich anerkannt, und sich unabhängig von ihren ehemaligen anmaslichen Oberherren erklärt.

Durchdrungen von der Güte der fränkischen Verfassung und aufgemuntert durch das Beispiel so vieler Bewohner von Ländern, welchen die großmütige Franken[-]Nation diese beglückende Verfassung und eine Vereinigung mit der grosen Mutter-Republick verwilligte, wenden wir uns an Sie, Bürger Commissaire! unser heißes Verlangen ans französische Directorium gelangen zulassen[!], mit der Republick vereint zu werden, und alle Rechte eines fränkischen Bürgers geniesen zu dürfen.

Sie haben bereits das volle Zutrauen der Bewohner des Landes erworben, und gezeigt, daß Ihnen das Wohl derselben nicht gleichgültig ist, wir hoffen deshalb, daß Sie unsern Wunsch an die Behörden befördern werden.

Wir werden uns dieser Wohltat nicht unwürdig zeigen, und uns stets bemühen[,] zum Besten unsrer neuen Verfassung das Unsrige beizutragen.

Gruß und Achtung!

Wilhelm Maurer[,] Agent
Georg Christian Streuber[,] Ev: Luth: Pfr.
Isaak Maus
Georg Emrich[,] Ev. Luth. Schullehrer"
[usw., folgen noch 43 weitere Unterschriften][12]

*Isaak Maus stellte sich sogar aktiv in den Dienst der neuen Richtung und wagte, als die Franzosen so unklug waren, ein Volksfest von Amts wegen anzuordnen, den einzigen uns überlieferten Auftritt als Redner vor einem großen Publikum – ohne durch ein Amt dazu gezwungen zu sein. Das aufgezwungene Fest, das wegen des Zwangs so unbeliebt war, daß es mancherorts zu Unruhen kam, versuchte Maus in einen Appell zu Zivilcourage und Gemeinsinn umzumünzen. Seine Rede, deren Stil uns eher einem Kreis bürgerlicher Honoratioren angemessen scheint als einem unwilligen bäuerlichen Publikum auf dem Höllberg bei Wöllstein, scheint er als Erfolg verbucht zu haben, denn er ließ sie anschließend auf seine Kosten drucken:*

## Rede bei dem Volksfeste im Kanton Wöllstein – gesprochen von dem Bürger Isaak Maus, Bauersmann in Badenheim, den 23ten Thermidor 6ten Jahrs (10ten August 1798)

Bürger!

So wie alle weise[n] Regenten voriger Zeiten öffentliche Volksfeste für ihre Staaten nützlich fanden und dieselben unterhielten; eben so läßt sich das Gouvernement unser[e]s neuen Freistaates angelegen sein, dergleichen Feste zu veranstalten.

Der Zweck dieser Feste ist mancherlei, aber zusammen genommen, beabsichtigen sie die Kultur des Volks und folglich das Glück der Menschheit. Kultur des Volks ist Aufgeklärtheit, Einsicht und richtige Beurteilung der Dinge und Ereignisse, die uns auf dieser Welt umgeben.

Zuvörderst will man durch die Volksfeste große Begebenheiten unvergeßlich erhalten und ihren guten Eindruck auf die Gemüter von Zeit zu Zeit erneuern; weil Beispiele weit stärker wirken, als kalte Lehren.

Zweitens soll dadurch ein edler vernünftiger Gemeingeist verbreitet, Vaterlandsliebe erweckt und gesellige Tugenden befördert werden.

Laßt uns, meine Mitbürger! diese schönen Zwecke nicht verfehlen, nicht sinnlos zusammentreten, noch mutwillig die Sittlichkeit verletzen oder gar durch unzeitigen Tadel die ganze schöne Absicht vereiteln.

Die bürgerliche Glückseligkeit eines jeden unter uns hängt zu sehr davon ab, wie das Volk überhaupt in Ansehung der politischen Verfassung unsers Staats so wohl, als in Ansehung der höhern republikanischen Tugenden denkt; und hiernach sich in seiner Lebensweise benimmt ...

So lange das Volk seine Verfassung und seine Rechte nicht kennt, so lange es nicht seine eigne Würde fühlt und großherzig genug ist, nur das zu wollen, was allgemein gut und in seinen Folgen nützlich ist; wie kann man bei solcher Unwissenheit und Mangel an edlerem Gefühl schöne Handlungen und dem Gesetz gemäße Aufführungen erwarten? Und doch gründet sich unsre bürgerliche Glückseligkeit hauptsächlich auf gegenseitige Handlungen des Edelmutes und auf Anhänglichkeit an die Gesetze ...

Wer sollte nicht wünschen, von der Verfassung, unter welcher er lebt, unterrichtet zu sein? und wer sollte nicht gern darzu[!] beitragen, eben dieser Verfassung die größte Vollkommenheit zu geben, deren sie fähig ist?

Zu beiden können die Volksfeste sehr gut angewendet werden.

Man hat Gelegenheit, sich zu unterrichten, zu prüfen, zu beratschlagen, und Liebe für die gute Sache zu erwecken ...

Urteilen wir nach den alten Vorurteilen und nach den ersten Empfindungen, welche die Ungewohntheit der Sache auf uns macht, oder sehen wir bloß auf die Fehler und Ungereimtheiten, die bei der neuen Verfassung noch so häufig mit unterlaufen, so werden viele verleitet, der ganzen Verfassung entgegen zu sein; und bereiten uns dadurch unser eigenes Unglück.

Denn das Gesetz bleibt uns eine harte Geißel, so lange wir nicht den guten Willen haben, ihm zu folgen!

Sehen wir aber tiefer in die Sache und erkennnen, daß diese neue Verfassung das allgemeine Beste in sich faßt, daß sie auf Wahrheiten beruht, die in dem sichtbarsten Willen Gottes, in der Natur des Menschen, gegründet sind, daß ihre jetzige Unvollkommenheit meist von der Schwachheit und den Unarten einiger Menschen herrührt, die sich aber verbessern oder aus der Republik verschwinden werden, sehen wir dieses ein, o Bürger! so erhebt sich unser Mut, und wir eifern um die Wette, einem Gesetze treu zu sein, das für alle so wohltätig ist ...

Gesellschaftliche Tugenden sollen ebenfalls durch die Volksfeste befördert werden.

Und was sind denn das für Tugenden? Ich zähle vorzüglich Höflichkeit, Bescheidenheit, gute Sitten, Duldsamkeit und Frohsein hie[r]her.

(Durch Höflichkeit und Bescheidenheit machen sich die Menschen einer dem andern angenehm und versüßen einander das Leben. Die guten Sitten befördern das Glück der Bürger. Der sittliche Mensch wirkt wohltätig auf seine Zeitgenossen und die Nachwelt. Ein unsittlicher Mensch kann nie glücklich sein.)

Auch Duldsamkeit ist eine schöne gesellschaftliche Tugend, zumal in jetzigen Zeiten, wo die Umstände neue und sehr verschiedene Meinungen hervorgebracht haben, deren jede ihre mächtige[n] Anhänger und Verfechter hat.

Unsre Verfassung gestattet freie Meinungen, die Ungleichheit der menschlichen Geistesfähigkeiten und der Erziehung bringen es mit sich, daß diese Meinungen verschieden sein müssen. Warum sollten wir diese Verschiedenheit nicht dulden, die doch in der Natur der Sache liegt? ...

Überlassen wir es nur getrost der Zeit, sie wird gewiß alle zum Denken fähige[n] Menschen vereinigen! denn die Wahrheit hat dieses zum voraus, daß ihr keiner ihrer Anhänger entgeht, der es mit Überzeugung ist, hingegen der Irrtum verliert sich nach und nach, je nachdem das Licht der Vernunft in einem Staat die Gesetze beleuchtet ...

Endlich noch ist auch Frohsein eine gesellschaftliche Tugend, die durch Volksfeste erweckt und befördert werden soll ... Der mürrische Mensch, der für Musik, für freundschaftliche Gespräche, für Scherz und Liebe keinen Sinn hat, ist für alles Gute verdorben. Er wird ein verdrießlicher Gatte, ein finstrer Hausvater und ein träger Bürger sein. Zum Menschenfreunde gehört ein empfindsames Herz, das sich selbst und andern Menschen leicht eine Freude machen kann.

Bürger! diese Freude der Geselligkeit wollen wir uns heute einander machen, wir wollen uns als eine einzige Familie ansehen, die unter den Augen ihres Vaters im Himmel das Fest der Freiheit begeht. Der Umsturz des Königtums und die Gründung der Republik laden uns ein, diesen Tag zu feiern; allein nichts Unanständliches[!] muß uns entfahren, dagegen aber auch kein Zwang unsern Frohsinn fesseln. Seht euch alle einander als Brüder, als Schwestern der großen Familie an.

Gemießt die süßen Unschuldsfreuden!
Die uns der liebe Gott vergönnt.
Laßt euer Aug' sich an der Schöpfung weiden,
Worin man dessen Macht erkennt,
Der alles schuf und alles lenket.
Genießet froh, was seine Hand
Durch die Natur uns Menschen schenket;
Und knüpfet heut ein Freundschaftsband,
Das weder Zeit noch Feinde trennen.
Laßt uns das schöne Erdenglück
Mit Dank genießen und erkennen,
Und durch die ganze Republik
Uns Freunde oder Brüder nennen.[13]

*An Napoleon hat Maus einige tief gebückte Ergebenheitsadressen gerichtet, allerdings früh auch Zweifel anklingen lassen:*

ISAAK MAUS: DER WINTER 1805.

Der Winter greift mit kalter Hand
Dem Wandrer an die Nas',
Bestreu't mit Mehl ihm das Gewand,
Und führt ihn über Glas.

Er greift sogar Napoleon,
Dem Großen, an das Kinn;
Spricht schalkhaft seinen Tapfern Hohn,
Und hält sie auf bei Brünn.

Ein kecker und ein feiner Schuft!
Belegt den Strom mit Eis,
Behängt den Wald mit Zuckerduft,
Und färbt die Felder weiß.

Wart' aber! kommt der Lenz herbei,
Der bringt dich zu Verstand.
Vertreibt dir deine Gaukelei,
Und jagt dich aus dem Land.

Der Schalk, so wenig als der Tor,
Taugt nicht auf einen Thron.
Und schwingt er sich darauf empor,
So wank't auf ihm die Kron'.

Ein laues Windchen bläst sie fort;
Stößt den vom Thron in Not,
Der kurz vorher mit einem Wort
Der halben Welt gebot.

So kömmt's auch dir, du kalter Wicht!
Die Sonne schleicht herbei –
Was? Stolzer! was? – es bangt dir nicht?
Das wäre! – Ei! Ei! Ei! –[14]

*Vollends vom Napoleonkult geheilt wurde Maus, als er seit 1809 als Maire von Badenheim durch Steuer- und Rekruteneintreibung zu den Kriegslasten beizutragen hatte. – Umso enttäuschter reagierte er, als Napoleon zwar durch die Befreiungskriege unschädlich gemacht war, die von den Fürsten versprochenen Freiheitsrechte der deutschen Bürger jedoch ausblieben.*

## Isaak Maus: Die Weinberge dies- und jenseits des Rheines, welche am 18. October 1816 keine Feuer hatten.

Wir stehn betrübt, wie unsre Eigentümer,
Uns brennt kein Feuer, ihnen nicht
Der frühern Hoffnung tröstend Sonnenlicht;
Nur Rauch und kalte Nächte decken immer
Den Himmel, der uns Freude geben soll.
Fluch scheint zu herrschen, wo sonst Segen quoll.

Auf Wein und frohe Tage tun wir heuer
Verzicht. Gott geb' ein bessres Jahr,
Als uns das dritte Deutscher Freiheit war,
Sonst brennt auch ferner uns kein Freudenfeuer;
Und Leipzigs Schlacht verliert den hohen Wert,
Wenn nicht die bessre Zeit uns wieder kehrt.

Das frohe Lied – es ist doch jammerschade! –
Des Winzers tönt uns nicht zum Preis.
Erstummt sieht er die Frucht von seinem Fleiß
Mißraten, auf der Reife tiefstem Grade,
Nichts schützet sie vor Kälte, die ihr dräut;
Ein Bild der dunklen bösen bösen Zeit![15]

*Die Feier der Völkerschlacht von Leipzig war ursprünglich als Feier der versprochenen Demokratisierungsmaßnahmen gedacht; auf die Mißernte 1816 folgte das Hungerjahr 1817.*

## 2.4 Fremde und Freunde über Isaak Maus in Badenheim

Inhaltsübersicht:



### (Georg Christian) Ludwig Lindenmeyer: Besuch bei Isaak Maus* (1785)

Außerdem zeichnete besonders die Bekanntschaft mit dem Dichter Maus in Badenheim, zwei Stunden von Jugenheim, welche ich kurz vorher gemacht hatte, dieses Jahr aus. Ich fand an dem seltenen Manne bei vortrefflichen Anlagen zur Dichtkunst, die er der Natur ganz allein verdankte, ein Herz, zur Freundschaft geschaffen, und eine ganz vorzügliche Tätigkeit in seinen Berufsgeschäften, und gewann bald seine Zuneigung, welche von dieser Zeit an durch wechselseitige Briefe und Besuche unterhalten wurde. Gemeiniglich traf ich ihn nach Besorgung seines Ackerbaues und seiner häuslichen, nie vernachlässigten Arbeiten an einem schönen Buche oder an seinem ausgebreiteten Briefwechsel oder im Kreise seiner Kinder an, welche er selbst in den nötigsten Wissenschaften unterrichtete. Dann las er mir ein neu verfertigtes Gedicht, schöne Briefe von seinen Freunden oder Stellen aus deutschen Büchern vor, und wir teilten einander unsere Gedanken darüber mit, er mit einem Scharfblick und in einem Tone, der gegen seine bäurische Kleidung außerordentlich abstach und woran man den Stempel des Genies nicht mißkennen konnte. Lauschend saß dann seine zitternde alte Mutter und seine gute Gattin am Spinnrade, und ein ländliches Mahl stärkte mich zur Rückkehr. So habe ich bei dem lieben Maus manchen vergnügten Tag zugebracht, auch meinen Bruder [Karl Wilhelm Lindenmeyer] während seiner Anwesenheit in Jugenheim bei ihm eingeführt.[1]

## Samuel Christoph Wagener: Bacchanalien der Pfälzer / Gesandschaft an einen Bauer zu Badenheim (1795)

Um Sie [...] mit den gewöhnlichen Provinzialismen der Pfalz einigermaßen bekannt zu machen, teile ich Ihnen meine vorgestrige Unterhaltung mit einem pfälzischen Bauer[n] mit, bei welchen ich im vorjährigen Feldzuge einige Tage einquartiert war, und den ich schon als einen Mann von gesunden Begriffen und als einen sehr rechtschaffenen Untertan und Hausvater kennen und schätzen gelernt hatte. Ich traf ihn ohnweit Kreuznach auf der Landstraße an.

[ ... ]

Ich: Wie weit ist Badenheim von Alzei?

Er: Mein! sind Sie noch nit einmal zu Baden'em kewese'? und hann mein' Kevattersmann den Isa[a]k Maus noch nit einmal kenne' kelernt.

Ich: Bis jetzt kenn' ich diesen merkwürdigen Bauer nur aus seinen gedruckten Gedichten.

Er: O Sie müsse' zu ihm reise', und meinen Freund auch sehe' und spreche', sonst sagen Sie ja nit, daß Sie in der Palz kewese' sind. [...]

*Achtzehnter Brief. Inhalt. Freuden der Weinlese – Bacchanalien der Pfälzer – Verdorbenheit der Sitten – Ursachen dieser Immoralität – Merkwürdigkeit der pfälzischen Naturgeschichte – Gesandschaft an einen Bauer zu Badenheim – Maus, der angenehme Gesellschafter – Der unermüdete Oekonom – Der wahre Lebensphilosoph – Der zärtliche Freund – Der deutsche Patriot*

[ ... ] Es scheint in der Tat, als ob der Saft der hiesigen Trauben schon ungekeltert des Menschen Herz in dem Sinne erfreue, in welchem jener Weise dies von dem Weine selbst behauptete. – Die Vergnügungen dieser Weinlese, wahrscheinlich der letzten, der ich hier beigewohnt habe, werden mir noch lange unvergeßlich bleiben.

Nachdem die Trauben durchgehen[d]s gekeltert sein werden, beginnt hier, wie mir mein hiesiger Wirt erzählet, allgemach das lange Vierteljahr, in welchem die liederlichen Wirte der Pfalz in so ferne nur einmal berauscht sind, so ferne sie es gleichsam mit einer und derselben Besoffenheit anfangen und beschließen. Der hiesige Einwohner glaubt nämlich in der Regel, sich keine größere Güte tun zu können, als beim Trinken des jungen, so eben erst gekelterten Weines. Diesen jungen Wein, der außerordentlich rauscht, zieht er jedem ältern Weine seines Kellers vor, und dazu ißt er zahme Kastanien, die auf dem benachbarten Donnersberge wild und in Menge wachsen und sehr wohlfeil sind. So gerne ich diese Frucht esse, und so sehr ich in Absicht ihrer beim Glase alten Weine dem Geschmacke der Pfälzer Gerechtigkeit wiederfahren lassen muß: eben so wenig hab'

Die Weinlese.

ich dem erst kürzlich gepreßten Traubensafte einigen Wohlgeschmack abgewinnen können; es scheint, man muß schlechterdings ein Insasse dieser Rheingegend sein, um das herbe, leichtrauschende Wesen des jungen Weines angenehm finden zu können.

Dazu kommt hier die tolle Gewohnheit, daß jede Gemeinde eines Dorfs oder Städtchens nach den beendigten Geschäften der Ernte und des Kelterns sich häufig in ihrem Gemeindehause versammelt, um spekulierend die gewonnenen Weine aufzukaufen, welche die dürftigern Einwohner, die von ihrem Wingerte fast alleine leben, alsdann hier zu versteigern pflegen. Alle, die gegenwärtig sind, lassen sich dann den jungen Wein trefflich schmekken, und zwar jedesmal auf Kosten desjenigen, der mit seinem Gebote das eben versteigerte Faß erstehet.

Da aber manches übertrieben hohe Gebot oft bloß die Wirkung des Weins ist, der in solchen Versteigerungen häufig mit zu reden pflegt: so hat man weislich die Einrichtung getroffen, daß der Käufer zwei Tage nachher einen Kauf, der seinen nüchternen Sinnen nicht mehr vorteilhaft scheint, wieder rückgängig machen kann; aber zur Strafe ist er dann verpflichtet, allen während der Versteigerung ausgetrunkenen Wein zu bezahlen. Die Versteigerung beginnt dann von neuem, und gewöhnlich ist der Winter fast verflossen, wenn endlich alle Verkäufer ihre Weinvorräte an [den] Mann gebracht haben.

[ ... ]

Der Weinmost-Kauf.

Zum Schlusse noch ein paar Worte über den Bauer Isaak Maus, dessen interessante persönliche Bekanntschaft ich in der hiesigen Nachbarschaft gemacht habe. Er lebt im Dorfe Badenheim, zwischen Flonheim und Kreuznach gelegen, und wird Ihnen als Gelehrter und Schriftsteller schon aus den Gedichten bekannt sein, welche vor einigen Jahren [...] herauskamen. Der Herr General von B... [Bismarck], selbst Dichter und Schriftsteller, wünschte dies Wunderzeichen seiner Zeit ebenfalls näher kennen zu lernen und schickte mich mit einer poetischen Epistel zu ihm, um ihn zur Tafel einzuladen. Er versprach am nächsten Sonntage, wo ihm sein Pflug einige Muße gönne, zu kommen, und schickte dann die wohl eingekleidete Antwort auch schriftlich in Versen, deren poetischer Wert ebenfalls unverkennbar war und den Scherz der Gesandschaft vollständig machte. Das liebste dabei war mir indessen, daß ich den Mann und seine Familie unvorbereitet überraschen konnte. Diese traf ich in froher häuslichen[!] Geschäftigkeit und ihn mit seinem ältesten Sohne hinter dem Pfluge an. Er machte aus Gefälligkeit für meine Begleiter und mich ein halbes Stündchen früher als sonst Feierabend, trieb ruhig und mit einer Unbefangenheit und Würde, die uns gleich Anfangs Achtung für diesen Bauer einflößte, seine Ochsen vor sich her nach Hause, und dann erst erbrach und las er die erhaltene Depesche. Es wird mir schwer, Ihnen sein Bild zu entwerfen, weil ich besorgen muß, daß Sie es vielleicht für das Ideal eines ländlichen Philosophen, aber nicht für die[!] treue Konterfei des philosophischen Bauers Maus halten mögten.

Ich glaube den Mann durch und durch kennen gelernt zu haben, denn ich aß nicht nur mehreremale in seiner Gesellschaft bei dem Herrn General von B..., sondern fand ihn seit zwei Monaten auch häufig bei einigen vorzüglich denkenden Köpfen unter den hiesigen Pfarrern, die einen freundschaftlichen Umgang mit ihm unterhalten. Je schärfer ich ihn ins Auge faßte, um so mehr habe ich ihn liebgewinnen und hochachten müssen und um so stolzer bin ich auf seine mir geschenkte Freundschaft. Ich gestand ihm einmal aufrichtig, daß ich, vor dem persönlichen Bekanntwerden mit ihm, gefürchtet habe, Apolls Leier mögte den Zögling der Natur auf der einen Seite zwar ausgebildet und vervollkommnet, auf der andern aber eben dadurch auch desto bedürfnisreicher und unzufriedener mit seinem Stande gemacht, kurz ihm das Köpfchen verdreht haben. Und mich dünkt, es gab hier und da Beispiele, welche diese meine Besorgnis allenfalls rechtfertigen könnten. Höchst angenehm ward ich daher überrascht, da ich meine Furcht durchaus ungegründet fand und eine unerwartete Vollkommenheit nach der andern im Herrn Maus entdeckte. Er ist nicht allein ein bloß durch Mutter Natur ausgebildetes Dichtergenie, dessen Arbeit sich, nach dem Urteile seines Freundes Gökingk [Goeckingk] und anderer Kenner, schon jetzt über den großen Haufen mittelmäßiger Dichter gar sehr erhebt; nein! er ist auch in seinem Berufe, was er sein soll – ein ausgelernter Ökonom, ein spekulierender Handelsmann, ein ruhiger, folgsamer Untertan, ein artiger angenehmer Gesellschafter, – ja sogar ein durch Belesenheit und Umgang heller, duldsamer Theolog, ein ebenso freimütiger als bescheidener Philosoph, und – was mehr als dies alles sagen will – er ist dabei ein liebenswürdiger Hausvater, ein gewissenhafter Christ, ein redlicher Gottesverehrer. Vielleicht sind die Menschen, welche ähnliche schätzenswerte Eigenschaften in sich vereinigen, nicht so selten, als der Misantrop[!] behaupten mögte; aber außerordentlich ist es doch immer, daß Herr Maus alles, was er ist, auch ohne die Beihülfe wurde, wodurch den kultiviertern Ständen freilich das Geschäft der Ausbildung, besonders des Kopfes, leichte[!] genug gemacht wird.

Woher hat der Mann, der unter Bauern aufwuchs, z.B. die gefällige[n] Sitten, den bescheidenen Wohlanstand und die unverkennbare Unbefangenheit, womit man ihn in die größten Zirkel höherer Stände eintreten und sich behaupten sieht? Freilich ist er kein Vielschwätzer, aber was er spricht, ist dafür durchdacht und hat Hand und Fuß; nie bleibt er eine treffende Antwort schuldig, auch dann nicht, wenn man ihn in Versuchung führt. Dazu kommt, daß es für den Bauer Maus um vieles schwieriger sein muß, sich in vornehmen Gesellschaften gut zu [be]nehmen, als es für ihn sein würde, wenn er selbst zur Klasse der Honoratioren gezählt werden könnte oder wollte. Die Einladungen zur Tafel der mainzischen Domherrn und Prälaten, welche von Zeit zu Zeit an ihn ergingen, scheinen das, was ich zu seiner Ehre sage, nicht unzweideutig zu verbürgen; und beweisen, daß diese Herren auch solche Männer schätzen, die von mehrerem, als dem, was gut schmeckt, zu sprechen wissen, und deren Unterhaltung mit unter eine ernste Wahrheit durchwürzt und immer gehörig durchdacht ist.

Immer bleibt sich der Mann gleich, er mag den häuslichen Zirkel eines hiesigen Landpredigers froh machen oder bei dem Koadjutor von Mainz, dem großen Dalberg, sein. Auch denkt er keineswegs kleinlich eitel genug, um sich zu einem dergleichen vornehmen Besuch besonders zu putzen, obgleich er, bei seiner Wohlhabenheit, das leicht könnte; nein! auch dann trägt er sich, wie dem Stande des Landmannes es zukommt und die hiesige Landessitte es mit sich bringt; man bemerkt weiter keinen äußern Unterschied zwischen ihm und jedem andern pfälzischen Bauer, als etwa den einer auffallenden Reinlichkeit und Ordnung.

Ungeachtet Herr Maus durch seinen unermüdeten Fleiß als Landmann und durch seinen kaufmännischen Spekulationsgeist schon längst ein sehr wohlhabender Mann [ge]worden ist, und sich in seinen ältern Tagen bei Gemächlichkeit, Ruhe und einem guten Buch – wohl gütlich tun könnte: läßt er sich doch die sauersten Geschäfte seines Standes noch immer nicht verdrießen. Ich fragte ihn einmal, ob das ewige Einerlei mancher ländlichen Beschäftigungen einen Mann von so ganz ausgebildetem Geiste nicht zuweilen höchst lästig und langweilig sei, und warum er sich nicht in[!] Ruhe setze. Er erwiderte eben so bescheiden, als belehrend: „Sie scheinen, in dieser doppelten Frage, zu gütig, mir einen solchen Geist zuzutrauen, eigentlich sollte ich daher die Beantwortung von mir ablehnen. Ich bin indessen, einem Freunde zu gefallen, gerne eitel, und gestehe Ihnen aufrichtig, daß mich ein gewisses Gefühl von der Würde meines Standes bisher vor dieser lästigen Langeweile bewahret hat. Auch würd' es ja für meine Buben sehr traurig sein, wenn ich selbst den Stand lästig fände, dem ich sie widmen wollte. Zu dem Mechanischen des Feldbaues gehören übrigens auch mancherlei Kunstgriffe, die meinen Kindern den Unterricht darin noch nicht überflüssig machen. Dazu kommt, daß ich manchen halben Tag hinter dem Pfluge hergehe, ohne bei ihm zu sein. Meine mehresten Gedichte und prosaischen Aufsätze sind hinter meinen Ochsen verfertigt, obgleich erst am Feuerabend[!], oder am nächsten Sonntage, zu Papiere gebracht."

Ein andermal fragte ich ihn, warum er seinen ältesten Sohn, der ein offener Kopf zu sein scheint und den er besonders zärtlich liebt, nicht studieren lassen wolle. Er antwortete mir hierauf mit einem seiner Gedichte*, dessen wesentlicher Inhalt ungefähr dieser war: „Dann müßte ich nicht des Buben Vater sein, wenn ich ihn je einem Stande entzöge, in welchem ich selbst so glücklich, so zufrieden und so geehrt lebe."

Aber wie, wenn nun der Sohn selbst keinen Geschmack an Ochsen und Pflug fände, und den zärtlichen Vater kindlich um die Erlaubnis zum Studieren ersuchte?

„Dann würde der Verstand ihm diese Erlaubnis vielleicht nicht versagen, aber das Herz würde sie ihm nicht gerne geben."

Wieso? das kann in jenem Falle das Vaterherz dagegen einzuwenden haben?

„Ich will es Ihnen sagen: Trotz meiner ausgebreiteten und mancher höchst angenehmen und schätzbaren Bekanntschaft fehlt es mir bis jetzt doch noch ganz an einem wahren Herzensfreunde, den weder Stand noch Geburt über mich erheben. Diesen Freund nun bald an meinem ältesten Sohne zu besitzen, darf ich nur dann hoffen, wenn er sich freiwillig meinem Stande widmet."

Schon um dieser einzige Äußerung willen fühlt man sich hingezogen zu dem Manne, der so fein fühlt und seine Familie so über alles liebt. Es ist eine wahre Wonne, ihn in dem frohen Zirkel der Seinigen zu sehen. Nicht bloß sein biederes, gutes Weib – nichts mehr und nichts weniger als eine Bauer[s]frau –, sondern auch seine noch lebende Mutter und alle seine Kinder hangen wie Kletten an ihm. Zweckmäßiger hat noch kein Vater seine Kinder erzogen, liebevoller noch kein Lebensphilosoph in seiner Familie regiert. Alles freuet sich, so oft er am Abend mit seinen Ochsen aus dem Felde zurückkehret. Aber er verbirgt sich dann auch nicht in der Einsamkeit, etwa um sich seine gelehrten Beschäftigungen zu überlassen; nein, mitten im lauten Kreise der Seinigen bringt er geschwind dasjenige zu Papier, was etwa sein immer tätiger Geist den Tag über bei seiner Feldarbeit zur Reife brachte, und dann überläßt er seinen von dem Tagewerke ermüdeten Körper der Ruhe und seinen Geist den erheiternden Familienfreuden und den zärtlichen Gefühlen des Vaters, Sohnes und Gatten.

Jetzt liegt der zweite Band seiner Gedichte für den Druck bereit. – Ob er gleich die besten Dichter unserer Zeit und so manches belehrende philosophische Buch nicht bloß gelesen, sondern recht eigentlich studiert hat: so würde man sich doch sehr irren, wenn man eine Bibliothek bei ihm suchen wollte. Die wenigen Bücher, die er eigentümlich besitzt, sind Geschenke seiner Freunde und Gönner, die ihn reichlich mit Lektüren[!] versehen. Da die Beschäftigungen des Kopfs – meint er – nur Nebenbeschäftigungen für ihn wären, und seine Erben beim Pfluge bleiben würden: so dürfe er kein totes Kapital in eine Büchersammlung stecken, als wodurch er seine Kinder berauben und in den Fehler jener Prediger verfallen würde, von welchen das Sprichwort sagt, „sie hinterlassen nur Kinder und Bücher."

Held Möllendorf*, dem Herr Maus ebenfalls bekannt [ge]worden ist, veranstaltete vor kurzem eine Kollekte unter seinen Offizieren, kaufte dafür die kostbare neue Ausgabe der sämtlichen Werke Wielands und überschickte sie ihm zum Andenken an die Preußen.[2]

## Rudolph Zacharias Becker: Der Herr Pfarrer Starke ergänzt [Wilhelm] Denkers Reisebeschreibung (1798)

Bei der Pfalz zu Badenheim im Amt Kreuznach lebt ein Bauersmann, namens Isaak Maus, welcher einen Beweis abgibt, daß man viele Bücher lesen, Verse machen und gelehrte Kenntnisse besitzen und doch ein braver Landmann dabei bleiben kann. Dieser hat nämlich Bücher im Druck ausgehen lassen, welche auch von gelehrten Leuten mit Vergnügen gelesen worden sind; er wechselt mit vielen studirten Männern fleißig Briefe und lieset noch immer viele Bücher: und dabei treibt er doch seine Wirtschaft in der schönsten Ordnung und erzieht seine Kinder zu Landleuten. [...]

Bei der folgenden Nummer, von dem klugen Bauer Kleinjogg, brachte der Gerichtshalter ein schönes Bildniß von diesem Manne, welches unter Glas in einen vergoldeten Rahmen eingefaßt war, mit in die Versammlung und schenkte solches der Gemeinde; so daß es in der Versammlungs-Stube an die Wand aufgehangen wurde. Der Herr Pfarrer nahm daher Gelegenheit, ein Bildnis von dem Bauer Isaak Maus, welches er in seiner Studierstube gehabt, dazuzugeben, und in der Folge kamen noch mehr Bilder von braven Bauersleuten aus fernen und nahen Ländern hinzu, die auf Kosten der Gemeinde angeschafft wurden. Daraus entstand endlich eine ganze Sammlung von Bildnissen, und der Herr Pfarrer setzte von allen diesen Männern Beschreibungen auf. Diese ließ man die Kinder in den Schulen lesen und zeigte ihnen dabei die Bilder der braven Bauersleute, welches manchen Knaben ermunterte, auch recht brav zu werden.[3]

## Johann Georg Wohlfarth: „Der Bauer, wie er sein sollte"* (1803)

Habe ich ein Mal mehrere Muße, als jetzt, so mache ich unter andern vielleicht einen Versuch, eine Schrift über Maus, Kleinjogg* und Hofmann*, unter dem Titel: Der Bauer, wie er sein soll etc. niederzuschreiben.[4]

## Johann Gottlob Schulz: „... als Bauersmann unter den geschätzten Dichtern Deutschlands"* (1803/1804)

Gegen Abend kam ich nach Badenheim, und ließ mich so gleich zu den[!] biedern Isaak Maus bringen, der als Bauersmann unter den geschätzten Dichtern Deutschlands eine Stelle einnimmt. Er war eben an der Kelter.

Seine Gattin, ein munteres, reinliches Weibchen, nahm mich sehr freundlich auf. Der Bürger Maus kam herbei in seinem weißen Schürzchen, ganz als Bauer, von dem man ihn nur unterscheidet, wenn er spricht. Dabei verbreitet sich über sein ganzes Äußere[s] eine edle Simplizität und Anspruchslosigkeit, die durchaus sagt, daß der Mann nicht gefeiert sein will und daß ihn der Ruhm nicht klein gemacht hat. Seine Frau, die um mehrere Jahre jünger ist als er, brachte mir Trauben, und ich unterhielt mich ein Stündchen mit dem guten Alten, (er wird jetzt funfzig und etliche Jahre haben) über die gegenwärtige Lage der Sachen, über die er sehr richtig und zugleich mit vieler Mäßigung sprach. Doch blieb mir einige Zurückhaltung nicht unbemerkt. [...] Ich kam auf sein Gedicht an die Sachsen und dankte ihm im Namen meiner Landsleute. [...] Bei meinem Abschiede schenkte mir der gute Maus das neueste, was er hatte drucken lassen, eine Rede, die er bei dem Volksfeste am 10ten August gehalten hatte*. Man kennt den Bauer[n] Maus als Dichter; aber es ist gewiß nicht uninteressant, ihn, der keine Ansprüche auf wissenschaftliche Kultur macht, auch als Redner kennen zu lernen, und ich schreibe für dich, lieber R., einige Stellen ab, die so wohl die Fähigkeiten des Redners als seine Gesinnungen bei der damaligen Lage seines Vaterlandes bezeichnen.

*Anmerkung Schulz': „*) Rede bei dem Volksfeste im Kanton Wöllstein – gesprochen von dem Bürger Isaak Maus, Bauersmann in Badenheim, den 23ten Thermidor 6ten Jahrs (10ten August 1798). Bingen, gedruckt bei E.J. Henß." – Es folgt ein auszugsweiser Abdruck der Rede (vgl. im vorliegenden Band S. 87–89) bis zur gereimten Schlußpassage:*

[...] Laßt uns das schöne Erdenglück
Mit Dank genießen und erkennen,
Und durch die ganze Republik
Uns Freunde oder Brüder nennen.

Die edle Simplizität, die durch die ganze Rede herrscht, die Ruhe, mit welcher der Redner über Dinge spricht, von denen damals fast jeder glaubte, daß es unmöglich sei, ohne Leidenschaft davon zu sprechen, der leichte, lichtvolle Vortrag und die Herzlichkeit, die überall durchleuchtet, zeigen mir noch heute den Bürger Maus, wie er von seiner Kelter kam, wie er mit mir sprach. Und so lernst auch du, mein Lieber, aus diesem Auszuge, der dir gewiß nicht mißfallen wird, den seltenen Mann kennen. Guter Isaak, deine Erwartungen hat der Erfolg getäuscht, aber deine Ruhe, deine Zufriedenheit hat er dir gewiß nicht geraubt. Du sagst selbst in einer Stelle deiner Rede: „Freundliche und gefällige Menschen können auch unter der schlimmsten Regierung sich das Leben versüßen und in ihrem Gemüte ruhiger und glücklicher sein als der Obere, der sie drückt." Gebe dir der Himmel immer freundliche und gefällige Nachbarn! Der Abend war bereits da, als ich weiter ging. Der gute Maus ließ mich durch seinen Sohn, einen liebenswürdigen Knaben von zwölf Jahren [wohl Konrad Maus, *1791] ein Stück Wegs begleiten, um den Weg nach Bosenheim nicht zu verfehlen.[5]

## [Philipp Friedrich Wilhelm Oertel?]: Von einem wackern Bauersmanne (1816/1850)

Es war im Herbst 1816, als zwei Heidelberger Studenten über den sogenannten „Gau", die gesegnete Landschaft zwischen der Nahe und dem Donnersberge wanderten, dem Dorfe Badenheim bei Kreuznach zu. [...] Als die zwei Freunde nach Badenheim kamen, fragten sie einen Mann: „Wo wohnt der Dichter Isaac Maus?" Gar freundlich sagte der: „Dort!" und wies auf ein schlechtes* Haus. Wir traten ein, und vor uns stand der Gesuchte, ein schlichter, einfacher Mann mit einem offenen, freundlichen Gesichte und lebendigen Augen. Er trug ein dunkelgrautuchenes Wams, eine lange Weste von blauem Manchester und ein grünsamtenes Käppchen mit Marderpelz besetzt, wie's der Gevatter, der Schmiedjacob und andere wackere Bauersleute heute noch tragen. Wie freundlich nahm uns der liebe Mann auf! Wie frisch und frei, wie verständig und weise sprach er sich aus! Wir blieben ein paar Stunden bei ihm, und zogen dann, froh, ihn kennen gelernt zu haben, unseres Weges.

Was war denn das für einer, fragt der Gevatter, daß Ihr so weit her zu ihm gewandert seid?

Gevatter, es war eine volle Ähre. Es war ein einfacher Bauersmann, aber ein Dichter, vor dem Hohe und Niedere Achtung, zu dem sie Liebe im Herzen tragen, ein Mann, der aus seinem frommen, treuen Herzen manches schöne Lied hat fließen lassen, und wenn Ihr's kriegen könnt,so leset einmal das Buch: Lyrische Gedichte von Isaac Maus, Bauersmann zu Badenheim bei Kreuznach. Mainz 1821. Gedruckt bei Florian Kupferberg, dann werdet ihr auch Achtung vor den hohen Gaben dieses Mannes und Liebe für seine Gesinnung in Euch sich regen fühlen, wie wir junge[n] Bursche[n] sie damals fühlten, als wir in ihm ins treue Auge blickte. Er hatte einen weitverbreiteten Ruhm, und darum zog's uns zu ihm hin.

Hab' ich Euch nun da vornen von einem deutschen Kaiser, dann von Einem, der Matrose war und Admiral wurde, erzählt, so möcht' ich Euch von einem Bauersmanne erzählen, in dem viel steckte, und der doch demütig ein Bauersmann blieb, weil er ein braver Sohn war und das fünfte Gebot wohl kannte, dessen Segen er auch erfuhr. Die Eltern von Isaak Maus waren fleißige und wegen ihrer Redlichkeit geachtete Bauern in Badenheim. Am 8. September 1748 wurde er geboren das jüngste und siebente ihrer Kinder. Etwas anderes als einen Bauersmann, der ja auch das Fundament der ganzen bürgerlichen Gesellschaft ist, aus ihm zu machen, fiel den Eltern nicht ein. Drei der Kinder starben, dann der Vater, als Isaac dreizehn Jahre alt war. Zwei seiner Geschwister waren in anderen Orten verheiratet *[... usw.; biographischer Hintergrund ganz nach Maus' beiden Vorworten].*

Wie Maus von Leuten geehrt wurde, die in Nähe und Ferne wohnten, so ehrten ihn auch die Mitbürger in Badenheim selbst. Anfangs konnten sie gar nicht begreifen, warum die vielen Leute zu Maus kämen. Als sie es aber erkannten, freuten sich die ehrlichen Leute darüber. Sie wählten ihn zu ihrem Ortsvorstande, welche Stelle er fünfzehn Jahre lang bekleidete. Er war durch seine gereifte Einsicht allen ein wohlmeinender Ratgeber, und selbst im Ackerbau diente er mit Rat und Tat, da er ihn mit Einsicht und Erfolg betrieb. Sein Wohlstand scheuchte die bittere Sorge von ihm, und seine Seele war allezeit heiter. Fest stand in seinem Herzen der fromme Glaube und das Vertrauen auf Gott. [...]. Die Drangsale der neunziger Jahre durch die Franzosen erfuhr er reichlich, und er mußte auch manches schwere Opfer bringen, trug es aber in christlicher Geduld und Ergebung.

Viel Gutes hat er durch Wort und Tat geübt. Daher war sein Lebensabend heiter, sein Sterben voll Glauben und Hoffnung. Am 31. December 1833 starb er, und am 2. Januar 1834 trugen sie ihn zu dem stillen Bettchen im Schoß der Erde, das uns alle erwartet. Fünf Kinder, acht und zwanzig Enkel und fünf Urenkel sind in tiefem Leide seinem Sarge gefolgt und mit ihnen Viele, die ihm in Liebe angehörten.[6]

## Jakob Hirschmann an Johann Heinrich Kaufmann (1827)

Am letzten Sonntage hab' ich mich bei unserm alten Freunde Maus ein wenig erbauet. Dieser liebe Mann genießt ein wirklich frohes Alter. Er geht in den Morgenstunden, bei schöner Witterung, täglich ins Feld spazieren, dann kommt er nach Haus und liest in seinem guten Buche oder beschäftigt sich mit sonst etwas. Nachmittags macht er wieder einen kleinen Ausflug, und dann liest er wieder oder schreibt irgend etwas. Er sagte mir, die Ruhe sei so viel wert, als der Ruhm; in seinem Alter lasse man die Arbeit und liebe Ruh' und Gemächlichkeit. Wenn die Götter uns ein recht hohes Alter schenken, lieber Freund! dann wollen wir uns ein solches Frohsein, eine solche Heiterkeit erbitten; dann wird uns die Welt ein Garten Gottes, nicht ein Jammertal sein, so lange wir hier sind."[7]

## Jakob Hirschmann an Johann Heinrich Kaufmann (1829)

Ihre Gedichte haben einen eigenen Charakter, man könnte sie sanftscherzende nennen. Wer mit Ihrer Schreibart ein wenig vertraut ist, erkennt leicht Ihre Arbeit, selbst wenn sie anonim[!] erscheint. Vater Maus hat Ihre Sachen gelesen, aber er urteilt nicht ganz wie ich, Ihm[!] sind Ihre Poesien zu spielend. Er ist ein denkender Geist, ein ernster Philosoph, er urteilt nach seinen Vorstellungen meistens richtig, doch hat ein Mensch einen andern Geschmack als der andere, einer eine andere Ansicht von einer Sache als der andere, und einer ein anderes Gefühl im übersinnlichen Dingen als der andere.[8]

## Johann Heinrich Kaufmann: Der seltene und glückliche Bauersmann

In Badenheim, da steht ein Haus,
Da schaut ein kluger Mann heraus.
Der Mann, der ist – ein Bauersmann,
Doch wunderbar ist, was er kann.

Als Kind schon liebt er frohen Klang
Und Orgelton und Kirchensang
Und Lerchenschmettern in der Flur;
Das Halleluja der Natur.

Ihn reizte früh der dunkle Wald,
Der muntern Vögel Aufenthalt,
Zur Einsamkeit; im tiefen Grund
Ward ihm da Gottes Größe kund.

Gering trat er sein Erbe an.
Doch was er tat, war wohlgetan.
Die Weisheit lenkte seinen Schritt,
Sein Weibchen schaffte fleißig mit.

Im Frühling zog er in das Feld,
Es ward mit eigner Hand bestellt.
Im Sommer machte Durst und Schweiß
Dem Guten Blut und Stirne heiß.

Im Spätjahr, wo die Scheune voll
Von Garben strotzt, die Kelter quoll
Von Trauben, pflügte er das Land
Zur Wintersaat mit eigner Hand.

Doch kam der Winter auf die Flur,
Und welkte jede grüne Spur –,
Dann schloß sich seinem ernsten Lauf
Die Pforte eines Himmels auf.

Dann sang er Lieder froh und frei,
Wie herrlich Wein und Liebe sei,
Und brachte voll Begeisterung
Der Tugend manche Huldigung.

Drum sei gepriesen dieser Mann,
Der Pflug und Harfe meistern kann,
Der Herzen rührt mit seinem Lied.
Ihm ewig meine Seele glüht.

In Badenheim im frohen Haus,
Da schau er lang beglückt heraus.
Ihr Bursch' und Jungfern eilt herbei
Und steckt ihm einen schönen Mai.[9]

## Aloys Schreiber: „Badenheim, der Wohnort des nicht unbekannten poetischen Bauers, Isaak Maus"* (1831)

Der Blick in das Tal, welches Bosenheim von dem gedachten Berge scheidet und von der Appel durchströmt wird [...], ist ausnehmend schön; in diesem Tal liegt Pfaffenschwabenheim [...] und weiterhin das freundliche Badenheim mit einer neuen Kirche, der Wohnort des nicht unbekannten poetischen Bauers, Isaak Maus.[10]

## 2.5 Isaak Maus als Familienvater, Bürgermeister, Landwirt und politischer Kopf in Napoleonzeit und Vormärz

Briefe an seinen ältesten Sohn Wilhelm (1777-1849) aus den Jahren 1804-1833

Inhaltsübersicht



*Isaak Maus' erhaltene Briefe an seinen ältesten Sohn Wilhelm in Bosenheim sind eine Rarität: ein Zeugnis für eine hohe Briefkultur im Alltag zweier gebildeter Bauern der Goethezeit. Aus ihnen geht hervor, daß auch mit entfernteren Mitgliedern der Sippe Briefkontakt bestand, daß regelmäßige Zeitungslektüre und politische Information an der Tagesordnung waren und Druckschriften zwischen den Dörfern kursierten. Viele der Briefe tragen den Stempel von Isaak Maus' Urenkel Johannes Maus in Armsheim und eine alte Numerierung; der Brief vom 26.08.1804 scheint tatsächlich der erste zu sein, vermutlich bald nach der Übersiedlung des Sohnes nach Bosenheim geschrieben. Diese Briefe haben u.a. Heinrich Bechtolsheimer und Jakob Peter Jakob zur Verfügung gestanden; einige von ihnen sind in Veröffentlichungen schon zitiert worden. – Leider sind keine erhaltenen Gegenbriefe bekannt.*
*Die hier folgende Auswahl umfaßt etwa 2/3 des gesamten Textvolumens. Sie bringt die Briefe in chronologischer Folge; die ausgelassenen Briefe sind wenigstens mit Datum und einer Kurzzusammenfassung verzeichnet. Die Wiedergabe versucht zeichengetreu zu sein, ist aber trotz sorgfältiger Benutzung der Originalhandschriften sicher nicht frei von Lesefehlern.*[1]
*Wilhelm Maus hatte 1801 die Bosenheimerin Christine Möbus geheiratet und lebte seitdem als Bauer und bald auch Bürgermeister in Bosenheim.*

### Isaak Maus an Wilhelm Maus, Badenheim 26.08.1804, hs.:

„Badenheim d. 26ten August 1804.

Dein Erndte-Bericht, lieber Sohn! hat mich in Verwunderung gesetzt; daß[!] ist doch äuserst wenig für diese Morgenzahl! Wir haben auf jeden Morgen gerechnet, 9 Haufen Korn, 11 Haufen Weitz und 8 Haufen Gerste gebunden; Wovon das Ganze 200 Haufen, der Weize aber allein über die Hälfte davon macht.

An Arbeits-Lohn kostet es mich dieses Jahr nicht mehr[,] als ich auf Knechts-Lohn hätte ausgeben müssen, ob schon ich Wingertsbau u.d.g. hinzurechne, welches mir auch ein Knecht nicht würde gearbeitet haben, Hingegen sind meine eigne[n] Knochen ein bischen hart mitgenommen worden, so daß ich mich durch besondere Diät wieder erholen muß; und diese besteht in einer schönen Morgenruhe, zwei Schalen Kaffee, ein[em] Xr.[Kreuzer]Weck, Mit[t]ags Supp u.d.g.[,] frisches Bronnenwasser; und um 4 Uhr ein Schoppen Wein, Butterbrod, oder weichen Käß; Abends Suppe u[nd] Salat, und Schlaf.

Dann bet' ich noch an jedem Morgen:
O Gott! behüte mich für [=vor] Sorgen,
Für Kummer und für Aergerniß.
Laß mich mit jedem Nachbar leben
In Ruh' und Frieden. Willst du's geben[,]
So gebe mir Gemächlichkeit.
Wonicht[!], so trag ich meine Bürde
Gelassen, wie's die Menschenwürde
Und dein Geheis von mir begehrt.
Schenk meinen Kindern deinen Seegen,
Zur Tugend stärke ihr Vermögen,
Und ihre Sitten halte rein.
Laß mich die Thorheit übersehen,
Die andre um mich her begehen,
Und schütze mich für [=vor] gleichem Fall.
Laß sich mein Herz mit Muth erfüllen[,]
Denn alles geht nach deinem Willen,
Du groser Schöpfer der Natur.

Was du mir von Xnach [Kreuznach] erzähltest[,] beweißt die sonderbare Stimmung unsrer Zeitgenossen. Ein jeder will in kurzem ein reicher Mann oder ein ganzer Lump seyn. Man bietet alles auf[,] um zu glänzen, auf diese oder jene Art, glükt es[,] so wird man gemeiniglich großgeachtet, mißglük[t]s – nun[,] so ist man schachmatt. Solange der Morg. Acker um 130 fl. zu kaufen ist, muß man den Thoren die dürre[n] Wiesen zu 230 lassen, und sich am Kleebau halten.

Du darfst dich überhaupt itzt nicht mehr um Feldgüter reißen, biß deine Wirthschaft auf einem festern Grunde ruhet, das heist[,] biß du Gesinde halten kanst, wozu[!] es gegenwärtig nicht schicklich ist. Baue deine 26 oder 30 Morgen gut, dünge sie fleißig, halte dein Vieh ordentlich, und lebe mit deinen Hausgenossen in Freundschaft und Liebe, erwerbe dir die Achtung der Vernünftigen und Braven im Dorfe – dann bist du mein Sohn.

Es wird nicht leicht seyn, einen jungen Menschen [her]auszufinden, wie ihn eure K... werth wäre. Könnte sie ein paar Jahre ihres Alters unserm K.* geben, so wäre er der Mann für sie, und vielleicht ein glükliches Paar mehr in der Welt. Der Junge wird ein ganzer Bauer, dafern er nur noch einige Jahre für [=vor] Verführung zur Lüderlichkeit bewahrt bleibt. Izt ist der Zeitpunct[,] wo sich der Jüngling in ihm entwickelt, und ich werde keine Sorgfalt scheuen, ihm die nötige Richtung zu geben[,] die seine Vollendung fo[r]dern kan. Ich rechne hierin wirklich auf deine Unterstützung durch Beispiele, damit ich ihm sagen kann: sei höflich und bescheiden wie dein Bruder Wilhelm, nehme deine Sachen in acht wie er, schone deine Kleider, sei nicht säuisch oder unordentlich, stehe morgens früh auf, und abeite alles schön und gut, nicht wie Jemand, den du kennest; besaufe dich nie und fliehe den Streit – dein Bruder ist stark, er schlägt sich aber mit niemand, er hat zu leben, spottet u[nd] schimpft aber niemanden, er weiß den Schwachheiten seiner Nebenmenschen nachzugeben – lerne es von ihm. Man hält ihn für klug, weil er nicht zu klug ist, man hält ihn für brav, weil er aufrichtig ist, man hält ihn für reich, weil er zufrieden ist, man liebt ihn[,] weil er freundschaftlich ist, und er ist glüklich[,] weil er dies alles ist. Sei sein Bruder, werde ich sagen, und du bist mein Sohn[,] wie ich bin

Euer Vater Is. Maus."

## Isaak Maus an Wilhelm Maus, Badenheim, 09.12.1804, hs.:

„Lieber Sohn!

Was mich am mehrsten interessirt in deinem Schreiben, daß[!] ist der Morgen Acker auf Gerzens [=Görzens] Garten stoßend, mit 3 fruchtbaren Apfelbäumen. 6 Louisdor ist in Badenh[eim] eine Bagatelle, und aufs Jahr drischt man 4 Malter Korn und bricht für eine[n] Louisdor Aepfel auf diesem Acker[,] macht (das Stroh dazu gerechnet) Netto 4 Carolin. A[k]kordirt man nun den ganzen Plunder um 110 fl.[,] so wäre der Acker gefunden. Welches zu beweisen war.

Die Thöchter[!] des Vaterlandes sind am Freitag wohlbehalten zurückgekommen. Sie haben fast den ganzen Weg fahrend gemacht. Der Onkel lies sie bis an den Rhein, pr. Chaise, bringen, wohin sie Neffe Konrad im Tittuskopf begleitete. Zu Köngernheim* nahmen sie einen Karch, und ein schöner Junggesell führte sie bis in unsern Hof. Sie wissen vieles zu erzehlen, und bedauern nur, daß Jungfer Katharina nicht bei ihnen gewesen. Sie hätte von der Frau Tante gewiß ein ebenso schönes Halstuch geschenkt bekommen Auch der Konrad kaufte ihnen (es war Jahrmarkt) jedem eine große

Anstecknadel, gar prächtig, für 6 Batzen, Da aber der Kaufmann nicht anderst als 5 Kopfstück wollte[,] so verschlug sich der Handel wieder.
[...]

Du schreibst vom Spinnen. Auch wir haben eine Spinnerin angenommen, und deine Mutter drohet den 74 Pfund Hanf warm zu machen. Zwei Kühe sind uns angetragen[,] eine zu 7[,] die andere zu 8 Pfund Butter die Woche, aber auch zu soviel Louisdor[,] welches uns zu arg scheint. Deine Läuferin sollte sich gewöhnen[,] auf den Hintern zu fallen, das wäre gescheider.

Es fehlt uns an einem Mair[e], weil Maurer, als Erheber genöthigt ist[,] seine Dimission[!] zu geben. Wenn du es werden willst[,] so ziehe geschwind hierher, denn hier ist niemand so thörigt[,] der es haben will. Sage aber doch sonst niemand etwas darvon, es möchte sich ein Narr in Schwabenh[eim] finden[,] der darnach schnap[p]te, und wir wären geprellt.

Gestern wurden die gemeinen Interessen erhoben[,] und künftige Woche wird 1/8 des Kapitals gefo[r]dert. Ich hoffe[,] es soll gehen, besonders[,] wenn man Unbemittelten Vorschuß auf einige Monate [Fehlstelle, wohl: gibt]. Welches die Reichen wohl thun können. Ist nur der Anfang glüklich gemacht, so geht es hernach alle Jahre richtig fort.
[.....]

Grüße uns deine Frau, und alle im Haus bis auf die Truttschel. Leb Wohl!
Badenh. d. 9t. Decbr. 1804. Dein Vater Is. Maus.“

## Isaak Maus an Wilhelm Maus, Badenheim 04.08.1805, hs.:

„Badenheim d. 4t. August 1805.

Mein lieber Sohn!
Wie sichs versteht, im Bosenheimer Ton,
Hat mir Frau Baas viel Neuigkeiten
Und Seltenheiten
Vor deklamirt; zum Maulaufsperren.
[...]
Laß dich indessen nichts verhindern
Dein Korn, dafern die Sonne scheint,
Nach Haus zu bringen. Es vermindern
Sich manche Thränen, heiß geweint.
Dem Mangel, in dem niedern Stande,
Wenn itzt das Schiff der Erndte sich vom Sande
Gelichtet, flott zum Haven lauft.
Denn mancher hat so aufgezehret
Der andre so sich ausverkauft[,]
Daß[,] wenn es in die Länge währet[,]

Der Reiche mit dem Armen darbt.
Auf Morgen hätten wir gegarbt[,]
Wenn nicht der Regen heunt gefallen.
(Wie wohl ein voller Sack mit Mehl
Und Brod und Korn, zum Wohlgefallen,
Des Hauses, sich nach mein'm Befehl
Zu Vorrath hält). Und hast du Mangel
So re[c]ke nur hierher die Angel
Und du thust keinen leeren Fang,
Jedoch für Dich ist mir nicht bang
(Obschon Dein Nahm nicht Jörge heiset)
So viel dein Haus an Brod verspeiset
Kehrst du zusammen ohne Müh.
Denn wer wie du des Morgens früh
(Du hast das Lob) zur Arbeith gehet
Und seine Wirthschaft gut verstehet[,]
Dem fehlt es auch am Brode nie.
Gefällt es Euch ein andermal
Am Ruhetag hierher zu traben[,]
So solt ihr Brüh in einer Schal'
Und Fleisch und Butterkuchen haben;
Vielleicht auch Kirschen für die Kleine,
Dafern sie noch nicht lebend* sind[,]
Für dich ein Gläschen von dem Weine[,]
Der sanfter durch die Kehle rinnt
Als Necktar[,] den die Götter trinken:
Ich sehe dich das Jawort winken
Und harre deiner lieb und warm
Mit offnem Herzen[,] offnem Arm
Is. Maus"

## Isaak Maus an Wilhelm Maus, Badenheim 11.09.1805, hs.:

„Badenh. d[.] 11t[.] Septbr. 1805.

Deinen launigten Brief, lieber Sohn, hab ich erhalten und freue mich[,] daß du mit deinem Schiksal so gut im Verhältnis stehest[,] daß du Zeit und Lust zu scherzen hast. Statt der jungen Männer aus den Dörfern ziehen Bewaffnete Soldaten an den Rhein, und sollen, wie man sagt, schon jenseits seyn. Bei Straßburg geschieht der Übergang; und zwar weil Kaiser Franz sich weigerte[,] die Neutralität anzuerkennen oder ihr beizutretten[,] die Preußen, Hessen, Bayern, und mehrere Reichsfürsten beobachten wollen, Wenn Frankreich sich mit England und Rußland schlägt.

Die Wagen nach Straßburg sollen den nächsten Sontage morgens in Neustadt seyn. Einige Dorfschaften wollen Pferde und Wagen kaufen, Knechte darzu dingen, Wir sind aber alhier der Meinung[,] man könne die Pferde u[.] Wagen im Dorfe, welche die dienlichsten darzu sind und am besten abkommen können, requiriren oder aufbieten; jedoch sie billig und gut zu bezahlen, nach der Zeit[,] die sie ausbleiben und Schaden haben werden.

Ich glaube[,] daß dieses die leichte Art ist[,] wie die Maire ihren Auftrag erfüllen können; und der Prefekt wird ihnen die Hand bieten, wenn sich ein requirirter[!] weigerte einzuspannen.

Alles schnaubt Krieg, und wir sind in soweit glücklich[,] daß[!] sich das Gewitter über den Rhein zieht, oder doch am Oberrhein sich halten wird; weil es blos, wie es noch jezt steht, gegen die Oestreicher geht. Ob wir auch Durchmärsche bekommen, ist zu erwarten, denn 30000 Mann gehen Vom Meer nach dem Oberrhein.

Laß die Kanonen wieder krachen,
Und führe deinen Weitz nach Haus.
Was kann der Bauer anders machen,
Er zackre und streu Saamen aus,
Besorge seine Vaterpflichten:
Die Götter mögen's andre richten.

Deine Mutter ist gestern nach E[c]kelsheim gegangen, und zugleich nach Ufhofen[,] um die kranke Frau Baas zu besuchen; heute wird sie mit müden Beinen, einem Kuchenblech, einer Feuerkluft[?] und einem Schäumleffel zurück kommen. Behagt ihr das Gehen[,] so bringt sie Euch noch diese Woche die bestellten junge[n] Hühner, und ein paar ‚Man sagt' [Ondits].

Leb wohl! und besorge mir bald den Brief an Hrn. Kaufmann nach Kreutznach.

Das Erdbeben wird durch das Kriegsb... [Fehlstelle] vergessen. Die Ziehungen fangen nach 14 Tagen an: Aber doch nicht mehrere werden, vor der Hand, zur Armee requirirt als auch voriges Jahr – was es weiter giebt[,] weis Gott.

Es ist das große Schauspiel der Welt, laß uns zusehen, auch wenn man zu weilen auf den Fuß getretten wird. Eine kleine Quettschung heilt bald, und wir sind ja in keine mit Baumwoll[e] ausgelegte Schachtel bestimmt.

Dein Vater Is. Maus."

[P.S.] Ich lasse Dir beiliegenden Brief zum Durchlesen offen, Du mußt ihn aber mit einem Oblaten zu machen[,] ehe Du ihn abschikst.

## Isaak Maus an Wilhelm Maus, Badenheim 12.01.1806, hs.:

„Badenheim d. 12t. Jenner 1806.

Deinen Brief, lieber Sohn! erhielt ich gestern durch einen stattlichen reitenden Bothen, und eile[,] dir zu antworten. Du wirst indessen die neuern Zeitungen gelesen und die Klugheit unsers Kaisers [= Napoleon] bewundert haben, der sein Reich izt mit Königreichen umschanzt, so wie es die Konsuln mit Republiken gethan hatten. Diese Republiken waren die Alli-i[e]rten der großen Republik, und die neuen Könige werden die Bundsgenossen des großen Kaisers seyn. Es scheinen noch manche wichtige Ereignisse im deutschen Reiche vor zu gehen, die ich mir aber nicht so gut vorher zu sagen getraue, als ich vom Königreich Baiern gesagt hatte. Sollten einige deutsche Fürsten ernsthafte Einwendungen machen, so werden unsre Braven noch einmal auftretten[,] um die Meinung des großen Mannes, der sie führt, geltend zu machen.

Unter Heinrich dem 4ten soll es dem französischen Hofe schon seine Meinung gewesen seyn[,] ganz Europa in 15 Staaten einzutheilen, ein immerwährendes Obergericht einzuführen[,] um den allgemeinen Frieden zu erhalten. Sollte dieses Projekt können realisirt werden[,] so wäre es ein Glük für die Menschheit, denn alle künftige[n] Strittigkeiten würden ohne Schwerdschlag vor dem Obergerichte ausgemacht werden. Es ist gewiß eine schöne große Ide[e], nur schade[,] daß sie so wenig mit den Leidenschaften der Großen übereinstimmt. Ich glaube fester, daß Holland in kurzem eine Monarchie wird, und in der Gegend von Westphalen noch eine entsteht, welche alle darzu dienen können[,] Rusland von den deutschen Angelegenheiten auszuschliesen, und England durch Verbotte seiner Waaren, ein bischen geschmeidiger zu machen.

Ich komme zu den übrigen Theilen deines Briefs, und freue mich[,] daß du auf dein Leben zurück siehest, wie ein vernünftiger Mann von Zeit zu Zeit thun soll; und daß du mit Freuden zurük sehen kannst, da hingegen manche andern mit Schaam zurück und mit Kummer vor sich sehen müssen. Erhalte dir diese Wohlthat, sie ist das größte Gut der Erde. Unserm Vetter könnte vielleicht geholfen werden[,] wenn er Entschlossenheit genug hätte[,] nochmal einen Theil seiner Feldgüter zu veräußern, und hernach fleißig und sparsam zu seyn. Du könntest die Stücke[,] die ehemals unser waren, oder doch einige davon[,] übernehmen, ich wollte sie ihm baar bezahlen, und er hätte an diesem Handel nichts verloren, setzte sich in Ruhe gegen seine Gläubiger, und wäre – zwar kein reicher, aber doch, von dieser Seite betrachtet, ein freier Mann. Anderst wird er sich plagen und seinem Untergang vergebens entgegen streben, welches mir herzlich leid thut, weil ich ihn für einen ehrlichen und biederen Mann halte.

der in Umstände verstrickt ist, die nur ein größeres Genie zu ändern vermögte.

Von Darmstadt hab ich noch keine Nachricht, erwarte aber zuverlässig diese Woche einen Brief. Sie werden sich wundern[,] wenn ihnen General Auchro einen Besuch machen sollte. Ich wünsche[,] daß es in Freundschaft geschehen möge. Der Kristian wollte gern hinüber gehen, es will sich aber nicht schikken, weil wir noch zu dreschen, und keinen Knecht haben. Er schreibt Briefe an seine Brüder und Schwestern[,] um Briefe schreiben zu lernen. Ich habe einen Versuch in der Geometrie mit ihm gemacht, und er kann schon Figuren ausmessen[,] wenn sie grade Linien haben. Jezt schreiten wir zum Theilen, und in kurzem wird er den Kurs vollendet haben. Das hängt von der Witterung ab.

Zwei von unsern Schweinen haben ins Stroh gebissen, die andern machen sich noch lustig; aber die alten werden doch wohl keine Fastnachtskuchen mehr zu essen bekommen. Dem Vetter Gros gönnte ich gern unsern fetten Ochsen – weil er auch gros heißt, er könnte dieses Thier, und ich vierzehn Carolin brauchen: sag es ihm, wenn du Gelegenheit hast. [...]

Lebe wohl! und grüße uns deine Frauenzimmer, Euren Grospapa und Grand Mer[e].

Dein Vater Is. Maus."

Isaak Maus an Wilhelm Maus, Badenheim 21.02.1808, hs.:

„Badenh. d[.] 21t. Febr. 1808.

Lieber Sohn!

So eben hab ich eine Antwort an deine Schwester Sara fortgeschi[c]kt. Sie beklagt sich[,] daß noch nicht einmal ihr Bruder Wilhelm zu ihr gekommen sei, da es ihm doch die Wintertage erlaubten. Ich rathete[!] ihr: dir es schriftlich zu verweisen. Vielleicht schi[c]kt es sich, wenn du den anderen Band der Schauspiele durchgelesen hast, daß du ihn selbst nach Fürfeld überbringst; und wäre dein Valtin alsdann nicht mehr krank, so mögte dich deine Frau begleiten, welches gewiß denen zwei Leutchen auf der Treppe[?] angenehm seyn würde.

Wegen den bekannten Feldgütern hab ich schon einmal das geheime Projekt gehabt[,] sie sämtlich, aber wolfeil, zu kaufen. Nur weiß ich nicht[,] wie dieses zu erreichen wäre. Spricht man mit jemand davon, so ist alles gleich verrathen, und spricht man nichts davon, so kann auch nichts werden. Bevor sie zur Auction kommen[,] sprechen wir uns noch darüber. Verschaffe mir ein Verzeichnis der Stücke, mit dem beiläufigen Tax, oder Werth der jezigen Zeit, von jedem Stück. – Es kann auch dir sehr gut dienen, im Fall sie Stückweis öffentlich sollten losgeschlagen werden.

Um Apfelschalen seid unbesorgt, wir können noch eine Hauptlieferung akkordiren.

Uns geht eine neue Delligens nach Fürfeld auf, indem unser Gartennachbar Hr. Mosche sich heute ein Mädchen von dorten, Hrn. Haims[?] Tochter, erhandelt. Ob er sie hierher bekömmt, oder er dorthin ziehen wird, lag noch im Streit, welches auch heute fertig wird.

Bei den ersten schönen Tagen, und gutem Weg, werde ich deiner Mutter die Freude machen und sie zur Sara und ihrem guten Mann begleiten. Die Sonne meint es zwar schon gut, allein der Wind, der Wind, und nach Mittag der Koth auf dem Weg.

Der Julien[?, Juliane?] wurde ein junger Euler, aus der Taube zu Riddesheim* hinter Kreutznach, angetragen; den wir aber gar nicht kennen, auch nicht wissen, ob seine Taube keine Stosfögel zu befürchten hat u.d.g.

[...]

Leb wohl!

Is. Maus.“

## Isaak Maus an Wilhelm Maus, Badenheim 25.06.1809, hs.

„Badenheim d. 25t. Juni 1809.

Wenn sich eine Gelegenheit findet[,] so erhältst du, mein Sohn, heute diesen Brief. Deine Mutter sagte mir letzthin[,] es wäre Euch angenehm[,] einen guten Handel mit Euren Ochsen thun zu können, weil sie vieles Futter kosteten, und zum Fettmachen für Euch nicht schicklich sei[!]; die meinigen sind krank an den Füßen, weil ihre Sohlen nach der jetzigen Mode gar dünn sind: Wie wäre es denn[,] wenn du dir auf dem Kreutznacher Viehmarkt, bis Dienstag, ein paar frische kauftest, und ich dir die deinigen in einem billigen Preiß abnähme? – Ein Umstand ist noch erst zu reguliren: mein Geld ist in andern Händen, wo ich es Ehrenhalber nicht sogleich zurück begehren kann; da könnte Hr. Herf[?] am besten aushelfen[,] wenn er mir, auf einen od. zwey Monath soviel vorschösse[,] als wir brauchten – und ich denke[,] daß er es gerne thut.

Überlege diesen Handel, damit ich bis Dienstag[!], wenn ich zu dir komme[,] bestimmte Antwort haben kann.

Ich habe auch eine Kuh verkauft, die junge schwarze, für 62 1/2 rh.[;] sie geht diese Woche noch fort, und ich speculire auf eine von 8 Carolin und 10 Pfund Butter, ein Kalb, und alles das[,] was eine gute Kuh zieret; wo sie aber sich finden wird[,] weiß ich noch nicht; und wirds Erndte darüber[,] dann mag es vielleicht gar unterbleiben. So steht es auch mit dem Ochsenhandel, sollte der Einkauf nicht favorabel seyn, indessen die Sohlen sich verhärten, die Knochen ausruhen, (die das Dungfahren stark angegriffen hat)[,] so halten sie wohl den ganzen Sommer aus. Dem Nachbar Weinsheimer mußte ich eine Fahrt über Waldböckelheim abschlagen, weil ich fürchtete[,] mein Vieh ganz zu ruiniren. Er fährt zwar erst bis Donnerstag, allein ich kann meine Ochsen bis dorthin nicht ausruhen lassen, weil die Kleefelder jetzt müssen umgestürzt werden. Wäre das größte Uibel nicht an den Hinterfüßen[,] so würde ich sie beschlagen lassen.

Deine Mutter und Brüder sind auf den Joh. Markt* und holen verschiedene Sachen; die eine Kleidungsstücke für jemand[,] der die Welt noch nicht sieht, die andern vielleicht etwas[,] das man auf dem Rücken und Kopfe nach Hause trägt, ohne daß es die D[o]uanen merken oder Anspruch darauf machen.

Vom Kappespreiß hört man so ungereimt sprechen, als vom Vorrücken der Oestreicher. Die schöne Abhandlung in der letzten Zeitung hat zwar die eine Sache gut ins Licht gestellt, und die andere muß sich in Zeit von zwei Tagen auch geben. Verlasse dich nicht auf viele Dickrübpflanzen bei uns, es steht noch mißlig. 3 Viertel und ein Rot* sind noch zu setzen, das macht eine Af[f]aire von 6 Tausend u[.] einigen Hunderten; da läßt sich vor der Hand noch nicht bestimmen[,] ob, und wieviel, übrig bleibt. 6500 sind gesetzt, wovon ein paartausend mit der Sonne ringen, und vielleicht den Kampf verlieren.

Lebwohl! Die Brücken über den Stix sind geschlagen, und wenn wir lange zugesehen haben, so kömmt auch die Reihe des Uibergangs an uns – Nun was weiter!

Leb noch einmal wohl! Es grüßt dich

Dein Vater Is. Maus."

## Isaak Maus an Wilhelm Maus, Badenheim 21.01.1810, hs.:

Kurzzusammenfassung:
– Hofübernahmeangelegenheiten seines Sohnes Wilhelm beim Schwiegervater in Bosenheim; u.a.: „Zwelf hundert Gulden ist schon viel Geld für ein Wohnhaus."

## Isaak Maus an Wilhelm Maus, Badenheim 18.02.1810, hs.:

Kurzzusammenfassung:
– I.M. verteilt bereits zu seinen Lebzeiten seine Besitztümer auf seine Kinder; Sohn Wilhelm, der offenbar mehr möchte, soll sich mit einem Anteil von 2100 fl. zufrieden geben [entsprechend 2 Wohnhäusern oder 35 Kühen]

## Isaak Maus an Wilhelm Maus, Badenheim 01.03.1810, hs.:

Kurzzusammenfassung:
– Lösung des im letzten Brief erwähnten Erbkonflikts
– „Besorge nur keine Hexerei oder Teufelsbeschwörung. Du weißt, dein Vater giebt sich nicht mit dergleichen Thorheiten ab": I.M. erhöht die Erbmasse in bar für alle so, daß auch W.s Erbschaftswunsch erfüllt ist

## Isaak Maus an Wilhelm Maus, Badenheim 14.10.1810, hs.:

„Badenheim d. 14ten Oktobr. 1810.

Der Fenstermacher ziert das Haus,
Sonst blies der Wind die Lichter aus,
Man müßt' im Dunkeln tappen.

Dies ist eine Strophe aus dem Liedchen, worin jedem Handwerksmann ein gewisses Lob ertheilt wird wegen seinem Beitrag zur bürgerlichen Glückseligkeit. Und Hr. Karst macht seinem deßfalsigen Beruf Ehre.

Hier spricht man vom Gallentag und vom Herbst, denn beide hatten von jeher einen genauen Zusammenhang, bald ging dieser[,] bald jener dem andern vor, und Fröste folgten hinterher. Es hätten wohl die Bauern noch eine ganze Woche mit Dickrüben, Dungfahren u.d.g. zu thun, und wäre daher gelinde Witterung etwas sehr erwünschtes und unsern Trauben Nothwendiges; allein:

Der Ostwind bläst so scharf-,
(Und das ist mir der Rechte!)
Daß man nichts anders' hoffen darf
Als kalte kalte Nächte.
Ums Zuckermachen wärs gethan
Griff jetzt ein Frost die Trauben an.

Die Zwetschen-Brauereien gehen noch immer fort; und ohngeachtet der gebrannte Kessel die Mutter sehr beunruhigte, und ihr fast ein paar Donnerwetter aus dem Mund sties, will sie noch den zweiten Versuch machen; und dies soll eine Lattwerge, trotz Chaptals* Syrup werden.

Wenn heute deine Schwester Julie nicht zu uns kömmt, so besuchet Euch die Mutter, und erzehlt Euch[,] daß der Schuhmacher Fischborn gestern begraben worden, u.s.w. Soeben kündiget man mir an[,] den Tisch zu räumen. Nun, wenns denn nicht anders ist[,] so mögen sie ihre Reissuppe herein bringen, ich kann ja schließen.

Adieu!

Is. Maus.

Noch eins! Dein Faß ist leer, und du kannst Gebrauch davon machen[,] wann du willst. Auch zehen bis zwelf andere hab ich leer, und wollte[,] daß mir jemand etliche um 9 bis 11 fl. abnähme – versteht sich baar[,] wenn der Mann schlecht, und auf Kredit[,] wenn der Mann gut ist. Leb Wohl! mein Sohn, und behalte lieb Deinen Vater."

## Isaak Maus an Wilhelm Maus, Badenheim 17.02.1811, hs.:

Kurzzusammenfassung:

– nur zu einer ominösen „Wörrstadter Geschichte", in die ein wundergläubiger Pfarrer Wolf verwickelt ist

– Maus' Sohn Konrad muß offenbar die Konskription (Einberufung) fürchten

## Isaak Maus an Wilhelm Maus, Badenheim 20.12.1813, hs.

„Badenheim d. 29ten Decbr. bei Licht, 1813.

So lang du Briefe von mir erhältst, lieber Sohn, bin ich auch noch gesund; und ich denke, daß du dich darüber freust, deinen Vater gesund zu wissen, zu einer Zeit, wo Tausende am Armenfieber leiden und viele an der Kriegspest sterben.

Die Furcht vor dieser Krankheit gehabt[!] mir nichts an, wenn meine innere Disposition sie nicht herbeiführt, so bleibe ich sicher vor ihr. Man trägt sich fast allenthalben mit dem Präservativmittel, guten Wein zu trinken, kräftige Speisen zu genießen, Bewegung zu machen und seinen Körper zu pflegen. Und viele lieben dieses Mittel, um des Mittels selbst, ohne Rücksicht ihrer Gesundheit, und präserviren sich bis zum Strotzen.[?] Zu stark sich nähren, bei herrschenden Krankheiten, kann ohnmöglich gut seyn; zwar wollte ich auch niemand das Darben oder Hungerleiden anrathen. Ein jeder lebe[,] wie er in seinen gesunden Tagen bisher gelebt hat. Wird er krank, nun, so folge er seinem Apedit und einer vernünftigen Lebensordnung, oder der Weise seiner Hausgenossen od.[er] den Launen eines Arztes – kurz, wozu ihn sein Schiksal verdammt hat.

Unser gute[r] Lorey soll auch krank seyn. Ich habe zwar noch keine unmittelbare Nachricht von ihm oder seiner Frau, und trage mich noch immer mit der Hoffnung, daß seine Maladie leicht vorübergehend sey. Wenn du Zeit hast[,] so besuche ihn, und gieb mir Nachricht von dessen Befinden.

Von unserer Einquartirung weiß ich dir nicht viel zu sagen. Sie haben Eisen vor dem Herzen und auf dem Rücken – blankes Eisen, ja wahrhaftig!

Jedoch sind einige Offiziere am Kopf so wenig geharnischt[,] daß die Strahlen ihres Geistes durchbrechen, und man sich beim Anblick ihrer Pikkelhauben an Minerva erinnert, die [eine] eben solche Haube trägt, und die Göttin der Klugheit heißt.

Der Krieg macht die besten Menschen oft Mißlaunigt, und ich hörte heute noch sagen: zwanzig Jahre ist zu lang[,] vom Schiksal geprellt zu seyn, wie ein armer Hund.

Wir sind noch alle gesund, von der kleinen Katharina an bis auf die Grosmutter; und grüßen Euch alle.

Dein Vater Is. Maus.“

## Isaak Maus an Wilhelm Maus, ohne Ort- und Datumsangabe [Badenheim 1814 oder 1815], hs.:

„Lieber Sohn!

Mir scheint, daß, so wie die Witterung, die Lebensmittel und die körperliche Anstrengung, auf unsere körperliche Gesundheit wirken, eben so wirken gute oder böse Aussichten in die Zukunft, wirklicher Zustand unserer Häuslichkeit, auf unsere Seele.

Die unruhige[n] Tage jeziger Zeit, die unübersehbare[n] Fo[r]derungen an Allerley, der Mangel an Baarschaft, lassen das Gemüth des sonst heiteren Landmannes nicht zu der ruhigen Stimmung gelangen, die ihn so glücklich machte.

Sein einziger Trost ist noch das Land und die Zeit hinter dem Krieg; so wie dem Sterbenden das Land der Ewigkeit seyn Elysium ist. Gott weiß[,] ob sich nicht beide irren! Betrogen werden sie zwar nicht; denn jeder Trost, jede Hoffnung, ist ein Gut; zumal wenn sich der Irrtum sehr späth oder nie entdeckt.

Erst jezt sehen wir ein[,] welches Unglück uns der übereilte Heldengeist Napoleons über den Hals führte. Ehemals that es die Schwäche der B[o]urbonen, die Frankreich das Elend zubereitete, und diesmal war es der Starrsinn und die gefühlte[?] Kraft eines Mannes, der als Supalterner[!], oder Untergeordneter, nicht besser zu wünschen gewesen wäre, aber als Monarch nichts taugte, weil seine Projekte keinen guten Zweck und kein Ende hatten. Unsere Zeiten haben viel versucht und viel geprüft – ob die Menschen dadurch klüger und besser werden? Ich glaube nicht. Die Hefe bleibt Hefe, und der kultivirtere Theil bleibt sinnlich und eigennützig.

Mit Täuschungen werden wir uns hintergehen, und uns, wegen der Zukunft glücklich glauben, und das ist sehr gut. Wenigstens schützt es uns vor der Verzweiflung.

Unsre hiesige Einquartierung ist noch ruhig, ohngeachtet man spricht, daß die Gegend bei Trier ihnen angewiesen sey bis zum völligen Abmarsch über den Rhein. Ich kam, wie man im Sprichwort sagt, mit einem blauen Auge davon:

Ein rusisch[?] Thier
Das tapte mir
Mit seiner Tatze
Ans rechte Aug
Nach dem Gebrauch
Der Tiegerkatze.

Wäre das Thier nicht besoffen gewesen, so hätte ich diesen kleinen Unfall nicht gehabt. Je nun! Auch Besoffene gehören zu der besten Welt. Machts anderst! ihr Moralisten, und ihr Philosophen.

Ich grüße Dich,

Dein Vater Is. Maus."

## Isaak Maus an Wilhelm Maus, Badenheim 17.03.1816, hs.:

„Badenheim d. 17ten März 1816.

Lieber Sohn!

Die große Frage: wie soll sich der Weise verhalten bei Ereignissen[,] die entweder von Thoren, Dummköpfen oder auch Schurken herbeigeführt werden? ist noch nicht gehorig gelöst und wird es auch nie im allgemeinen werden. [...]

Viele Bürgermeister drohen, ihre Demission zu nehmen[,] wenn man fortfahre[,] sie zu chikaniren, und die Kreisdirektion solche unbesonnenen Menschen anhöre. Ich bin aber nicht dieser Meinung. So wenig ich mich kränken würde[,] abgesetzt zu werden, so wenig hab ich aber auch gegenwärtig Lust[,] meine Stelle niederzulegen. Es ist ein schlechtes Opfer[,] das man durch Niederlegen des Amtes bringt; und wem bringt man es eigentlich? Neidischen, schlechten Menschen.

Ich rathe daher dem Vetter Machmer[?], sich recht gründlich zu vertheidigen, und nicht freiwillig zu weichen. Zwingt man ihn[,] das Amt aufzugeben, so gehorche er der Regierung, die allein das Recht hat[,] ihn zu entsetzten. Bei der bevorstehenden Untersuchung bemerke er genau, ob es der Hr. Commis[s]är ehrlich mit ihm meint, damit er doch wenigstens wisse, was er an ihm hat. Ich weiß zwar nicht[,] wem das Commissorium an vertraut ist, ich kenne aber die Menschen, und weis[,] wozu sie fähig sind.

Auch dir rathe ich nicht[,] deine subalterne Stelle nieder zu legen. Der Mann[,] der denkt, eine gute Meinung hat, die Sachen zu prüfen weis, macht eine gar erbärmliche Figur in einer Gemeinde[,] wenn er nicht das Recht hat[,] mitzubefehlen und in gewissen Fällen das Wort zu führen.

Die Ruhe und bessere Besorgung seiner häuslichen Geschäfte sind nicht hinreichend[,] einen thätigen Geist zu entschädigen für das[,] was er verliehrt, wenn er sich außer der Mitwirkung gesellschaftlicher Anordnungen setzt, und gleichsam den Eremiten Stand wählt[,] wozu ihn die Natur nicht geeignet hat.

Nein, behaupten muß man sich auf dem Punkt, wohin uns die Verfügung der höhern Behörden gestellt hat, wie sich der Kommandant einer Festung behauptet.

Unsere Waffen müssen aber vernünftig- und billiggewählte seyn. Die glühende[n] Kugeln hab ich immer nicht leiden können. Sie mögen aus der Festung kommen oder hinnein fliegen. Durch Bestechung erhaltene Kapitulationen sind schändlich, ob schon sie zur Kriegslist gehören. Erkaufte Begnadigung ist nicht besser als die Handlung[,] wodurch man die Strafe verwirkt hatte.

Der Redliche schont seinen Gegner[,] so viel er kann, und schlägt ihn mit solchen Waffen[,] die nicht leicht eitern oder den Brand nach sich ziehen, und doch sieghaft genug sind[,] seine Stärke auszuzeichnen.

Dein Vater

Is. Maus."

## Isaak Maus an Wilhelm Maus, Badenheim 11.07.1816, hs.:

Kurzzusammenfassung:
– Rat in einigen Kreditdingen
– Maus' früh verwitwete Tochter Sara ist soeben in ein Haus in der „Hintergasse" (so Maus; s. Häuserbuch Nr. 064, heute: Bratergasse 7) gezogen; ihr Mann, der Fürfelder Bauer und Bürgermeister Philipp Heinrich Lorey, war an der Kriegsseuche Typhus gestorben (vgl. Brief v. 20.12.1813).

## Isaak Maus an Wilhelm Maus, Badenheim 07.04.1817, hs.:

Kurzzusammenfassung:
– die meisten Menschen handeln eigennützig; man muss schon froh sein, wenn sie nichts Schlimmes tun
– „Kein Kluger schwimmt den Strom hinan[;] Er weiß, sein Mühen ist vergebens. Sich selber leben ist die Kunst des Lebens."
– Verhaltensmaßregeln gegenüber Dummköpfen, Ungerechten etc.

## Isaak Maus an Wilhelm Maus, Badenheim 07.07.1817, hs.:

Kurzzusammenfassung:
– Betrachtungen über den Lauf der Welt
– letzte Seite: über Preise und Versorgung im Mangeljahr 1817

## Isaak Maus an Wilhelm Maus, Badenheim 14.10.1817, hs.:

„Lieber Sohn!

Der Ofen in der kleinen Stube ist, durch ein sonderbares Ereigniß, wieder dienstfähig erklärt, nachdem er sogut schon als in der Reform[?] stand; und, indeßen der Maurer Enders ihm ein neues Kleid anpolirt, schreibe ich dir diesen Brief.

Mir geht es wie jenem Gastwirth, der in ein Kämmerchen ziehen mußte, weil er seinen Gästen keine Zechen machte, daß sie mehr[?] bei ihm verkehren konnten. Zwar aermer bin ich nicht geworden, durch Abnahme meines Vermögens, es ist bei mir eine freiwillige Armuth, nach dem Beispiel der ersten Kristen, welches durchaus fromme Leute waren.

Deine Mutter hat endlich dem ketzerischen Glauben gehuldiget, daß man ohne eine Kuh zu haben dennoch glücklich leben könne; so wie man ohne große Reichthümer ein ehrlicher Mann seyn kann. Das gegenwärtige Milchthier soll also das letzte seyn[,] dem ihre alte[n] Knochen fröhnen, und sobald das Kraut- und Rüben-Geblät[!] verzehrt ist, wandert dieses treue Vieh den Weg alles Fleisches. Unser schönes Rind ist ihr schon voran gegangen, und ergötzt die Leckerzungen der Binger Judenschaft. Das vierfüßige Mord... [Mordchen o.ä.?] bekommt bei uns das Winterbrod, und wird künftigen Frühling, als Eigenthum deiner Schwester das alte Quartier in der Hintergasse beziehen.

Daß diese Ar[r]angements andere größere Veränderungen nach sich ziehen, die längst bei mir projektirt waren, wirst du leicht errathen. Meine Vorbehaltsgüter, werden noch vor Ablauf dieses Jahres verheilt, und mir ein Fixes an Früchten, Karthoffel[!] und Butter bewilliget. Fleisch, Milch und Holz werde ich mir kaufen, so wie Kaffe[e], Zucker, Wein und Weismehl. An Obst Wird mir 1/3 bewilligt, von allem[,] was auf den Bäumen wächst, welche auf meinem sogenannten Außenthalt* stehen.

Wie du und dein Schwager Stumpf jeder seine zwei Morgen benutzen wollen, bleibt euch und euern Weibern überlassen. Kurz! ich entziehe mich ganz der[!] ländlichen Arbeiten, und, wenn es die Umstände erlauben, wie ich hoffe, auch der Sorgen. Ich meine, dem Vater[,] der seine siebzig Jahre erlebt hat und seine Kinder alle in guter Nahrung sieht, sey dergleichen Entschluß um so eher zu billigen, als er noch baare Mittel besitzt[,] um seinen Kindern nicht allzubeschwerlich fallen zu müssen.

Glückliche Väter! die jenes von ihren Kindern – und glückliche Kinder! die dieses von ihren Eltern sagen können. Dies sind unsere Hausneuigkeiten, andere müssen ihnen jederzeit nachstehen.

Die Religionsvereinigungen [Unionen], das Gebähren neuer Landesstände u.d.g. sind Theile des Steins der Weisen, welchen die Narren und die

Weisen bisher vergebens suchten. Wer sein Glück nicht im eignen Busen trägt, sucht es vergebens in den Umgebungen. Diese dienen nur zum Spiegel, und werfen die Strahlen des Glücks sichtbar um sich her, manchmal falsche Bilder wie die magische[n] Optikkasten. Sie, die Umgebungen, dienen auch wieder zum Fundament des Glücks, wenn ein Weiser den Bau veranstaltet, stellt ihn aber ein Thor darauf, so bleibt es Sand, der die Natur des Rutschens immer behält. Wiewohl alles rutscht, auch wir machen im Tod noch dieses Manöver und rutschen ins Grab. Ich, noch vorerst, in die kleine Stube, und dies, zum Glück, mit Behaglichkeit. Leb wohl und sey gegrüßt von deinem dich liebenden

Vater

Is. Maus

Badh. d. 14ten 8tbr. 1817."

N[ach] S[chrift] „Die Liesbett ist eingeladen, ein Marktkörbchen voll Birnen bei uns abzuholen. Aus 2 geschätzten wurden 5 wirkliche, ohne die wilden, die der Konrad gepresst hat, und uns den Wein, Krugweis, spendirt."

## Isaak Maus an Wilhelm Maus, Badenheim 25./26.10.1817, hs.:

Kurzzusammenfassung:

– Schilderung einer klassischen Psychose; nach Scheitern von zeittypischen Vorbeugeversuchen wie Aderlassen und Ziehen eines faulen Zahnes zeigt Maus überaus einfühlsames Verhalten angesichts der krankheitsbedingten Wesensveränderung der betroffenen jungen Frau. Schluß: „Die Verwirrung dauert fort, u. erfo[r]dert alle Vorsicht. Gott mag uns helfen."

## Isaak Maus an Wilhelm Maus, Badenheim 08.12.1817, hs.:

„Lieber Sohn!

Alles wimmelt um uns her von Rödeln. Wilhelm und Katharingen tragen ihre rothe[n] Flecken aus einer Stube in die andere, Liesbeth und Gretchen sind gepurpurt und liegen krank, die beide[n] Hannes ebenfalls, auch Wilhelmchen, der kleine, läßt die Flügel hängen, und rothe Pünktchen leuchten durch sein geschwollenes Gesicht. Nur der wackere Phillip kreischt noch laut, alle andern sind heischer[!], und können kaum sprechen.

[...]

Politisch-Neues weiß ich nichts[,] das sich verlohnte zu erzehlen. Klatschereien und Naschereien[?] verursachten ein paar Verbal-Prozesse, wurden aber durch Vergleiche beygelegt – welches immer das beste ist bei ganz unverdorbenen Partheien. Denn vor Gericht lernen auch die, welche noch

Gefühl für Rechtschaffenheit und Tugend haben, die leidige Kunst der Verstellung, des Lügens und des Betrugs.

Auch die Leidenschaft des Spielens, besonders bei Nacht, bekämpfe ich auf eine Art, die mir, wahrscheinlich keine Verbrecher in die Hände führt, und doch das Übel stört und vielleicht aufhören macht.

Eine neue Brücke und [ein] verbesserter Weg, am Wäldchen, ist sehenswerth. Ein Thor würde wenigstens die Anfangsbuchstaben seines Namens auf die Steine haben hauen lassen, um der Nachwelt zu sagen, daß dies Werk unter seinem Consulat entstanden sey.

[...]

Leb wohl! Es grüßt Euch sämmtlich

Euer Vater Is. Maus.

Badenh. d. 8ten Decbr. 1817."

## Isaak Maus an Wilhelm Maus, Mainz[!] 08.10.1818, hs.:

„Mainz, am 8ten 8tbr. 1818.

Lieber Sohn!

Noch nie hatte ich mehr Ursach[e][,] meine jüngern Jahre zurück zu wünschen als jezt in meiner neuen Verbindung mit Personen, die meistens eine wissenschaftliche Bildung haben, und denen ein Geschäft der Art, wie sie dem Provinzialrath zukommen mögen, nur Spielwerk ist. Mit welcher Leichtigkeit hier über Sachen gesprochen wird[,] kannst du dir gar nicht denken. Daß freilich, wie es bei allen Fuhrwerken bergab der Fall ist, der Wagen oft neben den Weg kommt und eine ziemliche Strecke fortläuft[,] ehe er wieder eingelenkt werden kann, geschieht auch hier; dieses hat aber nur den kleinen Nachtheil, unsere Sitzungen um ein paar Tage zu verlängern. Aber nun stelle dir deinen alten unbered[t]en[,] langsam denkenden, und gerade seit diesen Sitzungen äußerst übelhörenden Vater vor, der mit gespannten Sinnen am einen Ende der Tafel sitzend, nicht hört oder doch nicht versteht, wovon am andern Ende gesprochen wird. Besäße ich noch die Lebhaftigkeit meiner jüngern Jahren[!], so würde mir zur angenehmen Unterhaltung gereichen, was mich gegenwärtig enuy[ie]rt, oder deutsch, was mir lange Weile macht. Auch würde ich nicht, wie jezt, den Stummen machen, da es mir damaliger Zeit weder an Worten noch an Schnelligkeit[,] mich auszudrücken[,] fehlte, welches mir gegenwärtig abgeht.

Du darfst aber nicht glauben, als ob die Unterhaltung im Ganzen dadurch litte: o nein! Die Herren streiten sich zuweilen ums Wort, und nicht selten seh' ich die Versammlung in 4, 5, 6 besondere Diskurs[e] getheilt, wovon einer so interessant seyn mag als der andere. Auch in unserm Col[l]egium, wie in der ganzen Welt, vergißt Madam Interesse nicht ihre Sachen bis aufs Aeußerste hinaus zu führen. Jedoch mit mehr Bescheidenheit als in dem großen Haufen.

Die Sachen, worüber zu berathschlagen, wir von der Regierung, oder besser, vom Ministerium, aufgefo[r]dert worden [sind,] sind folgende:

Regierungskosten überhaupt. Findelkinder. Rheinbau. Straßenbau. Kataster, oder Vermessung aller Felder, um eine gleichere Steuervertheilung als bisher machen zu können. Maas und Gewicht. Kirchen und Schulen. – Dann endlich unsere Wünsche über Sachen, welche wir zum Besten der Provinz glauben zu bemerken müssen[!]. Worunter dann die Conscribtions[!]-Verfassung uns schien oben an zu stehen. Den katholischen Mitgliedern ist auch eine Hauptangelegenheit, die vormals abgesetzten Feyertage *Nicht* wieder einzuführen, wie es sich einige Landgeistliche erkühnen. Du glaubst nicht[,] mit welcher Freymütigkeit diese wackre[n] Männer über Aberglauben, Wal[l]farthen[!] und Frömmelei spachen. Auch nicht einer[,] der nicht wünschte, sich im Äußerlichen der Religions-Gebräuche den Protestanten zu nähern.

Die Sache der Schulen ist ein bischen delikat. Die mehrsten stimmen auf eine Trennung des ReligionsUnterrichts von dem Wissenschaftlichen. Die OrtsSchule[,] sagen sie, lehrt: Lesen, Schreiben, Rechnen, Singen, kann man weiter gehen, so lehrt sie: Erdbeschreibung, Zeichnen, Musik, Geschichte p.p. und in jedem Fall eine gesunde Moral. Der Religions-Unterricht gehört dem Geistlichen allein. Zwei Tage jede Woche sich diesem Unterricht zu weihen, wirkt mehr als die alltägliche Übung in den Schulen, welches, zumal bei kleinen Kindern, nur mechanisch getrieben wird.

Indessen fehlen uns gute Lehrer, und Besoldungs-Fond[s], um bessere Lehrer zu bekommen. Da treibt sich denn die Sache im Zirkel herum. Der eine will zuerst die Lehrer, der andere zuerst die Besoldungen, der dritte Lehr-Formen. Jedes fo[r]dert Zeit, und ich glaube[,] die Sache kömmt diesmal noch nicht ins Reine.

So geht es mehreren Vorschlägen, die diskudirt[!] werden. Und nun, mein Sohn, hast du einen Begrif von unsern Beschäftigungen. Meine übrige Lage ist wünschenswerth, außer die[!] verdammte Taubheit.

Ich logiere, und speise im Stern, am Münsterthor, in Gesellschaft der H.H. Seiz, Brunk, Grode, Schubert, und einigemal auch, Geramont, Mahlerwein pp.

Am Son[n]tag speisete der ganze Prov. Rath und alle Regierungsbehörden bei dem Hrn. Präsidenten v. Lichtenberg und am Mittwoch Hr. Seiz, Brunk und ich ebenfal[l]s wieder bei dem Hrn. Präsidenten. Nur schade[,] daß nicht jeder fünf bis sechs Magen bei sich hat.

Dem jetzigen Anschein nach, werden unsere Sitzungen künftigen Montag geendiget, und ich kann den Dienstag nach Haus kommen; dafern, wie ich mir fest vorgenommen habe, ich mich der Reise nach Darmstadt entziehen kann. Es ist, nähmlich, beschlossen[,] eine Deputation mit einer Dankadresse an den Großherzog zu schicken, Wobei Staats-Männer, Gelerthe[!] und Bauern seyn sollen. Ich denke es aber dahin zu bringen, daß Hr. Präsident v. Mappes, Seiz und Brunk, diese Sache allein übernehmen, und wir anderen gerade von hier nach Hause gehen.

Du wirst mit diesem Schreiben nach Badenheim gehen, dasselbe deinen Brüdern, Schwester und guten Mutter vorlesen; und mit ihnen über Salz- und Herbstangelegenheiten berathschlagen. Hr. Pfarrer Wehsarg[,] der so eben, mit Hrn. Pf. Mathie[?], bei mir ist, wird dir diesen Brief zu schicken.

Leb wohl! und grüße mir die gute Mutter und alle meine Angehörige[n].

Euer Euch liebender Vater

Is. Maus."

## Isaak Maus an Wilhelm Maus, Badenheim 15.10.1820, hs.:

„Badenheim am 15ten Oktbr. 1820.

Lieber Sohn!

Wenn sich der Himmel aufheutert[!], so erhältst du noch heute diesen Brief. Ich muß diese und die künftige Woche mehrmalen nach Kreutznach schicken, um Briefe abzuholen, die wegen meiner Subscription angekommen seyn können. Zwar hab ich den Termin des Unterzeichnens bis Ende Novembr. verlängert, allein was indessen ankommt, muß ich ordnen und zählen, um die Auflage darnach zu bestimmen. Der Geldmangel zeigt sich auch in dem Reiche der Litteratur, und ich sehe zum Voraus[,] daß mein Gewinn diesmal sehr mäßig seyn wird. Eben so gehet es auch Hrn. Kaufmann. Zeitung ist tägliches Bedürfniß, und dadurch wird die Neugier der Leser bald hier[-,] bald dorthin gezogen, und sie behalten kaum Zeit[,] in ein Buch zu sehen.

Bei revolutionären Aussichten, bei Schöpfung neuer Verfassungen, bei Aufwachsen der Landstände, bei dem Streben der Obskuranten, alles ins alte Gleis zu bringen pp. pp. Wer fragt da nach Gedichten? Wer will da Lieder hören?

Diese verlangt man nur bei ruhigen friedlichen Tagen, wo unser Geist behaglich in diesen Blumengärten kann verweilen, um neue Ideen, wie seltene Schmetterlinge, zu haschen.

Der jetzige Zeitgeist wuchs in heroischen Gefühlen heran, da er von entgegengesetzten Seiten gedrängt und dadurch aller Sanftheit entwöhnt wurde.

Man findet dieses täglich im gemeinen Leben. Man beklagt es in allen Ständen, man sinnt auf Mittel, Eintracht, Herzlichkeit und Religiosität in den Herzen der Völker hervorzurufen; aber bis jezt alles vergebens. Eine jede Gährung erheischt Zeit, um den Unrath auszuwerfen oder zu Boden sinken zu lassen, dies ist Gesetz der Natur. Alles haschtige[!] Eingreifen der Großen, strengere Verbote des Schreibens und Denkens, rühren nur die gährende Masse mehr durcheinander, überschäumen sie und verhindern dadurch ihre Kristallisation. Waren ja längst vor der franz. Revolution, die sogenannten liberalen Ideen in Deutschland herrschend. Jeder vernünftig Denkende verwahrte sie als heiliges Glaubensbekenntniß in seiner Brust. Niemand fiel es ein[,] sie auszurotten. Friedrich der Große und Joseph der zweite[!] huldigten ihnen; und ich darf glauben, daß, ohne den fatalen Revollutionskrieg[!], wir in Deutschland, bei verdoppelter Aufklärung, noch eben so rein sittlich seyn würden als unsere Großväter gesegneten Andenkens, waren. Ich will damit nicht sagen, daß wir wirklich verderbt wären; wir scheinens nur, weil unser Geist sich gegen den Zaum sperrt, den ihm Unwissenheit und Stolz anlegen wollen.

Soweit war mein Brief fertig, als Wilhelm Lorey abreißte, und ich hätte ihn mitschicken können, wenn ich nicht einige Stellen daraus hätte in einen andern Brief aufnehmen wollen, der an einen jungen Geistlichen in Oppenheim geht. Man muß, auch in Briefen[,] haushälterisch seyn, einen Stoff mehrmalen benutzen, so wie die neueren Oekonomen im Phisischen häufig thun.

Apropos!

Für das Birnbäumchen hinter der Mühle muß ein anderer Platz bestimmt, und dasselbe bei nassem Wetter verpflanzt werden. Hast Du, im Hof oder Garten, Raum dafür, so sey bedacht darauf, es ist Schade[,] daß diese gute Sorte Obst nicht gesichert steht. Leb wohl! und behalte lieb

Deinen

Vater."

## Isaak Maus an Wilhelm Maus, Badenheim 03.05.1821, hs.:

„Lieber Sohn!

Einem braven Vater kann nichts erfreulicher seyn, als zu sehen, daß seine Kinder nebst einer schönen Aufführung, ihre Oekonomie verbessern, ihr Hauswesen mit Aufmerksamkeit und Fleiß besorgen und ihre Kinder mit Weisheit erziehen.

Meine Kasse, so unbedeutend sie ist, wird nie leer seyn zu Unterstüzungen obiger Art. Ich habe[,] Gott Lob, Kredit bei reichen Bekannten und

Freunden, und werde von ihnen für viel wohlhabender gehalten als ich bin, und auch dieses macht mir Freude, und setzt mich in den Stand[,] meinen Kindern bei jedem vernünftigen Unternehmen beizustehen, ohne daß jemand dabei gefährdet wäre. Auf diesen Fuß wirst du dich, in künftigen Jahren, hoffentlich, ebenfal[l]s zu setzen wissen. Von deinem Bruder Kristian verspreche ich mir weniger; er vergißt gar zu oft, was einem guten Hausvater obliegt. Ich unterstütze ihn öfters mit Geld, welches er willig annimmt, meinen Rath aber will er selten, und unterhält sich viel lieber mit Männern ohne Karakter und ohne Grundsätzen[!], als mit seinem Vater. Ich wünschte daher[,] daß ihr drei Brüder, zuweilen auch über häusliches Verhalten miteinander sprechen möchtet, und [recte um?] dadurch alle zum Guten und Anständigen ermuntert zu werden.

Schon 14 Tage lang, bin ich weder krank noch ganz gesund. Jede starke Mahlzeit macht mir Leibweh, und verursacht Durchfall. – Ich halte mich an vernünftiger Diät, bald mit Wasser-[,] bald mit Weintrinken; und hoffe[,] daß Ihr mich bis Sonntag ganz gesund finden werdet.

Ich hätte Dir noch manches über Das[!] Einstellen zum Militärdienst, vom unsern Conscribirten zu erzählen, allein das Papier macht mich, mit seinem schlechten Leim, ärgerlich; ich verspare also Vieles auf den Sonntag, wo es wie gewöhnlich hier festlich* zugehen wird.

Ich grüße Dich und die Deinigen. Badenheim d. 3ten May 1821.

Dein Vater Is. Maus."

*Dem in diesem Brief geäußerten Wunsch, den Söhnen auch nach ihrem Erwachsenwerden noch in ihrer ökonomischen und charakterlichen Entwicklung beizustehen, ließ Isaak Maus im Dezember 1822 eine Serie von vier wöchentlichen Rundbriefen an alle drei Söhne folgen, einen regelrechten „Bauernspiegel"; siehe Anhang am Schluß des Kapitels.*

## Isaak Maus an Wilhelm Maus, Badenheim 24.11.1821, hs.:

Kurzzusammenfassung:
– über eine Streitsache in der Gemeinde Fürfeld
– div. Kleinigkeiten
– „Leb wohl! und halte dich mit Verstand unter dem bunten Gewühl der Welt, damit ich an dir meinen Erstgebornen erkenne."

## Isaak Maus an Wilhelm Maus, Badenheim 20.05.1822, hs.:

Kurzzusammenfassung:
– Genaue (lobende) Beschreibung eines neuen Friedensrichters Fuchs in Wöllstein
– I.M. ist Bürgermeister von Badenheim, Wilhelm Maus anscheinend Bürgermeister von Bosenheim

## Isaak Maus an Wilhelm Maus, Badenheim 27.07.1822, hs.

„Badenheim d. 27ten July 1822.

Lieber Sohn!
Badenheim war vorzüglich unglücklich durch den Hagel am 25ten Abends. Aller Herbst ist hin! Die Trauben sind durchaus zerfetzt, die Reben entblättert, und für künftiges Jahr schadhaft gemacht.

Der stärkste Zug des Hagelwetters ging gerade über unsern Weinberg; wiewohl auch die Fruchtfelder schwer getroffen worden.

An der noch stehenden Gerste ist kein Korn mehr, die auf Glöcken scheint gedroschen zu seyn, und die Haufen selbst sind sehr beschädigt. Kurz! alles bietet dem Anblick eine Zerstörung dar, die um so empfindlicher ist, als die Gegenstände vorzüglichen Genuß und Reichthum versprachen. –

Ich wollte über unsern Planeten zürnen, weil er in seiner Athmosphäre, Sturm, Blitze, Hagel und Eis erzeugte; allein er berief sich auf das Recht, das jeder habe, in seinem Schedel Unsinn auszubrüten.

Ja, sagte ich, aber ohne anderer Schaden! Er: Ohne Schaden seines Gleichen, das ist billig; was aber geht ihn der Geringere an, der nicht blitzen kann? Ich merkte, zu welchem System er sich bekenne, und schwieg. –

Grüße mir den Hr. Vetter Lorey und die Deinigen.

Is. Maus.

Das Maltr. Korn hab ich erhalten und der begehrte Rübsamen folgt hierbei."

## Isaak Maus an Wilhelm Maus, Badenheim 15.08.1822, hs.:

„Lieber Sohn!
Zuerst vom Hinckel. Gestern hatte ich den Rest von einem geschlachteten [Hinkel?] verzehrt, und mich, auf Brüh und Fleisch, wohlbefunden. Was war natürlicher, beim Anblick eines Gefangenen der Art im Sack, zu den-

ken, er sei zum Opfer bestimmt um auf dem Altar der Gesundheits Göttin zu sterben? Ich gab der Oberpriesterinn den Befehl, ohne das Opfer gesehen zu haben. Indessen bemerkte ich Thränen in den Augen deines Peters[?]; und nach verschiedenen Erörterungen, ward der Irrtum erkannt, und der arme Gefangene, wie billig, in Freiheit gesetzt.

Mit meinem Kranken-Zustand hat es sich recht sehr gebessert. Ich gehe spatziren, esse und trincke, und schlafe von Abends 9 bis Morgens 5 ununterbrochen fort. Alle Schmerzen haben sich verloren.

Seit am Son[n]tag frühe hat mich Herr Dok. Trumpf aufgegeben, ohne daß ich weiß warum. Da schon vorher seine Besuche nicht regelmäßig mit der Zeit gingen, so mußte ich ihm deinen Bruder Konrad als zweiten Unterarzt substituiren. Den ich seitdem, wegen seinen besonderen Studien in vorliegendem Fall, als wirklichen Leibarzt kreirte, worüber er nächstens von mir ein förmliches Diplom erhalten wird.

[...]

Leb wohl, für den schwarzen Sclaven[?] danken wir, und versprechen gute Behandlung.

Euer aller Vater zu Badenheim d. 15ten August 1822

Is. Maus.[ ...]“

## Isaak Maus an Wilhelm Maus, Badenheim 01.01.1823, hs.:

„Lieber Sohn!

Vier und siebenzigmal hab ich ein neues Jahr kommen und das alte wandern gesehen. Die Menschen aber und die Natur blieb sich gleich. Kleine Veränderungen können nicht in Anschlag kommen; auch sind es meistens nur Wechsel. Die Thorheit, die heute einer ablegt, hascht ein anderer auf; das Gute[,] was in der einen Famillie[!] untergehet, stehet in einer andern wieder auf. Und eben so verhält es sich zwischen den Nationen.

An Vollkommenheit ist gar nicht zu denken, und wenn auch die Welt ewig stünde. Die Kraft, die die Ereignisse hervor bringt, ist sich immer gleich; die Geschöpfe, auf die sie wirkt, sind es auch – wie könnte da etwas Vielbesseres[!] zum Vorschein kommen. – Nach diesen Betrachtungen wird sich unsre Hoffnung zum neuen Jahr bestimmen. Unsre Wünsche werden diese Hoffnungen verzieren, mit allerlei süßen Träumen, die aber nach einiger Zeit, wie die Blätter der Blumen abfallen und uns den leeren Stock zurück lassen; der dann künftiges Jahr wieder Knospen treibt.

In hiesigem Dorf ging es heunt Nacht ein wenig vernünftiger zu, als anderswo. Kein Schuß ist geschehen, kein Lerm gemacht worden. Ich schreibe diesen Sieg der Vernunft über die Thorheit, mehr als einer Ursache zu. Jedoch, zum Lob der Einwohner, darf ich behaupten, daß sie für die bessern Gründe empfänglich waren. Was auf vielen Dörfern fehlt, und erst noch von der Zukunft muß erwartet werden.

Wo es nicht ordentlich und vorschrift[s]mäßig zuging, wünschte ich, daß das Polizeigericht seine Fackel und Ruthe zur Hand nähme, und die Widerspenstigen auf den rechten Weg führte: und sollte es auch ein bischen unsanft geschehen.

Lebe, mit den Deinigen recht vergnügt im neuen Jahr; den[n] herzlich in Unschuld vergnügt seyn, ist höchstes Glück des Lebens. Dir wünscht es Dein

Vater Is. Maus.

Badenheim d. 1ten Jenner 1823."

Isaak Maus an Wilhelm Maus, Badenheim 12.03.1823, hs.:

„Badenheim d. 12ten März 1823.

Lieber Sohn!

Dem Adam Petzing kann ich auf folgende Bedingungen mit 200 fl. helfen:

[...]

Schon hätte ich Euch, bei einer Reise nach Kreutznach, besucht, wenn die Witterung wärmer und beständiger gewesen wäre. Gesund sind wir, ich und deine Mutter[,] aber nicht mauerfest, ob schon dieser Ausdruck zu lügen scheint, weil wir im Haus, wie angemauert[,] schon viele Woch.[en] zubrachten. Unserm Konrad sein kleiner Phillip[!] konnte das Klima dieser Erde nicht vertragen, und ward kaum 9 Wochen alt.

Der alte Karst* liegt und steht auf, schon über 14 Tage lang, kann aber nicht arbeiten, weder mit dem Kopf noch mit der Feder; welches mich ungewöhnlich belästiget. Auch Riesling* hat dies nähmliche Fieber, verläßt sich aber auf die Hilfe des Gottes, der Gelübte[!] und Gebete zu schätzen weis. Wer mag ihm Unrecht geben? Alle menschliche Hilfe ist eitel, außer in Geldsachen nicht.

Morgen bietet Hr. Pfr. Streuber das Pfr. Gut, Stückweis, in einem 6jährigen weitern Bestand an. Ob er einen glücklichen Tag haben wird, steht nicht in meinem Kalender.

Die Kriegsbegebenheiten gleichen einem Schauspiel[,] ehe der Vorhang aufgezogen ist. Da wird geplaudert, d... [Fehlstelle] gelacht, geneckt; die Musikanten stimmen, der Pöbel stampft. Ein Bauer glaubte einst, das wäre die Comödie, und ging weg, indem er die Sache für schlecht hielt.

Ich grüße Euch alle.

Is. Maus."

## Isaak Maus an Wilhelm Maus, Badenheim 02.01.1825, hs.:

„Badenheim d. 2ten Jänner 1825.

Jedermann hofft mit dem neuen Jahr auf bessere Zeiten, ohne zu bedenken, daß die Stellung der Sonne gegen den nehmlichen Fixstern[,] wo sie vor einem Jahr gesehen worden, weder auf die Fruchtpreise noch auf die Mauten Einfluß hat. [...]

Ein bekannter dicker Mann unserer Gegend, weis[,] daß unsere Welt nur noch 16 Jahre Zeit hat zu ihrem Versinken [...]. Trifft diese Prophezeihung ein, so ändern sich alsdann die guten und bösen Zeiten, und es verlohnte sich jezt nicht mehr[,] um politische Einrichtungen zu streiten.

Unsere meisten Katholiken allhier scheinen auch nicht an die 16 Jahre zu glauben, ... [weil?] sie sich mit Köpfen und Füßen streuben gegen die Bewilligung des Vikariats zu Mainz, nach welchem [!] den Evangelischen soll erlaubt seyn[,] ihren Gottesdienst in der katholischen Kirche 4 Jahre* lang zu halten.

Dem kath. Geistlichen und Kirchenvorstehern, welche obige Bewilligung genehmigten, drohen und fluchen der Janhagel* in der Hintergasse [...]. [...]

Die Brezelgelder werde ich gewissenhaft vertheilen, und deinen Pathen sagen: daß sie Dir, durch eine gute Aufführung dafür zu danken hätten. Gestern hab ich meine hiesigen zwölf Enkel gemessen; sie haben zusammen ein Maas von 586 Großherzogl. Zoll.

Die Geistes-Größe läßt sich nur einst nach einem ganz andern Maasstab bestimmen.

Leb wohl! Wir wünschen Euch ebenfalls ein glückliches Jahr, u[nd] noch viele folgende.

Dein Vater

Is. Maus."

## Isaak Maus an Wilhelm Maus, Badenheim 27.02.1825, hs.:

„Badenheim d. 27ten Februari 1825.

Lieber Sohn!

Der Zeitpunkt* rückt immer näher, wo ich mich der Politischen-Welt entziehen kann; die allerdings nicht werth ist, daß ein vernünftiger Mann in ihr lebt. Indessen würde sie noch tausendmal weniger werth seyn, wenn alle Vernünftige[n] und Rechtschafnen sich aus ihrem Strudel zurückziehen wollten. Nur ein hoher Grad von Jahren geben[!] uns die Erlaubniß[,] die Armen[!] in den Schoos zu legen und das Allgemeine-Beste andern rüstigern Männern zu überlassen. Der Traum von Vollkommenheit, oder doch ihr nahe zu kommen, frischet den jungen Mann an, alle seine Kräften[!] zu verwenden, um dieses Ziel zu erreichen. Das liegt so in der Natur, wie seine eigne Erhaltung. Er handelt also naturgemäß[,] obschon er einer Chimäre nachjagd[!].

So ist das menschliche Leben: eine regelmäßige Unregelmäßigkeit. Wie diese Worte einander widersprechen, so widersprechen sich unsere Wünsche, unsre Handlungen, unsere Leidenschaften, unsere Hoffnungen, unser Alles. Das merken wir aber, zum Glück, ein wenig späth; sonst müßten wir uns erhenken, oder die Welt zusammen tretten[!], wie man einen schädlichen Ameisenhaufen zusammentritt, wenn wir es vermöchten. – Dies alles unterbleibt nun ganz weislich; wir schreiten mit dem Strom der Zeit und der Menschen fast unwillkührlich fort, halten die Hand am Heft des Schiksal-Rades, als ob es auf unsere Kraft ankäme, dasselbe nach Wohlgefallen zu bewegen. Wir gleichen hierin der Mücke, die glaubte, der Staub[,] den die Kutsche machte, wäre ihr Werk, weil sie oben auf diesem Fuhrwerk saß. – Es läßt sich ewig nicht ergründen[,] welches des Mannes eigenthümliches Werk sei, der da handelt, und was den Umständen angehört, die mitwirkten, und nicht unter seiner Direktion standen. Kann uns aber dieses Nichtwissen vom Handeln abhalten? Keines Wegs! Es ist die Natur unsers Geistes zu wirken, ohne Mitwirkung gleichzeitiger Umstände ist keine Handlung gedenkbar[!].

Wir sind in die Weltbegebenheiten verwebt, können uns vernünftiger Weise nicht heraus ziehen, so lang die Welt uns anspricht und wir die Welt ansprechen. Wissen wir diese Ansprüche zu mäßigen, dann haben wir, wie mich deucht, alles gethan[,] was uns die Weisheit, die Natur und unser eigenes Glück vorschreibt.

Die Periode der Wahlen bringt manches Blut in schnelleren Lauf; auch sogar bei denen, die keine Hoffnung und keine Gefahr haben[,] mit einer neuen Last beschwert zu werden. Sie möchten aber doch gern helfen aufladen, und glühen von Eifer[,] ihre Freunde darunter zu stecken.

Wir lachen bei der Ehre, sich für seinen König todschiesen zu lassen; ists klüger, sich fürs Wohl der Nachbarn in einem Dorfe hudeln zu lassen? Beides muß bei gegenwärtiger Weltverfassung seyn; und um den Geopferten auf eine leichte Weise schadlos zu halten, hat man die falsche Ehre erfunden. Dieser Flitter gleicht den ehemaligen As[s]ignaten* der Franken, oder, wenn du willst[,] den Ordensbändern unserer Deutschen.

Mir geht es bei diesen lächerlichen Kämpfen wie dem Moses beim Einrükken in Canaan. Er stand auf dem Berg, sah zu, reckte die Armen[!] gegen den Himmel – kam aber selbst nicht ins gelobte Land. Die Rabinen sagen, Gott habe ihn selbst auf dem Gebirge begraben. (Doch vermuthlich erst[,] nachdem er tod war.) Und dieses hoffe ich auch. Schon sind die Anstalten

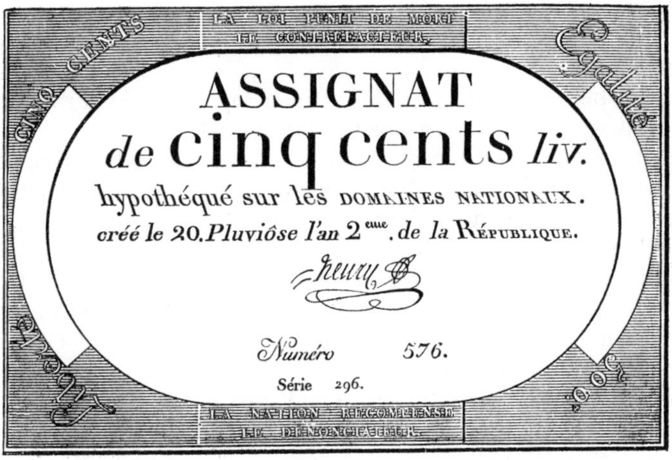


*Assignate aus dem Nachlaß von Isaak Maus*

von Gott darzu gemacht. Die verflossene Woche lies er durch seinen Diener und Knecht, Habermehl, den Greißen Nagelschmid zu Grab bringen; und so wird er auch mich der Erde wiedergeben, so bald meine Arme sinken. Leb wohl!

Dein Vater

Is. Maus."

## Isaak Maus an Wilhelm Maus, Badenheim 23.11.1825, hs.:

Kurzzusammenfassung:
– der Friedensrichter Fuchs (vgl. Brief v. 20.05.1822) sei beiden Maus nicht gewogen
– Tenor: „Es ist nicht leicht, bei gegenwärtiger Stimmung der Oberbehörden und des Volks, Orts-Vorstand zu seyn"; daher: „Leb wohl! und lebe deiner Frau und deinen Kindern mehr als irgend einer Sache und Personen"

## Isaak Maus an Wilhelm Maus, Badenheim 23.04.1929, hs.:

Kurzzusammenfassung:
– Rat in einer Hochzeitsangelegenheit

## Isaak Maus an Wilhelm Maus, Badenheim 19.11.1829, hs.:

„Lieber Sohn!

Da es mir heute besser ist als die vorigen Tage, wo mich Frost und Leibweh plagte[n], so schreib ich Dir wieder einmal. [...]

Von mir werdet ihr keinen Besuch vor dem künftigen Frühling erhalten; denn ich weiß[,] daß mir der Winter nicht günstig ist, und darf froh seyn, wenn er mich nicht ganz aufreibt.

Ich will zwar nicht mit ihm ackordiren[!], wenn es auch möglich wäre, dazu bin ich zu stolz. Er mag toben; solang ich ihm den warmen Ofen und mein gutes Bett entgegen setzen kann, werde ichs thun; und mich in meiner Stube so glücklich schätzen[,] als sichs, nach meinen Gesundheits-Umständen, thun läßt. [...]

Hätte Dein Bruder Kristian, das Geld zu seinem Kuhstallbau, wie er hof[f]te, in der Lotterie gewonnen, so dürfte es ihm am Bauholz nicht fehlen. Steine hat er mehr als 15 hundert Zentner im Hof und auf der Gasse liegen; auch ein Loch mit Kalch gefüllt, wo mehr als 50 Leichen Platz darin gehabt hätten. Nun fehlt es noch an 3 bis 4 Boden gutes Holz und billige Handwerker: die sich bis Frühjahr wohl finden werden.

[...]

Ich lese Schauspiele von Les[s]ing, wo... [worüber ich?, Fehlstelle] zuweilen lachen, zuweilen weinen kann, Wie es denn wirklich in der großen Welt zugeht: jedoch soll dieses nicht von unserm Großherzogthum gesagt seyn.

[...]

Grüße Deine Angehörigen von mir.

Dein Vater Is. Maus.

Badenheim[,] d[.] 19ten Novbr. 1829."

## Isaak Maus an Wilhelm Maus, „Badenheim, d.1ten des kritischen Monats, in welchem der heilige Martinus ..." [kein Jahr genannt, ca. 1830/1833], hs.:

„Badenheim, d.1ten des kritischen Monats, in welchem der heilige Martinus manchen braven Mann an sein Geld – und andere um ihren Kredit bringt; wo manches Schwein unschuldig sein Leben verliert, weil in vielen Häusern die ...... [Körner?] zu dünne liegen, und die Kartoffeln zur Nahrung der Hausgenossen kaum hinreichen, wo manche brave und nichtbrave Hausfrau um eine neue Magd, wie auch um ein neues Winterkleid besorgt ist; wo die sogenannten Kirchweihen noch allerlei Nebenausgaben nöthig machen, die größtentheils unterbleiben könnten, wenn nicht Frau Mode und eine gewisse Eitelkeit mit im Spiele wären. u.s.w. [...]". – Rest über den

Besuch eines Schauspielers Alexander mit seiner Frau bei Maus in Badenheim.

## Isaak Maus an Wilhelm Maus, Badenheim 16.01.1830, hs.:

„Badenheim[,] d. 16ten Jänner 1830.

Es ist nicht genug, lieber Sohn, uns mit den Angelegenheiten der eignen Haushaltung einander zu unterhalten; thun dies ja alle Nachbarinnen gar zu gerne: die nicht einmal ausgenommen, welche gar keine Ursache haben[,] auf ihr Hauswesen stolz zu seyn.

Im Gegensatz, giebt es Männer, die weder, von eignen häuslichen Geschäften, mit den Ihrigen zu reden noch Hand anzulegen begehren. Das sind Ehestandsketzer, die nicht an die heilige Häuslichkeit glauben; die doch gewiß wesentlicher zur alleinseligmachenden Religion gehört, als Kirchengehen ohne Andacht und aus Bequemlichkeit[,] den Esel im Bronnen ersaufen zu lassen.

Wir wollen nicht zu beiden Zünften gehören; uns sey es keine Schande, Spulen zu haspeln, den Kleinen den ersten Vers[,] das Ein mal Eins vorzusagen, mit einem Tuch den Duft [nicht: Dunst] von den Fenstern zu wischen, damit die Hausfrau an ihrem Spinnrad nicht genöthigt ist, den Faden dicker zu greifen[,] als es die $3^1/_2$ Ellen per Pfund erfo[r]dern. Und wenn der Schnee sieben Fus hoch auf dem Feld läge, den Reisenden Ellenlange Eiszapfen an den Nasen hingen, sollte uns doch die Langeweile in unserer Stube nicht peinigen; noch weniger in andere Häuser treiben, um schales Geschwätz anzuhören oder dem Dampf unsrer Pfeife stumm zuzusehen.

Nein, da giebt es noch tausend schönere und nützlichere, der Menschenwürde angemessenere Unterhaltungen. Mir fällt sogleich das Gemeindewesen ein, welches jedes Dörfchen hat, so klein es auch sey. Da du dir alle hiesige[n] Lokallitäten[!] vorzustellen noch nicht verlernt hast, auch die Einwohner so ziemlich, ihrem Innern und Aeußern nach, kennest, so mag dir folgende Erzählung vielleicht einiges Interesse abgewinnen.

Nach Vollendung der neuen Kirche, wurde das ärmliche Schulhäuschen weggeräumt, um den widerlichen Abstich zwischen beiden Bauten zu vernichten. Hr. Baumeister W.* fertigte ein[en] Prospektus, worinn ein neues Schulhaus zur Rechten, und ditto Pfarrhaus zur Linken, als Flügel der Kirche, herrlich anzuschauen waren. Jedem Baulustigen gefiel die schöne Simetrie [Symmetrie]; allein die Mittel waren erschöpft, und man mußte Athem holen. Indeß verfiel Hr. W. auf eine neue Idee. Die projektirten Flügel schienen ihm das schöne Ansehen der Kirche sowohl als ihre innere Helle zu gefährten[!]. Dagegen bot sich, das der Kirche gegenüber stehende

Maurische [Maurer'sche] Haus, als ein gutgeeignetes Pfarrhaus dar; und auf der einen Seite des Hofs fand der Hr. Baumeister Raum genug zu einem neuen Schulhaus. Das alte Pfarrhaus könne verkauft werden; und dadurch würde die Gemeinde mehr als zweitausend Gulden ersparen, gegen den ersten Überschlag der besagten Flügel. Hr. W. überreichte der baulustigen Regierung Plan und Überschlag des neuen Projekts; und diese gab dem Bürgermeister auf, den Gemeinderath darüber beratschlagen zu lassen, und das Resultat unverzüglich einzuschicken. Es geschah, mit wenig Wärme. Die Beutel der Bauern waren leer, die Gemeinds- und Kirchenkasse erschöpft: ja sogar, zum vorigen Behuf der Kirche, ein Capital von 5000 fl. als Anleihe, bei dem Baufond in Mainz, verzinßlich aufgenommen worden. Dies alles figurirte in besagter Berathung; wovon die katholischen Mitglieder gar keine Notitz nahmen. Indessen hatte die Regierung, der Gemeinde 500 fl. auf den Baufond angewiesen, und Hr. W. versicherte, es würden jährliche Bewilligungen der Art erfolgen, die Gemeinde könne herzhaft, im Vertrauen auf die Regierung, das Maurische Haus ankaufen.

Ja, der Brmstr. bekam den Vorschlag, besagtes Haus auf 7jährige Termine zu kaufen, und den notärischen Akt, zur höheren Genehmigung einzuschikken. Das Haus hatte Hr. Maurer 3500 fl. gekostet; der Neid A. und D. gab es nicht zu[,] daß Hr. Mr. ohne großen Verlust, es absetzen sollte; und Hr. Brmstr. trug großes Bedenken[,] sich in die Sache weiter einzulassen. Er referirte: daß er, ohne versichert zu seyn, daß die Regierung den ganzen Ankaufspreis, aus dem Baufond wolle bezahlen lassen, sich nicht für befugt hielt, den kühnen Schritt zu thun.

Hierauf hat er noch keine Antwort, es läßt sich auch nicht errathen, was dort resolvirt wird. – A. u. D. wollen lieber ein neues Schulhaus auf einen andern Fleck gebaut haben, oder das Rathhaus dazu verwendet wissen. – Das Weitere soll folg.[en,] sobald es mir kund wird. Dein Vater

Is. Maus."

## Isaak Maus an Wilhelm Maus, Badenheim 19.06.1830, hs.:

„Badenheim d. 19ten Juni 1830.

Schreiben – ja, lieber Sohn! schreiben muß ich. Das ist noch das einzige[,] wodurch ich mich, für die vielen Schmerzen, die mir meine kranke Blase zuzieht, entschädigen kann.

Was soll ich thun, wenn ich nach unruhvoller Nacht, eine Stund lang, in Zwischenräumen, das Wasser[,] das mich peinigt und keinen gefälligen Ausfluß finden kann, in kleinen Portionen fortgeschaft, – ja mit unsäglichen Schmerzen – fortgeschaft habe? Sonst ging ich, nachdem ich meinen Kaffe[e], das süß[es]te Labsal meines Körpers, verzehrt hatte, spatziren. Allein, schon über einen Monat ist mir die Sonne, meine alte Patronin, untreu geworden. Sie steckt sich hinter Wolken, wie ein ruchloser Mensch hinter Gesträuche, wenn er ehrbare Leute in der Nähe sieht; statt daß sie meine Spazi[e]rbahn angenehm erwärmen und meinen Geist erheitern sollte.

Was bin ich für ein elender Mensch! Der Knabe, der theils aus Muthwillen, theils aus Jugendkraft seinen Urin in einem sechsschuhigen Bogen springen läßt, so wie man die Bomben in eine Festung schleitert[!], – o, der ist ein Gott gegen mir[!]!.

Vergebens hör' ich den Wahn einiger meiner Nachbarn: ‚Der alte M- hat ein glückliches Alter. Seine Kinder sind gut versorgt, er ist reich, hat sich Ehre und Achtung erworben, theils durch gefälliges Betragen gegen jedermann, theils durch Bücherschreiben, – was unter tausend Bauern kaum einer kann – wer so wie er, einem freundlichen Ende entgegen sehen kann, der ist glücklich!' Alles wahr! bis auf das freundliche Ende. Wer das, was ich leide, für freundlich ansehen kann, muß ein noch ungeheuerer [ungeheurerer?] Schwärmer sein, als Epicktet[!] selbst war. Nein, mich[!] macht man nichts weiß, was ich fühle[,] ist allein wahr; alle Vorstellungen[,] alle Phanthasiestreiche sind Kindermärchen.

Was soll daraus folgen? Verzweiflung, Melancholisches-Hinbrüten? O, Nein! Solang das Ding in mir, das man den Geist nennt, noch freie Bahn hat, sich in das Revier lustiger Laune erheben mag, solang hat es keine Noth, daß mich Trübsinn überwältige. Wissen darf ich[,] was mir fehlt, was ich anders wünsche, aber zernichten soll es mich nicht.

[...]

Diese letzte Seite meines Briefs, sei der Praktischen-Philosophie gewidmet – wenn ich die Pflich[t]en der braven fleißigen Landwirthe so nennen darf.Ich halte es nicht für Unrecht, denn was auf Nachdenken und Nützlichkeit aller Menschen beruht[,] ist Philosophie.

Regen, und immer Regen hat uns schon wochenlang geni[e]rt. Der meiste Klee lag auf der Streu, die Pflanzen wurden fast zu groß zum Aussetzen, Kartoffeln und Bohnen konnten nicht umhackt werden, der Pflug mußte ruhen.

Seit zwei Tagen ist wieder Leben in der Flur. Alles rennt und läuft, um soviel es möglich ist, wieder gut zumachen, was versäumt werden mußte.

Der üppige Hanf, die emporstrebende Gerste, der fette Klee, die schwerneigende[n] Kornähren, der nachgekommne Weitze, das hohe Wiesengras u.d.g. scheint uns befriedigen zu wollen, wegen dem Kummer, den uns der kalte nasse May, und der nicht bessere Juni, verursachte. Aber am Weinstock haben sich beide so schrecklich versündiget, daß wir ihnen nicht verzeihen können, ob schon sie je[t]zt eine gute Kornernde versprechen. Leb wohl! Es grüßt dich herzlich dein Vater

Is. Maus.

„N.S.: [Nachschrift] Ich protestire gegen das heutige Regenwetter. Mein Brief [mit dem Lob der Wetterbesserung] ward gestern früh geschrieben. D[en] 20ten."

## Isaak Maus an Wilhelm Maus, Badenheim 15.12.1830, hs.:

„Badenheim d[en] 15ten Dezember 1830.

Lieber Sohn!

Die Post von hier nach Bosenheim geht gar schlecht, seitdem unsere Juden ihren Frucht- und Kleesamenhandel nach Mainz, und den Lumpenhandel nach ... [Bing.?] haben. Von deinem Pathen Lorey erhielt ich kürzlich wieder Nachricht.

Er ist noch in seiner ersten schweitzerischen Marktstadt, vier Stunden von Zürch; wo er bis den May zu bleiben gedenkt. Er hat sich ein Stammbuch angeschaf[f]t, und mir 8 Blättcher[!] davon überschickt, und bittet seine hiesigen Verwandten, ihm etwas Schönes darauf zu schreiben; die ich ihm sodann wieder zu schicken soll. Ich lege, für dich, eines hier bei. Schreibe etwas Passendes darauf, so bald du Zeit hast. Der Zürcher Brief, ward auf der Post – ich weiß nicht wo – durchstochen; Ob, wegen der Russischen[?] Krankheit, oder weil mann[!] Seidenzeug drinn vermuthete?

Hat dir der Vetter Abraham von Schwab.[enheim?] ein Heftchen, über die vorjährige Revolution in Paris, zugestellt; und wie gefiel es dir?

[...]

Von München hab ich zwei überaus schöngebundene Bändchen Gedichte des Königs Ludwig von Bayern erhalten.

Daß die Familie deines Bruders Konrad um ein Marjangen [Mariannchen] vermehrt worden [ist,] werdet Ihr je[t]zt wissen. Damals war so üble Witterung und kothiger Weg, daß trotz allem guten Willen, niemand den Weg nach Bosenh. und Uf[f]hofen machen konnte. Wäre es ein Knabe gewesen, so hätte man sich vielleicht auf ein Pferd gesetzt und die frohe Bottschaft[!] überbracht.

Das Pferdekaufen hat gegenwärtig nur eine Schwierigkeit. Die Leute fo[r]dern statt 8 bis 9 Louisdor 18 bis 20. Konrad und Phil. S[ch]neider haben zu wohlfeil verkauft und müssen je[t]zt das Frühjahr abwarten.

Auch dein Bruder Christian müßte recht viel für seine Ochsen lösen, wenn er den gehegten Wunsch, das folgende Jahr mit Pferden zu fahren, realisi[e]ren wollte.

Mit meiner Gesundheit will es sich auch nicht machen, sonst hätte ich Euch schon besucht. Es grüßt Euch sämmtlich, der Großvater

Is. Maus."

## Isaak Maus an Wilhelm Maus, Badenheim 17.01.1831, hs.:

Kurzzusammenfassung:
– diverse Orts- und Familienneuigkeiten
– über „höhere Schulbildung" eines Hundes (Ironie)
– „Irren-Spital" Hofheim

## Isaak Maus an Wilhelm Maus, Badenheim 20.09.1831, hs.:

„Badenheim[,] d[en] 20ten Septbr[.] 1831.

Lieber Sohn!

Da ich wegen starker Herbstfrische, diesen Morgen meinen gewöhnlichen Spatziergang nicht machen kann, so setze ich meine Metallfeder in Bewegung, die du vielleicht noch nicht einmal kennst und ich vorzüglich gern mit ihr schreibe, weil man das viele Geschnittsel überhoben ist, welches gewöhnliche Gänsefedern erfo[r]dern. Dein Bruder Konrad brachte dieses Schreibzeug letzthin von Bingen, und ich bin ihm, nebst ... [freigelassen] Xr, noch vielen Dank dafür schuldig.

Mein voriger Brief an dich ging ins Weite, diesmal aber werde ich mich im Dorf und dessen Nähe halten, welches, im wahren Lichte betrachtet, für uns auch interessanter ist. Kosmopolit sein, schickt sich nur für Müßiggänger und Phantasiereisende, nicht für gute Hausväter und Patrioten, wie wir sind. Also zur Sache! –

Daß der alte Knäbler [sic, Anton Knöbler] gestorben ist, nachdem er 86 Jahre die Thorheiten der Welt gesehen, und theils mitgemacht hatte, wirst du wissen?

Dem Alter nach, wäre nun die Reihe an mir, wenn nicht der blinde Schreiner einige Jahre Vorsprung hätte. Geht er mir nicht aus dem Wege, so werde ich um ihn her schleichen und ihm den Vorsprung abgewinnen; welches ihn wohl nicht verdriesen[!] würde, denn trotz seinem gebrochenen Bein und seinen beflorten Augen, befindet er sich bei gutem Ap[p]etit, auf seinem gewöhnlichen Ruheklotz vor der Hausthüre.

Die übrigen Männer des Dorfs sind noch alle rüstig und arbeiten auf dem Felde als ihrem ersten Element ohne ernstlichen Wunsch nach der bessern Welt.

Paul Karsts Wittib geht, wie ein Schatten an der Wand, ist aber weit empfindlicher als die gewöhnlichen Schatten.

Barbara Treib, in Lumpen gehüllt, schleicht in die Nachbarshäußer, und spähet[,] ob ein Gläschen Wein oder eine Tasse Kaffe[e] auszutrinken sei: so dienstfertig ist diese alte Matrone. Übrigens leidet sie Hunger und Mangel, da gegentheils ihr Bruder Simon nach jedem Kreutzer haschet, den die Sparsame zurückgelegt hat, und ihn in Brandwein auflöst. Andere Alte übergeh' ich, und wende mich zu jüngern Personen, die unsere Aufmerksamkeit in Anspruch nehmen.

Konrad Lahm, der jüngste Sohn seiner Mutter, hat sich allhier als Schneider-Meister etablirt, nachdem er sich ein Mädchen von Darmstadt als Gehülfin geholt hat, die etwas Geld haben soll, welches Anfänger einer Haushaltung brauchen können. Er hat einige Kundschaft in Wöllstein, besonders der Beamtenklasse.

Joh. Dietrich, welcher ehemals als Schneider in die Fremde ging und als Mühlarzt, mit einer Frau, aus Sachsen zurück kam, ist im Begrif[,] eine Windmühle auf den Lettenhübel zu bauen. Er hat zwar das Geld nicht dazu, allein mein Nachbar Ph. Diehl will ihm den Vorschuß machen. Der Überschlag beläuft sich an 350 fl. Ich meine aber[,] Hr. Dietrich müßte sich um einige hundert Gulden geirret haben, denn das Holz allein kostet ihn schon beinah 100 fl. Ob er dadurch unsre Müller in Verlegenheit setzt, oder sich zum armen Mann bauet, müssen wir abwarten. Das Feld, zu diesem Bau, und die Erlaubniß der Regierung hat er bereits; jedoch dürfe er keine Wohnung noch Oekonomie Gebäude dorthin stellen. Warum? Das weiß ich nicht.

Einen neuen Nachbar werd' ich ehestens auch bekommen, namens Port[h] von Oberhilbersheim. Er hat sich die aelteste Tochter der Witwe Fischborn gefreyet, und kommt hierher zu wohnen. Welches Geistes Kind er sei, weiß ich nicht; daß er aber Vermögen haben wird, versteht sich von selbst. Der andern Witwe Fischborn starb ihre verheurathete Tochter im ersten Kindbette. Der junge Mann, von Armsheim gebürtig, ein Wagner seiner Profession, und ein Feldmann seines Namens, ist zu bedauern. Zwar kann sein Verlust, durch die 2te Tochter ersetzt werden, wenn ihre Geistes-Gesundheit Bestand hält, woran sie vor einiger Zeit gelitten hat, je[t]zt aber wieder gut ist. Das Kind ist seiner Mutter in die Ewigkeit gefolgt.

Unser Pfarrvikarius ist ein schöner großer Mann, in der Kirche aber scheint er viel kleiner; daran muß die Bauart der Kirche, oder die seines Schedels Ursach sein.

Auch Wilhelm Höfler, der Kiefer [Küfer], hat sich kürzlich verehligt[!], mit einem Mädchen von Gutenberg, und bewohnt seines Vaters Haus, treib[t] Wirthschaft und kiefert recht fleißig.

Der neue Bürgermeister orienti[e]rt sich, nach und nach, in sein[em] Fach; und unter dem Beistand des sämmtlichen Gemeinderaths scheint es künftig besser zu gehen als man vermuthete. Dessen Greffier [= Schreiber] von Eckelsheim, Hr. Oestreich, kommt selten hierher, weil der Sohn, Johannes, selbst deutlich und schön schreibt. Die Adjunkte müssen gut geformt werden, weil der Guß[?] so lang dauert. Das Blatt ist voll. Lebe wohl. Es grüßt Euch alle der Großvater

Is. Maus."

## Isaak Maus an Wilhelm Maus, Badenheim 23.10.1831, hs.:

„Badenheim d[.] 23ten Oktober 1831.

Dem schönen Herbstwetter, lieber Sohn, sollte man eine Ehrensäule bauen. Unser Dietrich hat so etwas unternommen, welches aber die Fremden nicht zu deuten wissen. Es scheint auch mehr einem Observatorium zu gleichen als einem Monument. Fertig ist es noch nicht, und je öfterer[!] ich es betrachte, desto mehr scheint mir es einzuleuchten, daß Hr. D. sich verrechnet hat, sowohl in Ansehung der Kosten als des Nutzens. [Bezieht sich auf das Windmühlenprojekt]

Es ist mir doppelt leid, Euere Herbstfeier nicht mitgeniesen zu können. Einmal wegen meiner fatalen Leibeskonstitution und zweitens wegen Entbehrung des frohen Anblicks so vieler lustiger Leute, die dem Gott Ba[c]chus opferten.

[...]

Der hiesige Herbst fiel, wie man dachte, sehr gering aus. Jeder deiner Brüder füllte zwei Ohm*. Der Preis schwebte zwischen 22 und 26 Xr. Niemand wollte es wagen, den Zulast[?] Most mit 50 fl. zu bezahlen.

Ich kann d[en] 31er auch nicht für ein[en] Hauptwein halten: es ist noch nicht lange (vielleicht einige Wochen)[,] wo man den Himmel bat: er mögte ihn doch trankbar werden lassen; Und nun soll es schon ein 11fer* sein? Die Hoffnung und die Eitelkeit, sind die zwei Hauptelemente, in denen der Mensch sich glücklich fühlt.

[...]

Es grüßt Euch alle Euer Vater Is. Maus."

Isaak Maus an Wilhelm Maus, Badenheim 13.11.1831, hs.:

„Badenheim d. 13ten November 1831.

Lieber Sohn!

Indessen Ihr Euch zur Ehre der Kirchweihe, unter lustigen Scherzen, mit Wein besalbt [?, verschrieben] und kostbaren Speisen labt, sitz' ich vor meinem Schreibetisch und studire die Tagesgeschichte von Europa.

Meine Gesundheits-Umstände untersagen mir fast jede andere Unterhaltung, zumal diejenigen, die mit körperlichen Anstrengungen verbunden sind, oder auch meiner gewohnten Bequemlichkeit widerstreiten; wozu ganz besonders ein fremdes Nachtlager gehört.

Die Staaten Europens haben gegenwärtig zwei starke Feinde zu bekämpfen, die Cholera und das Revolutionsfieber. Beide sind furchtbar und haben schon viele tausende unseres Geschlechts dahin gestreckt. Sie unterscheiden sich zwar in ihren Verwüstungen sehr merklich. Die erste liefert dem Kirchhofe meistens alte arme und sch.....lige [verschrieben] Menschen, da durch das zweite Übel der König des Schreckens sich eine Leibgarde auszuwählen scheint, die aus den kräftigsten und kühnsten der Männer in den besten Jahren besteht.

Keine untrügliche[n] Verwahrungsmittel gegen beide Menschenfresser sind noch bis jezt erfunden worden; alle Sperrungen und Bestrafung der sogenannten Umtriebe, waren unnütz. Unsere Aerzte, sowohl die politischen als die phisischen, streiten sich um die Ansteckung und Nichtansteckung, welches doch, nach der Erfahrung, so leicht zu entscheiden ist. Wer innerlich eine starke Disposition zu einem dieser Übel besitzt, darf nicht erst von Außen angesteckt werden, das Fieber bricht los, über kurz oder lang, ohne weitere Berührung anderer inviszirten[!] Dinge.

Freilich werden auch weniger disponirten[!] Personen durch die vergiftete Luft, die besonders in den Zeitungen und andern liberalen Schriften herrscht, angesteckt; dieses ist aber nicht zu ändern[,] solang die Menschen das bleiben[,] was sie sind – nähmlich Thiere mit einem schwächlichen Körper und einem unsichern Denkvermögen. Das einzige Preservativ in Rücksicht des Revolutionsfiebers wäre, es Allen Recht zu machen. Da das aber nicht angeht, so müssen wir uns begnügen, wie es das Schicksal macht; das heist: Wie es die Folgen der manchfach gesinnten Menschen und ihre Handlungsweise mit sich bringt.

Man kann auch keinem Stand einen Vorwurf machen, ohne ungerecht zu seyn. So lange sich das Volk bei seiner Landesverfassung unwohl befindet, muß es, seiner Naturgesetze gemäs, Verbesserung wünschen; und solang die Aristokratie ihr Glück in der alten Verfassung findet – oder zu finden glaubt – [,] muß sie dieselbe vertheidigen. Jeder handelt allhier nach seinem

Gefühl und nach seinen Einsichten, thut also, was die Natur von ihm begehrt.

Ob sich beide Theile mit der Zeit vereinigen werden, wie zu unsern Tagen die beiden evangelischen Confessionen gethan haben, muß die Zeit lehren. Ich zweifle daran. Denn hier betraf es den Weg zum Himmel, der nicht so manchfach sein soll, als der zur irdischen Glückseligkeit. Auch lag das Interesse nicht jedem so vor der Nase, wie das zeitliche Glück. Dieses möchten wir gewiß haben, und schon morgen oder heute noch. Ich hoffe, daß ein Schwerd das andere in der Scheide halten wird, und in unsrer Gegend nur die Vorposten beider Partheien gegen einander, in Schriften, plänkeln werden[,] solang bis ein neuer Eigendünkel und neue Thorheiten die alten verdrängen. Zum allgemeinen Bessern ist keine Aussicht vorhanden; die Pestfieber, wie die Empörungen der Völker, sind zu tief in die Natur verwebt, als daß sie je aufhören könnten.

Von Kain an bis auf den Mörder des Griechischen Presidenten, schlug einer den andern tod, aus Bosheit und Rachsucht. Alle Thiere streiten sich um den Fraß. um ein Lager, um eine Gattin, u.d.g. Wie sollte der Mensch, als das am feinsten organisirte, und reitzbarste Thier, anders handeln? Er durchstreift auch noch das Reich der Einbildungskraft; ein weites Feld zu thörigten Kämpfen! welches den andern Thieren verschlossen blieb. Ich will damit keineswegs die Menschheit herabwürdigen, und mögte um alles in der Welt kein anderes Geschöpf seyn.

Es grüßt Dich dein Vater Is. Maus."

## Isaak Maus an Wilhelm Maus, Badenheim 15.12.1831, hs.:

Kurzzusammenfassung:
– Maus macht eine Zwischenabrechnung der Gelder, die er nach und nach seinen Kindern vorgeschossen hat, und kommt auf 700 fl. pro Kind [nicht recht klar]. „Die 700 fl. werden nicht mehr verzinßt, auch nie zurückbezahlt, weil ich Mittel genug besitze[,] meine nöthigen Ausgaben zu bestreiten, so lang ich leben werde."

## Isaak Maus an Wilhelm Maus, Badenheim 26.06.1832, hs.:

„Lieber Sohn!

Die jetzige Zeit, die so sehr reich an sonderbaren Ereignissen ist, hat auch uns al[l]hier eines zugeführt, dessen Ursachen nicht einmal muthmaßlich zu enträthseln sind.

In der Nacht vom 24 zum 25ten brannde des Joh. Dietrichs Windmühle bis auf den Grund ab, ohne daß jemand wüßte[,] wie dieses zuging. Daß sie mit Fleiß angesteckt wurde[,] leidet keinen Zweifel, allein das Wie und Warum ist unbegreiflich. Es könnten war vier mögliche Fälle angenommen werden – die ich näher beschreiben will – [,] aber keiner bewährt sich nach den Umständen, die bis jezt bekannt sind.

a. Dietrich müßte einen oder mehrere Feinde haben, die ihm diesen Schaden, aus Haß, zufügen gewollt. Davon weiß niemand etwas, er selbst nicht.

b. Es müßten Müller, in unsrer Gegend, einen Abgang der Mahlkunden befürchtet haben, welches bei der bekannten Unvollkommenheit des neuen Werks, gar nicht wahrscheinlich gewesen, auch nie wahrscheinlich geworden wäre, weil Dietrich nicht der Mann dafür ist.

c. Sollten denn muthwillige Jungen, die vom Johanner Markt zurück kamen[,] diesen Unfug angestellt haben? Aus was für Interesse? Blos um ein Feuer zu sehen! oder um eine Schadenfreude zu haben? – Einmal lag die Windmühle nicht an der Landstraße, und zweitens war sie nicht leicht in Brand zu bringen; eine blose Tabakspfeife war nicht hinlänglich, es erforderte Schwefel und leichtzündbares Brennmaterial.

d. Vielleicht war der Eigenthümer verdrießlich über die Kosten des Werks, und die schlechten Aussichten zu Verdienst – zumal da er zu einer kostbaren Renovatur genöthiget worden – und brande sich diesen Unmuth vom Herzen? – Nein! Dietrich war in Bingen bei seinem Bruder, als die Flamme sein Lieblingswerk ergriff. Er weinte wie ein Kind, als er es erfuhr.

Die Zerstörung ist so total, daß man, ohne sie gesehen zu haben, es fast nicht glauben kann. Alles Holzwerk ist verbrand, vom Gipfel bis zur Erde; auch zwei dicke Wellbäume sind verkohlt und haben viel von ihrer Dicke verloren. Die beiden Mühlsteine und der Stein zur Hanfreibe sind zersprungen – nicht etwa zu 3-4 Stücke[n], nein, zu 3 bis 400 Stücke[n], und gar nicht mehr kenntlich. Alles liegt in einem S... [Schutt?, Fehlstelle] so kurz beisammen[,] als wäre es aus einer Büchse geschüttet worden.

Wie nun weiter? – Es heist[,] D. habe sein Werk in eine französische Versicherungsanstalt einschreiben lassen. Da man aber von keiner Abschätzung etwas weiß, so ist es unglaublich. Ihn selbst hab ich nicht gesprochen seit dem Vorfall. Was ich weiter von der Sache überhaupt erfahre, soll[s]t du hören. Leb wohl!

Badenheim d. 26ten Juni 1832. Dein Vater Is. Maus."

## Isaak Maus an Wilhelm Maus, Badenheim 16.09.1832, hs.:

Kurzzusammenfassung:
– Schwierigkeiten mit ausgeliehenen Kapitalien
– I.M. will zu Besuch kommen

## Isaak Maus an Wilhelm Maus, Badenheim 15.11.1832, hs.:

„Badenheim d. 15ten Novbr. 1832.
Lieber Sohn!

Auf Eure Kirchweih dich besuchen,
Das geht für deinen Vater nicht mehr an.
Und er verzichtet gern auf Wein und Kuchen,
Auf Braten, und was, nach dem Plan
Der Hausfrau, weiter sich bereitet.
Von Frost und Altersschwäche stets begleitet,
Darf ich ein solches Wagestück,
Zur Winterszeit nicht unternehmen;
Denn müd' und krank käm' ich zurück.
Viel besser ist's, mich zu bequemen,
In meinem Stübchen ganz allein,
Bei guter Laune froh zu sein.

[...]

Ich grüße Euch alle herzlich, und schmeichle mir, zu sein, Euer lieber Großvater.

Is. Maus."

### Isaak Maus an Wilhelm Maus, Badenheim 10.03.1833, hs.:

Kurzzusammenfassung:
– ein spektakulärer Fall von geistiger Umnachtung in Sprendlingen

### Isaak Maus an Wilhelm Maus, Badenheim 25.07.1832, hs.:

Kurzzusammenfassung:
– Rat in einer Prozessangelegenheit in Bosenheim

### Isaak Maus an Wilhelm Maus, Badenheim 04.08.1833, hs.:

Kurzzusammenfassung:
– ausschließlich zu Teilungsstreitigkeiten nach dem Tod der Frau eines Verwandten

### Isaak Maus an Wilhelm Maus, Badenheim 10.08.1833, hs.:

Kurzzusammenfassung:
– Wilhelm hat einen launigen Brief geschrieben
– Glückwunsch zum Sieg Wilhelm Maus' im Prozess in der Sache „Valtins" mit Mahnung, mit dem besiegten Gegener maßvoll umzugehen

### Isaak Maus an Wilhelm Maus, Badenheim 29.08.1833, hs.:

Kurzzusammenfassung:
– noch diverse Prozessnachwehen
– Anspielungen auf einige private Erlebnisse
– Lektüre

### Isaak Maus an Wilhelm Maus, Badenheim Sept. [zwischen 29.08. und 07.09.1833; Briefkopf durch Mäusefraß zerstört], hs.:

„Lieber Sohn!

Das hiesige Publikum amüsirt sich heute mit einer Paßquill*[!], die am Rathaus angenagelt ist. Die Überschrift heist: Nachricht vom Hambacher Karl. Und in der Schrift ist die Rede vom Eckhaus oben am Römer[?]; von gestohlnen Aepfeln; und am Schluß heißt es: Melodie, ein Malter Korn in der Schwabenheimer Mühle.

Alles ist sehr uno[r]dentlich geschrieben, ohne Orthographie und Unterscheidungszeichen, so, daß man nicht erräth[,] ob dieses mit Fleis[!] geschehen, oder ob der Verfasser wirklich so ungeübt im Schreiben ist. [...]

Hält die Kälte noch einige Zeit an, so bin ich verloren. Das Bett ist meine sicherste Retiraite, mit Wamms und Überhosen lege ich mich hinein und decke mich zu bis über die Ohren. Bittet mit mir den Gott Jupiter, daß er den Septbr. absetze, und ihn nach Siberien[!] verweise. Der gefällige May und Juni könnten sich in die vakanten 4 Wochen theilen.

Der Wind schüttelt Nüsse und Aepfel herunter, verhindert die Reife der Trauben, als ob keine Weltregierung wäre. Auch Landstände würden dort so wenig helfen als in Darmstadt.

Ich muß schließen – jedoch den Sterbfall der alten Schweisin, Mutter des Peter Laubenstein, sollst Du noch wissen.

Is. Maus."

## Isaak Maus an Wilhelm Maus, Badenheim 07.09.1833, hs.:

„Badenheim d. 7ten Septbr. 1833.

Lieber Sohn!

[...; zu einem Erbschaftsstreit, wobei sich I.M. auf den Code Napoleon beruft]

Das Regenwetter, welches sich nach und nach einstellt, sucht dem Futtermangel einigermaßen Grenzen zu setzen; nur können es die Leute nicht abwarten. Die Blätter der noch dünnen Di[c]krüben, das unreife Kartoffelkraut und der grüne Wiesengrum[m]et werden nicht geschont, und mitunter mancher Armvoll Heu gefüttert. Wo das hinaus will, wird künftiges Frühjahr uns lehren. Die mageren Kühe werden die fetten auffressen, wie weiland Daniel prophezeihte.

In unserm Stall sind sie [die Kühe] so mager wie dürres Brennholz. Einige waren gliederkrank, wovon die neue noch nicht aufstehen kann, aber frißt und säuft wie ein [beschädigt, „gescheides"?] Stückvieh. Es ist jämmerlich anzusehen. Die Pferde fressen vom Speicher, der ohnehin viel leeren Raum hat. Die Scheuer ist kaum halb voll – das Jahr aber zwölf Monate lang, wie immer. Jedoch, wozu diese Jeremiaden? Die Zeit, die nimmerruhende Zeit, wird schon alles wieder ins Gleiche [nicht: Geleise], und mich ins Grab, bringen.

Dein Vater Is. Maus.

Isaak Maus an Wilhelm Maus, Badenheim 14.09.1833, hs.:

„Badenheim d. 14ten Septbr. 1833.

Lieber Sohn!

Der Beller-Markt hat in verflossener Woche so viel Sonderbares dargeboten, daß die aufmerksamen Besucher mit erzählen[!] nicht fertig werden können. Besonders hat der Freiheitsschwindel sich so stark geäußert, daß die Besonnenen sich einander fragten: Wo will das hinaus? In Steinbockenheim hatte sich eine Gesellschaft Liberalen[!] gesammelt, die mit lautem Gesang auf den Markt zogen, alldort einen Klub bildeten und Freiheitslieder sangen; wobei sich Männer zeigten, von denen man es nicht hätte erwarten sollen. Auch Hr. Vizepräsident Mohr von Mainz soll so freimüthig perorirt[!] haben, als sei er zu Hambach*. Vermuthlich weiß das Ministerium zu Darmstadt dies schon alles; denn ein altes Sprichwort sagt: der Verräther schläft nicht. Ich halte diese Auftrit[t]e für ein vorübergehendes Fieber, das mit dem Winter erlöschen wird.

Die Baierische Regierung ist stark daran[,] es zu unterdrücken.

Die Rede des Hrn. Regierungs[-]Com[m]is[s]är Breitenbach – siehe Darmstädter Zeitung – an die Geschworenen des Asissengerichts[?] zu Landau, ist bedeutungsvoll. Es scheint diesen Gerichten eine große Reform bevorzustehen, weil der Zweck durch sie nicht erreicht wird, den man hoffte – Unpartheiligkeit.

Ob durch passende Gesetze diesem Übel kann abgeholfen werden, wird die Zeit lehren.

Nun wieder auf den Markt! – In der Weinhütte des Hrn. Hofmanns von Wöllstein fand sich eine zahlreiche Gesellschaft Geistlicher ein, die sich den Bosenheimer gut schmecken liesen; und trotz den 15 Xr per Schop[p]en, konnte Hofmann am Donnerstag nicht mehr aushelfen, das Faß war leer.

Zwei sogenannte Englische-Reitereien* zierten den Markt, und an Gaunern und Lumpengesindel war Überfluß. Dagegen trugen Vornehme und geringere[,] z.B. Dienstboten und Handwerksburschen, ihren ganzen Staat zur Schau; so daß man nicht mehr unterscheiden konnte[,] wer Frau oder Magd, wer Herr oder Knecht sei. Dies ist die Gleichheit, auf Kosten des Beutels, dargestellt. Der Markt dauerte, mit dem Rüsttag, vier Tage, und war so stark besucht als noch jemals; aber wohlfeil war nichts zu kaufen. In allen umliegenden Orten waren Musikannten[!], und daß tanzlustige Volk hatte nur zu wählen, wem es seine 18 Xr Stücke wollte zukommen lassen.

Bald sollte es uns gereuen, den Markt nicht besucht zu haben. Jedoch, nein! In der Perspektive sind manche Dinge weit schöner als in der Nähe; und da wir uns doch nothwendig beschränken müssen, bei dem großen

Schauspiel der Welt, nur Zuschauer zu sein, und wir an zwei Orten nicht zu gleicher Zeit sein können, so verdient die Heimat gar oft den Vorzug, zumal bei schlechtem Wetter.

Wenn sich nicht bald, sehr bald, der Septbr. gefällig bezeigt, so werden in geringen Lagen die Trauben nicht reif, und der erste Frost erdrückt sie. Jammerschade! um die Menge; wie sie selten ein Jahr hervorbringt. –

[...]

Soviel für heute! Lebe wohl, und sage deiner Famillie[!], daß sie lieb hat der

Großvater Is. Maus."

## Isaak Maus an Wilhelm Maus, Badenheim 03.10.1833, hs.:

„Badenheim d[en] 3ten Oktober 1833.

Deinen Brief, lieber Sohn, vom Sonntag hab ich erst heute nach Mittag erhalten. Der Hintrit[t] der Frau X... ist eine traurige Geschichte. Ja, man mögte weinen über die sonderbare Schwäche des menschlichen Geistes. Nachdem er auf Götterschwingen sich zu weilen bis ins Unendliche erhebt, sinkt er in gewissen Stunden wieder so tief herab, daß er sich selbst nicht mehr kennt. Zum Glück sind dieser Stunden nur wenige; sind aber immer mit traurigen Folgen begleitet. Schon der Betrunkene weiß oft nicht[,] was er thut; vielweniger der Ver[r]ückte. Beide haben es, in diesen Umständen, nicht in ihrer Gewalt, anders zu handlen[,] als ihr gedrücktes Gehirn sie anreitzt. Der letztere verdient eher Verzeihung als der erstere. Dieser hätte sich vor dem berauschenden Getränk hüten können, jener aber konnte seiner Verwirrung nicht entgehen, weil sie im Blut, oder in der Organisation seines Gehirns lag, worüber der Weiseste und Frömmste nicht Herr ist. [...]

Daß X... seine Frau nicht gut behandelte geht aus der ganzen Geschichte hervor. Hatte sie auch ihre Schwächen, welche demselben Geschlecht nicht fremd sind, so hätte er bedenken sollen, daß er sich als Mann verpflichtet hat, diese schwache Seite seiner Frau nicht zu berühren und sie als Ehegattin zu achten und zu ehren. Dies sollten alle Männer beherzigen.

[...]

Die warme[n] Tage heben den 1833er wieder in etwas empor. Nur keine Nachtfröste!

Der Kleesamen steht mit 48 Haufen und kann nach dem Abdreschen statt Heu gebraucht werden.

[...]

Grüße mir Deine Familie.

Is. Maus."

Isaak Maus an Wilhelm Maus, Badenheim 09.11.1833, hs.:

„Badenheim d. 9ten Novbr. 1833.

Lieber Sohn!

Endlich ist die Gährung in Darmstadt ausgebrochen[,] und unsere Landstände haben einen derben Verweis und ihren Abschied bekommen.

Ob aber durch diese Masregel das Ministerium seien Zweck erreichen wird, ist nicht wahrscheinlich, weil der nämliche Geist, der in der zweiten Kammer herrschte, sich auch in die neue Kammer einzuschleichen versuchen wird.

Es ist äußerst schwer, den Streit wegen der Civilliste zu schlichten, indem der Großherzog behauptet[,] die ganze Staa[t]sgewalt sei in seiner Person vereinbart; die Landstände aber meinen[,] ein Wort darüber mitsprechen zu dürfen.

Die Constitution sagt: ohne Genehmigung des Gr.H. kann die Civilliste nicht verringert, und ohne die Einwilligung der Landstände nicht erhöht werden. Allein wie hoch das Bedürfniß des Hofes sich belaufen soll, ist nirgends festgesetzt.

Von wem hängt also die Endscheidung[!] ab? Wahrscheinlich von beiden Partheien; welches aber der Hof nicht zugeben will.

Wir, auf dem Lande, sehen diesem merklichen Schauspiel ruhig zu, so lang es unsere Existenz nicht angreift. Unsern Beutel geht es freilig an, allein so lang man nicht mehr fo[r]dert[,] als wir natürlich geben können[,] leidet unsere Existenz nichts dabei. Fo[r]dert man aber unverhältnißmäßig gegen den Ertrag der Ländereien, so kann es nicht bestehen, und auch Zwangsmittel werden fruchtlos.

Dieses wissen unsere Monarchen so gut wie wir; und ist daher keine despotische Regierung zu fürchten.

Beschwerden und Klagen werden zwar immer statt finden, allein öfters ohne Grund.

Die Rheinprovinz ist weit besser daran als die beiden andern: Wir haben keinen Adel, keine Zehnten; die Grundzinßen sind meistens abgekauft; andere als ungiebig[!] erklärt; die Frohnden hören auf; vor den Gerichten gilt Gleichheit, u.s.w.

Zur Revolution haben wir keinen Grund, so lang man nicht unsere Verfassung – die sich auf die natürliche[n] unveräußerliche[n] Menschenrechte gründet – angreift.

Dies heis ich politisirt, wirst du sagen. Gut. Wenn man lange oekonomisirt hat, darf man sich auch zuweilen ins Reich der Politick[!] wagen, ohne eine häusliche Sünde zu begehen.

Leb wohl! Es grüßt Euch alle

Euer Vater und Großvater

Is. Maus."

*[Wohl letzter erhaltener Brief Maus'; Tod 31.12.1833]*

## Anhang:

## Isaak Maus an Wilhelm Maus, Badenheim .... [Briefkopf durch Mäusefraß zerstört], hs.:

[*Briefanfang durch Mäusefraß zerstört; erste lesbare Worte:*] „Ein sonderbares [..., unleserlich; Zeilenschluss wohl: „ist für"] die Ortsbewohner .......... geschehen ist, interessanter als die Eroberung eines Königreichs. So unterhält man sich seit vorgestern allhier mit folgender Geschichte.

Frau Pilgerinn dachte und sprach von jeher nicht sehr vortheilhaft von ihren Nachbarn in der nehmlichen Gasse, und diese erwiederten[!] es auf das Anzüglichste.

Die Spannung war um so größer, weil Frau Pilger für reich passi[e]rte, die andern aber mehrentheils sehr arm sind. Was sie noch zusammen hielt, war einzig dieß, daß sie sich zu einer Confession bekennen, und allerseits viel auf die äußerlichen Cerimonien[!] dieser Confession halten.

Zwischen dem 6ten und 7ten dieses Monaths, reisete Frau Pilger, in Geschäften, auf einer Fuhre nach Mainz. Der Nachbarschaft war dies kein Geheimniß, man sah und hörte sie des Nachts um zwei Uhr abreisen. In der andern Nacht um eilf Uhr kam sie zurück; fand ihr Haus verschlossen, so wie sie es verlassen hatte,"

*fand sich jedoch beim genaueren Hinsehen*

„ihres Geldsacks, mit ohngefähr 350 fl. beraubt. [...]

Indessen hof[f]t sie, d.......eb [wohl: der Dieb] werde sich, durch ungewöhnliche Ausgaben des Geldes, verrathen; woran ich aber zweifle. Denn jedermann weis[!] die Gefahr der En[t]deckung eines Diebstahls. Und ob schon hier kein Einbruch geschah, auch kein Einsteigen erweißlich ist, so kitzelt doch niemand das Gelingen der That so sehr, daß er seine eigne Sicherheit darüber vergessen könnte. [...]

Vom Augenausstechen oder anderen Hexereien, hat mir Fr. Pilger nichts gesagt. Es wäre aber doch möglich[,] daß sie auf diesem Wege dem Dieb auf den Leib ging[e], und ihm insgeheim Eins versetzte – Wir werdens erfahren. – Leb wohl Es grüßt dich dein

Vater Is. Maus."[2]

## Bauernspiegel* – Isaak Maus an seine Söhne Konrad, Christian und Wilhelm Maus, [Badenheim], 01.12.1822.[3]

Erster Brief d. 1ten Decbr. 1822.

An meine Söhne, Konrad, Kristian und Wilh. Maus.

Schon mehrmalen, liebe Söhne, faßte ich den Entschluß, Euch schriftlich mit meinen Gesinnungen und Erfahrungen näher bekannt zu machen, und dadurch mir und Euch eine nützliche Unterhaltung zu verschaffen. Ich wähle die Briefform, um meine Gegenstände desto leichter einzukleiden, und in vertraulicher Sprache mit Euch zu reden. Ihr habt nicht nöthig[,] mir darauf zu antworten, wozu Euch auch oft die Zeit mangeln würde; mir soll es schon genug seyn, wenn ihr diese Briefe Eures Vaters, wovon jede Woche, einer erscheinen soll, mit Vergnügen leset, prüfet, und das Wahre davon Eurem Gedächtnisse und Herzen eigen macht. Solche geistige Unterhaltung mit mir, denke ich, soll Euch mehr nützen, als die gewöhnlichen läppischen, die Euch der Winter in Gesellschaft unerfahrener und oft unkluger Menschen darbieten könnte.

Denket nicht, als ob ich glaubte, es wäre absolut nöthig, Euch Vorschriften zu geben, damit Ihr die Bahn des Lebens darnach wandeln müßtet, und ohne diese nicht fortkommen könntet. Nein, ohne meinen Rath, würde doch die Welt bestehen; und Ihr eigne Wege finden, durch dieselbe ohne Nachtheil zu wandeln. Allein, an der Hand eines Freundes geht sichs doch lieblicher und sicherer, besonders in Zeiten[,] wo, wie heutigen Tags, viele Gespenster spucken, als blos in Gesellschaft des großen Trosses, der nicht einmal für die wahren Schönheiten des Lebens empfänglich ist. [...]

*Der erste Brief enthält im Folgenden allgemeine Lebensmaximen; die erhaltenen weiteren 3 umfangreichen Briefe tragen auf dem Briefkopf die Themenvorgabe (2) „Höflichkeit und Erziehung“, (3) „Über Belehrungen“ und (4) „Weltkenntnis“; der letzte ist unter dem Schlußstrich datiert „d. 22ten Decbr. 1822“. – Als Kostprobe des „Bauernspiegels“ folgt hier der zweite Brief:*

## Zweiter Brief.

Zwischen ausstudirten Komplimenten, und natürlicher Höflichkeit ist ein großer Unterschied, den viele Menschen nicht bemerken, und Beides für Einerlei halten. Sie übertreiben es daher im einen, oder vernachlässigen es im andern.

Der Bauer hält sich gewöhnlich [für] von allen Komplimenten dispensirt, (freigesprochen) und viele verstehen auch noch die schuldigen Höflichkeitsbezeigungen darunter, und betragen sich so derb (grob)[,] daß es oft sehr auffallend ist.

Vielleicht wäre es gut[,] wenn man die Kinder frühzeitig zur natürlichen Höflichkeit gewöhnte[,] um jenem Übelstand abzuhelfen; wenigstens würde es auch in manchem Haus bescheidener und freundlicher aussehen, wenn man – Zum[!] Beispiel – einführte: daß die Kinder morgends beim Aufstehen, jeden Hausgenossen grüßten; den Eltern und Großeltern bei diesem Morgengruß die Hand reichten. Auch in Gesellschaften, wohin man die Kinder mitnimmt, und beim Besuch von Freunden, sollten sie wenigstens den Hauptpersonen die Hand geben.

Diese, dem Anschein nach, leere Ceremonie wird den Kindern eine gefällige Geschmeidigkeit und einen Muth geben, die ihnen einst in der Welt von großem Nutzen seyn können. Wie mancher Mensch verscherzte sein Glück, weil er kein gefälliges Wort zu geben wußte.

Alles muß erlernt werden, auch die gefällige Lebensweise; und wer nicht als Kind dazu angehalten worden [ist], wird es selten in dieser Kunst hochbringen[!]. Man halte es nicht für eine lächerliche oder gar strafbare Verstellung; das soll die Höflichkeit nie seyn; bei Höhern erin[n]re sie uns an den Rang, den die Menschliche-Gesellschaft unter sich eingeführt hat, und dem zu trotzen wir kein Recht haben. Bei Nachbarn, Freunden, und andern Menschen überhaupt, sei unsere Höflichkeit ein Zeichen der Achtung, die wir ihnen schuldig sind, und die wir auch von ihnen fo[r]dern. Öfters auch ist natürliche Höflichkeit Erguß des Herzens, und entspringt aus Liebe und Wohlwollen gegen die[,] denen wir sie darbringen.

Wie rührend schön ist es, wenn Kinder mit Vertraulichkeit und Liebe ihren Eltern und Groseltern die Hand reichen, und eine besondere Freude äußern[,] in ihrer Gesellschaft zu seyn.

Hingegen, wie unanständig, wenn Kinder menschenscheu sich zurückziehen, kein Wort hervorbringen können, und ohne geistiges Gefühl zu seyn scheinen.

Laßt uns, meine Söhne, dahin arbeiten, diese Tölpelh[aftigk]eit bei Euern Kindern, groß und klein, zu verhüten. Es müßte uns zur Unehre gereichen, solche hölzerne Geschöpfe, wie man nicht selten sieht, der Welt und uns erzogen zu haben.

Die Erziehung kann zweierlei, sie kann frei, sie kann auch sclavisch seyn. Die erste ist freundlicher, und der Würde des Menschen angemessener. Die zweite ist leichter, und entspringt dem dummen Stolz der Eltern, die sich als unmittelbare Herren ihrer Kinder ansehen; da sie doch nur ihre Vormunde, oder Pflegväter seyn sollten.

Die freie Erziehung läßt der Freude der Kinder einen großen Spielraum; fo[r]dert dagegen die Eltern zu der höchsten Wachsamkeit auf; wird diese vernachlässigt, so trit[t] der Freiheitstrieb über die Schranken, und der Kleine wird ein Wildfang, oder, wenns eine Tochter ist, wird sie eine eitle Närrin. Aus diesem Grund haben Viele die freie Erziehung verdammen wollen. Was wird aber aus der sklavischen!

Die Kinder entwachsen ihr, ohne Menschen- noch Weltkenntniß zu haben; sie spielen eine Zeitlang die stumme Rolle eines Sklaven; endlich erwacht der Freiheitstrieb, der sich nie ausrotten läßt, weil er [ein] Naturtrieb ist; und nun springt der junge Mensch in die Welt, wie ein Rind, das dem Joche entlassen worden.

Daß manche, mit Freimüthigkeit erzogene Kinder, ausarten, in Leichtsinn, Ungebundenheit, und gar in grobe Laster verfallen; kann der Erziehung nicht zu[r] Last gelegt werden, wenn sie mit Behutsamkeit geführt worden [ist]. Temperament, Gelegenheit, Verführung – und wie die bösen Lockungen alle heisen[!], machen oft die beste Erziehung zu schanden[!]. Es warnt die freie Erziehung so ernsthaft vor den Lastern, als die sklavische, welche mit ewigen Höllenstrafen drohet. Sie bedient sich besserer und in die Augen fallendere[r] Gründe, als jene Strafen sind, die durch Opfer und Gebete abzukaufen wären.

Hat der Mensch nicht einen vernünftigen Edelmuth, einen bescheidenen Stolz auf seine Menschenwürde, der ihn von Lastern und Thorheiten abhält, so giebt es nichts für ihn, was seine Leidenschaften und böse[n] Neigungen zügeln könnte. Selbst die Furcht vor Strafen ist zu schwach in versuchungsvollen Augenblicken.

Laßt uns unsern Kindern durch liebevolle freie Erziehung einen solchen Edelmuth und hohe Gedanken ihrer Menschenwürde und ihrer Unschuld beibringen; laßt uns mit guten Beispielen voran gehen, und sie werden den Versuchungen der Welt frühzeitig widerstehen lernen. Sie werden durch Freimüthigkeit sich in alle Fälle, die ihnen begegnen können, zu schicken wissen; sie werden durch Offenheit (nicht Plaudersucht) und kluges Betragen, die Liebe anderer sich erwerben. – Kurz! Sie werden Menschen für den Umgang, für die Welt, und für ihre eigene Berufsgeschäften[!] werden.

Beispiele wirken, bekanntlich, mehr auf Kinder und Erwachsene, als Vernunftregeln. Diese lernt man erst erkennen bei reifem und ausgebildetem Verstand; jene aber, die Beispiele, begründen eine Gewohnheit[,] die sich selten verliert. Darum sollen Väter und Erzieher, sich sorgfältig hüten, ihren Zöglingen ja kein böses Beispiel zu geben.

Wo der Vater sich dem Zorn überläßt, durch Fluchen und Zanken den Tirrann[!] macht – Wie kann da der Sohn Sanftmuth und Gelassenheit lernen. Wo die Mutter täglich die Nachbarinnen verunglimpft, das Gesinde schimpft – sogar den Kindern Spottnahmen[!] giebt – Wie kann die Tochter gutdenkend und theilnehmend gegen andere werden. Und so verhält es sich mit allen Lastern und Thorheiten, die das Kind an seinen Eltern sieht. Erstlich wirds verwöhnt, hernach verlierts die gehörige Achtung gegen seine Eltern, (wenigstens im Herzen, wo nicht auch im Aeußern) und alle Ermahnungen zum Bessern sind fruchtlos.

Laßt uns diese wichtige Materie oft prüfen, sie nie für unbedeutend halten. Es betrif[f]t unser Alles: uns selbst, unsere Kinder, unser Schicksal durch alle Zeiten.

## Peter Maus: Die Bürgermeisterwürde

Gar mancher hält sie für ein Glück,
Die Bürgermeister-Würde,
Und denkt nicht in dem Augenblick,
Daß leicht sie wird zur Bürde
Indem viel Trübsal draus erblüht,
Selbst dem, der recht getreu versieht
Sein Amt als Bürgermeister.

Kommt nur ein Fremder ins Geheg
Und fragt ein wenig stutzig.
Warum sind Karrn und Pflug im Weg,
Die Straß' und Flöß'* so schmutzig?
So wird alsbald die Antwort sein:
Die ganze Ursach nur allein
Liegt an dem Bürgermeister!

Geht dann die Turmuhr nicht ganz recht,
Tut man nicht pünktlich läuten,
Auch wenn der Wächter bläst recht schlecht,
(Wie's vorkommt so zu Zeiten)
So heißt es just fast allgemein:
Da liegt doch nur die Schuld allein
Gewiß am Bürgermeister!

Und ist etwas verakkordiert
Im Namen der Gemeinde
Und wird hernach schlecht ausgeführt,
So gibt es wieder „Freunde“,
Die geben voller Ungeduld
Nur und allein die Schuld
Auch hier dem Bürgermeister.

Liegt hier und da ein Graben zu,
Wodurch etwas verschlimmert,
So heißt es alsobald im Nu:
Seht doch, wie unbekümmert
Fast alles dieser Mann vergißt,
Was Ihm nicht selbst zum Schaden ist –
Ein schöner Bürgermeister!

So muß gar mancher hundertfach
Auf solche Weise leiden.
Drum ist's des Bürgermeisters Sach'
Daß er zu allen Zeiten
Sich als ein Mann von Ehre zeigt
Und nie von seiner Pflicht abzweigt
Als echter Bürgermeister.[4]

## 2.6 Abschluß der dichterischen Laufbahn und Nachruhm

Inhaltsübersicht:



*Als Isaak Maus nach 33jähriger kriegs- und revolutionsbedingter Pause daran ging, sein poetisches Lebenswerk in Druck zu geben, ging er trotz wesentlich verschlechterter allgemeinwirtschaftlicher Lage denselben Weg wie 1786:*

### Isaak Maus: Subskriptionsanzeige zu „Poetische Briefe“ 1818/1819)

Anzeige.

Unter dem Titel: „Gedichte von Isaak Maus, Bauersmann zu Badenheim bei Kreuznach,“ bin ich gesonnen, meine neuern Dichtungen auf Subskription herauszugeben.

Sie sind nach denen, welche 1786 herauskamen, meistens in der Revolutionszeit, während des Kriegs geschrieben; und auch in dieser Hinsicht nicht ohne Interesse.

Das Werkchen wird 20 bis 25 Bogen stark und soll auf Schreibpapier, zierlich gedruckt, zu Anfang des neuen Jahres erscheinen.

Der Subskriptionspreis ist ein Gulden sechs und dreißig Kreuzer rheinisch. Die Unterzeichnung bleibt bis zu Ende dieses Jahres offen.

Wer für fünf und mehrere Exemplare unterzeichnet oder mir Subscribenten sammelt, erhält für seine Bemühung zehn, Buchhandlungen aber zwanzig Prozent.

Pränumeration nehme ich mit Dank an, mache sie aber nicht zur Bedingung.

Die Namen und Karakter [= Berufs- und Amtsbezeichnungen, Titel] der Subskribenten erwarte ich korrekt und deutlich geschrieben, um sie dem Werkchen vordrucken zu lassen.

Uebrigens hoffe ich, daß an jedem Orte, wo diese Anzeige bekannt wird, sich Freunde finden werden, die Zeit und guten Willen haben, Unterschriften zu sammeln, und mir dieselben zuzuschicken.

Verfasser und Herausgeber von Zeitschriften ersuche ich höflichst, dieser Anzeige gefälligst ein Plätzchen in ihren respektiven Blättern zu schenken, um ihr die möglichste Publizität zu geben.

Badenheim, im Großherzogtume Hessen und bei Rhein, den 20. Juni 1818.

I. Maus, Bauersmann.[1]

*Es gingen 763 Subskriptionen ein, und Maus bereitete den Druck vor:*

## Isaak Maus: Entwurf des Druckvertrags, 1819

„N.N.

Unter dem heutigen Dato, den ten Jänner 1819. ist folgender Kontrakt geschlossen worden. Es übernimmt unterzeichneter N.N.[,] Buchdrucker in NN.[,] ein Manuscribt[!] in Versen geschriebener Briefe, von dem Verfasser Is. Maus, Bauersmann zu Badenheim, und macht sich anheischig[,] dasselbe zierlich und korekt[!] zu drucken, sammt angeblichem Tittel, Subs[c]ribenten[-]Verzeichniß und Register. Er verspricht[,] dem Werken[!] überhaupt eine angemessene tipographische[!] Schönheit zu geben; und dasselbe, ohngefehr 24 Bogen stark, bis d. ten 1819 fertig zu liefern.

Das gehörige Papier darzu stellt der Verfasser, die Kor[r]ektur besorgt Herr oder läßt sie auf seine Kosten besorgen, so daß das Werk ohne Druckfehler erscheint. Die Anzahl der Exemplare ist bestimmt zu und darf keines weiter über diese Zahl gedruck[t] oder hinterhalten werden. Das Manuscribt wird nach Vollendung des Drucks an den Verfasser zurückgegeben.

Der Druckerlohn ist akordirt[!], per gedrukter Bogen in klein Oktaf[!], zu und soll vom Verfasser Maus, ausbezahlt werden[,] nachdem der Druck vollendet ist.

So geschehen zu N.N. an obigem Tag und Jahr."[2]

*Der Band wurde bei Florian Kupferberg in Mainz gedruckt und erschien im selben Jahr, wieder im Selbstverlag (der Rest der Auflage wurde 1821 mit einem neuen Titelblatt versehen und von Kupferberg über den Buchhandel vertrieben); Maus hatte ihm selbstbewußt sein Porträt vorangesetzt.*

*Die Fachkritik reagierte diesmal wieder wohlwollend, ließ aber doch durchblikken, daß die Zeit der poetischen Freundschaftsdichtung, die Maus' eigentliche Domäne war, allmählich zu Ende ging:*

## Allgemeine Literatur-Zeitung: Rezension von Isaak Maus: Poetische Briefe, Mainz 1819

Wenn in früherer Zeit schon der Oldenburgische Bauer Heinrich Jansen [...] als Dichter Aufsehn erregte, so ist unserm Maus [...] noch eine weit höhere Celebrität mit Recht zu Teil geworden [...]. Das ungemein zahlreiche, der gegenwärtigen Sammlung vorgedruckte Subskribentenverzeichnis liefert einen recht erfreulichen Beweis, daß die Muse des Vfs., ungeachtet der mancherlei Umwandlungen im Gebiete Schönen und insbesondere trotz des Bannstrahls, den die neuern Ästhetiker auf die früherhin so beliebte poetische Epistel (die freilich nicht selten bei näherer Untersuchung als leichte Ware sich darlegte) herabschleuderten, noch immer in Würden steht, und viele Verehrer zählt. Eigentliche Kunstgebilde wird man zwar bei diesem ländlichen Sänger nicht finden und auch nicht erwarten dürfen; aber als Herzensergießungen, als Abspiegelungen eines unverschrobenen lauteren deutschen Gemüts werden seine Erzeugnisse ein verwandtes Herz gewiß wieder anziehn. Bei vielen Stellen dringt sich uns ganz unwillkürlich der Gedanke auf, als ob *dieser* Landmann das Original zu jenem Hüttenbewohner abgebe, dem Hölty das herzliche: „Üb' immer Treu und Redlichkeit" in den Mund legte; nicht minder schätzbar sind sein schlichter, unverweichlichter Sinn, sein, sozusagen, völlig eingefleischtes Bauerntum, sein fröhliches Leben und Weben in der Natur, seine zum Teil richtig aufgefasste Ansicht der Weltbegebenheiten und des Zeitgeistes und vor allem seine zarte, durch keine Lobeserhebungen verkümmerte Bescheidenheit (ach! selten gedeiht diese Blume am Fuße des Helikon), die ihm z.B. S.3 die Worte:

„Was mir Apollo zugewandt:
Das schimmert bloß, weil ich als Bauer lebe",

eingegeben hat. Die interessante Skizze, die der nicht 1749, sondern (laut des Titelkupfers) 1748 geborne Dichter von seinem Leben und seiner Bildung S.168 bei Gelegenheit einer Epistel v. J. 1793 beibringt, wird man hier nicht ungern ausgehoben finden:

[...]

Da die Manier des Dichters fast allgemein bekannt ist, so wollen wir durch eine Probe-Epistel den beschränkten Raum dieser Blätter keineswegs beeinträchtigen [...]. Hin und wieder hätte die Auswahl wohl strenger sein können [...]; indeß wird man doch nur wenig Briefe antreffen, die besser unterdrückt worden wären, und selbst bei diesen zur Entschädigung wenigstens auf ein paar tief geschöpfte Worte, oder launige Wendungen stoßen. Gern wird man auch manche grammatische Flecken [...] mit Schonung übersehen. Wenn der Vf., von dem wir jetzt mit biederm Händedruck scheiden, uns in der Vorrede zu einer Sammlung seiner „vermischten und lyrischen Gedichte“ für's nächste Jahr Hoffnung macht; so werden wohl alle unsere Leser in dem Wunsch mit einstimmen: daß diesem Unternehmen nichts im Wege stehen möge, damit der Veteran am Abend seines Lebens noch die Freude (die z.B. einem Ramler nicht ward!) genieße, seine sämtliche Geistesfamilie um sich her versammelt zu sehen.“[3]

## Leipziger Literatur-Zeitung: Rezension von Isaak Maus: Poetische Briefe, Mainz 1819

Es wird gewiss niemand gereuen, durch die „Poetischen Briefe“ die Bekanntschaft mit dem bereits ein und siebenzigjährigen, wackern Landmanne zu machen, welcher in 44 Briefen über sich selbst und seine Lage folgende kurze Nachricht gibt: [..., Auszug aus der Vorrede]. Jene fröhliche Gemütsruhe ist es denn auch vorzüglich, was diese poetischen Briefe auf eine sehr angenehme Weise charakterisiert, und den vorherrschenden Ernst in den Lebensansichten durch eine harmlose Laune und oft recht glücklichen Scherz anmutig erheitert. Der wackere Isaak Maus ist ein praktischer Lebensphilosoph, der sich die Zufriedenheit mit dem Stande, in den ihn das Schicksal einmal versetzt hat, zu erringen und zu behaupten wusste, bei aller Lebhaftigkeit des Gefühls, wie manche Entbehrung, Sorge und Plage seine Beschränktheit auch mit sich führte. Er hat die Überzeugung gewonnen, dass der Unterschied des Glücklichseins so groß nicht ist, als man wohl zu glauben pflegt, und daß, wo er sich nicht ableugnen läßt, doch alles Klagen und Streben dawider eitle Torheit ist. Er nimmt an allem Wichtigern, was die Zeit eben bietet, lebhaften Anteil, und lebt so bei aller äußerlichen Beschränkung ein mannigfaltiges, genussreiches Leben, und wenn ihm so viel Muße geworden [ist], dieses sein inneres Leben in poetischen Formen auszusprechen, so fühlt er sich so glücklich, dass er mit niemand tauschen möchte. [...]“

Noch 2074: „Die Freunde, an welche die poetischen Briefe gerichtet [sind], sind aus den verschiedensten Ständen, und man muss sich freuen, einen solchen vom Glücke so wenig begünstigten und für das Höhere so sehr empfänglichen Mann mit vielen Frauen und Männern in freundschaftlichem Verkehr zu sehen, der ihm den engen Raum seiner überfüllten Hütte zu einer Welt erweitert. Manche von ihnen kennt er nicht persönlich, aber seine Unterhaltung mit ihnen ist darum nicht minder herzlich und lebhaft.

Unter den launigen Briefen zeichnet sich in Rücksicht des Hauptgedankens besonders der Brief an die Frau Ehegerichtsrätin Berns aus. [...]. Die Ausführung könnte freilich besser sein, wie man denn überhaupt in dieser Sammlung eigentlich Vollendetes nicht erwarten und sich meistens nur an glückliche Einzelheiten halten muss.[4]

*Diese Tendenz wird noch stärker sichtbar in der Besprechung des dritten Gedichtbandes, den Maus 1821 erscheinen ließ:*

## Isaak Maus: Ankündigung von „Lyrische Gedichte“ (1820/1821)

Anzeige.

Da meine, letzthin 1819, herausgegebenen poetischen Briefe von den Freunden der schönen Literatur durchaus gut aufgenommen worden [sind], so bin ich entschlossen, auch das letzte Bändchen meiner Poesien, in vermischten und lyrischen Gedichten bestehend, auf Subskription drucken zu lassen.

Dieses Bändchen besteht, wie das vorige, in einigen und zwanzig Bogen; soll an schönem Druck und Papier demselben gleich kommen, und einen Auszug meiner frühern Lebensgeschichte enthalten.

Der Preis ist, wie jener der poetischen Briefe, ein Gulden sechs und dreißig Kreuzer.

Wer sich die Mühe nimmt, mir Subskribenten zu sammeln, die Namen derselben zuzuschicken und für die Zahlung zu sorgen, erhält zehn Prozent; so auch Buchhandlungen; was aber letztere auf ihre eigene Rechnung zu nehmen belieben, davon erhalten sie zwanzig Prozent.

Die Namen der Subskribenten werden vorgedruckt, und kann bis zu Ende September subskribiert werden, worauf sogleich der Druck erfolgt. Auch stehen den Hrn. Subskribenten dieses neuen Werkchens, auf ihr Verlangen, noch Exemplare der poetischen Briefe mit meinem Portrait, um den Subskriptionspreis zu 1 fl. 36 kr., bei mir zu Diensten.

Alle respektive Herrn Herausgeber öffentlicher Blätter ersuche ich höflichst, dieser Anzeige eine freundliche und freie Aufnahme in ihren Blättern zu vergönnen.

Badenheim, in der Provinz Rheinhessen, ohnweit Kreuznach, den 10. Juli 1820.

Isaak Maus, Bauersmann.[5]

*Obwohl nur noch etwa 600 Subskriptionen eingingen (davon 100 verspätet), brachte er den Gedichtsband 1821 heraus, setzte die oben abgedruckte Autobiographie voran und schloß damit als 73jähriger weitgehend seine dichterische Laufbahn.*

## Heinrich Sander: Isaak Maus im Alter*

Wir nähern uns jetzt dem Zeitabschnitte in dem Leben unsers Dichters, in dem ihm von dem Schicksal für den Rest seiner Tage noch harte Prüfungen auferlegt wurden. Bis dahin hatte er stets einer vollkommenen und dauernden Gesundheit sich zu erfreuen gehabt, nun aber, in dem hohen Alter von mehr als siebenzig Jahren, stellten sich auch die Gebrechen des Alters ein. Lange und viel mußte er leiden, und nur ein Weiser und Gerechter, wie unser Maus, konnte in den oft unerträglichen Schmerzen, von denen er fortwährend heimgesucht war, die Heiterkeit des Geistes und Gemütes bewahren, die ihn stets so liebenswürdig gemacht hatte. Die Schilderung dieses Lebensabschnittes des nunmehr Verewigten, hat sein Freund und Schüler, der als Dichter bekannte Jakob Hirschmann*) in Sprendlingen, auf eine so schöne Weise in dem Toten-Opfer, das er den Manen seines ihm unvergeßlichen Lehrers gewidmet [hat], gegeben, daß ich demselben nichts mehr anzufügen weiß, und deshalb diese Schilderung nebst Anhang unverändert hier folgen lasse. Bevor ich jedoch diesen Abschnitt schließe, sei mir vergönnet, noch einige Worte über die Persönlichkeit unseres Dichters zu sagen.

Isaak Maus war von mittlerer Größe, hatte einen kräftigen und gesunden Körperbau, ein freundliches einnehmendes Äußere[s], war in seiner Jugend schlank gewachsen, eine Eigenschaft, die sich in seinem Mannesalter auch nur in soweit veränderte, daß er breitschulteriger, gesetzter, überhaupt mannbarer wurde; nie hatte er Anlage zur Fettleibigkeit; er konnte, ohne besonders angegriffen zu werden, die größten Strapatzen[!] und Anstrengungen ertragen, denn sein Körper war durch die Feld- und anderen vielfältigen Arbeiten, die sein Stand als Landmann mit sich brachte, und denen er sich allen, wie der geringste und letzte seines Standes, unterzog, abgehärtet, und selbst in seinem hohen Alter und trotz seiner Kränklichkeit konnte er noch mehrere Stunden Weges zu Fuße gehen. Seine Gesichtszüge waren äußerst freundlich und einnehmend, selbst noch in den Tagen seiner schmerzvollen Krankheit; er war von blasser Gesichtsfarbe, hatte einen lebhaften und scharfen Blick und schwarze Haare, deren teilweisen Verlust er in seinem spätern Alter durch eine Perrücke[!] ersetzte, die er aber in den letzten Jahren seines Lebens wieder ablegte, weil ihm die früher verlorenen Haare wieder nachwuchsen. Stets war er ein freundlicher und gefälliger Nachbar und wußte nicht selten durch seinen vielgeprüften und vielerfahrnen Rat auf das Beste seiner Mitbürger sowohl, als seiner Gemeinde, zu wirken. Nie überhob er sich seines Standes, trotz der vielen Vornehmen und Hohen, die seine Bekanntschaft gesucht und ihm ihre Freundschaft geschenkt hatten; stets sah man ihn in der schlichten und einfachen Tracht eines Landmannes, und auch mit dem Geringsten lebte er in stets freundlichem Verkehr. Besondere Freundlichkeit und Liebe hegte er gegen Kinder, und so oft er einen Spaziergang machte, sah man ihn auch von einer Schar Kinder umschwärmt, die er auf ihre Weise zu unterhalten und mit kleinen Geschenken und freundlichem Begegnen an sich zu fesseln wußte. Seinen Kindern, deren er neun in seiner langen und glücklichen Ehe erzeugt hatte, von denen aber nur drei Söhne und zwei Töchter das mannbare Alter erreichten, suchte er eine sorgfältige Erziehung zu geben; sämtliche verheirateten sich im Bauernstande, ein[em] Stand, der ihren Vater so glücklich und zufrieden gemacht hatte und auch sie das Los finden ließ, das alle Menschen zu erringen streben, das Los, frei und unabhängig zu sein, und ein genügendes Auskommen zu haben. Zwei von seinen Söhnen suchten auch als Dichter in die Fußtapfen ihre Vaters zu treten; der eine, Wilhelm Maus, hat schon manchen artigen und wichtigen Vers geliefert; gediegener und ausgebildeter jedoch sind die Leistungen seines Bruders Konrad Maus, der inzwischen seinem Vater in die Ewigkeit gefolgt ist.[6]

## Heinrich Sander: Isaak Maus' Altersfreund Jakob Hirschmann aus Sprendlingen*

*) Dieser brave und talentvolle Mann ist als Naturdichter ein würdiger Nachfolger unsers Isaak Maus; so wie dieser, gehört auch er dam Bauernstand an; auch er hat keine andere Schulbildung genossen als jene, die er sich in seiner Dorfschule aneignen konnte. Maus jedoch wurde sein Lehrer und Ratgeber, wie ihm selbst es einst Götz und Schmerz waren. Seine Neigung zur Poesie wurde durch Maus gepflegt und aufgemuntert; schon manches schöne und tiefgefühlte Gedicht ist ihm gelungen; viele davon sind bereits durch Zeitschriften der Lesewelt bekannt.

Das Äußere dieses Mannes ist so schlicht und einfach wie das eines jeden andern Landmannes, und wer ihn zum erstenmale seht, wird nicht leicht sich an den Gedanken gewöhnen, daß unter dieser unscheinbaren Hülle ein so gediegener Kern verborgen sein könne. Seine Gedichte werden demnächst im Druck erscheinen.[7]

## Sterbeeintrag im Sterberegister der Gemeinde Badenheim

„Im Jahr eintausend achthundert drei und dreisig, den einunddreisigsten Dezember um zehn Uhr des Vor-Mittags sind vor mir, Peter Ahles, Bürgermeister und Zivilstandsbeamten der Gemeinde Badenheim Kanton von Wöllstein erschienen 1) Conrad Maus, zwei und vierzig Jahr alt, A[c]kersman[n], in Badenheim wohnhaft, verwandt als Sohn von dem Verstorbenen und 2) Christian Maus, fünf und vierzig Jahr alt, Akersman in Badenheim wohnhaft, verwandt als Sohn von dem Verstorbenen, und haben mir erklärt, daß Isaak Maus, fünf und achtzig Jahr alt, Akersman und Eheman von Katharina Elisabeth Kornelius, im Leben ohne Gewerb zu Badenheim wohnhaft, verstorben al[l]da, geboren zu Badenheim, wohnhaft zu Badenheim, dessen Eltern sind: 1) Wilhelm Heinrich Maus, im Leben Akersman, in Badenheim wohnhaft, 2) und dessen Ehefrau Anna Katharina Maus, geborne Dietz, im Leben ohne Gewerb zu Badenheim wohnhaf[t], verstorben den einunddreisigsten Dezember achtzehnhundert drei und dreisig um fünf Uhr des Morgens in dem Hause Lit. Nro. 63 in der Mitteldorfs-Straße gestorben ist, und haben die Erklärenden gegenwärtigen Akt, nachdem ihnen solcher vorgelesen worden, mit mir unterschrieben. Die Deklaranten, Konrad Maus. Kristian Maus. [Peter] Ahles.“[9]

## Begräbnis auf dem Badenheimer Friedhof

„1834 d. 2ten Januar Isaak Maus. Nach geschehener Einschreibung in die Sterbregister der Civil-Gemeinde Badenheim laut Schein darüber vom Ortsbürgermeister ist Isaak Maus von hier den ein und dreysigsten December eintausend achthundert drey und dreysig verstorben und den zweyten Januar eintausend achthundert vier und dreysig öffentlich zur Erde gebracht worden. Er brachte s. Leben auf fünf und achtzig Jahr, acht Monath eilf Tage. G. Phil. Schackmann[?] Prediger.“[10]

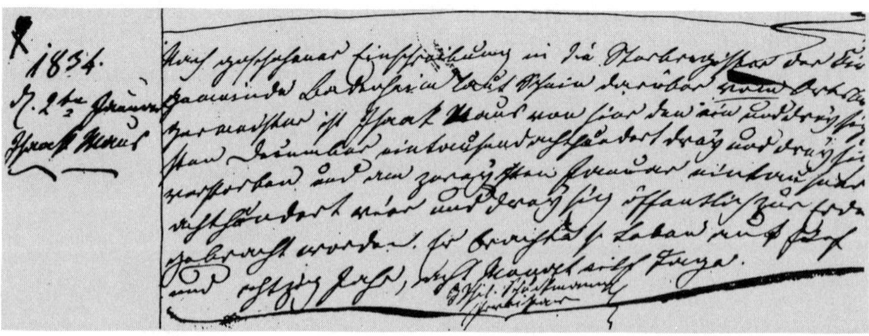

## Zeitung für Städte, Flecken und Dörfer, insonderheit für den deutschen Landmann: Isaak Maus [Nachruf] (1834)

Am 31. Dec. v[origen] J[ahres] starb der seit einem halben Jahrhundert in der Literaturgeschichte merkwürdige Bauersmann Isaak Maus in Badenheim, Provinz Rheinhessen, (dessen auch in unserer Zeitung vormals gedacht ist) im 85. Jahre seines Alters, und wurde am 2.Jan. d.J. mit großer Teilnahme zur Erde begleitet. Er hinterließ 5 Kinder, 28 Enkel und 5 Urenkel, und hat den Ruhm eines scharfsichtigen, geistreichen Ökonomen mit unter die Erde genommen. Drei Bände Gedichte zeugen von seinem schönen Gemüte. Seine Briefe an unzählige Freunde, worunter wir selbst den Fürsten Primas [= Karl Theodor v. Dalberg], Hrn. v. Göcking, v. Wambolt etc. rechnen können, zeugen von klarer Weltanschauung und Naturphilosophie und sind für jeden, der solche empfangen [hat], ein teurer, seltener Besitz. Schon vor mehr denn 50 Jahren steht dieser seltene Landmann unter denjenigen aufgezählt, die in Churpfalz Bildung und guten Geschmack befördert haben, und zwar in dem Musenalmanach von 1780. Sein ältester und sein jüngster Freund, Kaufmann und Hirschmann, stifteten ihm eine Linde an's Grab; und letzterer, ein Bauerssohn aus Sprendlingen, an den der Selige seit Jahresfrist noch 12 Briefe schrieb, wird ihm bei Kupferberg in Mainz ein Totenopfer drucken lassen.[8]

## Jakob Hirschmann: Todten-Opfer der Freundschaft. Zum Andenken des Herrn Isaak Maus zu Badenheim. (1834)

Isaak Maus, Bauersmann zu Badenheim. Nekrolog.

Der durch seine poetische[n] Schriften weit berühmt gewordene Isaak Maus in Badenheim, starb am 31.Dezember 1833 in dem hohen Alter von 85 Jahren und 4 Monaten.

Seit zehn Jahren hatte er mit vielen körperlichen Schmerzen, mit Harnbeschwerden, zu kämpfen; er erduldete sie mit ruhigem Gemüte und heiterm Geiste. Dieses Übel, verbunden mit Schwächen seines hohen Alters, bewirkte die Auflösung; nur in den letzten acht Tagen seines Lebens war er gänzlich an das Siechbett gefesselt.

Nachdem er von seinen vielen auswärtigen Freunden Abschied genommen und sein öffentliches Wirken zu beschließen gedachte – er war fünfzehn Jahre Bürgermeister in Badenheim – wurde ich, ein zwanzigjähriger Jüngling, mit ihm bekannt. Bald verwandelte sich diese Bekanntschaft in Freundschaft, die nur der Hintritt des Greises löste.

Die ehrenwerte Hülle dieses meines unsterblichen Freundes und Lehrers begleitete, nebst seinen vielen Anverwandten und Freunden, auch ich am 2. Januar 1834 an den Ort ihrer Ruhe, auf den Friedhof seines Dorfes. Zahlreich war die Trauerversammlung; man sah hier nicht nur sehr viele gebildete Männer aus den benachbarten Dörfern, auch Städter waren zugegen, dem Hingeschiedenen noch ihre Achtung zu zollen und ihn zur heiligen Schlummerstätte zu begleiten. Und ich schrieb am folgenden Tage diese Blätter, seinem Andenken geweiht und einer mir so schätzbaren Freundschaft.

Die vollständige Lebensgeschichte dieses merkwürdigen Landmannes und Dichters hier zu schreiben, scheint mir unnötig, weil er selbst in den Vorreden zu seinen Gedichten (der erste Band erschien 1786 und der letzte 1821) die Hauptpunkte seiner Biographie gegeben [hat]. Interessant für viele dürfte es aber sein, jetzt noch einige Notizen über seine letzten Lebensjahre, seine Beschäftigungen und literärisches[!] Treiben zu lesen; wobei bemerkenswerte Stellen aus seinen Briefen und Schriften, deren er bis in die letzten Tage seines Lebens schrieb, sein Denken und seine Gemütsstimmung in eine besseres Licht setzen werden, als ich es durch Beschreibung vermag.

Er war seit den zehn Jahren, als ich ihn kannte, kränklich, und hatte mit seinem lästigen Uebel zu kämpfen; er suchte aber dieses zu beschwichtigen durch eine gute Diät, durch kleine Beschäftigungen, Spaziergänge bei gutem Wetter und literarische Unterhaltung. Alle Versuche, mit ärztlichen Mittel[n] seiner Krankheit zu wehren, schlugen ihm fehl; er ergab sich also in Geduld, bei Anwendung obiger Naturmittel. Nie fand ich ihn jammernd und klagend, es mußte denn sein, daß ihn die Schmerzen der Krankheit zu arg peinigten. Doch besitze ich viele scherzhafte und launigte Briefe von ihm, denen man es schwerlich ansehen wird, daß der Verfasser krank war. So schrieb er mir z.B. im Winter 1829 eine Antwort auf eine Epistel, wie folgt:

„Recht hast Du, Freund! über den Winter zu klagen;
Seinen Spuck[!] geduldig zu ertragen
Vermag ja kein Menschenkind.
Da läuft er wie toll und blind
Über Felder und Straßen,
Kneipt die Leute in die Ohren und Nasen,
Macht den Mädchen die Lippen blau,
Als sei es die älteste Frau.

Er verdirbt dabei die ländlichen guten Sitten,
Gewöhnt die jungen Leute an die Schlitten,
Macht sie durch Torheiten froh.
Den Alten stiehlt er Holz und Stroh,
Das Futter raubt er den Tieren,

Möchte sie gern im Stall erfrieren,
Der arge Schelm und Dieb!
Droht auch den Leuten, die an Flüssen wohnen,
Ihr Hab' und Gut nicht zu schonen:
Dies ist uns allen nicht lieb.

Ich hoffe aber, der alte Gott wird noch leben,
Und dem Buben eins auf den H..... geben,
Daß ihm das Wasser aus den Augen rinnt
Und er dabei keine Seide spinnt." –

Uns so fährt er fort, die Winterbelustigungen und verschiedene Beschäftigungen der Dorfbewohner ächt witzig zu schildern, und streut Bemerkungen ein, die den erfahrnen Mann und tiefen Denker beurkunden.

Im Jahre 1828 und anfangs 1829 wurde eine neue evangelische Kirche in Badenheim gebaut; die Einweihung derselben wurde am 3. Mai 1829 gefeiert; zu dieser Feier dichtete Maus ein Lied, das in der Kirche gesungen wurde. Das Lied ist so gemütlich, rein und einfach, daß ich nicht umhin kann, es hier ganz mitzuteilen.

KIRCH-EINWEIHUNGSLIED.

Die Allgewalt, die Alles schafft
Und wirkt und bildet aus,
Wohnt unsichtbar mit voller Kraft
In diesem Gottes-Haus.

Im Prachtgewand' steht dieser Bau
Zu Gottes Ruhm und Ehr!
Ein Bild vom schönen Himmelsblau,
So freundlich und so hehr.

Fehlt meinem Geist die innre Ruh',
Drückt Kummer mich und Schmerz:
Dann eil' ich diesem Tempel zu,
Und Wonne fließt in's Herz.

Lockt mich die Welt durch ihren Tand
Zum Unrecht oder Neid:
Dann fühl' ich hier an Gottes Hand
Der Unschuld Seligkeit.

Spinnt die Verführung unsrer Zeit
Ihr fein gestricktes Netz:
Hier find' ich meine Sicherheit
Im göttlichen Gesetz.

Und stürmt ein Unglück auf mich los
Mit finsterm Gram und Pein:
Dann blickt mir hier in Gottes Schoß
Des Trostes Sonnenschein.

Drum sei mir heilig, schöner Ort,
Zur Andacht mir geweiht!
In dir find' ich durch Gottes Wort
Den Weg zur Seligkeit.

Im Winter 1830 war unser Freund wieder eine geraume Zeit so krank, daß er das Bett hüten mußte; nur die warme Frühlingssonne belebte ihn wieder ein wenig. Dennoch schrieb er mir im April 1830:

„Wenn ich Dir heut' im Stegreif dichte,
So ist's kein Zeichen meiner Munterkeit;
Denn, ohnverholen, meine Harngeschichte
Liegt mit der Laune hoch im Streit.
Die eine drückt mich auf die Blase,
Versalzt mir manchen Augenblick;
Die andre rümpft darob die Nase,
Und schimpft Natur ein Mißgeschick.
Ich, leider! lieg' in harter Presse,
Da schützt kein Seufzen, kein Brevier!
Und selbst die wichtigsten Kongresse
Der Ärzte sind vergebens hier." –

Die Staatsumwälzung in Frankreich und die folgenden revolutionären Bewegungen in Deutschland fesselten seine Aufmerksamkeit. Er las die Zeitungen und andere politische Blätter, und folgerte aus dem Gang der Begebenheiten Schlüsse, die oft merkwürdig sind. Er nahm seine Partei in der gerechten Mitte; er war liberal, aber gemäßigt. Seine Grundsätze waren auf Vernunft und auf die Erfahrungen eine langen ereignisvollen Lebens gegründet.

In den letzten Jahren seines Lebens schrieb er noch ein Manuskript ins Reine, welches prosaische und philosophische Aufsätze enthält, die wohl des Druckes wert wären. – Die prosaischen Schriften von unserm Maus, äußerte schon oft dessen Freund, Herr Kaufmannn in Kreuznach – sind so interessant, vielleicht noch interessanter, als seine Poesien. – Nachdem dieses Manuskript vollendet war, schloß unser Freund seine Rechnung, und harrte nur noch, bis es dem Herrn gefallen wollte, das Facit darunter zu setzen.

Zum neuen Jahre 1833 schrieb er mir:

„Wohlan, mein Freund! viel Glück zum neuen Jahre!
Von ihm den Anfang hab ich zwar geseh'n,

Allein ob ich den Hintritt noch erfahre,
Das mag im weiten Felde steh'n.
Daß ich den Wunsch ganz weislich mir erspare,
Um nicht ein längres Leben zu erfleh'n,
Ist wohl gerecht! So nahe vor der Bahre
Darf man dergleichen Torheit nicht begeh'n.
Wem, so wie mir, die Sanduhr abgeloffen,
Der hat für die Erde wenig mehr zu hoffen."

Wie merkwürdig ist diese Stelle! Er sah nicht mehr ganz dieses Jahr ablaufen; und für den Beginn des Jahres 1834 war es mir vorbehalten, sein Grablied zu schreiben. In diesem letzten Jahre seines Lebens aber erhielt ich noch zwölf Briefe von ihm. Hell und heiter blieb sein Geist wie sein Auge, bis ihn des Todes kalte Hand berührte. Er las den feinsten Druck und Schrift und brauchte nie eine Brille; und eine schöne, feste Hand schrieb er bis ans Ende seines Lebens. [...]

Am 3. März 1833 [...] schrieb er über seinen Gesundheitszustand:

„Meine Gesundheit hat sich verschlimmert, und ich bin mißlaunig wie ein alter Mann. Könnt' ich mich nicht mit meinen Kindern und Enkeln unterhalten, so würde mich die lange Weile zu Grabe bringen. Ich wünsche meinen Tod nicht, hab' aber auch keine Ursache, ihn zu fürchten.

Wie lang' der liebe Gott es mir vergönnt
Auf dieser Erde noch zu wallen –
Von der ich heute wohl mich scheiden könnt' –
Das lass' ich mir gefallen."

Mit diesem Gleichmut, dieser Ergebung schrieb er auch in einem spätern Brief:

„Ich stehe in Gedanken oft vor meinem Grabe und wünschte hinein steigen zu können; allein Nachbar Hain schüttelte bisher sein knöchernes Haupt und zeigte auf seine Sense. Ich gehorche und nehme meine Zuflucht zum Bett und dem warmen Sonnenschein."

Sein Wunsch wurde noch kurz vor dem Ablauf des Jahres erfüllt; er entschlummerte sanft, um froh zu erwachen in einer schönern Welt, – um einen Neujahrsmorgen zu begrüßen, den keine Wolke des Kummers mehr trübt. [...]

Sprendlingen in Rheinhessen im Januar 1834.

J. Hirschmann.

*In der anschließenden Leichenrede „Die Seligkeit des Frommen" schreibt Hirschmann:*

Blicken wir noch einmal zurück auf den Lebenslauf unseres nunmehr seligen Freundes. Wie ruhig und heiter verfolgte er seine Bahn! Wie suchte er des Guten um sich her so vieles zu verbreiten! Wie trug er so vieles zur Bildung und Aufklärung seiner Mitgenossen bei! Ja, er war ein Beförderer der Harmonie, ein Mitarbeiter an der Verbreitung der Wahrheit und des Lichts! Vieles gewann durch ihn die Landwirtschaft; er wirkte auf sein Umgebung und in die Ferne. Und wie war er ein warmer, teilnehmender, lieber Freund! Ich, als Jüngling, schloß mit ihm diesen Bund in seinem hohen Greisenalter, wo ihn die Bürde der Jahre und der Krankheit niederbog, aber heiter war stets sein Geist. Ja, seid mir gesegnet, seid mir unvergeßlich, ihr süßen Stunden, die ich in dem Umgang des Seligen verlebt habe! Nie verließ ich ihn, ohne mich auf die edelste Weise vergnügt, belehrt, und aus dem reichen Schatz seiner Erfahrungen Gewinn gezogen zu haben![9]

## Johann Heinrich Kaufmann: Nekrolog des Dichters und Bauersmann[s] Isaak Maus in Badenheim (1834)

Wenn wir die Hülle außerordentlicher Menschen zu Grabe begleiten, so drängt sich uns – besonders wenn wir das Streben und Wirken des Hingeschiedenen erkannt [haben] – der Wunsch auf, ihm einen Zweig der Liebe und Anerkennung auf die Urne zu legen. So entstand nachfolgender kleiner Sermon aus freiem Drang im Zirkel der Leichenbegleitung gehalten, um nochmals die ganze segensreiche Tätigkeit eines seltenen Mannes an den Blicken seiner Zeitgenossen vorüberzuführen. – Isaak Maus ward am 8. Sept. 1748 in Badenheim, Provinz Rheinhessen, geboren. Er war das siebente Kind fleißiger Bauersleute und übernahm, da seine älteren Geschwister auswärts untergekommen [waren], den Haushalt und Ackerbau seiner frommen Mutter. Sehr bescheiden, ja naiv, erzählt dieser geistreiche Landmann seine Jugendgeschichte in den Vorreden zu seinen lyrischen Gedichten und Briefen, 1786 und 1821, wie er erst durch den Wohllaut der Kirchenlieder angeregt worden, eigne kleine Dichtungen zu versuchen, bis ihn der menschenfreundiche, sehr gebildete Kaufmann Schwarz[!]* in Kreuznach und der berühmte Superintendent Niklas[!] Götz* in Winterburg gefördert und so das Fünkchen seines Geistes zur Flamme angefacht haben; wie sich denn seine rechtschaffene Mutter gefreut, daß er durch das tiefsinnige nächtliche Lesen, so lange bei vertraulicher Ampel ihr Spinnred schnurrte, weder den Verstand verloren [hat] noch ein Faullenzer geworden [ist], was sie fürchtete, sondern sich manchen wackeren Freund mit dem erlernten Wissen erworben hat, u.s.w. – So finden wir unter den Gönnern und Korrespondenten diese interessanten Landmanns den Herrn Koadjutor v. Dahlberg[!]*, die Herren v. Wambold in Mainz, den vom großen König Friedrich von Preußen in den Adelstand erhobenen Dichter Göcking und viele andere Beamte, Geistliche und Gelehrte jener Zeit, und als sich die Revolution und der französische Freiheitskrieg an den Rhein zog, war es nichts Seltenes, die geistreichsten Stabsoffiziere, ja Generale und Hofbeamte, als Besuch bei Bauer Maus anzutreffen, ohne daß es ihm dadurch einfiel, irgend eine seiner ländlichen Beschäftigungen zu vernachlässigen; er war und blieb in jeder Hinsicht ein schlichter fleißiger Bauersmann. – Mannheim, Mainz und Düsseldorf gaben damals, in Rücksicht auf die bildenden Künste, für eine große Strecke Deutschlands den Ton an, und so sehen und finden wir mit Vergnügen unsern Landmann in der vielgelesenen Schreibtafel, den Provinzial- und andern Blättern, wo ein Gemmingen und Maler Müller Mitarbeiter waren, ja in dem Musenalmanach von 1780, Leipzig bei Wiegand[!]*, wörtlich aufgeführt: ‚daß Isaak Maus in Badenheim, Schwan, Klein und Dahlberg in Mannheim, Exter in Zweibrücken, Schwarz [!, wie oben] in Kreuznach und Ehegerichtsrat Fuchs in Monzingen jene Männer seien, die zur Ausbreitung des guten Geschmacks in der Pfalz am meisten beigetragen haben.' – Was Maus schnell in Deutschland bekannt machte, war sein Abschiedslied an die tapfern Sachsen; von Endres in Musik gesetzt, sangen es die Regimenter der Reichsarmee beim Heimzug, und es ergriff durch Sinn und Inhalt sowie durch seine schöne Versifikation. So wurde auch sein Kaufmannslied in mehrere Sprachen übersetzt und selbst auf dem deutschen Kaffeehaus in London gesungen. Ein russischer Doktor hinterließ uns eine Übersetzung in seine Sprache davon. Kleine Flugschriften, z.B. seine „Appellation an das Publicum für jene Bauern, welche gezwungen den Eid für französische Freiheit geleistet" so wie mehrere Schriften über den Ackerbau sind im Buchhandel längst vergriffene Artikel, waren aber Belege für des Verfassers klare Weltanschauung in allen Lagen des Lebens. Auch über das Herz unsers heimgegangenen Freundes sind harte Schicksale und Schmerzen gegangen: Kriegslast, Plünderung, Viehseuche, Hagelschlag und der Tod von drei geliebten, erwachsenen Töchtern in einem Monate im Jahre 1799. Als ich hinausritt, ihn zu trösten, war er gefaßter als ich selbst. Ein Brief aus jener Zeit, den ich noch besitze und wie ein Kleinod verwahre, zeigt, welchen festen Christenmut und welche Stärke diesen Mann beseelt hat. Auch als paktischen Ökonom wird man seinen Namen mit Anerkennung nennen, wenn von den Tüchtigsten, von einem Neeb, Heßloch, Mai, Möl[l]inger u.a. die Rede ist. – Nach dieser Epoche und bei den wachsenden Sorgen beschränkte Maus seine Korrespondenz auf wenige Freunde, die aber in seinen Briefen einen Schatz besitzen. Nachdem er von dem öffentlichen Wirken bereits Abschied genommen – er war 10 Jahre [richtig: 16 Jahre] Bürgermeister seines Dorfes – lernte er noch einen wißbegierigen, braven Jüngling, Namens Hirschmann, in Sprendlingen kennen; dieser erhielt im letzten Jahre seines Lebens noch 12 Briefe von ihm, und so starb er, 85 Jahre und 4 Monat alt, am 31. December 1833 im Wohlstand*, beweint von 5 Kindern, 28 Enkeln und 5 Ur-Enkeln. Sein

Leichenbegängnis am 2. Januar, Mittags 12 Uhr, an dem alle gebildete[n] Landleute der Umgegend und öffentliche Angestellte Teil nahmen, zeugten von der Bedeutung des edeln Toten, und eine Linde, von Freundeshänden gepflanzt, soll den Platz bezeichnen, der die Hülle des selig Vollendeten aufnahm.

J.H. Kaufmann.[10]

## Allgemeiner Anzeiger und Nationalzeitung der Deutschen: Nachruf* (1834)

Am 31. Decbr. v[origen] J[ahres] starb zu Badenheim in Rheinhessen der Bauer Isaak Maus, im 85. Jahre seines Alters, durch seine gemütlichen Gedichte und poetischen Briefe bekannt. „Ich bin stolz," so schrieb er vor 48 Jahren, „nicht Dichter, sondern ein guter Bauer, ein nützlicher Untertan und ein tätiger Hausvater zu sein;" – und dies ist er bis an sein Ende geblieben, obgleich die Verbindungen, in welche er durch seine poetischen Leistungen kam, ihn leicht hätten anderen Sinnes machen können. Wenn man an seine Gedichte den von ihm selbst angegebenen Maßstab hält: „daß sie von einem Bauersmanne herrühren, der alle Arbeiten seines Standes mit eigener Hand verrichtete, der keine Schule besucht hat, und nie aus seinem Dorfe gekommen ist," so wird man sein Talent bewundernswert finden und jedenfalls mit Hochachtung gegen den klaren Sinn und das tief fühlende Gemüt des schlichten Mannes erfüllt bleiben.[11]

## Neuer Nekrolog der Deutschen: Isaak Maus (1835)

Der durch seine Dichtungen und Bürgertugenden schon seit 47 Jahren in Deutschland rühmlich bekannt gewordene Landmann Isa[a]k Maus war in Badenheim geboren. Seine Eltern gehörten der ackerbautreibenden Klasse an und erblickten in ihm das siebente und letzte Kind ihrer glücklichen Ehe. Bis zu seinem 10. Jahre besuchte unser Maus die lutherische Schule seines Geburtsortes, in welcher er nur lesen und schreiben lernte, dann aber bis zu seiner Konfirmation die reformierte Schule in dem nahe gelegenen Dörfchen Pleitersheim [... usw., Lebenslauf wie bekannt, v.a. aus Maus' Vorworten und Hirschmanns „Totenopfer"]. – Maus war offen, harmlos, rechtlich, bieder. Sein Geist reflektierte auf jede Erscheinung des Lebens in einem dichterischen Lichte. Sein tiefes Gefühl sprach sich in jedem Worte aus, und ungesucht, ohne es nur zu wollen, wurde die Rede zum Gedichte. Von ihm sagt der Musenalmanach von 1780, „daß er zu den Männern gehöre, die zur Ausbreitung des guten Geschmackes in der Pfalz am meisten beigetragen haben". [Rest nach Kaufmann: Nekrolog und Hirschmann: Totenopfer][12]

## Karl Wilhelm Justi: Nachruf* (wohl 1834)

„Am 31 Dec. 1833 starb der wackere Isaak Maus, den ich im Sept. 1804 zu Badenheim besucht, und von Herzen lieb gewann. Sanft sey seine Ruhe! – Justi.“[13]

## Johannes Maus: Zur Errichtung des Isaak-Maus-Gedenksteins auf dem Badenheimer Friedhof* (1896)

Hier ruht im stillen Schoß der Erde
Ein einfach schlichter Bauersmann,
Den mancher Dichter und Gelehrte
Einst achtete und lieb gewann.

Ob er auch trug den Bauernkittel
Und treu blieb seinem niedern Stand,
Hat mancher, reich an Rang und Titel,
Ihn dennoch stolz sein' Freund genannt.

Ja solche, die ihn hoch verehrten,
Sie fühlten selbst sich mit geehrt,
Wenn sie nach Mühen und Beschwerden
Dem Mann am Pfluge zugehört.

Sie nannten ihn den „Philosophen“,
Den Bauerndichter Isaak Maus,
Dem sie in Prosa wie in Strophen
Gewidmet manchen Ehrenstrauß.

Denn was er war in seinem Leben,
War er aus sich: denn wie bekannt,
Verdankte er dem eig'nen Streben
Den damals selt'nen Bildungstand.

Doch was er schrieb in Reim und Liedern,
Am Pfluge selbst, in Kunst und Leid,
Das war dem warmen Sinn entsprungen,
Der Lieb' und Freundschaft nur geweiht.

Selbstlos, bescheiden bis ans Ende
Kannt' er den Geiz nach Ehre nicht;
Er regte seine Bauernhände
Und blieb getreu stets seiner Pflicht.

Drum soll das Mal auf diesem Grabe
Auch Mahnung zu dem Guten sein.
Und wird zum Manne einst der Knabe,
So präg' er's seinen Kindern ein:

„Hier ruht die Asche deines Ahnen,
Der Bauer und Gelehrter – gar
Auch Dichter – doch als Mensch noch größer,
Als Vater seiner Kinder war.“[14]

*Der Gedenkstein für Isaak Maus auf dem Badenheimer Friedhof, errichtet 1896*

# 3 Auswahl aus den Werken des Bauerndichters

## 3.1 Gedichte

Inhaltsübersicht:



Siehe außerdem im vorliegenden Band:



*Die vorliegende kleine Gedichtauswahl stellt eine Nachlese zu „Der Pflüger hat den Dichterspleen ...“ (Gedichte des rheinhessischen Bauern Isaak Maus aus Badenheim, ausgewählt und eingeleitet von Reinhart Siegert. Alzey: Verlag der Rheinhessischen Druckwerkstätte 1985, weiterhin im Buchhandel) dar. Dort sind 59 der schönsten Gedichte von Isaak Maus erstmals nach seinem Tod wieder zugänglich gemacht.*

NUR NICHT ÜBERTREIBEN!*
Antwort an Herrn Magister Heller aus Stuttgart, Februar 1787

Ein kritisch Lächeln zwingt mir's ab
Daß du mich, Freund! besingest.
Du stimmtest sicher tief herab
Wenn du zuweilen auf und ab
In meinem Hause gingest.

Da herrschet nicht die goldne Ruh
Wie deine Muse wähnet;
Das Schicksal wog gar reichlich zu
An Sorgen, denen glücklich du
Wohl einmal hast gefrönet.

Dein schönes Lob der Landwirtschaft,
Von unschuldvoller Freude,
Klingt, leider, zu romanenhaft;
Verliert die schöne Wahrheitskraft
Durch vieles, was ich leide.

In Dörfern sieht es kärglich aus,
Da fehlt's an tausend Sachen.
Kein Gaumen- und kein Ohren-Schmaus! –
Was könnt' in einem Bauernhaus
Das Leben fröhlich machen?

Auf unsern Fluren, freilich, scheint
Des lieben Herr Gotts Sonne,
Die es im Sommer trefflich meint;
Im Winter aber, lieber Freund! –
Nicht eine Spur der Wonne!

Bin ich indessen wohlgemut,
Vergnügt und guter Dinge,
Ergreift mich meine Dichterwut,
Wie sie, Gott Lob! zuweilen tut,
Daß ich ein Liedchen singe:

Dann höhnt man meinen muntern Sinn
Und zischt sich in die Ohren
Und zeigt mit Fingern auf mich hin,
Beweißt mir, daß ich rasend bin,
Und schimpft mich einen Toren.

Laß' ich dann, taub und stumm wie Holz,
Das Lästervölkchen gehen,
So nennt man dieses groben Stolz,
Weil nicht mein Herz in Glut zerschmolz,
Nicht schimpfte auf ihr Schmähen.

Mein bißchen Glück auf dieser Welt
Quillt nur aus eignem Busen:
Ein freier Geist auf offnem Feld,
Den nichts so leicht gefesselt hält;
Und dann das Glück der Musen.

Schleicht dieser Geist forthin am Stab
Der Tugend durch dies Leben:
Dann grabe morgen mir mein Grab,
Was ich zu wünschen übrig hab,
Kann mir die Welt nicht geben. –

Doch, Lieber! rührte dich mein Sang,
Ist dir vor rauher Sitte
Und meiner schlechten Kost nicht bang:
So bitt' ich, bleibe nicht mehr lang
Und komm in meine Hütte.[1]

In der Ernte

Jetzt tönt die Harfe nicht, es tönt der Sichelstreich.
Ich mähe Korn und sammle Garben,
Damit ich nicht der Grille gleich
Im Winter müsse darben.

Das Garbensammlen zieh ich vor.
Versäumt' ich in den Erndtetagen
Die Arbeit: ha! wie müßt' ich Tor
Dafür am Hungertuche nagen.

Drum tönt laut und rasch anjetzt der Sichelklang!
Mein Saitenspiel mag sich zur Ruhe legen!
Doch ist er eingebracht, der schönen Ernte Segen:
Dann stimm' ich wieder zum Gesang',
Dann stimm' ich fröhlich* zum Gesang'.

Isaak Maus. Bauersmann.[2]

Familienleben in Badenheim*

An Herrn Otto, kurfürstl. mainzischen Legationssekretär in Berlin, 1789.

[...]
„Wie floß denn die Zeit dir übrigens hin?"
So fragst du, mein Lieber, und ich gestehe,
Daß ich mit dem Schicksal zufrieden bin.
Auch in die Zukunft, so weit ich sehe,
Geht alles recht gut. Die liebe Rass'*
Der Kleinen wächst, ist froh und munter;
Macht freilich mir Sorgen, doch auch mitunter
Mir manchen höchsterfreulichen Spaß.
Zwei Knaben sind es, benebst vier Dirnen;
Für meine Landwirtschaft just genug,
Denn jene führen mir einst den Pflug,
Und diese stricken, nähen und zwirnen,
Und füttern und melken dabei das Vieh.
Dies alles wollen schon wirklich sie,
Allein sie können noch wenig nützen.
„Und Wilhelm?" Muß an Euklides* sitzen,
Muß über dem schönen Verhältnis schwitzen,
Erforschen durch Zahlen das Wann und Wie. [...]

Mein Haushalt geht noch im nämlichen Gange,
Ganz einfach, so wie er vor Jahren ging.
Der Aufwand ist fast von keinem Belange,
Die Opfer des Luxus wie möglich gering.
Statt teuern Getränken wird Wasser getrunken,
Und unsere leckersten Speisen bestehn
In Wurst und selbstgemästeten Schunken.
Ja viele, viele Tage vergehn,
Wo einzig nur Brot und Milch uns nähret.
Doch sind wir vor hartem Mangel geschützt;
Auf meinen fünfzig Morgen bescheret
Der Himmel mir Nahrung, mehr als noch itzt
Und je mein sämtliches Haus verzehret.
Wer hier nur zwanzig Morgen besitzt,
Dabei sich über Mangel beschweret,
Verrät, daß ihm der Kopf nicht recht sitzt. [...]

An Bücher verwend' ich zwar kleine Summen,
Und dies aus Ehrgeiz. – Verzeih' es mir Gott!
Ich bin nicht gerne Vater von Dummen
Und Ignoranten. Der größte Spott,
Um einen stolzen Vater zu laugen,
Ist der, wenn man ihm durch Facta beweist,
Daß seine gepriesenen Kinder nichts taugen.
Solch lebendes Epigramm, das reißt

Auf einmal unsere Kartenhäuser
Zu Boden und macht – zu spät nur – uns weiser.

Auf Reisen verwendet' ich gerne mehr.
Ja, Wanderersfreuden sind auserlesen!
Ich liebe sie für mein Leben sehr;
Allein es hängt mir alles zu schwer
Am Hals; der Landwirtschaft ganzes Wesen
Geht irrig, so bald ich abwesend bin.

Wer Knechten vertraut, ist schon verloren,
Mein Weibchen aber steckt ohnehin
In Hausgeschäften bis an die Ohren;
Und sie zu verschonen ist hier der Fall.
Als Mutter ist sie schon genug geschoren,
Nun kommen noch Küche, samt Garten und Stall,
Und, Gott weiß! was für Geschäfte all
Die gute Hausfrau noch hat zu besorgen.
Wir Männer, wir wissen das Wenigste kaum;
Uns bleibt so manche Hauslast verborgen. [...]

Denke dir aber mein Glück nicht größer,
Als ich es selber beschrieben hab'.
Lebt schon, vom Rhein bis an die Weser,
Kein Bauer, dem Gott mehr Zufriedenheit gab,
Ist doch drum mein Hüttchen bei weitem kein Himmel.
Gedenk' einmal dir das laute Gewimmel
Von eilf Personen, so eng', so eng'
Beisammen, in einem mäßigen Zimmer!
Da reißen gar oft der Geduld die Sträng',
Und meine Muse befindet sich schlimmer
Als Frankreichs König im wilden Gedräng'.

Denke dir aber auch meine Plagen
Nicht ärger, als sie es wirklich sind;
Mein fester Mut kann leicht sie ertragen.
Geht mir auch manches Projekt in den Wind,
Kann meine Muse nach Wunsche nicht singen
(Ich denk, der Schaden ist nicht sehr groß!),
Der Himmel ersetzt mir's in andern Dingen.
Kurz! meine Lage ist Menschenlos.[3]

### Morgengebet eines Hausvaters.

Dein Sonnenlicht, getreuer Hüter!
Erwärmt, beleuchtet unsre Bahn;
Du bietest freundlich neue Güter
Dem Menschen jeden Morgen an.

Laß mich das Gute nicht verschmähen,
Was du mir heute zugedacht,
Und weislich nur auf dieses sehen,
Was besser mich und glücklich macht.

Des Lebens Mühe nicht zu scheuen,
Gebührt dem braven, frommen Mann;
Er wird dadurch sein Haus erfreuen,
Wird Gutes wirken, wo er kann.

Der Faule nur und Müßiggänger
Hat Gottes Weisung umgekehrt;
Doch währt sein falsches Glück nicht länger,
Bis sein Vermögen aufgezehrt.

Dann übt Vergeltung ihre Rechte,
Und Mangel drückt zu Boden ihn,
Ein Spott dem menschlichen Geschlechte,
Fließt elendvoll sein Leben hin.

Drum laß, o Gott! mich Arbeit lieben;
Denn Arbeit stärkt und nährt den Mann.
Laß mich das Gute nicht verschieben,
Was heut' ich noch vollbringen kann.

Begleite mich auf meinen Wegen,
Dir folg ich, Herr, vertrauensvoll;
Du gabst mir geistiges Vermögen,
Daß ich vollkomm'ner werden soll.

Am Irdischen den Geist zu üben,
Ist hier dein Wille, guter Gott;
Dann höher steigen, dich zu lieben,
Ein uns beglückendes Gebot.

Wie gerne folg' ich dieser Lehre!
Steh' heut', o Gott, mir darin bei;
Dann weiß ich, daß zu deiner Ehre
Mein Streben nicht vergebens sei.

Dann weiß ich, daß zu meinem Glücke
Mich deine Allmachtshand erschuf,
Auf dich zu richten meine Blicke,
Sei mir der seligste Beruf.[5]

Salomon auf Reisen*
An den Herrn Schulvikarius Zwilling, in Krebsweiler.

[...] daß ich meine Reise aufgekündet,
Dies, mit Erlaubnis! ist nicht wahr.
Ich mache sie, wo nicht im Februar,
Sodann im März, du darfst dich drauf verlassen.
Schaff' immer dir nur Wirtschaftssachen an,
Zum Beispiel Messer, Gläser, Tassen
Und auch – wozu man diese brauchen kann.
Denn, wann ich komme, mußt du's laufen lassen,
Wie ein Mylord. Nicht nur der Gegend Reiz,
Auch deine Küche ----- He! Grimassen? –
Pfui! Lieber Freund, du mußt den Geiz,
Die Wurzel alles Übels, hassen. [...]

Was du am Schluß mir hast geschrieben,
Zum Wunsche aufs liebe neue Jahr,
Ist, leider! hyperbolisch übertrieben,
So gut es auch vielleicht gewillet war.
„Dir lache, Freund, des Glückes Sonne,
Wie weiland ihm, dem König Salomon."
Freund, welch ein Wunsch! mir ist Diogen's Tonne*
Dagegen noch ein Königsthron.
Du weißt es, jener hatte tausend Weiber –
Die wünsch'st du mir? Mein ärgster Feind,
Und wär's zugleich der größte Straßenräuber,
Könnt' mir nichts Schlimmers tun. Mein Freund,
Ums Himmelswillen! tausend Weiber!
O, nimm neunhundert neun und neunzig hin
Und laß mir nur die Eine, die ich habe,
Dann schwör' ich dir, bis zu dem dunklen Grabe
Dein Freund zu sein, wie ich es jetzo bin.[5]

### Das schrecklichste von allen Abenteuern ... *
An den Buchhändler Körner in Frankfurt bei dessen Vermählung

So bangt dir denn, mein lieber Körner!
Nicht vor der Weiber Eigensinn?
Nicht vor dem feinen Schmuck der Hörner?
Nicht vor dem jährlichen Gewinn,
Der deinen Tisch um ein Couvert* vermehret?
Nicht vor dem teuern Allerlei,
Was eitler Frauensinn begehret?
Nicht vor dem Ehstandsjoch von Blei,
Das unsre schönste Kraft verzehret?
Nicht vor der niedern Hudelei,
Womit die Frau den Mann belehret,
Bis sie zum eignen Konterfei
Den ernsten Klumpen umgedrechselt?
Nicht vor der Laune, die so oft sich wechselt,
Als der Sekundenzeiger schlägt?
Kurz! Wenn dir dies nicht Furcht erregt,
So bist du Held, trotz allen Helden!

Allein, ich fürchte, junger Mann! –
Erfahrung lehrt's auch – ohne Ruhm zu melden –,
Daß niemand es mit Sieg bestehen kann,
Das schrecklichste von allen Abenteuern. [...]

Sich an ein liebes Mächen zu verschenken,
Ist, wahrlich, doch kein Schelmenstreich?
Hübsch ist sie sicherlich und reich
An schönen Tugenden. Ich wette,
So viel Sie wollen, daß kein liebend Paar
Je glücklicher als dieses war.
Und wenn sich hier noch was zu zweifeln hätten
So wollten wir zum lieben Pärchen gehn,
Mit eignen offnen Augen sehn,
Wie schön sie praktisch alles widerlegen,
Was schlaue Krittler oft dem sanften Ehestand,
Aus flatterhaftem Unbestand,
Zu böser Laune aufzubürden pflegen.
Denn, Lieber! was ich anfangs hingeschmiert
Auf dieses Blatt, ist nur Satire
Auf jene, die der schöne Stand geniert.
Daß ich im Herzen andre Sprache führe,
Ist längstens aller Welt bekannt.
Wir beide, Freund, wir wollen uns bestreben,
Daß nicht die Ehstandsspötter das erleben,
Was bloß aus Neckerei ihr Witz erfand
Und sie so gern für bare Wahrheit geben.

Auch unsre Weibchen, hoff' ich, sind so gut,
Ihr Scherflein willig beizutragen
Zu dem, was immerhin kann unsrer Liebesglut
Sowohl als unserm Männermut
In kritischen Moment behagen.
Denn wer auch schrecklich Ketzer wär',
Etwa wie K**, M* und K*,
Und nie die höhern Schutzgeistsbande
Unmittelbar gefühlt, geglaubt, darauf gebaut;
Dem sagt sein eignes Herz doch laut:
Ein gutes Weib, an seine Hand getraut,
Sei Genius im vollen Wortverstande.[6]

## Die Heimkehr des Zechers*
An Herrn Stadtschreiber Nestler in Kreuznach

Da hab' ich's nun! daß mich mein Weibchen schmälte,
Als gestern ich nach Hause kam,
Weil ich mir stolz die Freiheit nahm
Und mich zu deinen Freunden zählte,
Bei dir zu Tische blieb und tapfer mit dir zechte;
Als ob die liebe Gastfreiheit,
In unsrer abgearten Zeit,
Es immer noch so mit sich brächte.

[Folgen zwei wortreiche denkbare „Begrüßungsreden"; Schluß:]

Freund! daß ich's kurz mit der Erzählung mache,
Sie schwieg, wie meistens Bauersleute tun.
Mit innerlicher kampfverratender Gebärde
Sah sie ein bißchen steif zur Erde
Und wußte nicht, wie sie sich nehmen sollt'.
Ein Gruß von dir! Welch sanftes Rot entzündet
Jetzt ihr Gesicht! das deutlich mir verkündet,
Sie sei auch dir und deinem Weibchen hold.

Am Schluß von meinen Schildereien
Des schönsten Tags im ganzen Jahr
Schien sie nicht minder sich zu freuen
Als ich, der ganz bezaubert war.[7]

Lebensphilosophie*
An Hrn N.N. auf das neue Jahr 1828

Das alte Jahr ist nun verflossen,
Das neue fing mit Jubel an.
Nun mach', mein Lieber, deine Possen,
Zu ordnen diese frische Bahn.
Wollst meinen Rat du gerne hören?
Hast ja nicht Geister zu beschwören,
Ich leb' ja noch, und bin bereit,
Wenns nötig wär', dich zu belehren,
Zu jeder Sach', zu jeder Zeit.
So höre denn des alten Freundes Rat,
Dem die Erfahrung – ohne daß er bat –
Die segensreichsten Dienste tat.
Ich denke, Freund, wir lassen walten
Den, der bisher mit starker Hand
Die Körperkraft uns hat erhalten
Und uns ein Licht für den Verstand
Hat angezündet. Ja, den alten
Und guten Gott, den lassen wir
In seinem ird'schen Lustrevier
Nach Lust und nach Belieben schalten.
Kommt ein Gesuch uns in den Sinn,
Nun gut! wir dürfen immerhin
Dem guten Vater es erklären;
Und brächt' die Gabe uns Gewinn,
So wird er auch gewiß drauf hören;
Wenn's aber andern schädlich wäre,
So ständen gern davon wir ab;
Denn wer verlangte eine Gab'
An der schon hing des Nachbarn Zähre? –
Wär unser Hüttchen uns zu klein,
Wir dürften es ja größer bauen:
Dafern uns unser Fleiß und Sparsamkeit Vertrauen
Dazu erweckt. Wo nicht, so läßt man's sein.
Im kleinen Häuschen schläft sichs grad' so gut
Wie im Palast, vielleicht noch besser.
Denn hier ist ja der Lärmen größer
Und dauert noch, wenn man dort längstens ruht.

Ist unser Tisch nicht reich besetzt,
Sind's nur Kartoffeln, die drauf rauchen –
Was tut's! kann Blumenkohl uns taugen?
Und Ananas? kommt's nicht zuletzt
Drauf an, wie man dies Zeugs verdauet?
Der Wein – der, freilich, sollte nicht
Dem fehlen, der ihn selber bauet,

Und fehlt er – man bekommt die Gicht
Vom Wassertrinken doch wohl nicht?
Ist man gesund und ohne Sorgen,
Dann trinke Wein, wer diesen hat;
Wer keinen hat, soll ihn nicht borgen;
Trink' Wasser er an Weines Statt;
Ich wett', er bleibt dabei gesund
Und stark wie ein gediegner Bauer.

Fehlt uns ein schönes Fuhrwerk und
Ein Reitpferd – gar ein solcher grauer
Langohr, wie weiland Sancho ritt;
So geht man billig Schritt vor Schritt
Auf seinen Füßen; für die Dauer
Sind dies die besten Pferde schier,
Wird eines lahm – ein Stelzfuß kann's ersetzen,
Statt daß an einem andern Tier
Der Schinder wird sein Messer wetzen.

Ein Weibchen, meinst du, fehlte noch? –
O, dafür sei dir gar nicht bange.
Der weise Narr, der in die Tonne* kroch,
Nach seinem schwärmerischen Hange
Sein Glück zu finden, hätte wohl,
Trotz seinem Bart, und seiner Laune,
Ein Weibchen, eher als ein Carniol*,
Gefunden hinter jedem Zaune.
Was könnt's unsereinem denn verschlagen;
Reck' nur den Arm ein bißchen aus,
So wird ein Dutzend Mädchen fragen:
„Sucht dieser Herr Gesellschaft in sein Haus? –
O, könnt' ich ihm als Frau behagen!"
Und du wählst dir die schönste aus.

Geld, aber Geld, dies brauchen alle,
Und wir sind auch in diesem Falle.
Vielleicht, vielleicht auch nicht.
O, wie vergnügt lebt mancher arme Wicht,
Der keinen Heller hat in seiner Tasche.
Er ißt, und trinkt zuweilen eine Flasche
Vom Besten, den der Weinberg zollt;
Und würde sich zuvor bedenken,
Wenn macher Reiche mit ihm tauschen wollt.
Er lebt nur freilich von Geschenken,
Die ihm die milde Hand erteilt –
Gleichviel, was seine Wunden heilt!
Ein Blättgen Salbei oder Pflaster,
Er raucht sein Pfeifchen; ist's kein Knaster*,

So sei es vom gemeinen Quark,
Kurz! er lebt ruhig, fühlt sich stark,
Hat keine Klage, keine Sorgen,
Er findet, was er nötig hat,
Auch ohne Geld, an jedem Morgen,
Sein täglich Brod, und – Wasser satt.

Ein Ding, man heists Menagerie –
Im eigentlichen Wortverstande
Ist es ein Stall voll fremdes Vieh:
Sich teu'r erkauft aus weitem Lande –
Hält sich der Fürst zu seiner Lust.
Er halte sichs in Gottes Namen;
Ihm diese Torheit nachzuahmen,
Kam nie noch in des Weisen Brust.
Was nützen Löwen, Tiger, Bären?
Wir haben derer schon genug
In unserm Lande, die dem Mann am Pflug
Durch Macht, durch List und durch Betrug,
Die Wolle von dem Felle scheren –
Dies Raubgesindel könnten wir entbehren.

Ich würde schon zufrieden sein,
Hätt ich nur einen Hund, und allenfalls ein Schwein
Zum Schlachten; eine eigne Kuh;
Und noch ein Tier (die Magd darzu) –
Was würde mir alsdann noch fehlen?

Auch teure Gärten pflanzt der Reiche sich –
Nun soll mir jeder Kluge wählen –
Und ja, er wählte sicherlich
Den großen Garten Gottes sich –
Den kann ich nun umsonst genießen,
Da geht man über Flur und Wiesen,
Wo tausend schöne Sachen blühn;
Vergebens würd' der Reiche sich bemühn,
Sie all' in sein Gehäg zu ziehn.
Da schlänglen Bäche, hell und klar,
So anmutsvoll, wie's ehedessen
Im weiland Paradiese war,
Als Adam unterm Schattenbaum gesessen
Mit seiner Ev', wo bloß ihr langes Haar
Die einzige Bekleidung war.

In diesen Garten darf ich gehn,
Darf seinen Götterreiz besehn;
Und kein Despot kann mirs verbieten,
Mit ihm zu tauschen? meinst Du? – Nein!

Und müßt' ich hier die Schweine hüten,
So würd' ich doch zufrieden sein.

Dem Großen stehen Tanz und Bälle
An jedem Tage zu Gebot. –
Was aber ist dies, lieber Gott!
Für eine Lust, die Narrenschelle
Im Maskenball herum zu tragen? –
Kann dies dem weisen Mann behagen?
Und Tänze – ja, ich geb' es zu:
Sie machen fröhlich – Ich und Du
Wir hatten öfters dies Vergnügen.
Doch allzuoft – dies geht nicht an,
Man würde dem Genuß erliegen:
Und das wär' doch nicht wohlgetan.
Ist's jährlich einmal Kirchweih hier,
Da wird getanzt mit Jul' und Grete;
Von morgens früh bis abends späte
Ist alles lustig; Wein und Bier
Geht da vertraut von Mund zu Munde,
Durch die vergnügte jubelvolle Runde,
In Gläsern, die mit Sträuß' und Bändern
Umwunden sind. Das Kind, der Greis,
Die Handwerksbursch' aus fremden Ländern,
Das Bettelvolk, auf seine Weis',
Nimmt Teil an diesem Freudenfeste.
Geladne und teils ungelad'ne Gäste
Verherrlichen den schönen Tag.
Gleicht diesem frohen Gastgelag
Der Großen im geschloßnen Zimmer
Gegebner Schmaus? – ich denke: nimmer!

Ein reiches Kleid – ist eine Sache,
Die nur der eitle Tor begehrt,
Der Mangel hat an innerm Wert;
Um das ich mir gar wenig Kummer mache.
Deckt auch ein ganz gemeiner Frack
Von grobem Faden meine Blöße
– Gleich weit entfernt vom Lumpenpack
Und vom Gesindel eitler Größe –
Kann ich doch Freunden ehrbar sein.
Ist Kopf und Herz nicht hell und rein,
Was hilft das Kleid mit goldnen Borten
Aus Scharlach von den feinsten Sorten? –
(Wenn es auch den Verbrecher deckt,
So deckt es doch nicht das Verbrechen).
Vergebens sucht der Tor uns zu bestechen
Durch Kleiderstolz. – Man weiß, was er bezweckt.

Drum, Lieber! lassen wir das Wünschen sein
(Denn Wünsche treffen selten ein)
Und halten uns an Wirklichkeiten,
Denn diese bringt uns jedes Jahr;
Ja, die Erfahrung sagt sogar:
Sie wechseln mit den Tageszeiten.
Dem Trüben folgt der Sonnenschein,
Wo nicht noch heute, dann doch morgen.
Die Lust folgt nach des Schmerzens Pein,
Die Ruhe nach den langen Sorgen,
Und Freude nach der Traurigkeit.
Dies alles bringt uns schon die Zeit;
Das Wünschen lohnt uns nicht die Mühe.
Es fressen ja die magren Kühe
Die fetten. Dieses wußte schon
Des Jakobs hochgelehrter Sohn,
Der in Ägypten seine Rolle
Gespielt, an Pharons's reichem Thron,
Und sich befand in guter Wolle.

Drum, noch einmal, wir wünschen nicht!
Und lassen uns an dem genügen,
Wie's kommt. – Mit freundlichem Gesicht
Sich unter das Geschick zu fügen,
Ist klüger, als wohl mancher meint;
Denn dadurch können wir besiegen
Ein jedes Übel, das erscheint:
Ja gar den Teufel selbst betrügen.[8]

Glaubensbekenntnis!

Ich halte viel aufs Kirchengehen,
Wo uns der Priester christlich lehrt,
Wo man den frommen Weisen hört,
So wohl die Andacht zu erhöhen
Als aufzuklären den Verstand,
Der Menschenliebe schönes Band
Um alle Herzen fest zu schlingen.

Ich halte nichts aufs Kirchengehen,
Wo Pater Obskurantus* lehrt,
Wo man verworrne Mystik hört
Und dann mitunter bitters Schmähen
Auf unsre menschliche Natur,
Wo Gott nach seinem harten Schwur
Die Sinnlichkeit woll' ewig strafen.

Ich halte nichts aufs Kirchengehen,
Wohin man nur aus Mode geht,
Zur Schau den andern Leuten steht,
Damit sie unsre Kleider sehen.
Und murmelnd nachspricht ein Gebet,
Das nicht aus unserm Herzen geht,
Dann wieder heimkehrt wie gekommen.

Ich halte viel auf frommes Beten,
Wo man aus innrer Seele spricht,
Wo man sich stärkt zu jeder Pflicht,
Auf Gott vertraut in großen Nöten,
Wohltaten dankbar anerkennt;
Wo ein Gefühl im Herzen brennt
Und mahnt zum täglich Besserwerden.

Ich halte Nichts auf leeres Beten,
Wo bloß der Mund die Worte spricht,
Wo man dies Werk als Frohndepflicht
Betreibt, um selbst sich zu bereden,
Man sei nunmehr nach Gottes Sinn
Ein Geist und habe den Gewinn,
Der Zeitlichkeit und jenes Lebens.

Der weis' und gütig sich verkündet,
Der Gott sei auch mein lieber Gott,
Von ihm erwart' ich Glück und Not,
Der selbst sich an Gesetze bindet,
Die er entwarf für seine Welt,
Dem unser Tun nur dann gefällt,
Wenn es das Glück der Menschheit fördert.

Der uns das frohe Erdenleben
Zum eignen süßen Glücke gab,
Uns von der Wiege bis zum Grab
Ein redlich fleißiges Streben*
Zum höhern Glücke anempfiehlt,
Das mehr auf Geistesfreuden zielt
Als auf Begehrlichkeit der Sinnen.

Allein der Gott, vom Menschen bloß erfunden,
Der seine Welt nur als Tyrann
Beherrschet, stets mit Fluch und Bann
Ihr drohet; alle süße Banden
Der Liebe und der Menschlichkeit
Für Sünde hält, um in der Zeit
Sowohl als ewig sie zu strafen,

Der nur an harter Qual und Leiden,
Selbstpeinigung Gefallen hat,
Dem Menschen auch die schönste Tat
Als Nichts berechnet: Alle Freuden
Verpönt, mit schrecklichem Gebot:
O, dieser Moloch ist kein Gott!
Zum mindesten ist er nicht der meine.

Ich halte viel auf gute Sitten,
Auf Tugend und auf Nüchternheit,
Auf Wahrheit und auf Ehrlichkeit –
Bei Gott und Menschen wohl gelitten,
Allein, es darf nicht bloßer Schein,
Es muß aus Herzensfülle sein:
Auch nicht um Vorteil zu erlangen.

Ich bin den höhern Staatsgesetzen,
Wodurch man wahres Wohl bezielt
Und nicht als wie mit Würfeln spielt,
Von Herzen treu. Sie zu verletzen,
Ist Unsinn oder Bosheit gar.[9]

## 3.2 Etwas über Ackerbau und Landwirthschaft – Anhang: Rezensionen

Inhaltsübersicht:



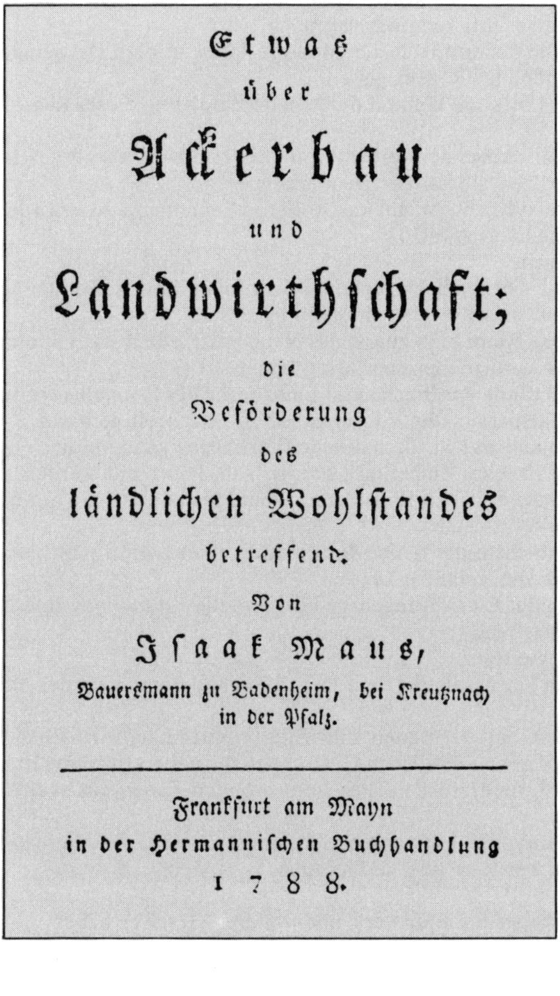

Etwas
über
Ackerbau
und
Landwirthschaft;
die
Beförderung
des
ländlichen Wohlstandes
betreffend.
Von
Isaak Maus,
Bauersmann zu Badenheim, bei Kreutznach
in der Pfalz.

Frankfurt am Mayn
in der Hermannischen Buchhandlung
1788.

## Etwas über Ackerbau und Landwirthschaft; die Beförderung des ländlichen Wohlstandes betreffend.

Von Isaak Maus, Bauersmann zu Badenheim, bei Kreutznach in der Pfalz.
Frankfurt am Mayn in der Hermannischen Buchhandlung 1788.
4 ungezählte Blätter, 68 S., 1 Blatt [Verlagsanzeigen].[1]

〈Blatt 2, Vorderseite〉
Inhalt der Paragraphen.

15.
d) Die Aufsicht ist für den gemeinen Bauer zu lästig, und erfordert einen geübtern Kopf, und einen von Arbeit befreiten Aufseher.
16.
e) Man hat zu wenig Zeit zu seinem Ackerbau, und kann durch ungünstige Witterung leicht ganz daran gehindert werden.
⟨Blatt 3, Rückseite⟩
17.
f) Häusliches Ungemach und Krankheiten können die neue Landwirthschaft auf einmal zerrütten.
18.
g) Hagel, Frost, Ueberschwemmung und Viehseuche, bringen dem neuen Landwirth unersetzlichen Schaden.
19.
h) Mißwachs drohet ihm öfterer[!], und macht ihn zum Bettler.
20.
i) Sorgen und Kummer ist sein Lohn; denn
21.
k) die neue Einrichtung ist auf keinerlei Weise einträglicher als die gewöhnliche.
22. Versuch einiger Beweise: daß der Acker, welcher alljährlich besaamt wird, nur halb so viel Getraide bringt als der, welcher brachgebauet wird.
23. Versuch einiger Beweise, daß der Nutzen von einer Kuh nur ein halbes Jahr kann gerechent werden, und nicht über 23 fl. 15 kr. beträgt.
⟨Blatt 4, Vorderseite⟩
24. Anmerkungen und Vorschläge zur Beförderung des Fleißes unter dem Landvolk.
25. Anmerkungen und Vorschläge zur Beförderung des Kredits auf dem Lande.

⟨Blatt 4, Rückseite⟩

Durch Fleiß und Dung läßt sich's zuweilen zwingen,
Daß unsre Felder reichlich bringen,
Wie jeder Bauer weiß;
Jedoch ist an des Himmels Segen,
An guter Witt'rung, mehr gelegen,
Als an des Landmanns Kunst und Fleiß.

## Etwas über Ackerbau und Landwirthschaft.

### *1. [Ueber Ackerbau und Landwirthschaft läßt sich im Allgemeinen und ohne praktische Kenntnisse nichts richtiges sagen.]*

Wenn man überhaupt von Stubengelehrten sagt, daß sie aus Mangel praktischer Kenntnisse oft in den gemeinsten Dingen irren, so trifft dieser Vorwurf gewiß diejenige[n] zufürderst, die über Ackerbau und Landwirthschaft schreiben. Denn über nichts läßt sich im Allgemeinen, und über nichts ohne praktische Kenntnisse so wenig Richtiges als über diese Materie sagen.

Eine jede Feldart erfodert ihr besondere Behandlung und eine jede Wirthschaft ihre eigene, dem Lokalen angemessene, Einrichtung. Wie wär' es also möglich[,] ein allgemeines Lehrbuch für den Landmann zu entwer- ‹S. 2› fen? worinnen er sich bei allen Fällen Raths erholen, und, in Ansetzung des Feldbaues sowohl als seiner Wirthschaft überhaupt, jedesmal richtige Regeln finden könnte.

*2. [Nur einzig die Erfahrung, durch mehrere Jahre an dem Ort gemacht[,] wo er wohnt, kann dem Landmann Regeln geben.]*

Nur einzig die Erfahrung, durch mehrere Jahre an dem Ort gemacht[,] wo er wohnt[,] kann dem Landmann rathen. Und auch da giebt es so viele Ausnahmen, daß er nie mit völliger Gewißheit einer guten Erndte entgegensehen kann, ob er schon die nehmliche Verfahrungsart wie bei vorhin erlebten glücklichen Jahren beobachtete.

Ich will damit nicht sagen, daß der Bauer gar keine Regeln habe, noch haben könne, wornach er sich bei seinem Feldbau richte; er hat deren wirklich, wird aber so oft genöthiget[,] Abänderungen zu machen, daß die ganze Behandlung seines Feldes fast mehr von äußerlichen Ursachen abzuhängen, als auf einem System zu beruhen scheint.

*3. [Aeußerliche Ursachen können die genaue Befolgung dieser Regeln leicht verhindern.]*

Nicht nur die unvorherzusehende Witterung führet den Landwirth von seinen Regeln; auch andern Beschwerlichkeiten fesseln ihn oft so hart, daß er selten mit völliger Freiheit seinen Acker nach bestem Gewissen behandlen, und seine Wirthschaft nach möglichstem Vortheil einrichten kann.‹S. 3›

Häufige Frohnden, nöthige Schonung des Zugviehes, und Reparatur des Geschirres, zusammengehäufte Arbeiten, Unpäßlichkeit, Geldmangel, und endlich die oben erwehnte[n] ungünstige[n] Witterungen, sind vermögend[,] den Bauer ganz aus seinem System heraus zu führen und einer unordentlichen, auf gut Glück geführten Wirthschaft preiß zu geben.

Man sage nicht, „dieses sind seltne Zufälle". Nein, den Bauern treffen dergleichen zu oft, und hängen mit der Natur seines Standes so zusammen, daß man es vielleicht nicht einmal Zufall nennen sollte.

*4. [Nicht alle Vorschläge zur Verbesserung der Landwirthschaft geschehen, um den Landmann wirklich glücklicher zu machen.]*

Wie aber? wenn es so mißlich um brauchbare Regeln für den armen Pflüger aussieht, wie kann man diesem Stande aufhelfen? Wie ihn glücklicher machen? – O! darum war es vielleicht nur wenigen zu thun von allen Tausenden[,] die zur Verbesserung der Landwirthschaft Vorschläge thaten. Und ich bin in der Versuchung zu glauben, daß meistens kammeralistischer Eigennutz dahintersteckt, wenn man in Kalendern und Mandaten den Bauersmann zur fleisigern Bearbeitung seiner Felder und zur bessern Einrichtung seiner Wirthschaft anzufrischen sucht.

Die Erfahrung hat es noch neuerlich bewiesen, da man in einem gewissen Fürsten-⟨S. 4⟩ thum den Kleebau so lang als Universalmittel zur bessern Landwirthschaft anpries[,] bis man ihn eingeführt sah, und nun diese herrliche Anstalt mit Abgaben beschwerte.

*5. [Thätige Unterstützung ist, um das Wohl des Landmanns zu befördern, weit besser als theoretisches Geschwätz.]*

Wenn die Großen, oder die an ihrer Seite sitzen, es mit ihren Brüdern am Pfluge redlich meinen, so ist dies gewiß der rechte Weg nicht darzu, wenn man ihnen nach einer am Schreibtisch gefaßten Theorie Vorschläge, blose Vorschläge, thut. Noch weniger[,] wenn man sogleich Miene macht[,] den geglaubten Vortheil der neuen Einrichtung mit dem Unterthan zu theilen. Die Versuche kosten meistens schon Geld, oder verringern doch den Ertrag des Guts in anderen Produkten; legt man nun noch Abgaben auf neue Versuche, so ist es eine Ursach mehr, warum der Bauer der neuen Verbesserung feind ist, und keinen Glauben mehr an wahre Verbesserungen hat.

Man lehre den Landmann nicht[,] wie er sein Feld bauen soll, man leihe ihm aber nach erlittenem Mißwachs und Hagelschlag gute reine Saatfrucht; man sage ihm nicht[,] wie viel Kühe er halten müsse; man verschaffe ihm aber dieselbe[n] nach gehabter Viehseuche in billigem Preiß; man rechne dem Anfänger einer Wirthschaft nicht vor, wie sparsam er haushalten müße, um jährlich einen Acker ⟨S. 5⟩ hinzu zu kauffen, man mache ihn aber Vorschuß, wenn er ihn kauft und lasse ihn diesen Vorschuß mit geringen Zinsen nach und nach abführen; u.s.w. Kurz! man bewahre den nothgedrungenen Landmann vor der Hand der Juden und Wucherer, und man wird alles gethan haben, was zu seinem Glücke nöthig war.

*6. [Der Bauer ist schon glücklich genug, wenn man ihme nur in der äußersten Noth Beistand leistet, und ihn nicht muthwillig drückt.]*

Eine vollkommne Glückseligkeit findet ja nirgends statt[,] wo Sterbliche wohnen; und wie sollte man sie in Hütten fo[r]dern[,] da man sie in Pallästen nicht findet? Lasset also den Bauer mit seinem zugemessnen Erbtheil sich hienieden schleppen, er wird die kleinen Uebel und Unannehmlichkeiten seines Standes leicht ertragen, wenn ihr ihn nur in größern Unglücksfällen als euern Mitmenschen erkennet und ihme den zu leistenden Beistand nicht versagt.

Denjenigen, die den Bauersmann muthwillig necken, und auf ihn als einem Lastthier reiten wollen, habe ich in dieser Schrift nichts zu sagen. Denn wenn ich ihnen schon begreiflich machen wollte, daß dieser Mann in seinem Kreise durch einen einzigen Baum den er pflanzt mehr Großes thut als sie, bei all ihrem Stolz, der Welt nie gethan haben, so würden sie es doch nicht erkennen. Und wenn ich es auch noch so deutlich machte,‹S. 6› daß sie sich durch jene Härte, gegen den, der ihnen Brod schaf[f]t, bis unter das Thier herabwürdigen, das auch dem Bettler die Hand leckt[,] der ihm gutes thut, so würde sie auch dieses nicht beschämen. Denn wem sein eignes Herz nicht sagt, was edel und rechtschaffen ist, der ist für alles Gute unempfänglich.

*7. [Man thut klug, wenn man zuerst das Neue prüft, ehe man es annimmt; hingegen auch nicht aus Vorurtheilen am Alten hängt.]*

Es gibt eine ungleich bessere Klasse von Menschen[,] die aus gutem Herzen sich beeifern[,] dem Landmann zur Verbesserung des Ackerbaues behülflich zu seyn, und seiner Wirthschaft überhaupt durch gute Vorschläge aufzuhelfen suchen; sich am Ende aber beschweren, daß man ihren wohlgemeinten Rath nicht allenthalben befolgt, nicht mit beiden Händen nach einem Glücke greift, das sie uns nach ihrer Meinung so nahe legen. Und diese Menschenfreunde sind es werth[,] daß man sie anhört, ihre Vorschläge prüft, und das Gute behält. Denn nicht alle begehen die Fehler[,] ihre Verbesserungen auf blose Vernunftschlüsse zu bauen, ohne daß Eigenthümliche einer Landwirthschaft zu rathe zu ziehen; oder sich von ihrem guten Herzen hinreißen zu lassen, dem Landmann eine glückliche Erscheinung, sie sey nun blos in ihrem Kopf oder durch ganz besondere Ursachen in der Wirklichkeit entstanden, ungeprüft als allgemein ausführbar anzupreißen. Ich sage[,] nicht alle ‹S. 7› verfallen in diese Fehler, aber doch gewiß sehr viele. –

Der wichtigste ihrer Vorschläge ist unstreitig die Abschaffung der Brache. Den mancher so warm vertheidigt, so theilnehmend predigt[,] als ob er die Erfindung des Pflugs noch übertreffe. Und doch, leider! ist dieser Rath in den meisten Gegenden, und für den geringen Bauer, ganz unbrauchbar.

Es ist also nicht immer dumme Anhänglichkeit ans Alte, nicht unvernünftiges Mißtrauen[,] wenn man so ziemlich bey der Art seiner Väter bleibt[,] wie diese ihren Acker baueten. Zwar haben wir gewisse Früchten und Gewächse eingeführt[,] die sie nicht hatten, und befinden uns wohl dabei und würden Morgen wieder einen neuen Versuch im Kleinen anstellen, und hernach im Großen ausführen, wenn wir uns den Nutzen versprechen könnten, wie bei Kartoffeln und Klee der Fall war.

Ich darf nur die Schwierigkeiten bekannt machen, die, besonders in hiesiger Gegend, den Landwirth abhalten[,] sein Feld alljährlich zu besaamen, um jenen höhern Oekonomen ihren freundschaftlichen Wahn zu benehmen. Und sie werden den sonst unwissenden Bauer bewundern[,] daß ihn hier sein Instinkt so richtig führt, und von entfernten Gefahren und Schwierigkeiten, die er nicht übersteigen ‹S. 8› würde, zurückhält; ihn lehrt, daß er lieber sich mit etwas wenigern begnügt und richtig den engen Bezirk seines Wirkungskreises übersieht, als mühsam nach vielem strebt und unruhig sich in Geschäften verwickelt und hinschlep[p]t, ohne jede Hoffnung haben zu können[,] an ein besseres Ziel zu gelangen.

*8. [Durch Abschaffung der Brache und Einführung des Doppelbaues, wird eine Landwirthschaft überspannt, und zu einem jähen Sturz reif gemacht.]*

Gegen die Abschaffung der Brache hat der Bauer überhaupt einzuwenden; daß dadurch seine ganze Wirthschaft aufs äußerste gespannt, und den in die Natur seines Standes verwebten Unglücksfällen so blos gestellt wird, daß nichts von einem Sturz ihn retten kann; der um so schrecklicher seyn muß[,] je höher man gestiegen war. Und daß er sich schwerere Arbeiten, Sorgen und Kummer zuziehe, und am Ende Schaden statt Gewinn habe.

Sind diese Vorstellungen gegründet, so hat der Mann doch wohl recht[,] der nicht durch den Ruin seiner eignen Landwirthschaft, durch selbst erprobte unglückliche Folgen, die guten Herren Verbesserer widerlegen mag? Die oft aus Mangel praktischer Kenntnisse so unzeitig gegen die Brache eifern, den Klee- und Futterbau gegen alle Wahrheit übermäßig gedeihen lassen, und endlich mit künstlichem und natürlichem Dünger, ohne Rücksicht auf Witterung, den Acker zum alljährlichen und bessern Ertrag zwingen.‹S. 9›

Dies alles thun sie zwar nur in ihren Schriften oder höchstens auf einem Stückchen Acker[,] dem die Natur eine vorzügliche Lage und fruchtbaren Boden gegeben hat; und davon schliesen sie aufs Allgemeine, und schreiben Einrichtungen vor, ohne das Lokale einer gemeinen Bauern-Haushaltung zu kennen.

Ob es nun falsche oder richtige Vorstellungen sind, die sich der gemeine Bauer von der Abschaffung der Brache oder dem Doppelbau macht, wollen wir näher untersuchen. Und findet sich das erste, so kann man sicher hoffen[,] daß ohne weiteres anpreisen der Doppelbau in kurzem die Brache verdrängen wird; denn allenthalben fängt der Bauer an zu raf[f]ini[e]ren, und nie hatte er einen reichlichern Ertrag seines Feldes nöthiger als bei jetziger Zeit, wo der Luxus vom Hofe bis in die Hütten sich schleicht und neue Bedürfnisse ausheckt[,] die zu befriedigen gewöhnliche Einkünfte nicht mehr zureichen wollen.

Findet sich aber das letzte, nehmlich daß obige Vorstellungen gegründet sind, so wird man hoffentlich auf andere und bessere Mittel sinnen, als die Abschaffung der Brache ist, um dem Verfall so vieler Bauern-Familien zu steuern und das Wohl des Landes zu befördern.

*9. [Eine jede Bauart und wirthschaftliche Einrichtung kann nur nach der Gegend, wo sie eingeführt ist, oder eingeführt werden soll, beurtheilt werden. – Das Wesentlichste der alten Einrichtung einer Landwirthschaft, mit Brache, hiesiger Gegend.]*

Bei unsrer Untersuchung scheint es mir nöthig, meine Leser zuvor mit der Bauart ⟨S. 10⟩ bekannt zu machen[,] die in hiesiger Gegend eingeführt ist; denn blos damit kann ich die Art[,] ohne Brache zu bauen vergleichen, und sagen, daß jene zuträglicher für uns sey als diese.

Von einer Gegend auf's Allgemeine zu schliesen[,] ist in jedem Fall unüberlegt; und jeder Landmann weiß, daß es gewisse Lagen giebt, die den Doppelbau vertragen können, und oft gar lokale Umstände vorhanden sind[,] die ihn nothwendig machen[,] ob schon die Brache dem Boden weit angemessener wäre. Wir hüten uns also sorgfältig[,] unsre hiesige Bauart für die einzige und beste aller Gegenden anzupreisen; denn so ganz wie für uns ist sie es schon nicht mehr für das nächste Dorf, ja nicht einmal für einen jeden Landwirth in einem und dem nehmlichen Dorf. Itzt zur Sache!

Wir haben zwei Felder[,] die sich an Morgenzahl fast gleich sind, und bauen Einflührig, das heist: alle Getraidarten, als Korn, Waitz, Gerst und Spelz, in einem Flur, zwischen einander; das andere Feld liegt brach, und wird aufs künftige Jahr besaamt. Auf diesem Feld werden gegenwärtiges Jahr unsere Futterkräuter als Klee, Rüben u.d.g. gezogen, aber nicht in solcher Menge[,] daß der Körnerbau darunter litte oder für die Schweine nicht Trift und Weide übrig blieb.

Auch hat fast jedes Dorf noch ein Stück gutes Ackerland an einem Bach, oder im Thal[,]⟨S. 11⟩ welches alljährlich mit Gemüsen, Hanf und Futter bepflanzt wird, und weder zu diesem noch jenem Feld gehört. Die Weinberge sind auch abgesondert, und betragen auf den meisten Gemarkungen hiesiger Gegend kaum den zehnten Theil der Morgenzahl. Und der natürlichen Wiesen sind noch weniger, doch, je nach dem die Lagen sind, auf mancher Gemarkung auch mehr.

Bei dieser Eintheilung nun ackert der Bauer[,] welcher 45 bis 50 Morgen Guth hat[,] jährlich ohngefehr 20 Morgen; diese kann er mit einem Pferd oder mit zwei Ochsen bauen. Er hält 4 – 5 Kühe, ein oder zwei Rinder, und zwei oder drei Schweine; letztere kauft er im Frühjahr, treibt sie den Sommer hindurch aufs Feld, und mästet sie hernach für seine Küche.

Schaafe hat man hier nicht, außer in Gemarkungen[,] die sehr groß sind und dürre und steinigte Wüsten haben, welche nicht die Mühe verlohnen[,] urbar gemacht zu werden. Auch geschiehet es zuweilen, wo eine Gemeinde kein besseres Mittel[,] hat eine Schuldenlast zu heben, daß man die Gemarkung an Jemand zur Schaafweide verpachtet; welches aber meistens ein hartes Mittel ist.

Vier Personen können auf obigem Guth die Arbeiten verrichten, folglich braucht ein Haus, das keine erwachsene[n] Kinder hat, einen Knecht und eine Magd. Dieses wäre nun das Wesentliche einer Bauern-Haushaltung ⟨S. 12⟩ in hiesiger Gegend; lasset uns die belobten neuen Einrichtungen dagegen halten und urtheilen.

*10. [Das Wesentlichste der neuen Einrichtung einer Landwirthschaft, ohne Brache, nach meiner davon gefaßten Idee. – Darstellung beider Einrichtungen in Tabellen, die Eintheilung und Benutzung des Ackerfeld's betreffend.]*

Wir müssen aber vorher auch diese sogenannte neue Einrichtung nach meiner davon gefaßten Idee kennen lernen, um nicht manchen Leser im Dunklen zu lassen, oder der Abhandlung die nötige Bestimmtheit zu entziehen.

Das Wesentliche davon ist dieses: Die Hälfte seiner Ackerfelder alljährlich mit Getraide[,] die andere Häfte aber mit Futterkräuter[n] zu haben; Vieles Vieh zu halten[,] um Dung für den Doppelbau zu gewinnen; denn dieser Dung soll eigentlich das ersetzen, was dem Acker durch die Aufhebung der Brache abgeht. Nehmlich was durch Thau, Regen und Luft, ein Jahr hindurch dem Acker zugeführt würde, das soll jetzt alles auf einmal mit dem Mistwagen geschehen. Die natürliche Verwitterung des Bodens, die der Bauer uneigentlich Ruhe nennt, welche den Acker nur einzig geschickt macht, seine enthaltene Nahrungstheilgen in die Pflanzen überzuführen, dieser vortreffliche Zustand des Ackers soll hier blos durch Dung und künstliche Abwechslung der Fruchtarten entbehrlich gemacht werden.

Um alles in größter Deutlichkeit darzustellen, will ich beide Einrichtungen so viel den Ackerbau mit seinen natürlichsten Abwechslungen betrifft, in folgenden Tabellen vorlegen.

⟨S. 13⟩ Der Stand eines Bauernguts von 40 Morgen Ackerfeld, mit Brache; durch zwei Jahre.

Der Stand eines Bauernguts von 40 Morgen Ackerfeld, mit Brache; durch zwei Jahre.

| Erstes Jahr. | | Zweites Jahr. | |
|---|---|---|---|
| Morg. | Fruchtart. | Morg. | Fruchtart. |
| | | 2 | Rüben. |
| 7 | Korn : | 1½ | Korn. |
| | | 3½ | Brach. |
| | | ½ | gelbe Rüben. |
| 7 | Waitz : | 3 | deutschen Klee. |
| | | 3½ | Brach. |
| | | ¼ | Lucern oder ewigen Klee. |
| 6 | Gerst : | 1¾ | Waitz. |
| | | 1 | Eßfutter, Bohnen, Linsen, Dickrüben. |
| | | 3 | Brach. |
| 1 | Kohl o. Rebs | 1 | Korn. |
| 3 | deutschen Klee | ½ | Kappes. |
| | | 2½ | Gerst. |
| 1½ | Lucern oder ewig. Klee | ¼ | Kartofeln. |
| | | 1¼ | Lucern oder ewiger Klee. |
| 2 | : Rüben | 2 | Gerst. |
| ½ | gelbe Rüben | ½ | Gerst. |
| ¼ | dik Rüben | ¼ | Gerst. |
| ½ | Kappes | ½ | Korn. |
| ¼ | Kartoffeln | ¼ | Waitz. |
| ½ | Eßfutter | ½ | Gerst. |
| ¼ | Hanf : | ¼ | Hanf. |
| ¼ | Bohn. Lins. rc. | ¼ | Gerst. |
| | | 1 | Kohl oder Rebs, |
| 10 | Brach : | 4 | Korn. |
| | | 5 | Waitz. |
| 40 | Morgen. | 40 | Morgen. |

Der

⟨S.14⟩ Der Stand eines Bauernguts von 40 Morgen nach dem Doppelbau, das ist, ohne Brache. Auch durch zwei Jahre.

Der Stand eines Bauernguts von 40 Morgen nach dem Doppelbau, das ist, ohne Brache. Auch durch zwei Jahre.

| Erstes Jahr. | | Zweites Jahr. | |
|---|---|---|---|
| Morg. | Fruchtart. | Morg. | Fruchtart. |
| 7 | Korn = | 2 | Korn. |
| | | 1 | Stoppelrüben u. Gerst. |
| | | 1 | Stoppelkohl. |
| | | 3 | deutschen Klee. |
| 7 | Waitz = | 3 | deutschen Klee. |
| | | 1 | gelbe Rüben. |
| | | 3 | Korn. |
| 6 | Gerst = | 4 | Waitz. |
| | | 1 | Lucern. |
| | | 1 | deutscher Klee. |
| 1 | Kohl = | 1 | Korn. |
| 7 | deutsch. Klee | 3 | Rüben. |
| | | 1 | Dikrüben. |
| | | 1 | Kappes. |
| | | 2 | Waitz. |
| 4½ | Lucern | 1 | Kartoffeln. |
| | | 3½ | Lucern. |
| 3 | Rüben = | 3 | Gerst. |
| 1 | gelbe Rüben | 1 | Gerst. |
| 1 | Dikrüben | 1 | Gerst. |
| 1 | Kappes = | 1 | Korn. |
| 1 | Kartoffeln | 1 | Waitz. |
| ¼ | Hanf = | ¼ | Bohnen, Linsen, u. d. g. |
| ¼ | Bohn. Lins. ꝛc. | ¼ | Hanf. |
| 40 | Morgen. | 40 | Morgen. |

II.

⟨S.15⟩

*11. [Gründe, zur Vertheidigung der Eintheilung und Benutzung des Ackerfeld's hiesiger Gegend.]*

Wegen dem angenommenen Verhältniß, und Bestimmung der Fruchtarten und den Abwechslungen in vorstehenden Tabellen, würde ich mich genauer erklären, wenn es für andere Gegenden Nutzen haben könnte. Allein so passend auch diese Eintheilung für unsre Gegend ist, so kann sie es keineswegs für alle Gegenden seyn. Und ich will nur einige Gründe angeben[,] die uns bestimmen[,] um obige Eintheilung allhier für die beste zu halten. Vielleicht kann ich auch dadurch manchem Stubenökonom den Wahn benehmen, als ob der Bauer allenthalben mit seinem Feldbau und Einrichtungen nach Gewohnheit und Vorurtheilen verfahre.

Man baut hier nicht gern weniger Korn[,] weil fast alle Zinsen und Pächte in Korn müssen geliefert werden, auch weil das Korn weniger einen Mißwachs ausgesetzt ist als der Waitz, und besseres Stroh giebt.

Man baut aber auch nicht gern weniger Waitz[,] weil er immer im Preis das Malter einige Gulden höher ist, um weil er eines weniger fetten Ackers bedarf, als das Korn.

Gerst, baut man deswegen so viel, weil mancher Acker zu naß oder zu mager ist[,] um etwas anderes zu bringen. Rüben und Kleeäcker aber zu Winterfrucht nicht viel taugen; ⟨S. 16⟩ auch braucht man endlich das Gerstenstroh für Futter auf den Winter.

Kohl wird zwar nicht überall gebaut, aber auch in manchen Gemarkungen häufig, je nachdem der Boden ihm zuträglich und der Frost weniger nachtheilig ist. Bei dem Doppelbau kann aber Kohl nicht anderst, als auf Stoppel gesäet werden, welches nur halber Kohl ist.

Klee wird in hiesiger Gegend mit großem Nutzen gebaut, solang der Saamen davon in dem hohen Preis bleibt, den er wirklich erreicht hat. Weil dieses aber sehr ungewiß ist, so nimmt der Bauer mit recht auf seinen Getraidebau Rücksicht, welches sein sicherstes Produkt ist. Denn das übermäßige Futter giebt der Klee nicht, welches mancher ökonomischer Reformator ihm zuschreibt, und auf den umgestürzten Kleeacker sogleich, oder auch bei dem zweiten pflügen, Getraide zu säen[,] ist gar nicht thunlich, er muß den Winter hindurch verwittern, die Wurzeln in Fäulniß gehen, oder er bringt äußerst schlechtes Korn, und säet man Waitz darauf, so hat man sicherlich halb Brand zu gewarten. Der Lucern muß ohnehin mit der Spade umgestochen werden, damit seine starke Wurzeln nicht immer wieder ausschlagen, und dieses Umstechen ist mühsam und erfordert viele Zeit; deßwegen wird auch weniger ewiger als deut-⟨S. 17⟩ scher Klee gepflanzt, ob er schon, besonders in trocknen Jahren, mehr Futter giebt als dieser.

Wir haben auch Esperset oder türkischen Klee, aber wenig, und nur in Feldern[,] die schlechten Boden haben, wo der andere Klee nicht fortkommt.

Rüben bauen wir nur so viel[,] als man für Futter im Nachsommer und Herbst nöthig hat, weil Rüben überhaupt den Acker mehr ausmagern als alle andere Gewächse.

Gelbe Rüben sind ein vortreffliches Futter, allein der Acker soll auch mit der Spade umgegraben werden, und dazu fehlt es oft an Zeit, auch gedeihen sie nicht in jedem Boden.

Di[c]krüben erfordern viel Dung und Arbeit; sind übrigens ein gutes Futter. Kappes erfodert ebenfalls viel Dung und ist ein mittelmäßiges Futter, allein zu Gemüse, sowohl grün als sauer, kann ihn eine Landwirthschaft nicht entbehren.

Noch weniger kann man Kartoffeln entbehren, allein sie zum Futter zu bauen[,] ist hier nicht rathsam, denn roh zu füttern sind sie nicht tauglich, weil sie das Vieh laxieren und wenig Kräfte geben, zum kochen aber das Holz zu theuer ist.‹S. 18›

Ezfutter, oder Wicken und Haber durcheinander gesäet, giebt ein Futter zu der Zeit[,] wenn der Klee nicht mehr stark wächst, Kappes und Rüben aber auch noch zurück sind.

Hanf, ziehen wir nur so viel[,] als man in seine eigene Haushaltung braucht, weil nur wenig Aecker darzu dienlich sind; Hanfbau auch viele Arbeit und Dung erfodert, der Bauer aber beides zu seinem Getraidebau anzuwenden hat.

Endlich sind Bohnen, Erbsen, Linsen u.d.g. Sommer- und Wintergemüse, die aber nicht in jedem Boden gerathen, und auf den Verkauf zu bauen hier wenig Gewinn geben.

Spelz und Haber wird hier gar wenig gebaut, weil meistens der Spelzenacker auch einen guten Waitz und der Haberacker eine Gerste bringt, und dadurch beide sich höher renti[e]ren.

Dieses wären einige der zunächstliegenden Ursachen[,] warum obiges Verhältnis in Fruchtarten bei unserem Ackerbau allhier eingeführt ist.

Daß aber bei jeder Wirthschaft von der überhaupt angenommenen Eintheilung und Abwechslung fast jährlich in etwas abgewichen wird, und auf dem Felde nicht alles so in einem mathematischen Verhältniß wie hier auf dem Papier sich befindet, noch befinden kann, wird jeder wissen[,] wer Kenntnisse von einer ‹S. 19› Landwirthschaft hat, und wer sich erinnert[,] was ich oben § 3 gesagt habe. Es kommt auch darauf nicht an, und nur die Eintheilung überhaupt in Getraide-, Futter- und Brachäcker, und der damit verbundene Viehstand, geben uns hier Gründe an die Hand, über die verschiedenen Einrichtungen zweier an Feldgüter gleich großen Landwirthschaften zu urtheilen.

*12. [Folgerungen, aus der neuen Einrichtung einer Landwirthschaft ohne Brache:*

*a) Man muß auf dem nehmlichen Guth wenn die neue Art ohne Brache zu bauen eingeführt wird, mehrere Personen zum arbeiten haben, als vorher.]*

Wenn wir bei dem angenommenen Exempel von 40 Morgen Ackerland bleiben, so wissen wir schon aus obigem § 9 die Anzahl der arbeitenden Personen und den Viehstand einer Landwirthschaft nach alter Art.

Nach dem neueren Vorschlägen aber soll ein solcher Bauer zehen Kühe, etliche Rinder, Fasselschweine, Schaafe, und Gott weis was alles halten. Zwanzig Morgen mit Getraide und zwanzig Morgen mit Futterkräuter haben. Mit so vielem Vieh haben zwei Mägde die Hände voll zu thun und dürfen nicht faul sein, wenn es in gutem Stand erhalten werden soll. Auch zwei Knechte haben mit Gelbenrüben – Kartoffel – Dickrüben- und Kappesäcker zuzurichten, diese Gewächse hinein zu bringen und zu behacken; endlich mit Mähen, Heumachen, und für Rüben zu ackern, bis an die Erndte zu thun. Hernach aber mit Stoppeläcker zu stürzen, Klee-<S. 20> felder umzureißen, Dung, grünes Futter, und allerlei zu fahren, bis zum Winter, volle Arbeit.

Der Hausfrau bleiben nebst der Küche zu besorgen, noch eine Menge Arbeiten übrig, als: die Verpflegung ihrer Kinder, das wäschen[!] und flicken für die Kleinen, die Besorgung der Wäschen fürs ganze Haus, das Butter- und Käsemachen, der Gartenbau, das Spinnen und Füttern der jungen Kälber, Schweine, Hü[h]ner und Gänse.

Auch der Mann hat nebst der Aufsicht über das Ganze noch körperliche Arbeiten genug. Und muß sogut als seine Knechte bei der Zubereitung obiger Aecker, bei Behackung der Gewächse, beim Heumachen, Mistaufladen, verspreiten[!], Sailmachen, Garbenbinden, dreschen[!] und Saamenstreuen – muß, sag ich, so gut als seine Knechte Hand anlegen und öfters mehr thun[,] als er diesen zumuten darf.

Die neue Wirthschaft hat also, in unserem gegebenen Falle, wenigstens zwei arbeitende Personen mehr zu unterhalten und zu bezahlen, die wir mit Kost und Lohn jährlich nicht geringer, als 120 fl. anschlagen können.

Will man für den einen Knecht einen Taglöhner nehmen, so haben wir nichts dagegen, aber gewiß wird es alsdann nicht bei den 120 fl. bleiben.<S. 21>

*13. [b) Man muß mehreres Vieh anschaffen, und größere Gebäude haben; folglich ein großes Kapital besitzen oder aufnehmen.]*

Auch hat die neue Wirthschaft noch 5 Kühe, zwei Ochsen oder ein Pferd, Fasselschweine, Schaafe, u.d.g. und folglich auch größere Stallungen nöthig.

Dieses Vieh anzuschaffen und Gebäude hinzustellen, erfo[r]dert zu jeziger Zeit ein Kapital von mehr als 500 fl.[,] und dabei entsteht noch die Frage: Soll man zuerst das Vieh anschaffen oder zuerst den neuen Ackerbau anfangen? Im ersten Fall fehlt es an Futter, und im andern an Dung.

Es bleibt also nichts übrig, als mit baarem Gelde Futter oder Dung zu kaufen, um seine Wirthschaft auf den neuen Fuß zu setzen.

Man giebt uns zwar den Rath, das nöthige Vieh nach und nach anzuziehen, und so auch nach und nach den verbesserten Ackerbau einzuführen. Ist es aber, in Ansehung der nöthigen Verhältniß zwischen Dung und Futter nicht einerlei, ob ich meinen Viehstand jährlich mit einem Stück vermehre und zwei Morgen mit Klee säe, oder ob ich fünf Stück anschaffe und zehen Morgen mit Klee säe?

Ja, wenn das Nachziehen von 5 Kühen mit Kosten und Mühe verbunden ist, so kann es nicht fehlen, daß das Nachziehen von einer Kuh, den fünften Theil der Kosten und Mühe beträgt; und so auch umgekehrt.⟨S. 22⟩

Wegen dem Ankaufen oder auch Nachziehen, kömmt es wohl leichter, wenn es nach und nach geschiehet, aber gewiß beträgt diese Auslage oder Aufwand nach fünf Jahren eben so viel, als ob es in einem Jahr geschehen wäre.

Und wenn nun gar bei dem geringen Bauer, der Geldheber[!], Handwerksmann, Krämer, oder sonst ein Schuldherr auf das Kalb vertröstet wäre? wie würde man es zurück binden und eine Kuh daraus ziehen können? Würde es nicht der Exekudant[!] beim Strick nehmen, und vielleicht morgen die Kuh für die Unkosten nachholen?

*14. [c) Man muß doppeltes Fuhrwerk und anderes Geschirr haben.]*

Und eben so, vielleicht noch schlimmer[,] verhält sichs mit Anschaffung [von] mehrerem Fuhrwerk und anderm Geschirr.

Noch ein Wagen und Pflug soll angeschaf[f]t werden, ohne das kleine Geschirr als: Sensen, Sicheln, Hacken, Rechen, Flegel u.s.w.

Man kann nicht einwenden, daß ich hier zu viel fo[r]d[e]re: denn wo viele Personen arbeiten, muß auch vieles Geschirr seyn[,] und wo des Ackerns und Fahrens viel und beschwerlicher ist[,] muß auch mehr und stärkeres Fuhrwerk seyn. Es sind zwar in unserm Exempel nur 20 Morgen zu ackern, die man nach hiesiger Bauart füglich mit einem Pflug ackern ⟨S. 23⟩ kann.

Dann aber fängt man im Merz an und pflügt des ganzen Sommer hindurch; hier aber fängt man erst zu Ende des Julius an[,] und bis zu Anfang Septembers soll das Feld doch zur Saat zubereitet seyn. Kann man dieses mit einem Pflug wohl bestreiten? Auch ist in dieser Zeit die Erndte einzubringen und aller Dung auszuführen; wie denn überhaupt eine größere Wirthschaft das Jahr hindurch auch mehrere Fahrten nöthig hat. Man braucht mehr Brennholz, hat mehr Heu und grünes Futter zu führen, mehr Dung aufs Feld zu schaffen, Kleefelder umzureißen, wobei es so schnell nicht geht. Und vielleicht hatte man auch zu Ende des Juli das Korn noch nicht von der Stoppel, und vielleicht die Gerst noch im halben August nicht? Wenigstens ist dieses in einigen Gemarkungen jährlich der Fall, und in andern doch auch sehr oft. Es blieben also zu obigem Umackern, Getraid und Dungfahren kaum 30 Tage Zeit übrig; und man wollte noch zweiflen[,] ob doppeltes Gespann nöthig sey?

Wie es bis an die Saat gieng, so gehet es auch hernach. Es muß das Herbstfutter als Kappes, Rüben, Dickrüben u.s.w. nach Haus geführt, die Aecker zur Sommersaat zugepflügt, Brennholz herbei geschafft, und Kleefelder umgerissen werden. Alles manches Jahr bei üblem Wetter und bösen Wegen; und man wird einsehen, daß einfaches Fuhr-⟨S. 24⟩ werk zu wenig sey, und daß zwei Knechte und ihr Vieh, um die gehäuften Arbeiten zu bestreiten, Tag für Tag im Joch liegen müssen:

Folglich hier ein neues Kapital, von wenigstens 80 fl., für Wagen, Pflug, und anderes Geschirr, erforderlich sey.

*15. [d) Die Aufsicht ist für den gemeinen Bauer zu lästig, und erfordert einen geübtern Kopf, und einen von Arbeit befreiten Aufseher.]*

Ein Mann, der seinen Kopf von Jugend auf durch Wissenschaften an eine Ordnung im Denken gewöhnt hat, dabei von körperlichen Arbeiten frei ist, kann wohl eine Sache leicht überdenken, auch öfterer[!] in Gedanken zurückgehen, seinen Plan von neuem verfolgen und Fehler bemerken und verbessern. Er hat Zeit und Fähigkeiten darzu. Aber hier befindet sich der Bauer in einer Lage, wo er ohnmöglich ohne Versehen, ohne anzustoßen, ohne Schaden zu leiden, fortkommen kann. Er hat es mit mehrerern[!] Personen, mit mehrerem Vieh, und überhaupt mit größern Ausgaben und (dafern es bestehen soll) mit größern Einnahmen zu thun. Es kommen verwickeltere Geschäften vor, als sein Kopf gewohnt ist, und zum Erkundigen, zum Verreisen, zum Nachsinnen hat er keine Zeit, weil er selbst Hand an die Berufsarbeiten legen muß. Wie wird er z.B. sein Getraide am besten absetzen? sein Mastvieh am vortheilhaftesten verkauffen und anderes anschaf-⟨S. 25⟩ fen? wo rechtschafnes Gesinde auftreiben? wie endlich seine Schulden bezahlen? –

Denn daß das Guth verpfändet ist, kann man aus obigen Ausgaben wissen. Oder man müßte den seltenen Fall voraus setzen: daß der Bauer ein baares Vermögen habe, um neue Gebäude aufführen und theures Vieh und Fuhrwerk anschaffen zu können.

Niemand, wer auf Dörfern bekannt ist, wird sich dieses träumen lassen; denn hier ist nicht die Rede von denen wenigen reichen Bauern, die es hin und wieder gibt; und die es doch auch meistens nur durch besondere Familien-Umstände[,] z.B. wenige Kinder, zugefallene Erbschaften u.d.g. geworden sind. Es ist die Rede von dem gemeinen und größten Haufen der Landleuthe, die auf nichts als den jährlichen Ertrag ihres Gütchens und ihrer Kühe rechnen können; der aber bei weitem nicht so reichlich ausfällt, und nie ausfallen wird, als sich es der Unkundige vorstellt und der Kammeralist zu wähnen scheint. Es ist entweder Bosheit oder grober Irrthum, wenn man behauptet, daß in den Rheingegenden sich ein Landguth zu zehen pro Cent verinteressieren [könne], da doch hießiger Gegend der Bauer es kaum auf vier pro Cent bringen kann. Wie wohl sein Feld gewiß nicht schlecht, und er nicht der Letzte ist, der einen Acker zu benutzen versteht. Man kann also sicher schlie-<S. 26> sen[!], daß ein verschuldetes Bauerngütchen nie wieder aus seinen eigenen Renten kann frei gemacht werden, solang eine Familie gleichfalls davon ernährt seyn will. Und daß dieses bei der neuen Bauart, ohne Brache, umso weniger möglich sei, wird sich am Ende unsrer Untersuchung nur leider! allzu deutlich zeigen.

*16. [e) Man hat zu wenig Zeit zu seinem Ackerbau, und kann durch ungünstige Witterung leicht ganz daran gehindert werden.]*

Man kann nach richtigen Erfahrungen behaupten, daß der neue Landwirth zu seinen Ackerbau zu wenig Zeit habe, und durch ungünstige Witterung ganz daran kann gehindert werden.

Die Erfahrungen von 81 und 82 sind zu neu, als daß wir sie hier nicht anführen sollten. Es war eine solche Dürre und Trockenheit, daß man die Felder[,] die nicht bis den Mai gebrochen, oder das erste Mal umgeackert waren, gar nicht zu bearbeiten, vielweniger im August Stoppelfelder zur nächsten Saat zubereiten konnte. Noch im Decemb. lagen einige Felder wie gepflastert, die schon im Mai hätten sollen gepflügt werden [sollen], der mäßige Regen, der den Sommer hindurch fiel, war nicht hinreichend, den harten Erdenkloß zu erweichen.

Die im Frühling umgebrochene[n] Aecker konnten mit Mühe einen zarten Bau erhal-<S. 27> ten, und in sehr vielen stellte sich im Herbst der Saamen zu dünne, weil nicht Fruchtigkeit genug zum aufgehen der Körner da war.

Nach unserer neuen Bauart sollte nun erst im Juli oder August der Acker gebrochen werden, da war es aber in bemelten Jahren gar nicht möglich[,] mit dem Pflug in die harte Erde zu kommen; und ist es in andern Jahren, in diesen Sommermonathen schon sehr oft gewesen.

Noch, verflossenes 87er Jahr gieng es fast ebenso. Und ob schon einige Gemarkungen das Glück hatten[,] im Sommer durch Strichregen gefeuchtet zu werden, so mußten doch andere ihre Stoppelfelder bis zum eingefallenen Regenwetter im Oktober liegen lassen. Wer nun da noch säen wollte, mußte auf die Stoppeln säen, und so sind viele hundert Morgen mit Spelz besaamt worden in Gegenden, wo man das Stürzen gewöhnt ist, und wo der Boden zu Spelz besonders ergiebig ist.

Denn daß es gewisse Lagen und Erdarten giebt, wo mit Nutzen die Brache kann unterlassen werden, hab ich schon oben erinnert. Wer aber diese Abschaffung im Allgemeinen predigt, kann sich so wenig auf jene Gegenden berufen, als man überhaupt den Acker einem guten Garten vergleichen kann. Wie diese Stoppelsaat ausfallen wird, muß man ‹S. 28› abwarten, so viel ist indessen gewiß, daß es allhier und an tausend Orten nicht angeht, und daß das Sprüchwort sehr wahr ist: Wie man den Acker pflegt[,] so lohnt er.

Vielleicht bedarf es nicht einmal solche außerordentliche Witterung, um uns an dem neuen Ackerbau völlig zu hindern? Wie leicht kann in jedem Jahre der nöthige Regen vierzehen Tage ausbleiben, und wie leicht kann er zu häufig fallen und uns das Pflügen viele Tage aufhalten? Und wie geschwind sind endlich 30 bis 40 Tage (vom Ende des Julius bis zum halben September) verstrichen, die uns zur bearbeitung[!] der Stoppeläcker, und noch vieler Zwischengeschäften[!], zugemessen waren?

*17. f) Häusliches Ungemach und Krankheiten können die neue Landwirthschaft auf einmal zerrütten.*

Itzt komm' ich auf einen Satz[,] woran unsere Ackerreformatoren noch gar nicht scheinen gedacht zu haben: Häusliches Ungemach und Krankheiten, können die neue Landwirthschaft auf einmal zerrütten.

Unter Häuslichem Ungemach versteh' ich auch schlechtes Gesinde; und daß es dessen nicht wenige giebt, wissen alle Hausväter[,] die Gesinde halten. Unter hundert kaum zehen[,] welche die Wirthschaft[,] darinnen sie dienen, durchaus verstehen[,] und nicht fünfe[,] denen man sie anvertrauen könnte.‹S. 29›

Es ist schon an sich nicht möglich, so vieles Gesinde zu bekommen, als man nach der verbesserten Bauart haben müßte[,] [siehe] § 12. Freilich hat manches Haus Kinder und braucht gar kein Gesinde, aber das Haus[,] das itzt zwei

Gesinde hat, müßte doch viere haben, und das Haus[,] welches itzt mit seinen Kindern die Arbeiten bestreitet, müßte doch hernach noch ein oder zwei Gesinde haben. Kurz! es müßte im Ganzen mehr, als noch einmal so viel Gesinde da seyn, als jetzt. Und schon jetzt bei unsern einfachen Arbeiten hat mancher rechtschaffne Bauer sich ganze Sommer hindurch mit kostbaren Taglöhnern helfen müssen, weil wegen denen Wanderungen nach Polen und Ungarn, kein Gesinde zu bekommen war; und die wenige vorräthige im Lohn so gesteigert und an Redlichkeit und Fleis so gefallen sind, daß kaum ein Bauerngut soviel abwirft[,] als der Gesindelohn beträgt.

Es ist nicht ungewöhnlich[,] daß ein Gesinde krank wird, oder verreisset und einige Tage ausbleibt, oder gar fortgeht, oder so beschaffen ist, daß man es fortschicken muß. Dergleichen Vorfälle geschehen in jedem Dorfe jährlich wenigstens einige. Ist nun die Wirthschaft[,] welche es betrifft[,] mit Vieh überstellt oder mit Arbeit überladen oder beides zugleich, so muß man sich nach Taglöhnern umsehen, die hier aber nicht immer, wie im Evangelio. müßig am Markt stehen; aber wohl wie jene ⟨S. 30⟩ bei dem Empfang ihres Lohns sehr unbescheiden sind.

Wen bekömmt man also[,] wenn eine Magd fehlt? Zur Noth eine betagte arme Frau, die keine Last Futter mehr tragen, keine Kuh[,] ohne umgeworfen zu werden, melken, und überhaupt wenig in der Wirthschaft helfen kann. Und fehlt ein Knecht, so ist es eben so schlimm; man ist in der größten Verlegenheit, besonders wenn es in einer arbeitvollen Jahreszeit ist, der Pflug steht still und die Arbeit häuft sich.

Und wo bekömmt man dann ein anderes Gesinde, wenn das fehlende ausbleibt, oder man genöthigt[,] ist eines fortzuschicken? – Doch, die Unmöglichkeit[,] so vieles Gesinde zu haben, ist ja oben schon aus guten Gründen, die eine tägliche Erfahrung bestättiget, vorausgesetzt worden.

Wenn aber nun gar die Hausfrau kränkelt, oder in die Wochen kömmt oder ein krankes Kind hat, dem[!] sie warten und pflegen muß? – Wer soll ihr Amt verwalten? Wer ihre Arbeiten verrichten? – Kann der Mann den Mägden genug nachsehen? Kann er ihnen Butter- und Käsemachen anvertrauen? Werden sie die jungen Zugkälber, die Schweine, Hü[h]ner, und dergleichen, nicht versäumen? Und wer wird die kleinen Wäschen für die Kinder und die größern fürs ⟨S. 31⟩ ganze Haus besorgen? Wer den Garten bauen? und wer die Küche bestellen?

Das alles, und noch hundert nothwendige Kleinigkeiten, kann man einem Dienstboten nicht zumuthen, nicht anvertrauen. Und Aufwärterinnen zu halten, ist viel zu kostbar für den Bauersmann, und ebenso mißlich, als einer Magd dergleichen zu überlassen.

Die Wirthschaft schwankt also, und muß entweder einiges Vieh abgeschafft und die Arbeiten verringert werden, oder es verdirbt eins mit dem andern.

Und liegt der Mann – dann helf Gott der überspannten Wirthschaft!

„Dies alles,[“] wird man sagen, [„]kann auch die gewöhnliche Wirthschaft treffen.“ Es ist wahr, doch kann dem Uebel weit leichter abgeholfen, seinen Folgen vorgebogen werden, wenn nicht alles im höchsten Grad gespannt ist.

Mit Gesinde hat mancher Bauer, bei seiner jetzigen Einrichtung, gar nichts zu schaffen; und der, welcher Gesinde hat, kann in jedem schlimmen Fall sich ehender helfen. Seine Nachbarn oder Verwandten, deren Wirthschaften ebenfalls nicht überspannt sind, können ihm eine Zeitlang aushelfen. Auch hat die Hausfrau weniger zu besorgen und kann schon ein paar Wochen den Magd-⟨S. 32⟩ dienst dabei versehen. Der Mann selbst hat so viel Zeit, ihr beizuspringen.

Und, überhaupt sind die Folgen, verhältnismäßig, in einer kleinen Wirthschaft weniger schlimm, als in einer großen.

Und so auch[,] wenn die Frau ihren Geschäften nicht abwarten kann; Sie sind hier weniger umfassend, und können ohne Gefahr verschoben, oder zum Teil von einer Magd, zum Teil aber von Manne selbst versehen werden.

Und wenn endlich auch der Mann liegen müßte, oder gar wegstürbe, so geht alles in einem stetern und festern Gang, die Aufsicht ist geringer und leichter, vieles leidet Aufschub und vieles kann ein Knecht ohne merklichen Schaden besorgen. – Wie gesagt, die Folgen sind verhältnismäßig weniger schlimm.

*18. [g) Hagel, Frost, Ueberschwemmung und Viehseuche, bringen dem neuen Landwirth unersetzlichen Schaden.]*

Und eben so verhält sichs bei Feldschäden und andern Unglücksfällen. Für weniger Menschen und weniger Vieh kann man ehender Brod und Futter schaffen als für Viele, wenn die Felder Noth leiden. Man kann, wenn Winterfrost oder Wasser den Klee verdorben hat, ein mäßiges stück Feld mit andern Futterkräuter[n], als Haber, Wicken, Heidekorn und Erbsen, u.d.g. im Frühling einsäen, ohne den Getraidebau zu vermindern. ⟨S. 33⟩

Man kann, wenn Maifrost den jungen Klee und das Korn angreift, eine Zeitlang das Vieh vom Unkraut, welches auf der Brache wächst, ernähren; auch allenfalls ein Stück erfrorenes Korn abmachen und Futter haben, bis der Frostschaden am Klee wieder ausgewachsen ist. Man kann dieses abgemähte Kornstück mit Gerste oder mit etwas anderm bepflanzen und dadurch den Verlust an Korn wieder ersetzen.

Dies alles sind Rettungsmittel, die nur einer kleinen Wirthschaft angemessen sind, und die der neue Landwirth bei seinen großen Ställen voll Vieh vergebens anwenden würde.

Bei einem totalen Hagelschlag ist es wieder weit schlimmer für unsern Nachbar, der ohne Brache baut, als für uns. Wir können auf unser angebautes Feld sogleich etwas zur Nahrung der Menschen und den Viehes aussähen. Wir verliehren an Futter weit weniger als er, können uns folglich das benöthigte leichter anschaffen. Unsere Wirthschaft braucht in allem weniger, erhält sich desfalls auf gleichem Fuß: die seinige aber wird zerstöhrt. Er muß Vieh und Gesinde abschaffen, mit großem Verlust abschaffen, und bedarf hernach große Summen, um seine höhere Wirthschaft wieder anzufangen.

Kurz! ein Unglück dieser Art schüttelt uns nur, ihn aber wirft es zu Boden.‹S. 34›

Wie unglücklich den neuen Landwirth eine Viehseuche machen kann, wird jeder denkende Mensch von selbst einsehen; denn auf Nahrung im Haus und auf Dung für die Felder hat dieses Uebel gleichen Einfluß, der mehrere Jahre hindurch traurige Folgen nach sich zieht.

Man sage nicht, als ob ich von diesen Uebeln wie von etwas Alltäglichem spreche, da sie doch zu selten einfallen, als daß der Bauer Rücksicht darauf nehmen sollte. Dies wäre gerade so gut[,] als wenn man behaupte, man brauche nichts für das Alter oder eine Krankheit zu erspahren, weil viele Menschen nicht krank und viele nicht alt werden.

Ich habe jetzt zwölf Jahre* eine eigne Wirthschaft, und darinnen eine Viehseuche, zwei außerordentliche strenge Winter, ein paar große Ueberschwemmungen, zwei Hagelschläge, und drei harte Maifröste erlebt, ohne die kleinen Neckereien.

Dies ist denn doch gewiß auffallend genug? und der Landwirth müßte der sorgloseste, der leichtsinnigste Thor seyn, der in hiesiger Gegend nicht ein bischen Rücksicht darauf nähme. Ich weiß wohl[,] daß nicht alle Gegenden diesem oder jenem Uebel gleich stark ausgesetzt sind, allein, von dergleichen, in der Natur herrschenden Fiebern ganz frey zu seyn, kann man sich nirgends rühmen.‹S. 35›

*19. [h) Mißwachs drohet ihm öfterer[!], und macht ihn zum Bettler.]*

Auch Mißwachs gehört noch zu obigen Uebeln, und ist allein vermögend[,] die vielgepriesene neue Bauart, ohne Brache, zu zerrütten.

Ich mache einen besonderen Satz daraus in Ansehung des Futterbaues. Denn hier fällt es zu hart auf, als daß man es nur einem bald auswachsenden Hagelschlag oder leichtem Maifrost gleich achten könnte. Die herrliche Anstalt liegt auf einmal zu Boden, die schönen Ställe stehen leer, oder sind mit pharaonischen Kühen besetzt, die die andern verschlingen möchten. Ich kann nicht besser, als durch eine Erfahrungsgeschichte diesen Satz beleuchten.

Ein gewisser Herr vom Stande, hat in hiesiger Gegend ein beträchtliches Landgut, es hattens Menonitten[!] und der Herr bezog ruhig einen sichern Pacht. Allein, durch den Rath eines ökonomischen Quacksalbers, verfiel der Herr darauf[,] sein Guth selbst zu bauen, und zwar nach der Stubenökonomie, um in kurzer Zeit reich zu werden. Man lies Vieh aus Schwaben kommen, dingte Knecht und Mägde, lies neues Geschirr machen – kurz! man wendete ein Kapital von ein paar tausend Gulden an, welches man mit Wucher in kurzer Zeit zurück erwartete.⟨S. 36⟩

Zwölf Morgen sähete man mit lucerner und zwanzig Morgen mit deutschem Klee ein, ackerte alles zur Saat und glaubte dem verdammten Vorurtheil Brache, nun auf einmal den Garaus gemacht zu haben.

Der Klee wollte wegen eingefallner Dürre gar nicht heraus, und wo sich ein Blättchen zeigte, da wetzte der Erdfloh schon den Zahn und lies nichts empor kommen. Man mußte also das folgende Jahr, wie das erste, einspannen und das gekaufte Heu mit Wagen herbei führen, um sein Vieh zu retten. Indessen ward die kärgliche Erndte eingebracht, und man säete nun große Aecker mit Stoppelrüben und bekam – keine.

Das war ein unglückliches Jahr, hies es, man muß ein besseres hoffen. Und verlies sich auf den das zweite Jahr eingesäeten Klee, und bekam – wieder keinen. Doch, etwas mehr als das vorige Jahr, er konnte aber wegen anhaltender Dürre nur einmal abgemacht werden, und war dabei so mager[,] daß er bei weitem nicht zureichte, das viele Vieh zu erhalten. Man mußte noch einmal in die Börse steigen, um das schöne Projekt zu unterstützen; und unser ökonomischer Rathgeber gab es noch nicht verlohren – wirklich hatte er auch nichts dabei verlohren. Allein, der Herr wog seinen Beutel, sah' traurig zur Erde und sprach: „Verkauft den Plunder, ⟨S. 37⟩ und gebt mein Guth wieder in Pacht, sonst macht ihr mich zum Bettler."

Des Herren Wort geschah. Und man sah die theuern Kühe um ein Spottgeld davon führen; Pflug und Wagen waren halb geschenkt um den Preis[,] als sie los gingen. Kurz! das Guth ward wieder verpachtet[,] wieder nach Landesart gebauet; und der gute Herr bezahlte mit mehreren tausend Gulden das Vergnügen[,] einige Jahre Bauer gewesen zu seyn.

Dieses ist eine wirkliche Geschichte und beweißt gewiß mehr, als ein blindes Raisonnement hinter dem Schreibtisch.

*20. [i) Sorgen und Kummer ist sein Lohn.]*

Mit wieviel Sorgen und Kummer eine solche Landwirthschaft belastet ist, gibt sich aus obigem deutlich. Wem für der Zukunft bange seyn muß, wer immer seinen Fall voraus sieht, mit allen Leibeskräften ihn kaum heute noch aufhalten kann, ist der nicht der elendeste Mensch von der Welt?

Schon die tägliche[n] Sorgen, die eine zu hoch gespannte Wirthschaft notwendig macht, versalzen dem Bauern dieses schöne Erdenleben; er ist an seine Arbeit so wie der Gefangene an seine Ketten angeschlossen, und gleicht ziemlich seinem Thier, das ihme den Pflug voran zieht. Das Thier hat dies noch zum voraus, daß es keine Sorgen hat.‹S. 38›

Die neue Landwirthschaft überladet den Hausvater so sehr mit Geschäften[,] daß er mit den Seinigen nichts anderst sprechen kann, als: dieses müssen wir heut' und jenes müssen wir morgen thun. Gerade als ob des Landmanns einzige und höchste Bestimmung wäre, in der Erde zu wühlen? Für alles andere darf er keinen Sinn haben, darf den lieben Kleinen ihre neugierigen Fragen nicht anhören, nicht beantworten; welches doch die reinste Glückseligkeit eines Vaters auf dieser Welt ist, und einen Nutzen haben kann, der sich auf der einen Seite bis auf die späteste Nachwelt, auf der andern Seite aber bis jenseits des Grabes erstreckt.

Was könnte mich nun bestimmen[,] meine Wirthschaft aufs äußerste zu treiben? Soll ich eine Menge Vieh anschaffen damit ich um ihr Futter bekümmert bin, und meinen Leib abschleppe? Soll ich mein Guth auf Raub bauen, damit ich desto eher und tiefer in Schulden komme? Oder vieles Gesinde und Taglöhner halten, damit sie mir Verdruß machen, mich bestehlen, meinen Vorrath verzehren, und am Ende meiner spotten, mich einen stolzen Thoren nennen[,] der reich werden wollte?

Ach! die süße[n] Hoffnungen, der schöne Anblick von Kleefeldern, die Ställe voll glänzendes Vieh, und die große Summe der daraus erlösten Thaler, sind hübsche Träume! – ‹S. 39›

Die aber, Gott lob! der genügsame Bauer nicht träumt; und wenn er sie träumt[,] für Träume hält.

Der Reiche, dem es sein Steckenpferd ist, mag immer etwas darauf verwenden, für ihn ist es gewiss die unschuldigste Art sich zu ergötzen. Es ist die Natur verschönert, aber, wie alle Verschönerungen, auf Kosten der Natur selbst; und sie weiß sich dafür zu rächen.

*21. [k) die neue Einrichtung ist auf keinerlei Weise einträglicher als die gewöhnliche.]*

Itzt komm' ich zu meinem letzten Satz, der der ganzen Abhandlung das Siegel aufdrücken wird.

Gewinn! Gewinn! soll die Haupttriebfeder an dem neuen künstlichen Ackerbau seyn; und ich behaupte, daß die Einrichtung[,] ohne Brache zu bauen[,] auf keinerlei Weise einträglicher sey als die gewöhnliche Einrichtung mit Brache.

Hier müssen wir also anfangen zu rechnen und so wie bei allen Rechnungsfällen durch bekannte Zahlen die unbekannten heraus bringen; und nicht durch unwahre Voraussetzungen das gewünschte Facit bestimmen. Nicht wie unsere Ackerreformatoren, von einem, besonders guten Stück Land, oder gar von einem Garten aufs Ganze aller Feldarten schließen.<S. 40>

Daß der Acker, wenn er Brach gebauet wird, reichlicher und besseres Getraide bringt, als wenn er alljährlich besaamt wird, ist ein Erfahrungssatz, der keines Beweises bedarf. Und wer je einen Versuch machte, muß davon überzeugt seyn. Die Ursachen sind auch ganz natürlich, und die zunächstliegenden diese: Weilen das Getraid bessere Wurzel faßt; der Boden mehr Feuchtigkeit behält; und weniger Unkraut zieht.

Ich thu' also nach meiner eignen und aller Bauern ihrer Erfahrung nicht zu viel, wenn ich den Unterschied des Ertrags beider Bauarten, wie Zwei gegen Eins setze.

Ja schon unsre Vorältern sagten das nehmliche, in einem uns zur Warnung aufbehaltnen Sprüchwort: „Doppelt Schor, Halb verlohr!"

Und noch jetzt wird meistens bei Güterverpachtungen die ernstliche Bedingung im Bestandbrief ausgedrückt: Keinen Acker doppeltschürig zu machen. Und zwar aus dem Grund, weil dadurch das Guth auf Raub gebaut wird, und nach wenig Jahren einem anhaltenden Mißwuchs nicht entgeht, der das Guth um mehr als die Hälfte seines vorigen Werths herabsetzt.

Wir wollen wegen Kürze und Deutlichkeit obiges Exempel von 40 Morgen noch ein-<S. 41> mal vor die Hand nehmen, und sehen[,] wie sich beide Landwirthschaften durchaus, in Rücksicht auf Gewinn, gegen einander verhalten.

Nach der alten Einrichtung sind 20 Morgen mit Getraide[,] einige Morgen mit Futterkräuter[n] und Gemüsen, und das Uebrige liegt brach. Nach der neuen Einrichtung sind 20 Morgen mit Getraide, 20 Morgen mit Futterkräuter[n] und Gemüsen, und nichts brach.

Die Futterkräuter können wir nicht in Anschlag bringen, weil sie blos im Viehstand ihren Nutzen äusern. Auch wollen wir die Gerste aus uns[e]rer Rechnung weglassen und keinen Unterschied dabei machen, ob schon bei anhaltendem Doppelbau, nach einigen Jahren, auch hierin der neue Landwirth Schaden leidet.

Den Kohlbau können wir aber nicht einander gleich rechnen, weil Brachkohl mehr als um die Hälfte besser ist als Stoppelkohl. Jedoch weil nicht allenthalben Kohl gebaut wird, so wollen wir auch hier nur statt dessen 1 Morgen anderes Getraide rechnen.

Auch gegen diejenige[n] Felder, welche bei der alten Landwirthschaft doppeltschürig gemacht oder alljährlich besaamt werden, und in unserm Exempel $3^1/_4$ Morgen Stoppel-[,] $^1/_4$ Kartof-⟨S. 42⟩ fel[,] und $^1/_2$ Morgen Kappesacker – zusammen 4 Morgen [-] betragen, rechnen wir dem neuen Landwirth ebenfalls 4 Morgen zurück.

Der Morgen aber[,] so voriges Jahr Kohl hatte, darf nicht als gemeine Doppelschur angesehen werden, weil er wirklich so gutes Korn bringt, als ob er brach gewesen wäre.

Folglich wären 6 Morgen mit Gerst und 4 Morgen mit Doppelschur, von 20 Morgen abzurechnen; blieben 10 Morgen. Hierzu kömmt 1 Morgen Kohl, als Getraide gerechnet, giebt zusammen 11 Morgen.

Diese 11 Morgen brachgebautes Getraide sind nun mit 11 Morgen Doppelschur zu vergleichen.

Von brachgebauten Feldern bringt der Morgen öfters 12 – 16 Haufen[;] wir wollen aber auch hier nicht zu viel thun, und im Durchschnitt nur 10 Haufen rechnen. Wir ziehen auch den Zehnten ab, und setzen auf jeden Morgen 9 Haufen. Dieses wird man dann doch für unsere Gegend gewiß nicht übertrieben finden? Und ich hoffe daß es jedem Kenner einleuchte[,] wie unpartheilich ich diese Rechnung führe.

Nach obigem geringen Ansatz kann ich aber auf den Morgen der alljährlich besammt wird, nicht mehr als 6 Haufen rechnen. Und ich bin überzeugt, daß er nach anhaltendem ⟨S. 43⟩ Doppelbau in einigen Jahren keine 4 Haufen gutes Getraide mehr bringt; aber wohl Unkraut und verwirrtes Geströh.

In manchen Jahren giebt der Haufen[,] so auf dem brachgebauten Acker wächst[,] 5 bis 6 Simmern. Wir wollen aber wieder billig sein und nur 4 Simmern setzen. Dagegen aber, wie alle Bauern wissen, giebt der Haufen vom doppeltschürigem Acker nur höchstens 3 Simmern.

Wir rechnen jedes Malter zu $4^1/_4$ fl. wieder nicht zu hoch, da hiesiges Malter Korn 200 Pfund wiegt, und im Mittelpreiß immer zu 4 fl. gerechent wird; der Waitz hingegen 6 fl. zum Mittelpreiß hat.

Auch ist in der Tat das Getraide welches auf dem brachgebauten Acker wächst[,] besser und schwerer als das andere, folglich auch mehr wert, ob wir schon dieses nicht in Anschlag bringen wollen.

Das Geströh aber ist so ungleich besser und soviel mehr an der Zahl, daß wir es nicht übergehen können. Doch wollen wir wieder muß blos auf die Mehrheit Rücksicht nehmen; und diese Mehrheit beträgt in unsern Exempel 330 Gebund. Wir rechnen das 100 zu 5 fl.[,] ob schon dieses der äuserst wo[h]lfeilste Preiß ist.⟨S. 44⟩

**Die Rechnung stehet also:**

| Alte Landwirthschaft. | Neue Landwirthschaft. |
|---|---|
| Getraid 11 Morgen. | Getraid 11 Morgen. |
| 9 Haufen. | 6 Haufen. |
| 99 Haufen. | 66 Haufen. |
| 4 Simmer. | 3 Simmer. |
| 49 Mltr. 4 Simmer. | 24 Maltr. 6 Simmer. |
| 4½ fl. pr. Malter. | 4½ fl. pr. Malter. |
| 222 fl. 45 kr. | 111 fl. 22½ kr. |
| 16 fl. 30 kr. für Stroh. | |
| 239 fl. 15 kr. | 111 fl. 22½ kr. |

Differenz 127 fl. 52½ kr.

Es verliert also hier die neue Landwirthschaft 127 Gulden 52½ Kreuzer; Dieser Verlust soll nun aus dem größern Viehstand ersetzt werden, welches wir untersuchen wollen.

Wir gaben der neuen Landwirthschaft zehen Kühe, der alten aber nur fünfe; und ich hoffe, daß die Herren Verbesserer mit dieser Proportion zu frieden seyn werden.

Es hat also die neue Landwirthschaft fünf Kühe mehr, als die alte, folglich den Nutzen davon zum Vortheil.

Wir müssen hier aber blos auf Land-Kühe und auf die Lage der meisten Dörfer Rücksicht ‹S. 45› nehmen, dürfen also nicht wie unsere Landwirthschaftsreformatoren von einer Kuh täglich 8-10 Maas Milch, die Maas zu 4-5 Kr. rechnen. Daß es in Herrschaftlichen Ställen dergleichen Kühe giebt, die jedesmal einen Eimer Milch geben, ist mir bekannt, auch daß viele Milch um obigen Preiß verkauft wird; doch auch ebenso bekannt ist es, daß diese vortreffliche[n] Kühe an Futter und Wartung mehr kosten, als aller Nutzen von ihnen werth ist. Ich will von dem Ankaufen, Transport, und Verlust bei dem Abschaffen der großen ausländischen Kühen, nicht einmal reden.

Unsre ganze Abhandlung beschränkt sich auf den gemeinen Bauern, und folglich auch hier auf seine Kühe und deren Benutzung nach dem Lokalen.

Den Nutzen von einer Kuh kann ich nur ein halbes Jahrlang rechnen, denn die mehresten können wirklich nicht länger gemolken werden; auch verliert sich die Milch nach und nach so, daß eine Kuh im zweiten Vierteljahr[,] als sie gemolken wird[,] weit weniger giebt als im ersten.

Die Milch muß in Butter verwandelt seyn, ehe der Bauer, der einige Stunden von der Stadt entfernt wohnt, Geld daraus lösen kann; er muß die Butter im Haus wohlfeiler geben, als sie in der Stadt gilt, oder muß ‹S. 46› selbst zum Markt gehen, welches oft seine Wirthschaft nicht leidet. Auch dem Bauer noch der Bäurin nicht anzurathen ist, denn meistens blieb doch der Profit in der Stadt für lauter entbehrliche Sächelchen.

Eine Kuh[,] die in 8 Tagen 5 Pfund Butter giebt, ist bei dem gemeinen Bauer schon etwas Seltenes, aber die nicht 3 Pfund geben, sind allgemein. Wir setzen in unsrer Rechnung 4 Pfund, oder täglich $^1/_2$ Pfund.

Das Pfund Butter kostet zuweilen 16 kr.[,] aber meistens auch nur 10, und just zu der Zeit, wenn die Bäurin die mehrste[!] zu verkaufen hat, nur 8 kr. Wir rechnen im Durchschnitt das Pfund zu 12 kr. und glauben nicht unter dem Preiß zu rechnen.

Auch die Kälber[,] die jährlich mehr in der neuen Landwirthschaft gewonnen werden, müssen in Anschlag kommen, und wir rechnen für jedes Stück 5 fl., ob es schon auf manchem Dorf eine Seltenheit ist, wenn ein Kalb um diesen Preiß verkauft wird.

‹S. 47›

Die Rechnung stehet also:

5 Kühe geben täglich 2½ Pfund Butter.

Ein halbes Jahrlang 456¼ Pfund.

Das Pf. 12 kr. macht 91 fl. 15 kr.

Für 5 Kälber „ 25 fl. —

Summa 116 fl. 15 kr.

Hier hätte die neue Landwirthschaft zum Vortheil 116 fl. 15 kr. Diesen Gewinn mit obigem Verlust ad 127 fl. $52^1/_2$ kr. verglichen, bleibt zum Schaden der neuen Landwirthschaft 11 fl. $37^1/_2$ kr. Nun kommen noch für zwei Gesinde mehr zu halten 120 fl. hinzu. Auch die Interessen vom größern Kapital, welches in Vieh, Gebäuden, Geschirr, Bettungen fürs Gesinde, u.d.g. steckt, betragen wenigstens 30 fl. –

Also, ohne zu rechnen[,] was an obigen Kapital sich jährlich selbst verzehrt, und daß das ganze Kapital nach gewisser Zeit verlohren geht, hat die weltgeprießene Einrichtung[,] ohne Brache zu bauen, einen jährlichen Verlust von 161 fl. $37^{1}/_{2}$ kr.

„Ha![“] wird der ökonomische Charlathan[!] sagen, [„]man hat die gemästeten Ochsen, Rinder und Schaafe, Schweine, Hü[h]ner und Gänse vergessen.“

Nein, man hat nichts vergessen, man weis aber zu gut, daß bei dem Mastvieh meistens nur der Dung, Gewinn ist, weil gemeiniglich an Getraide so viel abgeht, als durch das Mästen an baarem Geld gewonnen wird.

Man weis auch[,] daß man weniger Kühe halten kann, wenn man Rinder zieht, und Schaafe im Hof hält.‹S. 48›

Man weis ferner, daß bei mehrerem Gesinde und Arbeitsleuten auch mehrere Schweine müssen geschlachtet werden.

Und endlich weis man zuverläßig, daß Hü[h]ner und Gänse in einem Bauern-Hof mehr kosten und mehr Schaden thun[,] als sie werth sind.

Ich sehe also noch nicht ein, wovon obiger Verlust soll ersetzt werden? Und wenn bei zufällig-glücklichen Jahren oder durch eintretende günstige Umstände es auch wider alles menschliche Erwarten, möglich würde; so fehlt doch noch immer das, was uns zu der größern Mühe und Sorgen verleiten sollte, nehmlich: Gewinn.

### *22. [Versuch einiger Beweise: daß der Acker, welcher alljährlich besaamt wird, nur halb so viel Getraide bringt als der, welcher brachgebauet wird.]*

Nun kömmt es blos darauf an, ob die Hauptsätze in meiner Rechnung, die ich als erprobte Wahrheit aufstelle, durchaus richtig sind.

Der erste ist dieser: Daß der Acker[,] wenn er alljährlich besaamt wird, nur halb so viel Getraide bringt, als wenn er brachgebauet wird. Ich könnte hinzu setzen: und nach einigen Jahren einen ewigen Mißwachs hervorbringt.

Der zweite Hauptsatz ist der: Daß eine Kuh in gemeinen Bauernställen, eins in das andere genommen, nicht mehr als täglich $^{1}/_{2}$ Pfund Butter giebt; und daß dieser Nutzen nur ein halbes Jahr kann gezogen werden. ‹S. 49›

Es lassen sich nun freilig auf dem Papier keine solche Beweise führen[,] als für manchen Leser erforderlich sein möchten. Allein denen[,] die einige Kenntnis von Ackerbau und Landwirthschaft haben, gedenken wir doch die höchste Wahrscheinlichkeit unsrer Sätze dadurch darthun zu können, daß wir sie auf andere als richtig erkannte Sätze führen.

Der neue Landwirth will blos durch Dung und Abwechslung der Fruchtarten den Acker zum alljährlichen Ertrag geschickt machen. Thut aber der

Dung alles allein[,] was das Wachsthum der Pflanzen befördert? Und hatten wir nicht schon oft Gelegenheit[,] in einem gedüngten Acker die schlechteste Frucht zu sehen? Wirkt der Dung in einem ausgesaugten groben Boden[,] der noch dazu mit Stoppeln und Wurzeln vermengt ist, wie in einem verwitterten und reinen Boden? Warum setzt der Gärtner den jungen Baum nicht sogleich auf die nehmliche Stelle wo man den Alten hinweg nahm? Und wenn er ihn hinsetzt, warum gedeiht er nicht? Warum nimmt der Gärtner so gern verwitterte Erde[,] wenn er etwas zu Scherben setzt? Warum läßt er den Mist zuerst mit Erde verfaulen[,] eh' er ihn an zarte Gewächse bringt?

Steigen nicht gewisse Säfte aus der Erde von Zeit zu Zeit empor, und vermischen sich mit der Oberfläche, dringen sodann in die Pflanzen, und verschaffen ihnen Wachsthum ⟨S. 50⟩ und Reife? Muß also nicht der Acker, welcher längere Zeit ohne bepflanzt gelegen hat, auch mehrere dergleichen wachsenmachende Kräften[!] enthalten? Findet nicht das nehmliche in Rücksicht auf Luft, Regen und Thau statt? Und beweist es sich nicht klärlich bei ödgelegnen Feldern? Ist der Boden, der nur im Sommer und nur ein paarmal umgepflügt wird, ohne daß er zur Fäulniß kommen kann, und der dabei mit dürren Stoppeln vermengt ist, zur Verbindung mit den zarten Würzelchen des gekeimten Saamenkorns geschickt? Wird heise Witterung diesen Boden nicht durchaus vertrocknen, und die feinen Würzelchen verdorren machen? Und wird nicht auch der Winterfrost bis auf die Unterlage mit aller Macht hindurch dringen, und denen schlechtumhüllten Würzelchen schaden?

Werden die vermengten Stoppeln nicht vieles vom gedeihlichen Regen und Thau verschlucken? Werden sie nicht den Raum einnehmen, den die neuen Wurzeln bedürfen? Wird eine einfallende Nässe im Winter oder Frühling sich nicht leicht in die schlechte Verbindung des Bodens mit seinen Getraidewurzeln hineindrängen? Wird sie nicht eine völlige Auflösung verursachen, und die Pflanze absterben machen?

Wird endlich das Unkraut, welches von seinem, in der Erndte ausgefallenen Sa-⟨S. 51⟩ men, und jenes, das von seinen alten Wurzeln aufkommt, nicht den Acker überziehen und das Getraide, wo nicht ersticken, doch zurück setzen?

Gegen die Abwechslung der Fruchtarten hab ich nichts einzuwenden, und jeder Bauer weiß[,] daß sie heilsam ist; Allein den hohen Grad von Werth hat sie nicht, den ihr die Herrn Verbesserer zuschreiben. Der Nutzen, den sie hat, ist der: daß diejenige[n], in dem Acker zurückgebliebene[n] Nahrungstheilchen gesucht werden, die der vorigen Fruchtart nicht sonderlich angemessen waren; und daß durch eine andere Bearbeitung des Ackers, z.B. mit der Hacke, wie bei Kartoffeln, Di[c]krüben, Kappes, u.d.g., das Unkraut vertilgt wird.

Daß diese Abwechslung aber den Acker fett mache, ist eine ungeprüfte Behauptung. Es verhält sich damit, wie bei einem Menschen, der eine schwere Last trägt, giebt man ihm eine leichtere oder auch die nehmliche nur auf die andere Schulter, so scheint er neue Kräfte zu fühlen, ob er schon im Grunde immer schwächer wird, bis er durch Nahrung und Ruhe sich wieder stärkt.

Auch nicht einmal untergepflügter Klee, oder andre Kräuter düngen den Acker merklich, am allerwenigsten aber die Kleewurzeln. Wer weiß nicht[,] daß verfaultes Stroh, pures ‹S. 52› Stroh, ein gar schlechter Dung ist und so auch verfaulter Klee, u.d.g.

*23. [Versuch einiger Beweise, daß der Nutzen von einer Kuh nur ein halbes Jahr kann gerechent werden, und nicht über 23 fl. 15 kr. beträgt.]*

Ich komme zu meinem andern Satz, und wünschte mir einige Listen aus gemeinen Bauernhaushaltungen über den Erlös aus Butter; und meine Behauptung würde sicher noch zu hoch seyn. Da ich aber diesen Beweiß nicht führen kann, weil der Bauer dergleichen nicht aufschreibt, so lege ich meinem Leser folgende Fragen vor:

Sind nicht die meisten Kühe ein ganzes Vierteljahr vor dem Kalben Milchlos? und wenn einige in dieser Zeit noch etwas weniges Milch geben, kann sie zu Butter gemacht werden? Muß, nach dem Kalben, das Kalb nicht wenigstens etliche Wochen die Milch haben? Bleibt eine Kuh vom Kalben an länger als ein Vierteljahr bei ihrer ordentlichen Quantität Milch? Verliehrt sie nicht fast die Hälfte davon[,] wenn sie wieder tragbar ist? Kommt nicht zuweilen ein Unfall oder Krankheit an eine Kuh, wodurch ihr die Milch eine Zeitlang ausbleibt? –

Ich verabscheue den Aberglauben an Hexerei, aber daß sich eine Kuh überfrißt, im Aufstehen sich weh thut, oder sonst eine natürliche Krankheit bekommt, und dadurch einige Zeit Milchlos wird, daß ist leider eine ‹S. 53› Wahrheit, worauf sich bis heute noch, bei vielen obiger Aberglauben stützt.

Hier kann ich die sogenannte Zungenseuche nicht übergehen, die vor einigen Jahren Gelehrte und Ungelehrte so schrecklich getäuscht hat. Und meine Leser werden mir diese Ausschweifung verzeihen, vielleicht Dank wissen, wenn über kurz oder lang, jene bange Thorheit in den Köpfen einiger Menschen wieder aufsteigen sollte. Schon vor fünfzig Jahren hatte dieser Ir[r]thum einmal im Lande gewüthet, und die tollen Werkzeuge zur Heilung befanden sich noch itzt auf Rathhäusern und in den Händen einiger Viehärzte.

Die gewähnte Seuche war diese: Das Rindvieh habe eine Blase auf der Zunge, in welcher Bürsten oder Haare wachsen; das Gift der Blase fresse eine Grube in die Zunge, und endlich die Zunge durch. Man wollte auch schon manche Zunge in der Krippe gefunden haben, und sogar auf Straßen von Ochsen[,] die noch im Pflug und Wagen giengen. Es wurden von Obrigkeits wegen Vorkehrungen gemacht, und sogar Doktores mußten ihr Gutachten darüber geben, welches denn dahinaus lief: Dem angesteckten Vieh die Blase aufzuritzen und mit scharfen Sachen stark zu reiben. Man stellte herzhafte Männer an, gab ihnen Lohn, lies Pfeffer, Salz, Weinessig u.d.g. herbei ‹S. 54› schaffen. Und gieng täglich von Stall zu Stall, nahm das vorgefundene silberne Rädchen oder ließ ein neues verfertigen, und quälte dann das arme Rindvieh, welches die Natur mit einer Grube und einem kleinen Haarbüschelchen auf der Zunge begabt hatte, bis aufs Krankwerden. Die Zunge ward wund gemacht und gebeizt[,] bis sie eiterte, oder krebsartig wurde, das Vieh wehrte sich wie wüthend, es half aber nichts, man legte ihm Stricke an und kurirte auf Tod und Leben. Hier und da ein Zweifler unter den Bauern wollte die Gefährlichkeit der Seuche nicht einsehen, weil ihm die abgefaulten Zungen verdächtig waren, und weil dem angesteckten Vieh die Freßlust nicht entgieng. Sie liesen es drauf ankommen, und ihr Vieh blieb gesund, ob es schon Haare auf der Zunge hatte. Auch vernünftige und erfahrne Metzger traten auf, und belehrten die Unwissenden, daß fast alles Rindvieh von Natur eine Grube mit Haaren auf der Zunge habe, und zwar da, wo die Zunge anfängt sehr dick zu werden und ihre Gelenkigkeit verliehrt; daß diese Grube, wenn die Zunge nicht ausgestreckt ist, verdeckt sey, und daher eine röthliche Farbe habe, als ob es eine Blase gewesen oder noch werden wolle.

Ob nun die Landwirthe wirklich klüger geworden sind, oder ob die Zeit, die alles verändert, jene Thorheit mit sich fortgenom-‹S. 55› men hat, ist nicht leicht zu bestimmen. Ich vermuthe das letzte, und warne jeden Landmann für der Rückkehr dieser, den Menschenverstand schändende[n] Seuche.

Nun will ich meine Fragen wieder fortsetzen und den Leser bitten, sich an obigen zweiten Hauptsatz zu erinnern.

Bleibt nicht manches Jahr eine Kuh gellt? und man verliert ein Kalb, und mehr als den halben Nutzen. Sind alle Kühe im Kalben glücklich? Wird nicht bei 5 Kühen fast jährlich eine junge angezogen und eine alte abgeschaf[f]t werden? Und sind nicht die jungen Kühe im ersten Jahre von geringem Nutzen? Sind große ausländische Kühe dem Landmann überhaupt nützlicher? Thut er nicht besser, sich an der[!] Landesart zu halten, die er sich selbst zuziehen kann? Ist niemal eine Lücke im Stall, steht sogleich wieder eine frische Kuh auf der Stelle, wo man eine abgeschaf[f]t hat?

Wer dies alles bedenkt, wird mir gewiß Billigkeit in meinem obigen Satz zugestehen, und den Nutzen einer Kuh nicht fälschlich erhöhen, noch länger als ein halbes Jahr in Rechnung bringen wollen.

Auch der Preiß, zu 12 kr. das Pfund, ist im Durchschnitt ehender zu hoch, als zu niedrig. Wer einige Stunden von der Stadt ‹S. 56› wohnt, muß wohlfeiler verkaufen, als die Sache auf den Markt gilt. Nun kostet die Butter in Städten fast den ganzen Sommer hindurch weniger als 12 kr., und kostet sie auch im Frühling und Herbst etliche Kreutzer mehr, so ist dieses just zu einer Zeit, wo die Kühe am wenigsten geben. Die Sache aber so einrichten, daß die Kühe im Nachsommer Kalben, also den Winter hindurch frischmekkend sind, dieses hies der Natur entgegen arbeiten. Und wenn man dann endlich die neue Einrichtung allenthalben befolgte, könne dadurch nicht doppelt so viel Melkvieh ins Land als jetzt? Und würde nicht noch einmal so viel Butter gemacht werden? und müßte folglich nicht der Preiß sehr herunter kommen?

Vielleicht braucht man nicht einmal auf jene Vermehrung des Viehes zu warten, um einen niedern Preiß in der Butter zu haben.

Der hohe Preiß von einigen Jahren, wo das Pfund zu manchen Zeiten bis an 20 kr. stieg, ist Folge der vorhergegangenen Viehseuchen und der großen Trockenheit und daher entstandenem[!] Futtermangel. Wir brauchen nicht zehn Jahre zurück zu gehn, und wir verkauften das Pfund zu 7 bis 8 kr.; und bleibt unser Vieh gesund, haben wir fruchtbare Jahre und Frieden im Land, so ißt der Städter gewiß nach kurzer Zeit, wieder wohlfeiler als jetzt.‹S. 57›

„Wird denn gar nichts aus Käse erlöst?“[,] wird man fragen. Ja, es beträgt auch etwas, aber wenig. Im Sommer[,] wenn es den meisten Käß giebt, ist er nicht aufzuheben, da fressen ihn die Würmer. Die Bäurin giebt deßfal[l]s die saure Milch den Schweinen und anderm Vieh; Im Herbst und Winter giebt es nicht viel mehr, und die Haushaltung verzehrt den meisten. Wir wollen ihn aber nicht verzehren lassen, unsre Hausfrau soll Salz und Oehlkuchen für das Melkvieh darauf eintauschen, soll sich Geräthschaften[,] die man zum Butter- und Käse-machen nöthig hat, dafür anschaffen, und wir wollen gern der guten Frau die Rechnung schenken, wenn sie nichts weiter fo[r]dert.

Brandenweinbrennen und Bierbrauen kann hier nicht im Ernst empfohlen werden, weil die Rede vom Landmann überhaupt ist. Ich sehe übrigens wohl ein, daß manche Landwirthschaft, nach ihrer Lage und günstigen Umständen, jene Brennereien mit großen Nutzen treiben kann; ich habe aber auch manche Erfahrung, daß man durch Brennerei, große Viehzucht[,] starken Kleebau, sich empor zu schwingen suchte und nach kurzem banqerot[t]ierte. Freilig wurden diese Leute üble Haushälter, aber der Grund dazu, lag doch einzig in jenen Gewerkschaften; und es ist zum Sprichwort geworden: Sobald jemand vielerlei Handtierungen treibt, ist er auf dem Wege zum Verarmen.⟨S. 58⟩

Was übrigens unsre Herrn Verbesserer anrathen, als: In nassen Feldern Graben aufwerfen, Dolen machen, ausfüllen; schlechte Aecker mit gutem Grund oder Rasenstücken überfahren; das Vieh im Stall zu halten[,] um Dung zu gewinnen; die Mistgruben zu verbessern; Kalk, Gips und Asche zu säen; (wo es dienlich ist, denn nicht auf jedem Boden würken diese Dungarten) künstliche Wiesen zu machen oder Klee zu pflanzen: Dies alles ist der Befolgung werth, und die Unterstützung dazu verdient Dank.

Was aber die zugesuchten Dungarten, Laugen und Salze betrifft, damit verschone man den Bauer, sie sind – um alles mit einem Wort zu sagen – Apotheckerwaare.

*24. [Anmerkungen und Vorschläge zur Beförderung des Fleißes unter dem Landvolk.]*

Hier könnt' ich meine Abhandlung schliesen[,] wenn es einzig mein Zweck gewesen wäre[,] die Brache gegen den Doppelbau zu vertheidigen[;] da ich aber mehr deßwegen schrieb[,] um auf bessere Mittel zum Aufkommen des Landmannes aufmerksam zu machen, so will ich noch einige Vorschläge und Anmerkungen beifügen.

Die Verbesserung der Landwirthschaft, oder, welches gleichviel ist, die Verbesserung des ländlichen Wohlstandes erfordert also ganz andere Mittel, als die Abschaffung der Brache,⟨S. 59⟩ Mittel[,] die mehr allgemein und leichter anzuwenden sind.

Es stehet doch ohne Zweifel gut um die Landwirthschaft, wo es dem Bauer nicht an Fleiß und an Kredit fehlt? Beides aber kann, eine gute Polizei hervorbringen, wenn mehr auf Wirkungen als auf Interessen gesehen wird.

Ich will versuchen einige Anmerkungen zu machen, die mir zu diesem Zweck nicht undienlich scheinen.

Dem Fleiß des Landmannnes sind hinterlich[!], 1tens zu harte Beschwerden, und zu starke Abgaben. Und das leidige Sprichwort: je öffterer[!] man die Weide stümpft[,] desto stärker sie ausschlägt; ist so falsch in der Anwendung auf den Bauer, als es in der Natur selbst falsch ist. Denn durch zu öffteres Abstümpfen verdirbt endlich der ganze Stamm.

2tens sind Ausschweifungen und pöbelhafte Zusammenkünfte, dem Fleiß der Landleute sehr nachtheilig.

3tens schwächt Luxus den natürlichen Fleiß so sehr, als er auf der andern Seite zu List und Ungerechtigkeit hinreißt.

4tens. Ist auch zu großes Armuth dem Fleiße schädlich, und benimmt alle Thätigkeit, wenn nicht anschauliche Unterstützung da ist, seinen Zustand zu verbessern.<S. 60>

Daß 5tens die moralische Faulheit so ansteckend ist, als wie die phisische, weis jeder, wer sich auch sonst auf Menschenkenntniß wenig versteht.

Dieses wäre nun die größern Uebel[,] die den Fleiß des guten Landmanns schwächen; nun kommen noch die kleinern als Abstufungen jener hinzu, die aber bei aufhebung der größern von selbst verschwinden.

Das beste Hülfsmittel[,] den Fleiß des Landmanns zu befördern, wird also darinn bestehen, jene Hindernisse aus dem Wege zu räumen. Und dies wäre das Geschäft guter Beamten und rechtschaffner Geistlichen.

Der Mangel an Fleiß äußert sich am sichersten in dem Wohl- oder Uebelstand der Wirthschaft, und muß dort zuerst bewiesen seyn, ehe man Vorkehrungen dagegen machen kann. Denn der Landmann kann fleißig seyn, ohne daß er es scheint; und gegentheils kann verkehrter Fleiß in einer Wirthschaft herrschen, und die Wirthschaft dabei zu Grunde gehen.

Es gehört also eine Prüfung dazu, um dem Uebel, das eine Wirthschaft zerrüttet, auf den Grund zu kommen. Diese Prüfung kann man nun freilig nicht dem Beamten noch Geistlichen, vielweniger dem Regenten selbst zumuthen; aber doch könnte man sie einem je-<S. 61>en Dorfgericht auftragen, und ihm anbefehlen, auf das Emporkommen und Sinken einer jeden Wirthschaft aufmerksam zu seyn. Dieses Gericht müßte dann bei dem Verlauf jedes Jahrs, von allen Wirthschaften oder Haushaltungen des Orts, den Bericht einschicken, und nach bestem Wissen und Gewissen angeben, ob eine Wirthschaft gestiegen oder gefallen sey, das ist, ob sich die Vermögensumstände einer Familie verbessert oder verschlimmert haben; und dabei anmerken, welche Ursachen diese gute oder schlimme Aenderung bewirkten.

Es würde mit der Zeit ein reichhaltiges Archiv für den guten ökonomischen Beamten werden, ihm auch eine Känntniß der Bürger verschaffen, die ihm in manchem Rechtsstreit, unter ihnen den Knoten lösen dörfte. Der größte Nuzen aber würde sich sogleich äusern, denn durch diese Berichte läg' es am Tage, ob Mangel des Fleißes, oder verkehrter Fleiß, ob verschuldete oder unverschuldete Unglücksfälle, u.d.g. diese oder jene Wirthschaft in den Rückgang bringen.

Und in sehr vielen Fällen würde schon eine mündliche Ermahnung und Warnung vom Beamten hinlänglich seyn, das Uebel zu heben, welches ohne diese Kundmachung im Stillen immer weiter um sich greift. Erfordert es aber mehr als Ermahnung oder War-<S. 62> nung, so wird es ein kluger Beamter schon einzuleiten wissen, daß das Uebel, wo nicht aus dem Grunde gehoben, doch um ein merkliches verbessert wird. Es sind, besonders auf Dörfern, keine Subtilitäten, die eine Wirthschaft in Rückgang bringen; die Ursachen liegen meistens hell am Tage, sind so plump, daß eine Beobachtungskommission keine besondere Aufmerksamkeit anwenden, keine Zeit verlieren darf, um sie auszuspähen. Ein zu freiwilliges Gerücht verkündet es dem ganzen Dorfe, wenn ein Ehemann Summen an lüderliche Weibspersonen verschwendet, oder im Wirthshaus verschwelget, oder im Trunk schädliche Händel thut, oder durch Schlägereien, sich harte Straffen zuzieht, u.d.g.

Und eben so laut verkündet es die Fama des Dorfes, wenn eine Hausfrau kuppelt, daß heißt in der Sprache des Bauern, wenn sie hinter dem Manne etwas verkauft und das Geld schlecht anwendet.

Und welcher Nachbar weiß es nicht, wenn ein Mitbürger sich über sein vermögen erhebt, theure Pferde oder Ochsen borgt, schöne Gebäude aufführt und die Summen dazu leiht, kostbare Kleider trägt, und guten Tisch führt, am Ende des Jahres aber seine Rechnungen nicht bezahlen kann?‹S. 63›

Das[!] Armuth kann sich am wenigsten verstecken, so schamhaft es auch sey. Die Vorgesetzten des Dorfes müssen aus mehr als einer Ursach schon wissen, wo die Unschuld in Hütten schmachtet. Welcher Trost für fleisige Armen! wenn sie hörten, daß die Obrigkeit aufmerksam auf ihr Elend sey. Gewiß würde manche schlechte Handlung unterbleiben, um sich durch einen schuldlosen Wandel, der höhern Unterstützung desto würdiger zu machen.

Endlich kann eine Epidemie der Faulheit, oder herrschender Müsiggang, den Vorgesetzten des Dorfes nicht unbekannt seyn, und die Angesteckten können ohne Nachtheil der andern, namhaft gemacht werden.

Es bleibt also keine Schwürigkeit übrig, einen authentischen und unpartheyischen Bericht über den Zustand der Unterthanen zu erhalten, es müßte denn die Furcht der Vorgesetzten seyn, die sich durch freimüthige Berichte, den Haß ihrer Nachbarn zuzuziehen fürchteten. Und diese Furcht wäre thörigt, weil erstens der Endzweck ihres Berichts edel ist und den Wohlstand einer jeden Familie zum Ziel hat; zweitens, weil das, was sie thun, auf höhern Befehl geschiehet; drittens, weil sie den Rechtschaf[f]nen nie dadurch beleidigen; und viertens, weil es christlich ist, seinen Nebenmenschen zu bessern, auch wenn man mit Undank belohnt wird.‹S. 64›

Ein solcher Bericht müßte aber unausgesetzt, Jahr für Jahr eingereicht werden, und, auf Dörfern, erstlich das Vermögen zweier Eheleute überhaupt enthalten; denn die Anzahl ihrer Feldgüther; ihre Wohnung; ihr[en] Viehstand; ihr Gesinde; ihre Kinder; und endlich das Ab- oder Zunehmen ihres Vermögens, und die wahrscheinlichste Ursachen davon. Man könnte noch manche nützliche Anmerkung hinzu machen, z.B. bei den Feldgüthern, wie sie benutzt werden? bei der Wohnung, ob sie dauerhaft sey? bei den Kindern, ob sie erwachsen sind? ob einige müsig gehen? ob sie Professionen lernen oder dienen? u.d.g.[,] welches alles ich denen überlasse, die meinen Vorschlag einer Ausführung werth halten.

Welche Vortheile diese Berichte einer Regierung, die Gutes stiften will[,] verschaffen, wird man nicht verkennen, und ihrer Einsicht kann man sicher die Vorkehrungen gegen jene Uebel überlassen, und sich guten Erfolg davon versprechen. Denn im Grunde dürfen diese Vorkehrungen nur sehr einfach seyn, wenn sie schnell und kräftig wirken sollen.

*25. [Anmerkungen und Vorschläge zur Beförderung des Kredits auf dem Lande.]*

Wären nun die größten Hindernisse des Fleißes gehoben, so müßte man auch für guten Kredit sorgen. Wie nöthig und nützlich es sey, wenn gute Nachbarn selbst einander ‹S. 65› unterstützen, kann nur dem unbekannt seyn, der nie von denen schändliche Bevortheilungen der Wuch[e]rer und Juden etwas gehört hat.

Der Arme borgt jährlich, und auch der Begüterte kommt in Umstände, wo er leihen muß. So schlecht ist es selten in einem Dorf bestellt, daß nicht einige Bewohner Geld, oder doch Naturalien hätten, um andern aushelfen zu können; allein da fürchtet sich der Bemittelte[,] dem Armen vorzuschiessen, weil dieser nicht Parol halten möcht, und der Arme zahlt nicht zurück, weil ihm ferneres leihen beschwerlich ist, oder weil ihme niemand gerne borgt; und so liegt denn aller Kredit zwischen Brüdern und Nachbarn ganz darnieder.

Man lasse aber in jeder Gemeinde ein öffentliches Protokoll führen, und alles Geborgte und Geliehene sogleich hineintragen, so wie Käufe und Verkäufe eingeschrieben werden; Man benenne die Zeit des Wiedererstattens und halte genau drauf; und lasse dieses Protokoll, den höchsten Werth aller Schuldverschreibungen haben. Bei verflossener Zeit, schreibe man mit Bewilligung des Kreditors fort oder exequire. Man weise den Kläger ab, der sein verliehenes Gut nicht eintragen lies. Man lasse die Frau des Debitoren mit zugegen seyn, wenn die Schuld eingetragen wird[,] und sich eins derer Eheleute für das an-‹S. 66› dere verbürgen. Man lasse endlich nicht mehr für dieses Eintragen bezahlen, als für das Einschreiben eines gemeinen Kaufs; und gebe auf Begehren dem Darleiher und Schuldner, um ein Billiges einen Extrakt des Protokolls.

Es würde durch diese Anstalt ein vierfacher Nutzen entstehen. Erstlich, würden die Leichtsinnigen weniger borgen, weil ein kluger Vorstand Gelegenheit hätte, ihnen Vorstellungen zu machen.

Zweitens, würden die Bedrängten immer Hülfe finden, weil der Darleiher nach gesetzter Zeit, seiner Zahlung gewiß wäre.

Drittens, würde das Bevortheilen und Wuchern Aufhören, weil man im Protokoll, nur billige Zinsen gestatten würde.

Und viertens würde dadurch allen heimlichen Schulden vorgebogen werden, welche gemeiniglich den Bürger weit schneller und tiefer in Armuth bringen, als die öffentlichen.

Größere Summen könnten wie vorhin auf Hypothecken geliehen, die rückständige[n] Interessen aber jedesmal ins Schuldenprotokoll eingetragen werden; damit nicht Zinsen auf ‹S. 67› Zinsen gehäuft würden, welches den Ruin des Schuldners beschleunigt.

Der gute oder schlimme Zustand einer Gemeinde sowohl als einzel[n]er Glieder, würde dann leicht zu übersehen seyn; und manchem Uebel durch gute Rathschläge und Darzwischenkunft vorgeborgen werden.

Freilich, wäre nicht sowohl die Einführung eines solchen Protokolls, sondern die thätige Hülfleistung das wahre Mittel, den Kredit zu erwecken; allein, um wieviel eine solche Einrichtung die schleunige Hülfleistung erleichtere, wird man von selbst einsehen.

Man darf sich nur an die Marktprotokolle unserer Gegend errinnern, um den Werth und die Möglichkeit einer geschärften Justitz in Kontraktsachen zu erkennen; unzählige Fälle kann man anführen, wo die Bezahlung für aus dem Stall verborgtes Vieh nicht zur bestimmten Zeit eingieng, ja öfters erst ganze Jahre hernach, da gegentheils die Marktschulden längstens nur einen Monath über die bestimmte Zeit können verschoben werden.

Ich will keine weitere[n] Beweise für das Gute beider Anstalten hinzufügen, ob ich mir schon noch manches gedenke, was zur Unterstützung dieser Sätze könnte gesagt werden.‹S. 68›

Rechtschaf[f]ne Beamten mögen sich bei näherer Prüfung das Dafür und Dawider hinzu denken, vielleicht erscheint ihnen auf dem höhern Standpunkt wo sie stehen diese Sache in einem viel hellern Licht; und es ist [ein] Glück für die Menscheit wenn weder Gemächlichkeit noch Eigennutz die bessern Einsichten dieser Volksführer verdunkelt.

[Textende; folgt noch ein Blatt „Verzeichniß einiger Bücher, welche in der Hermannischen Buchhandlung zu haben sind.“]

## Anhang: Rezensionen

### Magazin für Prediger, hsg. v. Bonaventura Andress, Bd.2, Würzburg 1789, S.91-94:

„Es ist unstreitig eine löbliche Beschäftigung für den Landgeistlichen, wenn er sich mit Kenntnissen in der Landwirthschaft abgiebt, und an allem Antheil nimmt, was auch die zeitliche Wohlfarth[!] seiner Untergebenen befördern kann. Ein vorzügliches Verdienst kann er sich dadurch erwerben, wenn er die bloßen Projekte von sichern Erfahrungen zu unterscheiden lernt. Gegenwärtige kleine Schrift enthält viel Wichtiges, und verdient eine genaue Prüfung aller theoretischen Oekonomen: Herr Maus spricht hier als Mann von Kopf, wofür ihn ein angesehener Theil Deutschlandes hält, und zugleich als ein wirklicher Bauer, der nicht nur über den Feldbau ließt, sondern auch sein Feld mit eigenen Händen bearbeitet [...]. Solcher Männer Stimme hat sicher mehr Gewicht, als [die] vieler eitlen[!] Projektanten, die, wie Maus selbst sagt, aus Mangel praktischer Kenntnisse in ihrer Stube ins tausend hineinschreiben und phantasiren. [...] die Bemerkungen sind Lesenswerth und dienen zur Belehrung, daß junge Leute, wenn sie was Schönes gelesen, oder auf Universitäten gehört, oder anderstwo[!] gesehen haben, nicht gleich glauben sollen, daß solches überall gleich gut thun könne oder gar müsse. [...; Schluß]: U[e]berhaupt schreibt der Hr. Verfasser als ein Mann, der weiß, wo es den guten Bauersleuten fehlt, und dessen kleine Schrift jeder, der auf dem Lande lebt, und für das Beste des Landvolkes eifert, mit Vergnügen und Nutzen lesen wird."

### Allgemeine Literatur-Zeitung (Jena) 1793 , Bd.1, Sp.335f.:

„Der ehrliche Bauersmann, der schon als Dichter den Schriftstellern angehört, schreibt hier auch vom Handwerk, und sagt seine treuherzige Meynung über die sogenannten Neuerungen in der Landwirthschaft, und ihre künstliche Verbesserung durch Abschaffung der Brache. Er ist kein Freund davon; zwar erklärt er sich bloß gegen die Unmöglichkeit einer allgemeinen *ununterbrochenen* Feldbestellung, und das könnte man ihm gern zugeben, denn ist doch selbst der Ackerbau an sich nicht allgemein möglich! Aber man sieht wohl, daß seine Abneigung tiefer liegt, und daß er schon Unmöglichkeiten träumt, wo Muth und Fleiß nur erst Schwierigkeiten sähe. Er legt die Bauer[n]güter seines Dorfs, die ohngefähr 40 Morgen stark sind, und wovon jährlich ohnehin nur 10 Morgen gebraucht werden, zum Grunde, schlägt den Aufwand an Vieh, Geschirr und Gesinde, bey der alljährlichen Bestellung auf diese 10 Morgen gleich auf das Doppelte der alten Wirthschaft, und die Erschöpfung des ungebraachten Feldes bis beynahe zum

Verlust des halben Kornertrags an, und hält es für unmöglich, zu einer so überspannten Wirthschaft sich Zeit und Hände zu verschaffen. Aber, guter Mann, was Fleiß und Verstand möglich machen könne, wenn Lohn und Aernte nicht fehlen, das ist noch weit mehr als dieses, und wie leicht Lust und Liebe, Ordnung und Thätigkeit, auch die vermehrten Arbeiten der freylich höher gespannten, aber auch höher lohnenden, sogenannten neuen Wirthschaft geläufig machen können, das hat Rec. zum Glück nicht bloß in Büchern gelesen. Dein sichtbarer Mismuth, deine Verdrossenheit, zu einer behaglichern Existenz durchzudringen, hat wohl nicht Trägheit zum Grunde. – Wehe denen, die dem Bauer selbst die Mühe des Aerntens verleiden!"

## Allgemeine deutsche Bibliothek Bd.95, Berlin 1790, S.287-289:

„Isaak Maus machte sich durch seine Gedichte, die in einer eignen Sammlung erschienen sind, als einen denkenden und aufgeklärten Landmann bekannt. Auch dieser Aufsatz [„Etwas über Ackerbau"] enthält in einer guten ziemlich reinen Schreibart, manche Wahrheiten. Allein sie sind mit so vielen schiefen, halb wahren und ganz falschen Sätzen und Behauptungen vermischt, daß sie ein neuer Beweis zu der traurigen Erfahrung werden, wie stark die Macht der Vorurtheile auch auf hellere Köpfe wirkt. Ihr Hauptzweck ist Widerlegung des auf Abschaffung der Brache gegründeten Ackerbausystems. Die Gründe sind die alten, längst wiederlegten, auf mißverstandenen oder in einem falschen Lichte vorgetragenen Behauptungen der Gegner und auf mangelhafter Kenntniß der Natur, beruhenden Sätze. Sie von neuem zu bestreiten gehört nicht zum Endzweck dieser Anzeige. Wer sich eines bessern überzeugen will, findet in vielen bekannten Schriften, Hülfsmittel dazu: und wer nur für verjährtes Vorurtheil Gehör hat, wird auch durch das, was Rec. hier sagen könnte, nicht bekehrt werden. – Aber wie war es möglich, daß sich der Verfasser zur Unterstützung seiner Behauptungen einer so gehässigen Insinuation* bedienen konnte wie S.3, daß hinter der Anleitung des Landmanns zum bessern Bau seiner Felder kameralistischer Eigennutz* stecke! und wie konnte er, um nur Eine Schwäche des Beweises seines Hauptsatzes zu berühren, die S.14 angegebene Einrichtung der Felder, wo diese nur in 2 Theile getheilt sind, und also alle 2 Jahre die Bestellungsart wiederkehrt, dem auf Abschaffung der Brache gebauten System für angemessen halten! – Viel lieber würden wir ihm zuhören, wenn er die Gegenstände des letztern[!] Theils seiner Schrift, Vorschläge[,] wie dem Verfall des Landmanns (ausser dem verbesserten Ackerbau und Viehzucht) aufzuhelfen sey, ausführlicher behandeln würde. – [...]"

## 3.3 Versuch einer Apologie der deutschen Bürger und Landleute

*Isaak Maus' Schrift „Versuch einer Apologie*" spiegelt beispielhaft die Zwangssituation, in der sich insbesondere die linksrheinischen Bauern währen der kurzen ersten französischen Besatzungsphase befanden. Sie rechtfertigt nicht nur Maus selbst, sondern das Verhalten des größten Teils der Bevölkerung in den besetzten Gebieten und zeigt zudem sein argumentatives und schriftstellerisches Geschick. Im Gegensatz zu den berühmten beiden anonymen Schriften „Ein überrheiner [= Pfälzer] Bauersmann an seinen Churfürsten zu München im Bayerland" (Mainz 1792) und „Gedanken eines pfälzischen Bauers über die gegenwärtigen kriegerischen Zeitläufte an alle deutsche Bürger auf der linken Seite des Rheins, vorzüglich an die pfälzischen Landleute" (Mainz 1793), die immer wieder ohne Begründung Maus zugeschrieben werden, ist seltsamerweise diese mit voller Namensnennung erschienene und für Maus zentrale Schrift nie wieder neu gedruckt und auch in der Fachliteratur kaum beachtet worden. Wir drucken sie daher im vollen Umfang, in Originalschreibweise und mit der originalen Seitenzählung hier neu ab.*

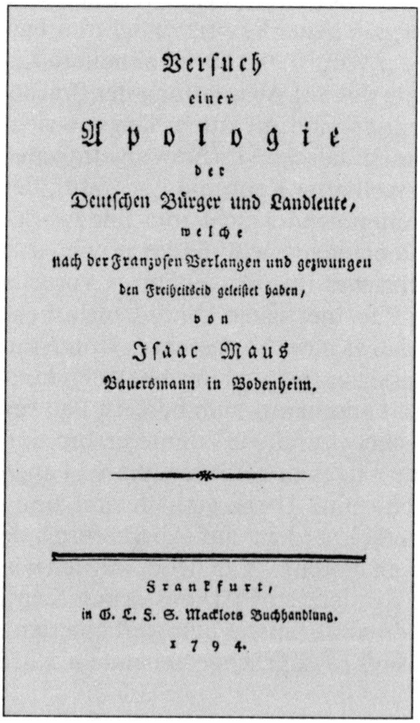
Versuch
einer
Apologie
der
Deutschen Bürger und Landleute,
welche
nach der Franzosen Verlangen und gezwungen
den Freiheitseid geleistet haben,
von
Isaac Maus
Bauersmann in Bodenheim.

Frankfurt,
in G. L. F. G. Macklots Buchhandlung.
1794.

Versuch einer Apologie der Deutschen Bürger und Landleute, welche, nach der Franzosen Verlangen und gezwungen den Freiheitseid geleistet haben, von Isaac Maus[,] Bauersmann in Bodenheim [sic, recte Badenheim].
Frankfurt, in G.L.F.S. Macklots Buchhandlung. 1794. 27 S. 8°

⟨Blatt 1, Rückseite⟩

Die unglückliche Verkettung der Ursachen reißt uns gegen unsern Willen mit sich fort und spielt mit unsern Planen, wie ein ungestümmer[!] Wind mit dem Triebsand.
Friedrich der zweite, König in Preussen und Philosoph zu Sans-Souci.

⟨Blatt 2, Vorderseite⟩
Dem großen und edelmüthigen Menschenfreund, Carl Friedrich[,] Marggrafen[!] zu Baden und Hochberg, Landgrafen zu Sausenberg etc. etc. unterthänigst gewidmet vom Verfasser.
⟨Rückseite leer⟩

⟨Blatt 3, Vorderseite⟩
Durchlauchtigster Marggraf, gnädigster Fürst und Herr!
Da Eure Durchlaucht im Jahre 1788* durch ein eignes hohes Schreiben und letztverfloßnen Frühling, durch einen andern thätigen Beweis Ihres Wohlwollens und [Ihrer] Gnade gegen mich, mir ein unbegränztes Zutrauen zu Höchst Dero weltbekannten Grosmuth, der schönsten aller Fürstentugenden, erweckten: so leg' ich in tieffster Ehrfurcht und Unterthänigkeit folgenden Versuch einer Apologie etc. zu Höchst Dero Füßen. Ich würde mich glücklich schätzen, wenn ich dadurch einigen von Eurer Durchlaucht getreuen Unterthanen, die ebenfalls den starken Versuchen der Franken erlagen, nützlich werden könnte. Um so mehr versprech[e] <Blatt 3, Rückseite⟩ ich mir gnädige Aufnahme; da meine Absicht überhaupt dahin geht, unglücklichen guten Menschen das volle Zutrauen ihrer Fürsten wieder zu verschaffen, an dem ihre ganze irrdische[!] Glückseligkeit hängt.
Ich bin Eurer Hochfürstlichen Durchlaucht ganz unterthängst gehorsamster Diener,
Isaac Maus, Bauersmann.
Bodenheim[!] den 22ten September 1793[!].
⟨S. 7⟩

## Versuch einer Apologie der deutschen Bürger und Landleute, welche auf Verlangen der Neufranken gezwungen den sogenannten Freiheits Eid geleistet haben.*)

Niemand wird hier eine Schutzrede für diejenigen erwarten, welche aus Bosheit eine Revolution begünstigten, um ihrer rechtmäsigen Obrigkeit zu schaden, den geistlichen Stand herabzuwürdigen und Schimpfreden über die Edlen des Volks auszugiesen; die sichs zur Angelegenheit machten, die schändlichsten Laster aus ihrem Hinterhalt hervor zu rufen und alle Ordnung und Tugend zu verdrängen; denen ihr Wunsch zügellose Anarchie war; die blos deswegen sich der französischen Macht bedienten, um gottlosen Frevel über die Erde auszuspeien.

Es gibt, leider! Auswürfe in dem menschlichen Geschlecht, die, wie Ungeheuer, sich dunkler und verwirrter Zeiten freuen; alsdann gierig ihren Nebenmenschen anfallen und ohne alle Rücksicht auf dessen Unschuld, oder gar Verdienst, seinen guten Nahmen morden und sein Vermögen verschlingen.‹S. 8›

Diese Ungeheuer stehen aber, Gott Lob! mit der bessern Menschenklasse in keinem Verhältniß, und ihre Zahl ist, zur Ehre der Menschheit, unbedeutend gering. Ich überlasse sie ihrem bösen Gewissen und rede hier blos von unglü[c]klich Verführten, die mit Innigkeit wieder nach ihrer deutschen Verfassung greifen, zu ihrem guten Fürsten Zutrauen haben, sie segnen und mit unverbrüchlicher Treue jede Bürgerpflicht ausüben, die der Himmel, ihre Obrigkeit und das Vaterland von ihnen fordern.

Ich theile diese Verführten in zwey Classen, weil sie die Natur wirklich so abgetheilt, die eine mit etwas Einsicht und Liebe zum Bessern, die andere aber mit Bedenklichkeiten und Neigung zum Alten begabt hat. Bey der ersten Classe wirkte mahlerische Darstellung des Freyheits-Systems mit einigen philosophisch richtigen Grundsätzen unterstützt, bey der anderen thaten es Furcht vor übler Behandlung: Beiden waren die Umstände der Zeit gleich gefährlich und die Versuchungen zu mancherley und zu gros für ein sinnliches und unbewehrtes Volk. Sie folgten beide ihrem besten Wissen und Gewissen, der eine, weil er einzusehen glaubte, die Verfassung der Neu-Franken habe viel Gutes, der andere, weil er überzeugt war, durch Leistung des Eides ein großes Uebel von sich und seiner Vaterstadt abzuhalten; sie sahen beide zugleich auf die Verkettung der Umstände, die wie ein gewaltiger Strom alles Entgegenstreben unmöglich machten. Der natürlichste Gedanke war ihnen, daß dieses Ereigniß ein besonderes Verhängniß ‹S. 9› des großen Weltregierers über die Bewohner dieser Gegenden sey,

*) Meine Schrift gründet sich auf selbstgemachte Beobachtungen und auf Wahrheit, die Euer Hochfürstlichen Durchlaucht so heilig ist.

dem man sich vernünftiger Weise fügen und dem guten Ausgang der unbekannten weisen Führungen Gottes entgegen hoffen müsse.

Nach ihrer Denkart begiengen sie also kein Verbrechen, ja, diese Vorstellungen waren nicht nur erlaubt, sondern zum Theil noch gegründet, religiös und edel. Deswegen faßten sie auch den unvermeidlichen Entschluß, wie sich viele laut äusserten: in Gottes Nahmen. Es war kein wüthendes Hinstreben von Bösewichtern oder Rebellen, es war ein von den Umständen der Zeit gedrängtes abgenöthigtes Beginnen, wobey manche zitterten und bebten und sich gewiß des Kummers ihrer Seele würden entlastet haben, hätt' ihnen anderst[!] ihre Lage einen Ausweg gestattet.

Alle Vorwürfe, die man den guten irr[e]geführten Bürgern und Landleuten, welche des sogenannten fränkischen Eides sich schuldig gemacht haben, allenfalls machen könnte, konzentriren sich dahin, daß ihr Verstand durch falsches Licht bey den einen und durch Furcht bey den andern, sich habe blenden lassen. Mein Versuch spricht vorzüglich für die erste Classe; die man vielleicht deßwegen für strafbar ansehen möchte, weil sie so willig dem Siränengesang[!] der Franken ihr Ohr liehen und nicht einzusehen vermochten, welche Verwirrung und Ungerechtigkeiten aus dem System ihrer Freiheitsprediger nothwendig fließen würden. Daß sie so schwach waren, etwas annehmen zu wollen, welches ihnen ihre Eigenliebe und die glatte Be-<S. 10> redsamkeit der Franken als edel[,] als gerecht und ein ihrer Würde, als Menschen, angemessenes großes Gut vormalten.

Oder will man weiter zurück gehen und ihnen verargen, daß sie denkende Wesen sind? Fordern, daß sie ihre Sinnen, vor allem, was um sie her vorgegangen [war], hätten verschliesen sollen? Daß sie den Pflanzen, die keinen Unfall zu sehen, noch ihm zu entrinnen vermögen, hätten gleichen müssen? Ich dächte, nein; Wer[!] wird durch ein solch unseliges Verlangen der Gottheit vorrücken wollen, sie habe bei dem Geschenk der Vernunft, das sie ihrem Liebling[,] dem Menschen[,] gemacht hat, die Folgen nicht gehörig berechnet? Sie hätte die Sterblichen entweder einer durchdringlichen Allwissenheit theilhaftig machen, oder den kleinen Funken ihres Geistes ganz auslöschen müssen, um vor Verirrungen sie zu bewahren. Wer könnte selbst Mensch seyn, und am Menschen das Denk- und Empfindungs-Vermögen tadeln? Es haben unsre Geschwor[e]nen demnach durch nichts anders, als durch die Bereitwilligkeit, die fränkische Verfassung anzunehmen, sich vergangen. Diese Bereitwilligkeit gründete sich aber auf Ueberzeugung, und ob diese Ueberzeugung schon falsch seyn konnte, so war sie doch nichts destoweniger ihre Ueberzeugung.

Nun entsteht die große wichtige Frage: Ob Leichtsinn oder Unvermögen, oder beide zugleich jene unglü[c]kliche Stimmung in dem Menschen hervor brachten? Leichtsinn war es wohl nicht, denn verschiedne Journale und andre fliegende Blätter hatten schon Jahre-<S. 11> lang daran gearbeitet, gutdenkende Menschen für das Frankensystem einzunehmen. Das Elend und der erbärmliche Zustand der Landleute in diesem großen Reich wurden so lebhaft, die Despotie der Großen so abscheulich geschildert, daß die dort ausgebrochne Revolution fast allgemein für eine nothgedrungne, und keineswegs für eine muthwillige Empörung gehalten wurde.

Unterdrükkung und unverschuldetes Elend erwekken Mitleid; und diejenige[n] Menschen, die mit edeln Empfindungen für ihre Brüder glühen, werfen sich leicht in das Interreße dieser Unglü[c]klichen. Ich will nicht entscheiden, ob der Zustand Frankreichs wirklich so war, wie man ihn in Zeitungen las und von Reisenden hörte. Es ist genug, daß Fama nichts unversucht lies[!], was dem deutschen Landmann Mitleid für seine Brüder in Frankreich abgewinnen konnte; und daß der deutsche Bürger – gedankt sei es unsern Großen! – so viel Mensch war, durch das Elend seiner Mitgeschöpfe an der Seine und Loire gerührt zu werden. In dieser Stimmung legte man ihm, dem deutschen Volk, die Konstitution von den Jahren 1789, 1790 und 1791 vor; pries sie als das Meisterstü[c]k des menschlichen Verstands und als die einzige Grundlage aller gerechten Regierungsformen unter der Sonne. Wahres und Gutes war wirklich einiges darin enthalten. Wie hätten auch sonst so manche deutsche und and[e]re Gelehrte von Bedeutung so laut ihren Beifall geben und ein fast allgemeiner Enthusiasmus unter denkenden Menschen dafür entstehen können?<S. 12>

Die Abschaffung der Verkäuflichkeit der Aemter, die verhältnimäßige Vertheilung der Abgaben, die Einführung der Gewissensfreiheit u. dgl. mehr, waren so vernünftige und rechtliche Verordnungen, daß ihnen zur Ehre des 18ten Jahrhunderts niemand seinen Beifall versagte. Man las diese Constitution in öffentlichen Blättern, man sprach allenthalben davon, und unter allen Klassen von Menschen, die lesen und urtheilen zu können glaubten, vom Regenten bis zum Pflüger, waren mehrere, die den Neufranken Glück weißagten[!] und ihrer Verfassung eine Vollkommenheit beilegten, die man vorher dem menschlichen Geist kaum zugetraut hatte.

Der Krieg gegen Deutschland war damals noch nicht erklärt, noch nicht einmal wahrscheinlich; und nach dieser unglü[c]klichen Erklärung freuten sich die Rheingegenden noch lang ihrer Neutralität. Endlich rü[c]kten die Franken über Speier in diese Gegenden ein, benahmen sich aber gegen Bürger und Landleute als wahre Freunde. Durch die gute Bezahlung der Bedürfnissen[!] ihrer Armeen floß eine schöne Summe in die Tasche des Landmanns[,] und durch die glimpfliche Behandlung der Bürger und Bauern erwe[c]kten sie ein Zutrauen bei diesen, welches sonsten gegen Krieger, und besonders gegen die Franzosen selten war. Sich von diesem Volk mit einer großen Macht umgeben, von ihnen sich bereichert, geliebt und geachtet zu sehen, welch' eine Lockung für die Bewohner jener Gegenden! Nicht von den Franzosen, die ehedem die Pfalz verheerten, Dörfer und Städte verbrannten, nein,‹S. 13› von denen, die Brüderschaft und zeitliche Vortheile in Menge und zu ewigen Zeiten versprachen; die von nichts als einer entse[t]zlich großen Macht sprachen, die in ununterbrochner Bewegung sei, um ihre Grundsätze allenthalben geltend zu machen. Man hörte so oft die 25 Millionen Menschen nennen, so oft vom Anmarsch neuer Truppen reden, daß es sogar zum Sprichwort wurde: Die Franken stiegen aus der Erde. Das beständige Hin- und Hermarschiren ihrer Truppen sah auch fast so aus, die Gegenwehr der Deutschen war in selbiger Gegend damals gering[,] und die Wahrscheinlichkeit sprach dafür: daß es die Deutschen, wenigstens einen ganzen Feldzug kosten würde, sich dieser Rheingegenden wieder zu bemächtigen: zumal da die Franken die deutsche Haupt[-]Festung Mainz im Besitz hatten und mit ausserordentlichem Fleiß sie noch mehr zu befestigen, anfiengen.

Hier nun entstund zugleich die neue Mission in Mainz, die weder Kosten noch Mühe sparte, das deutsche Volk in das Interesse der Franken zu ziehen. Schriften ohne Zahl, überströmten das Land. Nicht genug, daß man denen in Geschäften nach Mainz gekommnen Landleuten, Bulletins, Zeitungen, Proklamationen und im Klubb gehaltene Reden, ohnentgeldlich mittheilte, auch Kommissairs durchstrichen das Land und drangen jenes Geschreibsel dem Volk auf. In Wirthshäusern und Balbierstuben suchten sie Niederlagen zu veranstalten, um auch der unbelesensten Klasse von Menschen dadurch beizukommen, die immer durch den Anblick dieser Sächelchen wieder Gelegenheit bekamen, davon zu sprechen.‹S. 14›

Endlich erschien das merkwürdige Dekret vom 15ten December [1792], nach welchem alle im Besitz habende Provinzen von den Franken als erobertes Land angesehen werden sollten. Es erschienen Kommissairs von der ausübenden Gewalt, um, wie es nach den Begriffen der Landleute hies, die Huldigung zu veranstalten.

Hier stiegen nun freilich wichtige Bedenklichkeiten auf, sowohl bei diesen, die schon durch die erzählten gebrauchten Maasregeln der Franken für ihr System waren gewonnen worden, als auch bei jenen, die bisher vor einer solchen Neuerung noch zurück bebten. Und die guten Bürger und Landleute befiel ein Argwohn, der ihnen die Gemeinschaft mit den Franken verleitete[!] und den stillen Wunsch in ihren Herzen hervorbrachte: ihre alte deutsche Verfassung im Frieden beibehalten zu können.

Jedoch, da man ihnen weiter nichts zumuthete, als Treue dem Volk (nemlich dem deutschen Volk) und den Grundsä[t]zen der Freiheit und Gleichheit zu versprechen; und zwar, ausdrü[c]klich, nur so lang sie, die Franken, diese Gegend behaupten würden; und dabei versprach, daß niemand gehalten seyn sollte, zur Vertheidigung dieser sogenannten Freiheit die Waffen zu ergreifen: so mußten alle Bedenklichkeiten von selbst wieder wegfallen, zumal, wenn man bedachte, daß sie durch ihre Obermacht in hiesigen Gegenden im Stand waren, weit mehr zu fo[r]dern.‹S. 15›

Man schäzte sich glücklich, durch dieses provisorische Versprechen einem härtern und solennen[!] Eid zu entgehen; und die freimüthigsten der deutschen Männer, die gewiß nicht die schlechtesten sind, machten sich anheischig, diesem Verlangen der Franken nachzukommen.

Bei andern, und vielleicht der größern Zahl unter dem Volk, denen, wie bekannt, Prüfen, Nachdenken und feste Entschliesung[!], ihre Sachen nicht sind, wußten die ausgeschickten Kommissairs durch Vorspiegelung so vieler Vortheile, die ihnen aus der neuen Verfassung zufliesen[!] würden, jeden[?!, wohl Fehlstelle] zu erwecken, vor denen alle Bedenklichkeiten hätten schwinden müssen, wär' es auch jemand erlaubt gewesen, Vorstellungen dagegen zu machen. Wer aber auch hier dem Reiz zur Freiheit und Gleichheit noch widerstand, dem legte man Beruhigungs-Gründe wegen dem gefo[r]derten sogenannten Eid vor, um ihm allen Scrubel[!] und Bedenklichkeiten vollends zu benehmen. In dieser Schrift ward dem Bürger nochmals zu Gemüth geführt, wie die Franken, vermög[e] ihrer Macht und Oberherrschaft in dieser Gegend, gänzliche Unterwerfung fo[r]dern könnten, daß dieses immer bei Eroberungen üblich gewesen, und mit Königstein, Schweidniz, Erfurt und mehreren Städten, im siebenjährigen Krieg, bald von dieser und bald von jener Parthie[!] geschehen sei. Auch könn' es den Bürgern kein vernünftiger Mensch, am allerwenigsten ihre vorige Obrigkeit übel nehmen, indem es ihr weit lieber seyn müßte, wenn sie wieder zum Besitz dieser Gegend kommen sollte, ihre alte[n] Besi[t]zungen in gutem unverrückten[!]‹S. 16› Stand, ihre Unterthanen bei Vermögen und ungestörter Handthierung, als ein verheertes Land und ohne Gewerb umherirrende Menschen zu finden. Und was dieser Beruhigungs-Gründe mehr waren. Hier lag nun freilich viel wahres mitunter, und wer auch keiner üblen Gesinnungen gegen seine vorige Obrigkeit sich bewußt war, und es mit sich selbst und seiner Vaterstadt gut meinte, und sonst von Vorurtheilen frei war, fand auch itzt bei obiger Fo[r]derung der Franken keine Bedenklichkeiten mehr, zumal da jedermann den Ernst vor Augen sah, mit welchem man anfieng, die Sache zu betreiben.

Der Deutsche bezweifelte die Dauer dieser neuen Einrichtung, er war nicht dafür eingenommen, um sie sich mit den Waffen zu erringen, oder zu erhalten, er sah bei der Ausführung unendlichen Schwierigkeiten entgegen: aber er glaubte aus den mancherlei angeführten Gründen sie annehmen zu müssen, um seinen Pflichten als guter Bürger und Hausvater Genüge zu leisten, er glaubte ein großes Unglück dadurch zu verhüten, sich seiner einst wieder zu hoffenden Obrigkeit dadurch werth zu machen, daß er als Mann in den Drangsalen ausgehalten, nicht als Feigherziger seinen Heerd und [sein] Vaterland verlassen, und überhaupt den kritischen Umständen nach, so viele Gewaltthätigkeiten und Unrecht zu verhüten suchte, als in seinen Kräften stand – kurz! er willigte in das Verlangen seiner aufgedrung[e]nen fränkischen Brüder, weil es ihm aus allem Betracht das beste schien, was er in seinen Umständen thun konnte.‹S. 17›

Das wirkliche Versprechen oder Angeloben war die profanste Handlung von der Welt, und geschah ohne alle Ceremonie, die ihr das Ansehen des Eids hätte geben können. Mit bede[c]ktem Haupt, nicht selten die Tabakspfeife im Mund, ohne einen Arm, oder Finger in die Höhe zu rekken, und ohne sich auf das Zeugniß Gottes zu berufen, oder seine Seligkeit zu verbürgen, sprach man blos die Worte nach: Ich schwöre treu zu seyn, dem Volk und den Grundsä[t]zen der Freiheit und Gleichheit.

Einige Kommissairs ließen ganze Truppen zugleich schwören, wo es dann, wegen Verschiedenheit der Töne manches Gelächter gab und die ganze Sache mehr einem komischen Schauspiel, als einer ernsthaften Handlung ähnlich war. Noch andre Kommissairs sprachen dem Volk die Formel vor, und das Volk antwortete blos: Ich schwöre!

Kurz! es war so viel Willkühr, so viel Leichtsinn bei der Sache, daß man vergessen mußte, wie sehr der Deutsche an Ernst und Feierlichkeit bei seinen Eiden gewöhnt ist, wenn man diese flüchtige Handlung ihm zum Meineid gegen seine Obrigkeit machen wollte.

Hält man übrigens die Eingeschränktheit des menschlichen Verstands, die ihm anklebenden natürlichen Schwachheiten, gegen die mancherlei schweren Versuchungen, die ihn umgaben, prüft man die Fahigkeiten der Meisten nach dem Verhältniß gegen sinnliche Eindrükke, so wird man nicht leicht im Stand seyn,‹S. 18› zu erklären, wie es möglich war, daß nicht alle mit dem Strom in gleicher Schnelligkeit fortgerissen wurden.

Izt komm' ich zur andern Klasse, welche einzig die Furcht vor übler Behandlung bestimmte, den sogenannten Eid der Freiheit und Gleichheit zu leisten. Ihre Unschuld ist zu auffallend, als daß nicht jeder Unbefang[e]ne davon überzeugt seyn sollte. Es sei denn, daß man dem Menschen überhaupt es zum Verbrechen anrechnete, daß ihm der gütige Schöpfer einen natürlichen Abscheu vor Ungemach eingeprägt hatte. Wer wird es aber iemand übel nehmen, dem dafür [= davor] graut, zwischen dunklen Mauern eingesperrt zu seyn, oder vor den Kanonen der Feinde Holz [zu] fällen, und der Gefahr, erschossen zu werden, sich ausgese[t]zt [zu] sehen? Wer kann den Vater verdammen, der Weib und Kinder nicht verlassen will, an die ihn die Natur mit so starken Banden gefesselt hat? Es kann wahrlich hiervon nichts[!] anderst[!] die Frage seyn: als ob diese Gefahren wirklich existirten, oder ob es Blendwerke waren, durch welche der Bürger und Landmann leicht hätten durchsehen können?

Schon die Proklamationen, welche man im Namen des vollziehenden Raths den Gemeinden vorlas und öffentlich anschlug, sagten deutlich: wer sich weigere, den begehrten Eid zu leisten, soll[e] als Feind behandelt, aufgehoben, unschädlich gemacht werden, und wie die drohende[n] Ausdrükke weiter hießen. Die Beispiele, die man allenthalben sah, bewiesen nur zu sehr, daß es damit Ernst sei. Alle Entschuldigungen und Aus-‹S. 19›-flüchte wollten nichts helfen, es wurden Exekutionen* eingelegt, Geiseln genommen, Verheerungen angefangen, kurz, alles versucht, was auf den Menschen zu wirken vermag. Ja, wer auch die Handlung des obigen Schwörens für einen wirklichen Meineid angesehen hätte, den er an Gott, an seiner rechtmäßigen Obrigkeit und an seinem Vaterland begehen werde, der mußte doch lieber in die barmherzigen Hände seines himmlischen Vaters und vor den billigen Richterstuhl seines gerechten und guten Fürsten, als in die Klauen hartherziger fränkischer Exekutanten fallen. Dieses ist die Erklärung, warum Geistliche und Beamten[!] und überhaupt so viele Menschen von ausgezeichneter Frömmigkeit und edlem Karakter sich dem Befehl der Franken unterwarfen. Und wer vermag sie zu verdammen! –

Nun entsteht noch die le[t]zte und wichtige [nicht: wichtigste] Frage: Warum denn bei den angeführten unüberwindlichen Versuchungen dennoch soviele Bürger den Eid nicht geleistet haben? Die grössere Zahl derselben wurde gar nicht mehr dazu angehalten; denn sobald mehrere in einer Gemeinde geschworen hatten, so ließen es gemeiniglich die Kommissairs dabei bewenden, schritten zur Wahl der Municipalen und eilten weiter. Einige Bürger, Geistliche und Beamten[!] emigrirten; der eine aus diesen, der andre aus jenen Gründen, auch je nachdem es ihre Lagen und besonders ihre häuslichen Umstände litten. Allgemein war dieses Mittel nicht anwendbar. Und es fand auch hier noch eine grosse Wahl statt, wenn auch die nächsten Umstände ‹S. 20› für das eine so gut als für das andre gesprochen hätten. Dem Entschluß zur traurigen Flucht kam der süße Gedanke zu statten, seinen Grundsä[t]zen getreu bleiben zu können und dabei sich der Gunst und Gnade seines Herrn auf immer zu versichern. Hingegen den Vorsa[t]z: bei der harten Verläugnung seiner deutschen Gesinnungen und denen zu erwartenden mancherlei Uebeln des Kriegs auszuharren, konnte der männliche Trost beleben: seinem Vaterland in diesen Drangsalen nü[t]zlich zu seyn; durch Beispiel und Lehren das Volk zu guten Sitten und schönen Bürgertugenden zu ermahnen; der Freiheitswuth durch wahre Aufklärung entgegen zu arbeiten und so sich den Beifall aller vernünftigen und guten Menschen zu erkämpfen.

Noch andre, besonders Katholiken, waren von dem Vorurtheil eingenommen, als betreffe das Schwören die Religion. Nun ist bekannt, was mancher Mensch zu erdulden bereit ist, eh' er von der Art seiner Väter, GOtt zu verehren, abgeht. Diese bedauernswürdige[n] Leute würden sich lieber haben martern und schinden lassen, als einen Eid zu leisten, der nach ihrer Meinung nichts weniger, als eine abscheuliche GOttes-Verläugnung seyn konnte. Wer die Macht der Vorurtheile kennt, wird sich nicht wundern, daß fast ganze Gemeinden in dieser Hinsicht lieber die schwersten Mißhandlungen und Kosten ertrugen, als durch eine politische Lüge, sich ihr besseres Schi[c]ksal zu erhalten zu suchen.

Auch waren einige Kommissärs billig und weiße[!] genug, den ihnen aufgetragnen Zwang zu lindern.‹S. 21›

Und wer das Glü[c]k hatte, in ihrem Kommissariats-Bezirk zu wohnen und die Gaben[!] einer vernünftigen Vorstellung besaß, wurde aus Achtung für die Vernunft und persönlicher Gefälligkeit, von ihnen dispensirt.

Dieses ist die Ursache, warum selbst erklärte Volks-Freunde den Eid nicht leisteten, der ihnen nach ihren Einsichten und Vermuthungen nichts nü[t]zen, in seinen Folgen aber schädlich werden möchte. Die einzige Möglichkeit, daß Unkunde oder Vorurtheil dem Landesherrn den wahren Gesichtspunkt der Sache verschieben könnte, war für sie bedenklich. Sie stellten dieses, als den Grund ihrer Unfreiwilligkeit vor und fanden bei ihren redlichen Missionärs Gehör.

Es wäre zu wünschen gewesen, daß alle Kommissärs, dem neu einzuführenden System der Freiheit gleiche Ehre erwiesen hätten. Dadurch würden unzählige Menschen, in dem schönen Besitz ihrer Ruhe geblieben seyn und das natürliche Menschenrecht, welches die Franken so gern im Munde führen, vieles dabei gewonnen haben.

Endlich machte der schnelle Eintritt der Preußischen Truppen, dem ganzen Unwesen ein Ende. Wer damals noch nicht angefochten, oder doch mit ernster Zudringlichkeit verschont war, blieb es auch izt. Er lasse sich aber deßwegen nicht einfallen, seiner Anhänglichkeit ans deutsche Reich, einen hohen Grad von Tugend beizulegen und seine Nachbarn ihres Verhaltens wegen, zu verachten. Wie kann der, welcher ‹S. 22› nie in so starker Versuchung war, über andre triumphieren, die den Banden ihres eisernen Schi[c]ksals nicht zu entgehen vermochten?

Nun komm' ich zum Schluß meiner Schrift, wo ich nur noch erinnern darf, daß der weise Beurtheiler nie den Menschen, nach einer einzigen Handlung richtet. Am allerwenigsten, wenn sie nur flüchtig oder gar, wie hier der Fall ist, unfreiwillig war. Der Mann, welcher wohl zwanzig und mehrere Jahre seiner Obrigkeit getreu blieb, ihr mit Liebe und Gehorsam zugethan war, einen ehrbaren Wandel zeigte, und sich überhaupt bieder und rechtschaffen betrug, wird doch wohl nicht um einer aus Irrthum oder Zwang begangnen Handlung [willen] auf einmal izt ein Rebell, ein lasterhafter und abscheulicher Mensch? Zumal diese Handlung, in Rü[c]ksicht dessen, der sie begieng, keiner Seele etwas geschadet hat, noch schaden konnte. War seine Denkungsart gut, seine Tugend rein, so konnte sie diese Handlung nicht verderben, nicht befle[c]ken. Oder der so oft gewährte Grundsa[t]z des Heilands müßte bezweifelt werden, nach welchem eine plö[t]zliche Umstimmung des innern Menschen unmöglich ist. Auch die Folge wird es beweisen, daß diejenigen, welche den fatalen Eid geschworen haben, nichts destoweniger getreue Unterthanen ihrer Fürsten und Herren sind, daß sie in keiner deren Pflichten, die nur immer ihr Vaterland von ihnen fo[r]dern kann, hintenan stehen werden. Der weise Regent kann diese schöne ungeheuchelte Rü[c]kkehr nicht für das Werk eines bösen Gewissens halten. Es wäre die größte ⟨S. 23⟩ Marter, für sein Landesväterliches Herz[,] und der Höfling, der den Saamen eines so heillosen Argwohns auszustreuen suchte, verdiente – Verachtung.

Man mache sich das Vergnügen und stelle im Geist beide Partheien, Geschworne und Nichtgeschworne, neben einander. Es wird leicht zu bemerken seyn, daß hier kein moralischer Unterschied, statt findet. Wer Gelegenheit hatte, mehrere Glieder beider Partheien kennen zu lernen, oder sie vorher schon kannte, wird wissen, daß die Differenz keine andre ist, als ob die Absonderung durchs Loos geschehen wäre. Wirklich hat auch das blinde Ungefähr so vielen Antheil an dieser Verwandlung, daß die ganze Sache mehr eine unbegreifliche Ereigniß der Natur, als eine überlegte planmäßige Handlung denkender Wesen, zu seyn scheint. Wenigstens war sie das Le[t]zte nicht bei den Landleuten[,] und alle diejenigen, die nicht geschworen haben (ich nehme die Fantasten aus)[,] würden unter den nehmlichen äusern Umständen, gerade das gethan haben, was jene nicht vermeiden konnten.

Es war kein Schutzengel da, der sie unterstützte. Die Großen und eine Menge ihrer Räthe und Diener flohen, indeß der arme Landmann an seinen Akker gefesselt blieb, und ein Schi[c]ksal ertrug, das denen zu hart war, die ihn izt sogern[!] verdammen möchten. Es gehört wenig darzu, über das Geschehene Vorwürfe zu machen; zu rechter Zeit beizustehen, oder wenigstens guten Rath zu ertheilen, ist edler.⟨S. 24⟩

Doch, der Wille der guten Fürsten ist es auch nicht, kann es nicht seyn, ihren Unterthanen, die eine mißfällige Erklärung zu thun gezwungen waren, die Strafe des Meineids zu erkennen, sie aller Aemter und Würden unfähig zu erklären, sie einer Schande Preiß zu geben, die geschi[c]kt genug wäre, das schöne Gefühl der edlen Moralität zu verwischen.

Der weise Jesus verwieß es den hartherzigen Verdammern seiner Zeit, die ein gefallenes Weib steinigen wollten, mit den Worten: Wer von euch ohne Sünde ist, der werfe den ersten Stein auf sie. Und als sie sich beschämt davon geschlichen hatten, sprach er zu der Unglü[c]klichen: sie haben dich nicht verdammt, und ich verdamme dich auch nicht, gehe hin und sei tugendhaft. Wer das Erhabene und menschenfreundliche dieser Aussprüche des Heilandes fühlt, wird auch selbst ein gleiches zu thun bereit seyn.

Und, ohne Rü[c]ksicht der vorwaltenden politischen Umstände, wird allein die schöne Rü[c]kkehr deutscher Unterthanen zu ihrer vorigen Verfassung, der sie im Grunde nie feind waren, ihren Fürsten, wie sichs hoffen läßt, eine allgemeine Verzeihung abgewinnen.‹S. 25›

## Anhang.

Hier folgen noch einige Wahrheitssä[t]ze, bei welchen ich, ob sie schon nichts Verfängliches enthalten, wegen den[!] kritischen Zeiten, in denen wir leben, den verschied[e]nen Gesinnungen und den häufigen Beispielen von Mißverstand, eine Erklärung beise[t]zen muß. Nemlich: daß sie nicht mehr und nicht weniger sagen wollen, als gerade das, was darinn enthalten ist. Und, daß diejenigen, welche das Siegel der Wahrheit daran nicht erblikken sollten, doch wenigstens die gute Absicht, aus der sie geflossen sind, bemerken möchten.

So lang Vollzieher der Gesetze da sind, kann man sagen, daß die Gese[t]ze Kraft haben; sobald aber sie niemand handhabt, ist es eben, als wären sie nicht da.

Die Verfassung hiesiger Gegend war Gese[t]z für uns, solang sich Obrigkeit befand, die darauf hielt und uns das Gute angedeihen lies[!], das, nach bemeldter Verfassung, uns zu Theil werden sollte; sobald aber eine andre Macht jene Obrigkeit vertrieb und ihre Würkungen aufhören machte, so konnt' auch das Gese[t]z keine Kraft mehr haben. Wollte man behaupten, das Gese[t]z müsse seine Kraft behalten, bis es der rechtmäßige Gese[t]zgeber aufhebe, oder abändere; so würde man die häufigen Veränderungen und Zernichtungen ganzer Reiche läugnen, oder die neuen Besi[t]zer als die rechtmäßigen Gese[t]zgeber erkennen, oder die Staaten unter lauter ungerechten Besi[t]zern erblikken müssen. Die frei-‹S. 26› willigen Abtretungen sind zu selten, als daß sie gegen abgedrungene Resignationen, gegen die durch Obermacht vorgeschrieb[e]ne[n] Friedensschlüsse, angeführt und dadurch die Wahrheit obiger Sä[t]ze könnten entkräftet werden.

Die Zeit, könnte man aber doch sagen, hat jene mit Gewalt unterstü[t]zte[n] Anmaßungen geheiligt; es sind nachher zwe[c]kmäßige Einrichtungen getroffen worden, und die Staaten befinden sich wohl dabei. – Alles gut! Es erhalte diese Einrichtungen[,] wer da kann. Der Bürger und Landmann sind es doch wohl nicht, von welchen sichs im Grunde fo[r]dern läßt, ihr Leben daran zu se[t]zen, nemlich, solang ihnen nicht gänzlicher Untergang droht? Einmal ist die Verfassung nicht ihr Werk[,] und zweitens entschuldigt sie ihre eigne Ohnmacht.

„Aber Liebe zu ihrer Obrigkeit ist ihnen doch Pflicht." Liebe kann nirgends Pflicht seyn, als wo der Gegenstand liebenswürdig ist. Ist dies bei einer Obrigkeit der Fall, so bedarf es keiner weitern Zwangsmittel; die auch durchaus vergebens sind und eher Abneigung als Anhänglichkeit erzeugen.

„So bleibt doch wenigstens Gehorchen die Schuldigkeit der Unterthanen." – So lang Befehlen in der Macht des Regenten besteht. Wird ihm aber dieses durch eine stärkere Macht benommen, so hat der Unterthan doch wohl auch wie sein Herr, sich der stärkern Macht zu fügen?‹S. 27›

Es habens[!] mehrere deutsche Fürsten weislich erkannt, daß der Bürger und Landmann nicht dem Ansinnen der Franken, das durch eine Armee unterstü[t]zt war, widerstreben könne. Und der weise Maximilian, Churfürst zu Cölln, soll gesagt haben: „Gute Bürger! Nehmen die Franken das Land in Besi[t]z und nöthigen euch zum Schwören, laßt euch nicht unglü[c]klich machen, schwört ihnen: nur behaltet die Liebe für mich in euern Herzen."

Und ein andrer, eben so guter Fürst, sagte zu den Bürgern seiner Residenz, als er sie wegen den Franken verlassen mußte: „Räumt ihnen meine Gebäude ein, thut alles, was sie von euch fordern: nur vergeßt nicht, daß ich euch liebe, und daß wir uns nach überstandnem Ungemach wieder sehen werden!"

## 3.4 Kurze Prosatexte

Inhaltsübersicht:



### An Johann Ferdinand Schlez (1783)

Ich bin [...], wie Sie schon wissen, Bauer und Dichter. Mein Feld bau’ ich mit eigner Hand, ackere, grabe Weinberge um, mähe, dresche, und unterziehe mich jeder Arbeit, die mir mein Stand und die Ernährung meiner Familie notwendig macht, und zwar so, daß zu mancher Jahreszeit meine Hände mehr einer Baumrinde als einer Menschenhaut gleichen; Meinen Kopf aber hat noch keine Bedrückung überrindet, und ich hoff’, er soll auch noch lange seine Fähigkeit zu sanften Eindrücken, so wie mein Herz sein zärtliches Gefühl, behalten.[1]

### Antwort an die Herren Kandidat Schiller, Schullehrer Wohlfarth und Rausch aus Burgwerben und Tagewerben in Sachsen, 1793.

Von meinem Herkommen, Erziehung und häuslichen Umständen, hab’ ich nicht viel zu sagen; sie sind so einfach wie die Natur selbst.

Meine Eltern waren fleißige Bauersleute, die Erziehung ihres jüngsten Sohnes, von sieben Kindern, die gewöhnlichste auf kleinen Dörfern. Mein Geist fing spät an[,] sich zu entwickeln. Ich fühlte Hang zu mathematischen Wissenschaften, liebte philosophische Schriften, fing an[,] Verse zu machen; und als ich in den gründlichen Wissenschaften mein System, nach den Fähigkeiten meines Geistes, fertig hatte, überließ ich mich ganz dem Zauber der Dichtkunst; las vieles und meistens Gutes, wozu mir einige Freunde verhalfen. Arbeitete indessen fleißig auf meinem ererbten Gütchen, so daß im Dorfe niemand den spekulativen Schwärmer kannte, und meine Felder ihn auch nicht verrieten.

Eine fröhliche Gemütsruhe begleitete mich allenthalben. In meinem acht und zwanzigsten Jahre verheiratete ich mich an ein Bauer[n]mädchen, und bin jetzt fünf und vierzig alt; habe acht Kinder, die alle gesund sind, und zum Landleben von mir erzogen werden.

Von meinen Gedichten ließ ich i.J. 1786 ein Bändchen auf Subskription drucken, und setzte fünzehnhundert Exemplare ab, in den Buchhandel sind nur wenige gekommen. Meine Muse hat indessen nicht aufgehört[,] fruchtbar zu sein. Ob aber einmal meine sämtlichen Gedichte gedruckt werden, hängt von mehreren Umständen ab, die noch in der dunkeln Zukunft liegen."[2]

## Ein Stück meiner Lebens-Philosophie.

Die Philosophie des Lebens ist eine Wissenschaft, sich in allen Umständen und Ereignissen so zu betragen, wie es der gute Anstand und eine erwünschte Erwartung erheischen.

Wir können aber mit leerem Kopf keinen Anspruch auf diese Wissenschaft machen, weil vieles Wissen und geprüfte Erfahrung dazu gehört.

Menschenkenntnis und Kenntnis des Laufs der Welt sind hier unentbehrlich. Auch von gelehrten Kenntnissen dürfen wir nicht ganz entblößt sein. Wie manches schlägt da hinein, sowohl aus der Naturlehre als der Geschichte und andern Wissenschaften.

Wer ganz unwissend die Bahn des Lebens betritt, der schwankt hin und her, so wie ihn die nächsten Triebe seines Herzens antreiben. Er macht täglich Fehler gegen sein eignes Beste[s] – Kurz! es mangelt ihm an Überlegung, an Prüfungsgeist seines eignen Betragens.

Bei dem Entwurf einer Lebens-Philosophie ist es das erste[,] auf die Eigenschaften des Volks, unter dem man lebt, Rücksicht zu nehmen, Denn in allen Dingen müssen die Umstände unser Verhalten bestimmen, wenn wir weise handeln wollen.

Mit den Pflichten gegen mich selbst geht es mir ja nicht besser.

Ich soll meinen Geist kultivieren; meine Berufsgeschäfte nicht verabsäumen; meiner[!] Gesundheit pflegen; mich zu den unvermeidlichen Strapatzen[!] dieses Lebens abhärten; mir durch Wohltun die Liebe und Achtung meiner Nebenmenschen erweben; durch Sparsamkeit ein hinlängliches Auskommen verschaffen; soll verführerische Gesellschaften meiden; kein Sonderling sein etc.

Welches sind nun die Grenzen dieser einzelnen Pflichten? welches der Maßstab ihrer rechten Größe?

Nehme ich nicht das erreichbare größte Wohl, welches eine Pflicht zum Gegenstand hat, als Maßstab an, so muß notwendig Ungewißheit und Inkonsequenz in meinem Verhalten entstehen.

Unrichtige Ansichten, verborgene Ursachen und innere Neigungen bringen uns ohnehin oft genug von der rechten Bahn ab, welches die Folge uns erst belehrt.

Nach diesem allem bleibt es richtig, daß allein der höchste Grad von erreichbarem Wohlsein, sowohl für uns selbst als für andere, unser Verhalten zu bestimmen würdig ist.

Und darauf gründe sich meine Lebens-Philosophie.[3]

## „Grundgelehrte Noten"[1)] zum Brief „An den Herrn Kassirer Joh. Mohr, auf der Saline Theodorshall bei Kreutznach, 1811."

„1) Noten sind Leitern, an denen der Leser bis zu den Ideen des Autors hinauf steigt. Hat sich aber dieser selbst verstiegen, dann helfen alle Noten nichts. Schrieb er aber nur dunkel, mystisch, verwirrt, nach der Schule neuer Philosophen, so leisten Noten treffliche Dienste: sie müssen aber so grundgelehrt, wie die meinigen, sein."

[...]

3) Schicksal. Ist nicht der Name einer Gottheit. Dieses Wort bezeichnet die Reihe der großen und kleinen Gegebenheiten in der Welt, die oft so zufällig zusammen treffen, daß weder Absicht noch Zweck darin erscheint. Daher nennen wir sie irr und toll, ohne uns einer Gotteslästerung schuldig zu machen. Es gereicht in der Tat dem Schicksal nicht zur Ehre, oft Gute und Brave mit körperlichen Übeln zu belasten, und tausend Schurken mit eiserner Gesundheit auszustatten, die sie mißbrauchen. Dem Schicksal selbst aber gebieten die freien Wirkungen der Naturkräfte.

[...]

12) Leben. Das Leben ist nicht zur Frohne oder zum Sklavendienst bestimmt, wie viele Menschen glauben. Es soll die freie Ausübung unserer Einsichten und Kräfte sein. Werden diese gehemmt, so sind erstere unnütz und letztere verrauchen sich.

Die richtige Anwendung beider Eigenschaften des Menschen sollte nie gestört werden. Will aber jemand behaupten, in einer göttlichen Schöpfung müsse die Produktion unendlich sein, sie müsse Schafe und Wölfe, zahmes Vieh und reißende Tiere, Menschen, die die Erde bauen, und Ungewitter, die die Pflanzungen zerstören, etc. hervorbringen, so haben wir nichts einzuwenden, weil wir alles das hier wirklich so finden.

[...]

16) Die Musen. Wer diese Kraft des Geistes kennt, sie je empfunden hat, wird meinen Wunsch so erhaben finden, daß er ihn gewiß nicht auf poetisches Geklimper bezieht. Dies wäre auch wenig.

Heiterkeit, frohe lebhafte Empfindungen, richtiges Denken, o wie glücklich! wen diese bis ans Ziel begleiten.

Dann sink' in tiefes Nichts hinab
Die Welt mit ihren Schätzen.
Uns bleibt Bewußtsein überm Grab,
Zum himmlischen Ergötzen;
Was Gott dem Menschen Hohes gab,
Kann nicht der Tod verletzen."[4]

## Die Religion der Thiere

### 1) Der Fuchs in seiner Morgenandacht.

Hoher gütiger Jupiter! Von dir hab ich Leben und Odem. Du hast mir einen Funken deines Lichts eingesenkt, die Erkenntniß. Hast mir die Mittel darzu in der feinsten Organisation verliehen, damit ich hoch über dem Igel[,] der N.N. und andern Mitgeschöpfen stehe. Du hast bisher für meine Erhaltung gesorgt, und giebst täglich Beweise deiner unbegränzten Güte. Noch heunt[,] diese Nacht[,] hast du mir meinen Raub gesendet, hast mich so glücklich seyn lassen[,] zwei junge Hühnchen zu finden, wofür ich dir inbrünstig auf meinem Bauche danke. Sogar die Henne gabst du in meine Klauen, ich aber war zu unvorsichtig und lies mir deine Gabe entschlüpfen. Oder hast du, o Gütiger! mich prüfen wollen? Soll ich mehr deiner Väterlichen Vorsorge als meiner List und Gewandheit vertrauen. Ja sicher, Vater! Du bist es werth[,] daß dein irdisches Kind dir vertraue, und nie wird ihn[!] deine Güte verlassen, dafern er dich nicht verläßt[,] das heist: dafern ich dem Ruf[,] den du in meine Seele gelegt hast[,] getreu bleibe, nichts verabsäume[,] was dein hoher Wille meinem geläuterten Instinkt gleichsam befielt. Nur der reine, von allem Irrwahn befreite, so ganz nach dem schöpferischen Vorbilde wandelnde Fuchs hat sich deiner Güte, und des geschenkten Vorrechts zu erfreuen. Bewahre mich daher, hoher Jupiter! für [= vor] allen Fehltritten, die dein Geschöpf verunzieren. Laß mich nicht, wie der sinnlose Hund, mit eitlem Bellen meine Zeit verlieren; noch, wie die Katze mit falschem Schmeicheln um Leckerbissen buhlen. Nie müsse mich die Lust ankommen, wie das Schwein, im Erdenkoth zu wühlen, noch, wie der Storch u[nd die] Elster, dem Menschen Garn u[nd] Leinewand wegzustehlen, um mein Lager damit auszurüsten. Du Herr giebst mir ja alles im Überfluß[,] Deine Bäume tragen mir Laub und deine Haiden Moos und dürres Gras. Was will der Sterbliche mehr? – Die Sonne bricht hervor, ich ziehe in meinen Bau, laß deine Väterliche Hand auch diesen Tag über mir seyn, und erwecke mich[,] am Abend in meinem Berufe fleißig zu seyn, damit ich immer vollkommner werde, und so meiner wahren Bestimmung von Tag zu Tag näher komme. Vor allem erhalte mir diesen Muth und die gute Laune, die die sichtbare Spur deiner Größe und Weisheit sind. Laß mich oft daran denken[,] daß du der Gebieter meines Schicksals bist, daß ich dir alles zu verdanken, zu vertrauen, und [an]heimzustellen habe, daß ich ohne deine Huld nichts vermag, und daß ich mich deiner Väterlichen Liebe nur dadurch würdig mache[,] wenn [!] ich das ganz bin[,] wozu mich deine Güte auf diese Welt gesetzt hat. – In dieser Erinnerung liegen alle meine Pflichten, aus ihnen folgt meine Glückseligkeit – Verleihe sie mir[,] O Herr! Amen!“

## 2) Die Henne

Groser[!] allmachtiger Gebieter über Leben u[nd] Tod! Wie kann ich Dir genug danken für die Rettung vergangner Nacht? Vom Rand des Todes hast Du mich befreit, und dem Würger Halt! gebotten[!][,] der seine Krallen schon in meinem Gefieder hatte. Zwei meiner Kinder verschlang er, aber Du[,]Allgerechter[,] gabst nicht zu[,] daß sein Bosheit, seine Ungerechtigkeit. auch noch über mich triumphire. Kein Bösewicht entgeht Deiner Strafe. und Deine gerechte Rache trif[f]t ihn früh oder späth. Laß, Herr, auch diesen Fuchs, diesen Verächter Deiner Gebote, nicht ruhig dahin fahren. unstet u[nd] flüchtig muß er seyn, das Horn des Jägers und das Gebell der Hund dring[e] ihm wie Feuer u[nd] Schwerd in seine ver[r]uchte Seele. Gieb mir ruhige Zeiten, laß mich und die Meinigen täglich ihr Futter finden. und bewahre mich für solchen schlimmen Nächten[,] als die letzte war.“[5]

## Philosophische Gedanken beim Schweineschlachten*

Lieber Sohn!

Es ist unleugbar, daß der Mensch durch die Nahrungsmittel Wachsthum und Stärke erhält. Gehen wir aber weiter, um zu erforschen, wie diese Lebensmittel,im Fleisch, Knochen, Blut, und noch viele andere Substanzen verwandelt werden, so müssen wir gestehen, daß wir von den innern Operationen des Körpers fast garnichts begreifen.

Meine Beobachtungen; bei dem Schlachten der Schweine, haben mich überzeugt, daß das Eingeweide, Herz, Lunge und Leber, Magen und

Gedärme, zwei besondere Kammern sind; wovon jede in ihr eignes Netz oder Fell eingeschlossen, aber nicht daran verwachsen ist.

Herz, Lunge, und Leber, hängen an der Luftröhre, die nur im Hals an den Körper angewachsen ist, übrigens frei in der Brust hängt. Der Magen und [die] Gedärme hängen frei im Unterleibe, und sind nur mit dem Schlund im Halse, und mit dem Mastdarm am Hintern angewachsen. Mit dem Fleisch und den Knochen des Körpers sind sie nicht verwachsen, haben nicht einmal eine unmittelbare Berührung mit denselben. Bemerken wir ferner: daß die Nahrungsmittel durch den Schlund in den Magen gehen, alldort zu einem Brei verkocht werden, und durch des Magens enge Röhre in die kleinen Därme fliehen[?], aus diesen sich in die großen Därme ergiesen, und endlich das Gröbere dieser Masse durch den Mastdarm ausgeworfen wird – so haben wir wohl einen Begriff vom Gang dieser Nahrungsmittel; aber wie sie eigentlich den Körper nähren, das wissen wir nicht. Nehmen wir an, die nährende[n] Theile der Masse schwitzen[?] durch die Därme, so fragt sich, wo kommen sie hin? Doch wohl in das Fell[,] welches die Gedärme umschließt. Und wo, und wie geht es ferner hin mit ihnen? – Wie, und wo, werden sie verwandelt und geschieden, zu Knochen, zu Fleisch, Blut, Urin, Speichel, Nervensaft, Fett, Samenfeuchtigkeit, und wie die verschiedene[n] Substanzen des Körpers alle heisen? –

Wie kommt endlich das, was sich in Blut verwandelt hat, ins Herz? Zwischen beiden Kammern befindet sich das Zwergfell, welches sie scheidet; und wenn dieses auch nicht wäre, so findet sich doch kein Gang ins Herz, welches noch besonders in seinem Beutel hängt. Die Aerzte versichern uns, das Herz ziehe sich durch eine starke Kraft zusammen und treibe das Blut durch die linke Herzkammer in die Pulsadern, und so bis in die aeußersten Theile des Körpers; von da kehre es, durch die Blutadern, in die rechte Herzkammer zurück: und dieses des Tags vielhundertmal. Wie das But aber anfänglich ins Herz gekommen, und wie es noch täglich hinein kommt, dieses sagt uns niemand; und doch soll es sich stündlich erneuern, so daß nach wenig Wochen kein Tropfen mehr vom vorigen Blut in unserm Körper sey. Sogar das Fleisch soll sich nach und nach verzehren und erneuern, und kein Jahr das nehmliche blieben, das es war.

Diese Veränderungen können zwar nicht beobachtet werden; das Wachsthum ist aber auch nicht zu beobachten, und doch sehen wir[,] daß das Kind von Jahr zu Jahr größer wird.

So liegen unzählige Geheimnisse in der Natur, wovon wir nie einen vollständigen Begriff bekommen werden. Sonderbar ist es freilich, daß wir uns selbst so wenig kennen, und oft von Dingen außer uns bessere Kenntnisse haben als von dem[,] was in unsrer eignen Maschine vorgehet.

Das Destiliren des Brandweins, u.d.g. verstehen wir recht gut, allein das innere Labertorium[!] unsers eignen Körpers ist uns so fremd, als das Kommando der Seele über die Gliedmasen des Körpers. Wir wissen wohl, daß unserm Willen, Arme und Beine gehorchen, aber das Wie, liegt im Dunkeln.[6]

*Der folgende Text scheint uns weniger als „Erzählung" als wegen seiner detaillierten Ausgabenaufstellung für einen bäuerlichen Haushalt der Maus-Zeit mitteilenswert:*

## Eine Erzählung [mit Haushaltungs-Rechnung des „reichen Michels"]

Zwei Freunde der politischen Rechenkunst und ökonomischer Projekte konnten über den Zustand Englands nicht einig werden. Der eine behauptete, dieser Staat müsse wegen seiner außerordentlichen Geldausgaben ehestens* bankerut* machen; der andere glaubte dieses nicht und suchte durch folgende Haushaltungs-Rechnung zu überführen, daß große Ausgaben nicht immer Armut zur Folge haben müsse[n].

Haushaltungs-Rechnung von Michel Didershausen (der reiche Michel genannt) über seine fünfzigjährige Landwirtschaft. In Geld- und Natural-Ausgaben bestehend, die nicht unmittelbar wieder in seine Kasse flossen.

Michel hatte von seinen Eltern zwanzig und mit seiner Frau auch zwanzig Morgen Feldgüter erhalten. Sie waren beide Waisen.

| | |
|---|---|
| – Zu diesen 40 Morgen kaufte Michel in Zeit von fünfzig Jahren noch 40 Morgen. Und, weil die Güter zu Didershausen immer in hohem Wert waren, so kamen [sie] ihn, ein Morgen in den andern, an 300 fl. zu stehen, macht | 12.000 fl. |
| – Ein Wohnhaus hatte Michel zwar geerbt; allein, er mußte in der Folge neue Stallungen erbauen, und diese kosteten ihn | 800 fl. |
| – Im ersten Jahr kaufte er sich ein Pferd, für | 200 fl. |
| – Nach 10 Jahren noch eins dazu, für 15 LouisdOr | 165 fl. |
| – Das alte Pferd vertauschte er – gab heraus | 95 fl. |
| – Und so war er genötiget, alle 10 Jahre junge Pferde zu tauschen mit 100 fl. Aufgab*, welches in 40 Jahren eine Summe machte, von | 640 fl. |
| – Während der 50 Jahre ließ er zwei vollständige Wagen und anderes Fuhrgeschirr machen zu | 200 fl. |
| – Kühe kaufte er nur zwei und ließ die fehlenden nachziehen. Kostete | 120 fl. |
| – Aber zweimal hatte Michel die Viehseuche in seinen Stall bekommen, und mußte zum Ankauf neuen Viehes verwenden. | 300 fl. |
| – Schweine kaufte er alljährlich, zum Mästen, für 12 bis 18 fl. Macht durch fünfzig Jahre, zu 15 fl. gerechent, die Summe von | 750 fl. |
| – An Möbel und Bettung wurden jährlich in Cirka verwendet 30 fl., tut | 1.500 fl. |
| – Kleidungsstücke für Eltern und Kinder gleichfalls jährlich 30 fl., beträgt in 50 J. | 1.500 fl. |

| | |
|---|---|
| – Gesindelohn, für ein[en] Knecht und 2 Mägde jährlich 105 fl. – tut in 50 Jahren | 5.250 fl. |
| – Taglohn, in d. Ernte, Herbst, und andern Zeiten jährlich 30 fl. – macht zusammen in 50 Jahren | 1.500 fl. |
| | |
| Ferner hat Michel ausgegeben: | |
| – An Steuern, jährlich 100 fl. Da er aber die Hälfte seines Guts nach und nach anschaffte, so nehmen wir im Durchschnitt die jährlichen Steuern zu 75 fl., macht in 50 Jahren | 3.750 fl. |
| – An Pfarr- und Schulbesoldung, jährlich eins ins andere gerechent, 7 fl., tut | 350 fl. |
| – Schuhmacher-Arbeit, jährlich 25 fl., macht | 1.250 fl. |
| – Schneiderarbeit – 10 fl. | 500 fl. |
| – Wagner-Arbeit, meistens Reparaturen, und ... [verschrieben] Pflügen[?], jährlich 12 fl. | 600 fl. |
| – Schmiede-Arbeit, samt Pferdbeschlag, jährlich 22 fl., tut in 50 Jahren | 1.100 fl. |
| – Schreiner-Arbeit, jährlich 8 fl., macht | 400 fl. |
| – Sattler-Arbeit, jährlich 12 fl., tut | 600 fl. |
| – Leineweber-Arbeit – 10 fl. – | 500 fl. |
| – Spinnerlohn, jährlich 5 fl., macht | 250 fl. |
| – Töpfergeschirr – 4 fl. | 200 fl. |
| – Zinn, ein Jahr ins andere, 6 fl. | 300 fl. |
| – Kupfer-Geschirr u. Kessel 2 fl. | 100 fl. |
| – Für frisches Fleisch, auf Kirchweih pp. 20 fl. | 1.000 fl. |
| – Salz, jährlich 8 fl., macht in 50 Jahren | 400 fl. |
| – Kaffe[e] und Zucker, 18 fl. jährlich, tut | 900 fl. |
| NB. Damals ward nur Sonntags Kaffe[e] getrunken. | |
| – Tabak, den Michel rauchte, jede Woche für 10 Xr., macht jährlich 8 1/2 fl. – in 50 Jahr | 425 fl. |
| | |
| Michels Haushalt kostete ferner: | |
| – jährlich an Seife 25 St. zu 8 fl. – in 50 Jahr | 400 fl. |
| – Gewürz, 3 fl. | 150 fl. |
| – Hirsen 4 fl. mit Grieß, Habermehl pp. | 200 fl. |
| – Bierhefe u. Backlohn für Kuchen 6 fl. | 300 fl. |
| – Oehl zu schlagen 4 fl. jährlich | 200 fl. |
| – Brennholz, jährlich 30 fl., tut | 1.500 fl. |
| – Schulbücher u. Papier – 5 fl. | 250 fl. |
| – Sensen und Sicheln 3 fl. | 150 fl. |
| – Dreher-Arbeit, Spinnräder | 15 fl. |
| – Bütten, Stennerchen* usw. | 19 fl. |
| | |
| – Für Weinfässer [= zum Aufrunden der Summe] | 171 fl. |
| | Summa 41.000 fl. |

Die Natural[-]Ausgaben sind:
- Korn u. Gerst für Brod
- Weitze für Weißmehl[!]
- Gerst u. Erbsen für Mastung
- Tischwein ... [ein unleserliches Wort]
- Stroh zum Backofen.

Bei diesen enormen Ausgaben blieb er doch der reiche Michel.

Diese Rechnung beweist aber nur, daß Michel ein guter Haushälter gewesen [ist]. Es ist schade, daß seine Einnahmen nicht auch aufgezeichnet sind.

Eben so verhält es sich mit England. Wir wissen seine Einnahmen nicht*: folglich ist unser Urteil, in jedem Fall, ungewiß.[1]

# Register aller bisher bekannten Gedichte von Isaak Maus

## A Register der Gedichtanfänge

Reihenfolge der Angaben:

- Gedichtanfänge in alphabetischer Folge (bei Wechsel zwischen Prosa und Versen: erste Verszeile); die Orthographie ist zwecks einheitlicher Sortierung genormt
- Sternchen (*) bedeutet: der Gedichtanfang ist durch Auswahl des Herausgebers 1985 oder 1998 aus einem umfangreicheren Maus-Text entstanden
- (E): Epistel (= an einen einzelnen Adressaten gerichteter Brief in Versen; die wenigen Stammbucheintragungen sind hier mit eingerechnet); (EP): Epistel mit Prosaanteilen
- Jahr des Erstdrucks (ED); sofern die Erstveröffentlichung nicht in einem der folgenden Sammelbände erfolgt ist, ist sie in einer Anmerkung genannt
- Fundstellen in Maus' drei Lyrikbänden (GB 1786 = Gedichte und Briefe, 1786; PB 1819 = Poet. Briefe, 1819; LG 1821 = Lyr.Gedichte, 1821) sowie in „Der Pflüger hat den Dichterspleen ...", Alzey 1985 (PhD 1985) und im vorliegenden Band „Isaak Maus und sein Badenheim", Alzey 1998 (MuB 1998), wobei Episteln hier z.T. nur auszugsweise wiederabgedruckt sind. – In der jeweiligen Spalte ist die Seitenzahl eingetragen
- Entstehungszeit (soweit bekannt; in Klammern gesetzt)

Nicht aufgenommen sind Rätsel und Charaden sowie einige kurze metrische Einsprengsel in Prosabriefe.

| Gedichtanfang | ED | GB 1786 | PB 1819 | LG 1821 | PhD 1985 | MuB 1998 | Entstanden |
|---|---|---|---|---|---|---|---|
| Ach, lieber Freund! der Zauber ist zu groß (E) | 1819 | | 18 | | | | (1776) |
| Allein, so lang um meine Hütte | 1796[1] | | | | | S. 81 | (1796) |
| Als weiland aus Pandorens Büchse (E) | 1821 | | | 250 | | | |
| Amerika ficht tapfer für die Rechte | 1779[2] | 94 | | | | | |
| Amor! kleiner Weltbezwinger | 1821 | | | 16 | | | (01.05.1787) |
| An deinem Hals soll sie nicht länger klirren (E) | 1821 | | | 215 | | | |
| An dich, an den Ersten der Männer | 1821 | | | 268 | | | |
| An meinem Pflug, wie angeschmiedet | 1821 | | | 226 | 93 | | |
| Auch dann, wenn wir uns nie persönlich schauen (E) | 1819 | | 67 | | | | (Nov.1786) |
| Auch darf man hier, in unsrer lieben Pfalz (E) | 1819 | | 10 | | | | |
| Auch dir, o Göttliche! verlieh (E) | 1819 | | 137 | | | | |
| Auch du kamst, leider! unter's Messer (E) | 1819 | | 300 | | | | (1811) |
| Auf! auf! ihr streitversuchte Brennen | 1821 | | | 74 | | | (1794) |
| Auf deinen Brief vom Julius (E) | 1786 | 221 | | | 65 | | |
| Auf deinen schönen Herbstgesang (E) | 1819 | | 63 | | | | (1789) |
| Auf Eure Kirchweih dich besuchen (E) | hs.[3] | | | | | S. 145 | (15.11.1832) |
| Auf! Lieber, auf! Laß uns dem Schmerz gebieten (E) | 1786 | 84 | 48 [doppelt abgedruckt] | | | | |

| Gedichtanfang | ED | GB 1786 | PB 1819 | LG 1821 | PhD 1985 | MuB 1998 | Entstanden |
|---|---|---|---|---|---|---|---|
| Auf! mein Mädchen, rund und frisch | 1821 | | | 127 | 111 | | |
| Auf morgen werd' ich dich, den Fremdling, sehen (E) | 1821 | | | 280 | | | |
| Auf! Muse, hin zu meinem Leth (E) | 1819 | | 249 | | | | |
| Auf! Muse, sattle den Pegasus (E) | 1819 | | 105 | | | | (01.12.1789) |
| Bald folgst du den Marsen; bald Apoll (E) | 1821 | | | 245 | | | |
| Bald wünscht' ich, von Geschäften los | 1821 | | | 30 | 116 | | |
| Bedenkt, ihr Fürsten! was ihr tut | hs. | | | | | | (vor 1786) |
| Bei diesen Zeiten, / Wo Bettelei (E) | 1819 | | 216 | | | | (1815) |
| Bester Bruder! Ach, das jammert (E) | 1819 | | 26 | | | | (1780) |
| Bester Feldhof! das Geschick (E) | 1819 | | 234 | | | | |
| Biedre Deutsche! zeigt als Patrioten | 1795[4] | | | | | S. 82 | (1794) |
| Da hab' ich's nun! daß mich mein Weibchen schmälte (E) | 1819 | | 280 | | | S 185 | |
| Da Hebe noch an ihrer Hand (E) | 1786 | 151 | | | | | (um 1770) |
| Da ich es heute persönlich nicht kann (E) | hs. | | | | | | (zw.1800 u.1815) |
| Dann bet' ich noch an jedem Morgen | hs. | | | | | S. 106 | (26.08.1804) |
| Dann sink' in tiefes Nichts hinab | 1819 | | 371, Anm. | | | S. 247 | |
| Das alte Jahr ist nun verflossen (E) | hs. | | | | | S. 186 | (01.01.1828) |
| Das Feuer, das in meinen Adern glimmt | 1779[5] | | | 12 | | | |
| Das Liedchen ist noch ungemacht (EP) | 1819 | | 263 | | | | (03.12.1797) |
| Daß du ein fauler Schreiber bist (E) | hs. | | | | | | (vor 1818) |
| Daß ich meine Reise aufgekündet* | | | | | | S. 182 | |
| = Jetzt, Freund! jetzt bin ich wieder Dichter (Auszug) | | | | | | | |
| Daß Menschen sich um Kleinigkeiten | 1803[6] | | | 241 | | | |
| Daß wir so glücklich uns im Felsental einst fanden (E) | 1821 | | | 295 | | | |
| Dein Haus, du deutscher edler Mann (E) | 1786 | 110 | | | | | |
| Dein Sonnenlicht, getreuer Hüter | 1821 | | | 164 | | S. 181 | |
| Dein Tadel, Kunz, ist bloßer Dunst | 1821 | | | 288 | | | |
| Deine Briefe, Lindenmeier! (E) | hs.[7] | | | | | | (Sept.1787) |
| Dem Biedermann soll heut mein Lied ertönen | 1821 | | | 305 | | | |
| Dem Lande Heil! | 1821 | | | 237 | | | |
| Dem Weisen, sagt man, sei die Welt sein Haus | 1821 | | | 246 | | | |
| Den Biedermann gewinnt man lieb (E) | 1819 | | 74 | | | | |
| Den Geist der Wahrheit laß mich kühn verbreiten* | | | | | | | |
| = Wall über mir, du Genius der Tugend (Auszug) | | | | | | | |
| Der Aberglaub' schlich, abgezehrt und mager | 1803[8] | | | 287 | | | |
| Der alte deutsche Mut | 1779[9] | 93 | | | | | |
| Der Bauer Hans / War einst am Hofe | 1786 | 39 | | | | | |
| (Der Busch von einem Bassa schmückt | 1779[10], von Maus?) | | | | | | |
| Der Dichter kam in seinen alten Tagen | 1821 | | | 289 | | | |
| Der Fenstermacher ziert das Haus | hs.[11] | | | | | S. 115 | (14.10.1810) |
| Der Gott, der mich ins Leben schuf | 1821 | | | 59 | | | |
| Der Guckuck soll den Herrn Gevatter holen (E) | 1934[12] | | | | | | (Okt.1791) |

| Gedichtanfang | ED | GB 1786 | PB 1819 | LG 1821 | PhD 1985 | MuB 1998 | Entstanden |
|---|---|---|---|---|---|---|---|
| Der Osterhas / Hat eine feine Nas' (E) | hs. | | | | | | (07.04.1817) |
| Der Ostwind bläst so scharf | hs. | | | | | S. 116 | (14.10.1810) |
| Der schöne Herbst, im sanftgetuschten Kleide | 1821 | | | 277 | 91 | | (Okt.1806) |
| Der Winter greift mit kalter Hand | 1821 | | | 99 | | S .90 | (1805) |
| Des Dichters kühne Phantasei | 1786 | 98 | | | | | |
| Des Eh'stands Kleinod wurde dir (E) | 1821 | | | 63 | | | |
| Des Weltalls Vater! der du, nebst zahlenlosen Geschöpfen | 1786 | 123 | | | | | |
| Die Allgewalt, die Alles schafft | 1834[13] | | | | | S. 166 | (03.05.1829) |
| Die Feierstunde bricht herein | 1821 | | | 167 | | | |
| Die Freundschaft macht die Seele heiter | 1821 | | | 279 | 119 | | |
| Die Frömmigkeit war stets dem Weisen wert | 1821 | | | 282 | 146 | | |
| Die Jugend hat ihre Perioden | 1821 | | | 132 | | | |
| Die Liebe macht das Leben schön | 1821 | | | 29 | | | |
| Die Morgensonne hat's gesehn (E) | 1821 | | | 23 | | | |
| Die Sorgen könnt ihr euch ersparen (EP) | 1821 | | 21 | | | | (1776) |
| Die unentbehrlichste von allen Hypothesen | 1845[14] | | | | | | |
| Die Unschuld sei dein schönster Kranz (E) | 1821 | | | 296 | | | (1811) |
| Dies ist das schönste Jahr für mich (E) | 1819 | | 61 | | | | |
| Dir sing' ich heut' ein Liebeslied (E) | 1821 | | | 38 | | | |
| Drum hab ich itzt auch kein Gefühl (EP) | 1786 | 171 | | | | | (1777) |
| Du, Erdbewohner, foderst viel von mir | 1821 | | | 297 | | | (1816) |
| Du glänzest schon am frühen Morgen | 1845[15] | | | | | | (01.04.1827) |
| Du legst, o Gott! mir schwere Sorgen | 1821 | | | 169 | | | |
| Du, Lieber! zürnest doch wohl nicht (E) | 1784[16] | 190 | | | | | (09.12.1783) |
| Du, Quälerin des menschlichen Gemüts | 1821 | | | 147 | | | (Okt.1814) |
| Du schlummerst hin zur Ewigkeit | 1786 | 64 | | | 149 | | (wohl 1777) |
| Durch Fleiß und Dung läßt sich's zuweilen zwingen | 1788[17] | | | | 80 | | |
| Durch mein langes Schweigen euch betrüben (E) | 1786 | 114 | | | | | |
| | | | | | | | |
| Ein jeder bleib' bei seinem Fach* | | | | | 151 | | |
| = Wenn ich den Spuk mit meinem Steckenpferd (Auszug) | | | | | | | |
| Ein jeder hat sein Steckenpferd | 1786 | 90 | | | | | |
| Ein kleines Liedchen, Freund! für dich (E) | 1821 | | | 47 | 120 | | |
| Ein kritisch Lächeln zwingts mir's ab (E) | 1985[18] | | | | | S. 176 | (Febr.1787) |
| Ein Mädchen! Bruder, ach wie schön (E) | 1819 | | 24 | | | | (1779) |
| Ein Mädchen waget sich (E) | 1819 | | 81 | | | | (vor 1788) |
| Ein neues Jahr steigt heute auf den Thron (E) | 1819 | | 277 | | | | (01.01.1793) |
| Ein Schatz, wornach so viele Väter schmachten (E) | 1819 | | 46 | | | | |
| Ein Schiffer, der auf offner See | 1785[19] | 55 | | | | | (1784 oder früher) |
| Ein Tag verbracht in Gottes Namen | 1821 | | | 171 | | | |
| Ein Töchterlein – Geliebter, ha! (E) | 1985 | | | | 114 | | (zw. 1786 u.1797) |
| Endlich sucht mein Liebesschiffchen | 1786 | 50 | | | | | |
| Erlaub es doch, geliebter Fürst | 1803[20] | | | | | | |

| Gedichtanfang | ED | GB 1786 | PB 1819 | LG 1821 | PhD 1985 | MuB 1998 | Entstanden |
|---|---|---|---|---|---|---|---|
| Ha! welch schönes Bauernmädchen | 1821 | | | 25 | | | |
| Ha! wieder 'mal ein Meisterstreich | 1821 | | | 210 | | | |
| Hätte nicht das donnernde Geschoß (E) | 1819 | | 177 | | | | (1795) |
| Hat der wilde Krieg denn ausgerungen | 1821 | | | 118 | | | (1804) |
| Heil dir, o Mensch! der Kriegesdonner schweigt | 1821 | | | 84 | | | (1797) |
| Held! laß den Kriegesdonner schweigen (E) | 1821 | | | 243 | | | |
| Herr! deine Nacht bricht wieder ein | 1821 | | | 175 | | | |
| Herr Diogen ließ sich begnügen | 1821 | | | 244 | | | |
| Herr! öffne meinen schwachen Sinn | 1821 | | | 176 | | | |
| Herr Pastor Brand ist sehr galant | 1821 | | | 292 | | | |
| Herr Phöbus jage seinen Schimmel | 1786 | 119 | | | | | |
| Herr Zugenau, gewiß kein Prasser | 1803[28] | | | 242 | | | |
| Hier die versproch'ne Aeneis (E) | 1821 | | | 281 | | | |
| Hier ist ein Pärchen, stolz und gut | 1821 | | | 103 | | | |
| Hier kömmt die Jungfer Pikterick (E) | 1821 | | | 275 | | | |
| Hier kömmt Herr Uz mit seiner goldnen Leier (E) | 1779[29] | 52 | | | | | |
| Hillerius, gewiß kein Prasser | 1803[30] | | | | | | |
| [Anfang später: „Herr Zugenau, gewiß kein Prasser", s.dort] | | | | | | | |
| Hier sitz' ich, ein Geschwür am Bein (E) | 1819 | | 283 | | | | |
| Hoch! Freunde, hoch' – denn Hochzeitsfeier | 1821 | | | 111 | 108 | | (1791) |
| Ich bin dir gut, geliebtes Kind (E) | 1819 | | 84 | | 47 | | (vor 1788) |
| Ich bin geflügelt wie Merkur | 1821 | | | 57 | 118 | | |
| Ich bin vergnügt an jedem Morgen | 1821 | | | 135 | | | |
| Ich fall' um Deinen Hals, und weine! | 1795[31] | | | | | | |
| Ich hab ein bißchen lang geschwiegen (E) | 1786 | 216 | | | 63 | | |
| Ich halte viel aufs Kirchengehen | hs. | | | | | S. 191 | |
| Ich kann nicht länger wallen hier | 1805[32] | | | 72 | | | |
| Ich kenn ein Mädchen ernst und mild (E) | 1786 | 112 | | | | | |
| Ich kenn ihn zwar, den großen Friedrich, wenig | 1779[33] | 93 | | | | | |
| Ich ließ dir meinen Sohn studieren? (E) | 1786 | 91 | | | | | |
| Ich scheide von der großen Welt | 1821 | | | 21 | | | (Okt.1786) |
| Ich schwör' es dir bei meinem Pflug (E) | 1786 | 166 | | | | | (Frühj.1776) |
| Ich würde dir im Ventose schreiben (E) | 1819 | | 211 | | 102 | | (24.02.1805) |
| Ihr habt den Weg verfehlt | 1821 | | | 288 | 130 | | |
| Ihr Herrn! es ist in jedem Fall | 1786 | 97 | | | | | |
| Ihr lieben Leutchen! habt Geduld (E) | 1819 | | 93 | | | | (vor 1788) |
| Ihr lieben Leutchen! sagt doch mir (EP) | 1819 | | 222 | | | | (20.01.1812) |
| Ihr Sang bezaubert Herz und Ohr | 1786 | 113 | | | | | |
| Ihr Vögelchen, seid nun vergnügt | hs. | | | | | | (1827, gemeinsam mit J.Hirsch-mann) |
| In's Kaufmannshaus am Bächelchen! | 1821 | | | 141 | 104 | | |
| Ist denn die Gerste bald geschnitten? (E) | 1786 | 92 | | | | | |

| Gedichtanfang | ED | GB 1786 | PB 1819 | LG 1821 | PhD 1985 | MuB 1998 | Entstanden |
|---|---|---|---|---|---|---|---|
| Ist schon das Menschenvolk ein bischen jetzt verwildert | 1786 | 113 | | | 130 | | |
| Itzt, Bruder! itzt Vestalen Hohn! (E) | 1786 | 169 | | | | | (16.03.1777) |
| → Zum sechsten Mal erblickt er heute* | | | | | 113 | | |
| Itzt, Freund, itzt bin ich wieder Dichter [hs. Fassung von „Jetzt, Freund! jetzt bin ich wieder Dichter", s. dort] | | | | | | | |
| Ja, ja, dies ist der Mann, so wirst du, Bester! sagen (E) | hs. | | | | | | (vor 1818) |
| Ja viele, viele Tage vergehn [hs. Fragment von „Auf! Muse, sattle den Pegasus", s. dort] | | | | | | | |
| Jäger! von der edlen Bande | 1821 | | | 137 | | | (Mai 1815) |
| Jetzt, Freund! jetzt bin ich wieder Dichter (E) | 1819 | | 32 | | | | |
| Jetzt tönt die Harfe nicht, es tönt der Sichelstreich | 1800[34] | | | | | S. 178 | |
| Jüngling, halte doch nur ein | 1775[35] | 68 | | | | | |
| Kaum glänzt die goldne Morgenröte | 1786 | 87 | | | 74 | | |
| Komischer – und doch schön! – war dein Gesuch nicht anzukarten (E) | hs. | | | | | | (zwischen 1781 und 1797) |
| Komm, o Lieber! gieb mir deine Rechte (E) | 1819 | | 319 | | 62 | | (1805) |
| Kommt, Geister aus der ersten Zeit! | 1821 | | | 82 | | | |
| Kommt, junger Herr, verwalt' er meine Sachen | 1821 | | | 293 | | | |
| Krank? – Lieber Hunold! das ist schlimm (E) | 1785[36] | 80 | | | | | |
| Kühn war es, was mein Bruder tat | 1821 | | | 40 | | | (wohl 1790) |
| Kühn, wie die Unschuld am Throne der Themis (E) | 1919[37] | | | | | | (26.05.1789) |
| Laß die Kanonen wieder krachen (E) | 1926[38] | | | | | S. 110 | (11.09.1805) |
| Laß die Sektierer sich ermorden (E) | 1821 | | | 101 | | | (um 1805) |
| Laß hoch im Heiligtum erschallen | 1821 | | | 157 | | | |
| Laß, junger Herr, dich nicht verführen | 1821 | | | 236 | | | |
| Laß, Räuber! laß, ich bitte, deine Krallen | 1786 | 3 | | | 38 | | |
| Laßt euch erbitten, gute Götter | hs.[39] | | | | 148 | | (19.02.1827) |
| Laßt um den Menschen her Kanonendonner hallen (EP) | 1819 | | 206 | | | S. 84 | (1796) |
| Liebchen! komm in meine Klause | 1786 | 72 | | | | | |
| Liebe Sonne, deine Strahlen | 1845[40] | | | | | | (06.04.1827) |
| Lieber Hirschmann, glaub' es mir (E) | hs. | | | | | | (01.01.1828) |
| Lohnend ist des Sommers schwere Plage | 1786 | 78 | | | 89 | | |
| Macht der Lenz die Erde neu | 1800[41] | | | 6 | | | |
| Maschine? – Ha! das bin ich nicht (E) | 1819 | | 124 | | | | |
| Mein grosser Freund (E) | 1782[42] | | | | | | |
| Mein Lieber! es freut mich im Herzen recht sehr (E) | 1819 | | 324 | | | | (vor 1815) |
| → Es scheint gewöhnlich der Moralist* | | | | | 128 | | |
| Mein lieber Feldapostel! heut' (E) | 1819 | | 171 | | | | (25.03.1794) |

| Gedichtanfang | ED | GB 1786 | PB 1819 | LG 1821 | PhD 1985 | MuB 1998 | Entstanden |
|---|---|---|---|---|---|---|---|
| Mein Lieber! ich habe kein langes Register (E) | 1819 | | 4 | | | | (vor 1781) |
| Mein lieber Sohn!/ Wie sichs versteht, im Bosenheimer Ton (E) | hs.[43] | | | | | S. 108 | (04.08.1805) |
| Mein trauter W-, du lebst in Einsamkeit (E) | 1821 | | | 299 | | | |
| Mein Ziel, O Gott! ist nicht mehr ferne | 1821 | | | 177 | | | |
| Melancholie, entfleuch aus meinem Busen | 1805[44] | | | 61 | 125 | | |
| Menant ist für die Schönen kalt | 1786 | 120 | | | | | |
| Mir, Freundin! brech ich selbst den Stab (E) | hs. | | | | | | (20.04.1788) |
| Mir lastet Madame Geschäftigkeit* = Wie oft vergleich' ich die felsigte Höhle (Auszug) | | | | | 77 | | |
| Mir träumte von des Alters Wonne | 1821 | | | 155 | 139 | | |
| Mit Ehrfurcht hat die Welt ihn einst betrachtet | 1821 | | | 291 | | | |
| Mütterlich Land, O Erde! | 1779[45] | 53 | | | 76 | | |
| Muß ich nicht auf mich selber schmälen! (E) | 1819 | | 50 | | | | |
| Mutter Erde traurt im Winterkleide | 1786 | 82 | | | 15 | | (Jan.1784) |
| Nein, Lieber, nein, so wollen wir nicht scheiden (E) | 1821 | | | 207 | 121 | | |
| Noch einmal führt die Furie Krieg | 1821 | | | 78 | 141 | | (Sommer 1794) |
| Nun aber sitz' ich wieder hier* = Geliebte Freundin! Wochenlang (Auszug) | | | | | 92 | | |
| Nun, Freundin komm' ich endlich wieder (E) | 1819 | | 88 | | | | |
| Nun ist ein Jahr vorbei, mein Lieber! (E) | 1785[46] | 214 | | | | | (31.12.1784) |
| Nun naht des Schlafes stille Stunde | 1953[47] | | | | 147 | | |
| Nun wirst du wohl die Musen weiter schicken? (E) | 1786 | 148 | | | | | (vor 1776) |
| Nunmehr vergiß't der Landmann alle Not (E) | 1786 | 175 | | | 87 | | (Herbst 1783) |
| O, Amor! suchst du mich einst zu bekriegen | hs. | | | | | | (Sommer 1786) |
| O! der Mensch – er wär ein Engel (E) | 1786 | 86 | | | | | |
| O, diesen Mädchen bin ich gut | 1786 | 121 | | | | | |
| O, Freunde! habt ihr Sinn dafür | 1821 | | | 35 | 72 | | |
| O Freundin! glaub', es tut mir leid (E) | 1819 | | 99 | | | | (vor 1788) |
| O, Frühling! sonst die lieblichste der Zeiten | 1821 | | | 183 | | | (Frühj. 1794) |
| O Genius des menschlichen Geschlechts! | 1821 | | | 196 | | | |
| O, guter Hirschmann! liebst du einen Schatz (E) | hs. | | | | | | |
| O, himmlische Religion! | 1821 | | | 240 | | | |
| O ihr verzärtelte Städter! | 1786 | 101 | | | | | |
| O, kalter Mond! mit schrecklicher Grimasse | 1821 | | | 228 | | | (Aug.1787) |
| O, Träger! bleibe nur zurück! (E) | hs. | (1786) | | | | | |
| O Undankbarer! wirst du sagen (E) | 1819 | | 271 | | | | (15.01.1798) |
| Pedall, ein Mann bei Jahren schon | 1821 | | | 217 | | | (Sept.1787) |
| Pfui! mit des Alter Gram und Sorgen (E) | 1819 | | 239 | | | | (1805) |
| Prinz! Prinz! So bist du wirklich da? | 1821 | | | 261 | | | (20.03.1811) |

| Gedichtanfang | ED | GB 1786 | PB 1819 | LG 1821 | PhD 1985 | MuB 1998 | Entstanden |
|---|---|---|---|---|---|---|---|
| Recht hast Du, Freund! über den Winter zu klagen (E) | 1834[48] | | | | | S.165 | (Winter 1829) |
| Reiß dich heraus aus deinem Krankenbette (EP) | 1786 | 196 | | | | | |
| Reizendschön ist Gottes Erde | 1805[49] | | | 67 | | | |
| Sanfte Wölkchen! steigt herab (E) | 1821 | | | 44 | | | |
| Schimpf' er mir auf den König Friedrich nicht (E) | 1819 | | 192 | | | | (1789) |
| Schimpft auf den deutschen Adel nur | 1821 | | | 232 | | | (1785) |
| Schlimm ist's, wer seinen Stand verleugnet (E) | 1819 | | 43 | | | | |
| Schon komm' ich ja, Herr General! (E) | 1819 | | 275 | | 56 | | (Sommer 1794) |
| Schon lange Zeit bin ich ganz Bauer (E) | 1786 | 178 | | | | | |
| Schon wiederum ein Jahr dahin | 1805[50] | | | 33 | | | |
| Sei mir gegrüßt! du schönes Land | 1821 | | | 251 | | | |
| Sei mir gegrüßt, erhabner Mann! (E) | 1797[51] | | | | | | (01.01.1797) |
| Sei mir gegrüßt in Deiner Hütte (E) | 1845[52] | | | | | | |
| Seid mir gegrüßt, ihr, meine Lieben! (E) | 1786 | 117 | 257 [doppelt abgedruckt] | | | | |
| Seid willkommen, edle Franken | 1792[53] | | | | | S. 72 | (Dez. 1791/ Jan. 1792) |
| Seit lange warst du, Edle! schon | 1821 | | | 249 | | | |
| Sie macht mir manchen frohen Tag | 1786 | 99 | | | 43 | | |
| Sieggewohntes Sachsenheer | 1794[54] | | | 11 | | | (Frühj. 1794) |
| So band dich, lieber! das Geschick in Franken (E) | 1784[55] | | 145 | | | | (Herbst 1783) |
| So bangt dir denn, mein lieber Körner! (E) | 1819 | | 267 | | | S. 183 | |
| So denkst du unter tausend Freuden (E) | 1786 | 180 | | | | | |
| So ganz im Stillen glaubtest du (E) | 1819 | | 53 | | | | |
| So ganz natürlich ist es nicht (E) | 1819 | | 183 | | 84 | | |
| So hätte mein Vetter mich diesmal wirklich übertroffen (E) | 1785[56] | | 120 | | | | |
| So hättest du, Geliebte, dann den Streit (E) | 1819 | | 157 | | | | |
| So hast du denn, mein lieber Vetter (E) | 1819 | | 297 | | 137 | | |
| So hat denn mein Alter mich diesmal wirklich übertroffen? (E) [2.Fassung von „So hätte mein Vetter ...“, s.o.] | 1819 | | 120 | | | | |
| So ist denn wieder alles still (E) | 1819 | | 151 | | | | (Ende 1790) |
| So schlag denn Blei und Pulver drein! | 1821 | | | 145 | | | |
| So wäre denn der Bund beschworen (E) | 1786 | 229 | | | | | |
| So wär's denn endlich wieder Zeit (EP) | 1819 | | 259 | | | | |
| So war es denn, mein lieber Koch! (E) | hs. | | | | | | (1802) |
| So war's noch nie, Gevatter Hans | 1803[57] | | | 239 | | | |
| So warst du denn wirklich ein wenig böse auf mich? (E) | 1819 | | 227 | | | | |
| So weißt du nicht mehr, wo ich wohne? (E) | 1819 | | 36 | | | | (wohl 1788) |
| So wie das Kind am Wege nach der Stadt (E) | 1786 | 154 | | | | | |
| Starker edler Saft der Reben! | 1821 | | | 115 | 99 | | |
| Stets hofft von Sehnsucht angebleicht | 1786 | 35 | | | | | |
| Stiller Kirchhof! Ziel der Leiden | hs. | | | | | | |

| Gedichtanfang | ED | GB 1786 | PB 1819 | LG 1821 | PhD 1985 | MuB 1998 | Entstanden |
|---|---|---|---|---|---|---|---|
| Tochter Rheins! an seiner schönen Krümme | 1786 | 100 | | | | | (1785/86) |
| Tönt hier in der einsam stillen Zelle | 1786 | 63 | | | | | |
| Traut nicht dem Jüngling, der nur schmeichelt | hs. | | | | | | |
| Und wenn Merkur, mit Flügelstab und Haube (E) | 1821 | | | 278 | | | |
| Unendlich hat's mich stets entzückt (E) | hs. | | | | | | (1770) |
| [2.Fassung s.u. „Wie herzlich hat es mich entzückt"] | | | | | | | |
| Uns scheinet heut' die Sonne nicht vergebens | 1821 | | | 119 | | | (1812) |
| Vergebens laurt Aeol, den Luftball zu entführen | 1786 | 96 | | | | | |
| Verkündet hoch der Bäcker Lob | 1821 | | | 139 | | | |
| Verlaß mich nicht, du reine Luft | 1845[58] | | | | | | (02.04.1827) |
| Verlaß, O Furie Krieg, das Tempe dieser Gauen | 1821 | | | 150 | | | (1815) |
| Verzeih's dem Freund / Dem's eitel scheint (E) | 1821 | | | 284 | | | |
| Vesta! deine Bande sind zerrissen | 1786 | 36 | | | | | |
| [= Teildruck von „Güldne Sonne! Königin ...", s. dort] | | | | | | | |
| Viel Glück! mein Freund, zur neuen Stelle (E) | 1819 | | 103 | | | | |
| Von Angesicht zu Angesicht (E) | 1786 | 238 | | | | | |
| Von einer schönen Ritterfahrt | 1786 | 75 | | | | | |
| Von unsrer Erndte, unserm Wein (E) | 1819 | | 188 | | | | |
| Vor unser's Gottes geheiligtem Throne | hs. | | | | | | (1825) |
| Wall über mir, du Genius der Tugend | 1821 | | | 8 | | | |
| Wandelbar sind unsre Tage | 1802[59] | | | 54 | | | (1802) |
| Warum so traurig? Liebster Schaller! (E) | 1819 | | 71 | | | | |
| Was ich versprochen, / Was längstens schon (E) | 1785[60] | 205 | | | | | (Juni 1784) |
| Was, meint ihr, wird der Bauer machen | 1821 | | | 234 | 101 | | |
| Was soll denn für unser einen / Die Devise sein? (E) | 1821 | | | 238 | | | |
| Was soll denn, liebster Beroldingen! (E) | 1819 | | 78 | | | | (Dez.1786) |
| Was tat ich dir, du edler Mann? (E) | 1786 | 182 | | | 50 | | (Anf. 1783?) |
| Welch ein Besuch dem armen Erdensohn! | 1786 | 11 | | | | | |
| Wem Holz und Brod im Winter fehlt | 1821 | | | 247 | | | |
| Wem künd' ich denn die Fehde an? (E) | 1819 | | 195 | | | | (1791) |
| Wen hab' ich so wie Hunold lieb (E) | 1819 | | 116 | | | | |
| Wenn ich den Spuk mit meinem Steckenpferd (E) | 1786 | 131 | | | | | |
| → Ein jeder bleib' bei seinem Fach* | | | | | 151 | | |
| Wenn ich Dir heut' im Stegreif dichte (E) | 1834[61] | | | | | S. 167 | (April 1830) |
| Wenn ich nicht fest im Sattel wäre (EP) | 1819 | | 165 | | 52 | | (1793) |
| Wenn ich nicht froh und munter bin | 1821 | | | 4 | 98 | | |
| Wenn nun – nach Jahren, die im Wirrwarr uns (E) | 1819 | | 354 | | | | (1817) |
| Wenn Tugend und Verstand | 1786 | 102 | | | | | |
| Wer ist glücklicher als ich? | 1779[62] | 61 | | | 107 | | |
| Wer kann das Hudeln länger dulden (E) | 1821 | | | 301 | | | |
| Wer sich an Geist und Edelmut | 1821 | | | 160 | | | |

| Gedichtanfang | ED | GB 1786 | PB 1819 | LG 1821 | PhD 1985 | MuB 1998 | Entstanden |
|---|---|---|---|---|---|---|---|
| Wer sollt' auch nicht den holden Sänger lieben (EP) | 1819 | | 350 | | | | |
| → Wo sich auf sanftbewegten Flächen* | | | | | 69 | | |
| Wer will den Kampf mit uns bestehen | hs. | | | | | | |
| Wie bin ich dir, O Muse, gut! | 1779[63] | 8 | | | | | |
| Wie falsch sagt man: Im Land der Briten | 1779[64] | 94 | | | | | |
| Wie floß denn die Zeit dir übrigens hin?* | | | | | | S. 179 | |
| = Auf! Muse, sattle den Pegasus (Auszug) | | | | | | | |
| Wie glücklich ist, geliebter Sohn! | 1821 | | | 42 | | | |
| Wie herzlich hat es mich entzückt (E) | 1819 | | 7 | | | | (1770) |
| = Druckfassung von „Unendlich hat's mich ...", s.o. | | | | | | | |
| Wie könnten kleine Tändeleien (E) | 1786 | 57 | | | | | |
| Wie konntest du, Geliebte! doch (E) | 1819 | | 29 | | | | (Sept.1786) |
| Wie lang' der liebe Gott es mir vergönnt | 1834[65] | | | | | S. 168 | (03.03.1833) |
| Wie oft vergleich' ich die felsigte Höhle (E) | 1819 | | 341 | | | | |
| → Mir lastet Madame Geschäftigkeit* | | | | | 77 | | |
| Wie schön, wie angenehm, O Abendsonne! | 1786 | 66 | | | 124 | | |
| Wie steht er nicht an gottgeweihter Stelle (EP) | 1819 | | 57 | | | | (Frühj. 1779) |
| Wie ungenügsam ist des Menschen Herz! (E) | 1819 | | 40 | | | | (Juni 1787) |
| Wildes Wetter! stürm' heran | 1821 | | | 27 | | | |
| Wir fanden uns, durch Sympathie verwandt (E) | 1819 | | 288 | | | | |
| Wir sahen, Freund! auf ihrer schlimmen Seite (E) | 1819 | | 312 | | | | (1812) |
| Wir stehn betrübt, wie unsre Eigentümer | 1821 | | | | 310 | S. 91 | (Okt.1816) |
| Wirst du nach Stand und Würden sie rangiren (E) | 1821 | | | 286 | | | |
| Wo, Freundinn! wohnt denn der Lykurg (E) | 1786 | 70 | | | | | |
| Wo sich auf sanftbewegten Flächen* | | | | | 69 | | |
| = Wer sollt' auch nicht den holden Sänger lieben (Auszug) | | | | | | | |
| Wohlan! geehrte Herrn! weil Sie mich darum bitten (E) | 1786 | 127 | | | | | |
| Wohlan, mein Freund! viel Glück zum neuen Jahre (E) | 1834[66] | | | | | S. 167 | (01.01.1833) |
| Zufriedenheit allein ist wahrer Himmel! (E) | 1788[67] | | 76 | | | | (März 1788) |
| Zum Glück! mit dem bösen Wind (EP) | hs. | | | | | | (vor 1818) |
| Zum sechsten Mal erblickt er heute* | | | | | 113 | | |
| = Itzt! Bruder, itzt Vestalen Hohn (Auszug) | | | | | | | |
| Zur Zelt der Monarchie der Tiere | 1821 | | | 204 | | | |
| Zwei Jahre sind seitdem verflossen (E) | 1819 | | 321 | | 126 | | (01.01.1810) |
| Zwei reizende Mädchen, Louise und Lott' | 1786 | 45 | | | | | |
| Zwei tapfre Krieger steh'n im Streit | 1786 | 31 | | | | | (1778) |

## B Register der Gedichtüberschriften

Dieses Register enthält nur echte, auf den Inhalt des Gedichts bezogene Überschriften, nicht bloße Empfängerangaben wie „An Freund L –" oder „An ebendenselben"; es kann daher nicht Maus' Episteln auflisten. Es enthält nicht die Überschriften, die spätere Herausgeber über Gedichte von Isaak Maus gesetzt haben, auch nicht die, die für die Episteln und Epistelauszüge in „Der Pflüger hat den Dichterspleen ..." gewählt sind.

| | |
|---|---|
| An Herrn R-, über falsche Politik | Wer kann das Hudeln länger dulden |
| An Hrn N.N. auf das neue Jahr 1828 | Das alte Jahr ist nun verflossen |
| An Junker Hans | Laß, junger Herr, dich nicht verführen |
| An Kunz | Dein Tadel, Kunz, Ist bloßer Dunst |
| An mein Geschick | Das Feuer, das in meinen Adern glimmt |
| An meine Freundinnen zu F[riedewald] | Seid mir gegrüßt, ihr, meine Lieben! |
| An meinen Freund D[iehl], in schweren Leiden | Auf! Lieber, auf! Laß uns dem Schmerz gebieten |
| An meinen Freund Hunold, auf die Nachricht, daß [...] | Krank? – Lieber Hunold! das ist schlimm |
| An meinen Freund in der Ernte | Ist denn die Gerste bald geschnitten? |
| An meinen Freund K-, als ihm sein erster Sohn [...] | Des Eh'stands Kleinod wurde dir |
| Auf Amerika | Amerika ficht tapfer für die Rechte |
| Auf den Feldzug in Böhmen 1778 | Zwei tapfre Krieger steh'n im Streit |
| Auf den König von Preußen [Friedrich II.] | Ich kenn ihn zwar, den großen Friedrich, wenig |
| Auf den Luftball zu *** | Vergebens laurt Aeol, den Luftball zu entführen |
| Auf Deutschland | Der alte deutsche Mut |
| Auf England | Wie falsch sagt man: Im Land der Briten |
| Auf Freund T-s Abreise | Und wenn Merkur, mit Flügelstab und Haube |
| Auf Mainz,als mein Freund H[unold] es verlassen hatte | Tochter Rheins! an seiner schönen Krümme |
| Aufmunterung zum Ehestand | Die Jugend hat ihre Perioden |
| Aufmunterung zur Fröhlichkeit | Wenn ich nicht froh und munter bin |

*B*

| | |
|---|---|
| Bäckerlied | Verkündet hoch der Bäcker Lob |
| Bauern-Lied | Lohnend ist des Sommers schwere Plage |
| Bei dem Grabe des Herrn Pfr. F[ittich?] | Du schlummerst hin zur Ewigkeit |
| Bei der Subskription eines Luftballs | Ihr Herrn! es ist in jedem Fall |
| Bei Juliens Hochzeitsfeier | Vesta! deine Bande sind zerrissen |
| Bemerkung | Des Dichters kühne Phantasei |
| Betrachtung über den Selbstmord | Dem Weisen, sagt man, sei die Welt sein Haus |

*D*

| | |
|---|---|
| Das aufrichtige Mädchen | Jüngling, halte doch nur ein |
| Das Gelübde | Ein Schiffer, der auf offner See |
| Das Lob der vernünftigen Selbstliebe | O Genius des menschlichen Geschlechts! |
| Das neue Jahr 1816 | Du, Erdbewohner, foderst viel von mir |
| Das Reich der Dämmerung. Eine Erzählung | Es war einmal – So fangen sich, ich wette |
| Das Schicksal der Wahrheit | Seit lange warst du, Edle! schon |
| Das Schicksal des alten Dichters | Mit Ehrfurcht hat die Welt ihn einst betrachtet |
| Dem Herrn Herrn General-Direktor Bella | Sei mir gegrüßt, erhabner Mann! |
| Der Autor | Es lüstet meiner Poesie |
| Der Bauer an seinen aus der Residenz entflohenen Fürsten | Erlaub es doch, geliebter Fürst |
| Der Bauer an seinen Sohn | Wie glücklich ist, geliebter Sohn! |
| Der Bauer Hans | Der Bauer Hans / War einst am Hofe |
| Der Besuch der Götter | Welch ein Besuch dem armen Erdensohn! |
| Der betrunkene Bauer | Was meint ihr, wird der Bauer machen |
| Der dankbare Vergnügte | Reizendschön ist Gottes Erde |
| Der Dichter und der Bauersmann | Der Dichter kam in seinen alten Tagen |

*E*

*F*

| | |
|---|---|
| Freimaurerlied | Laß hoch im Heiligtum erschallen |
| Freimaurerlied der Brüder im Güldenbacher Tale | Wer sich an Geist und Edelmut |
| Friedens-Hymne | Euch, Freunde, künd' ich den Frieden an |
| Friedenslied 1797 | Heil dir, o Mensch! der Kriegesdonner schweigt |
| Friedenslied für meine Freunde. 1801. | Friede! ertönet / Freudig am Vater Rhein |

*G*

| | |
|---|---|
| Gebet eines Greises | Mein Ziel, o Gott! ist nicht mehr ferne |
| Gebet eines Jünglings | Wall' über mir, du Genius der Jugend |
| Gedanken über die Leiden dieser Welt. Beim Tode [...] | Wandelbar sind unsre Tage |
| Glaubensbekenntnis! | Ich halte viel aufs Kirchengehen |
| Gratulation an meinen Freund O –. | Freund O – ! in jedem Fall /viel Glück [...] |

*H*

| | |
|---|---|
| Hans und Velten | So war's noch nie, Gevatter Hans |
| Hochzeitsgesang für Herrn B – | Erwünschter Tag! mit ungezählten Freuden |
| Hochzeitslied für meinen Freund Herrn S – | Dir sing ich heut' ein Liebeslied |
| Hochzeitslied, am Vermählungstag meines Freundes L – | Hoch! Freunde, hoch! – denn Hochzeitfeier |
| Hymne, an N.N., Großgönner der Esel. Gesungen vom Chor | An dich, an den Ersten der Männer |

*I*

| | |
|---|---|
| In der Ernte | Jetzt tönt die Harfe nicht, es tönt der Sichel [...] |
| In Herrn G-s Stammbuch | Verzeih's dem Freund |
| In Herrn L-s Stammbuch | Was soll denn für unser einen/ Die Devise sein? |
| In Herrn S- Stammbuch | Daß wir so glücklich uns im Felsental [...] |
| In Herrn St-s Stammbuch | Wirst du nach Stand und Würden sie rangiren |
| Ins Stammbuch der Demoiselle F-, 1811 | Die Unschuld sei dein schönster Kranz |
| Inschrift am Gerichtshaus zu – | Dem Lande Heil! |

*J*

| | |
|---|---|
| Jörg und Hans, ein Dialog über Holzteurung, u. dgl. | Wem Holz und Brod im Winter fehlt |
| Jugendlied | Glückliche Tage – die fröhlichsten Zeiten |
| Jugend-Sinn | Auf! mein Mädchen, rund und frisch |

*K*

| | |
|---|---|
| Kaiser Leopold, als Nachfolger Joseph's des Zweiten | Kühn war es, was mein Bruder tat |
| Kein Laster und keine Torheit ist neu | Daß Menschen sich um Kleinigkeiten |
| Kirch-Einweihungslied [..., Badenheim 03.05.1829] | Die Allgewalt, die Alles schafft |
| Kloster-Lied | Tönt hier in der einsam stillen Zelle |
| Konfirmations-Lied, für Kinder | Vor unser's Gottes geheiligtem Throne |
| Kriegslied, der K.K. Oestreichischen Jäger. Im May 1815 | Jäger! von der edlen Bande |

*L*

| | |
|---|---|
| Landlied | O, Freunde! habt ihr Sinn dafür |
| Lied auf die Franken [auch: Der Teutsche an die Franken] | Seid willkommen, edle Franken |

*V*

| | |
|---|---|
| Vaters-Sorgen | Bald wünscht' ich, von Geschäften los |

*W*

| | |
|---|---|
| Wanderung der Dinge [von Isaak Maus?] | Der Busch von einem Bassa schmückt |
| Winterlied im Jenner 1784 | Mutter Erde traurt im Winterkleide |
| Wunsch eines Landmanns [später: Lied eines Landmanns] | Mütterlich Land, O Erde! |

Nicht von Isaak Maus, sondern von seinem Enkel Georg Peter Maus (1812-1873, Bauer in Armsheim) sind hingegen die Gedichte

- Der Bauer und die Eisenbahn
- Der Bellermarkt
- Der Kampf mit dem 65er
- Der Schächter und das Gespenst
- Der über die Mode klagende Bauer
- Die beiden Nachtwächter
- Die Bürgermeisterwürde
- Die fortgeflogene Hose
- Die Frau mit dem Kaffeezoll
- Die Kerb auf dem Lande
- Die Schwitzkur
- Die tapfern vier Weiber
- Die Trichinen
- Gedanken des Schimsheimer Nachwächters

(vgl. Esselborn: Maus, 1920, S.221)

Ferner existieren Gedichte seiner Söhne Wilhelm (1777-1849, Bauer in Bosenheim) und Konrad (1791-1843, Bauer in Badenheim) und seines Urenkels Johannes Maus (1845-1922, Bauer in Armsheim).

Im vorliegenden Band sind abgedruckt

| | |
|---|---|
| – Peter Maus: Die Bürgermeisterwürde | Gar mancher hält sie für ein Glück,/ Die Bürgermeister-Würde (S. 155) |
| – Johannes Maus: Zur Errichtung des Isaak-Maus-Gedenksteins auf dem Badenheimer Friedhof* (1896) | Hier ruht im stillen Schoß der Erde (S. 172) |

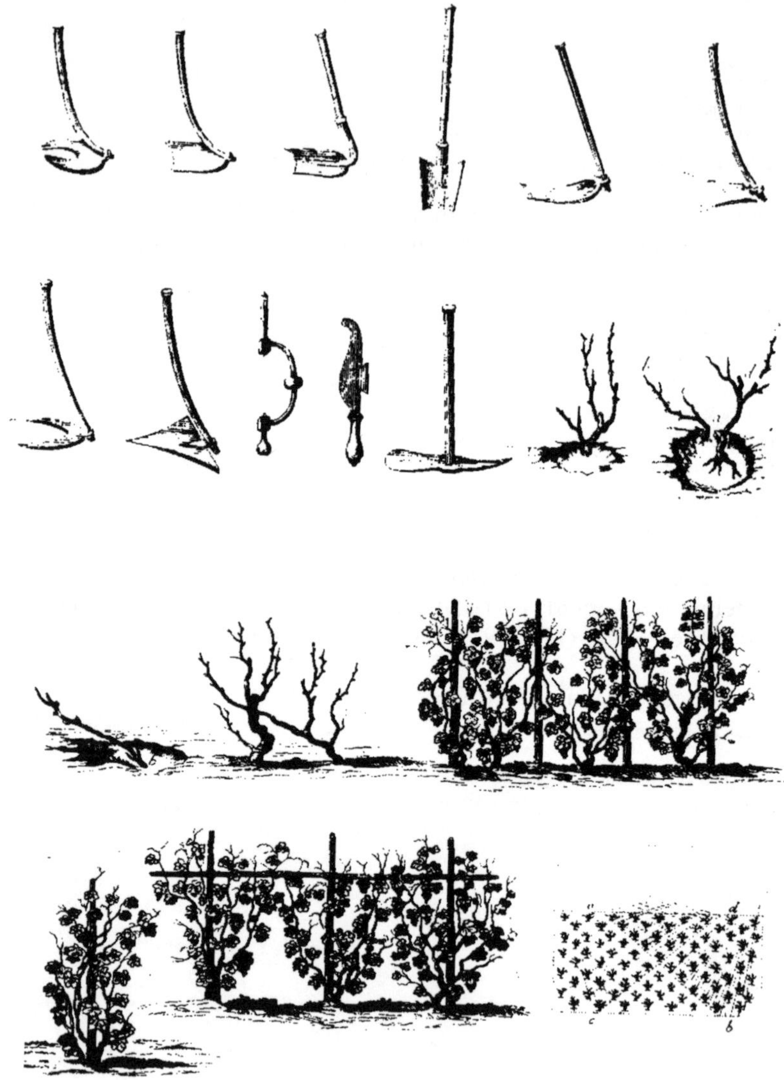

# 4 Badenheim zur Zeit von Isaak Maus

## 4.1 Die Badenheimer Familien zur Zeit von Isaak Maus

*Bei der folgenden Liste handelt es sich um den computersortierten Zusammenschnitt der Namensnennungen aus folgenden Quellen:*

1787: Heberegister (Liste der Steuerpflichtigen)
1793: Unterschriftsliste (Unterschriften der Badenheimer, die eine revolutionäre Verfassung nach französischem Vorbild forderten)
1795: Heberegister (Liste der Steuerpflichtigen)
1798: Unterschriftenliste (Unterschriften der Badenheimer, die einen Anschluß des linksrheinischen Gebiete an Frankreich und eine Verwaltung nach französischem Muster forderten)
1800/1806: „Morgenbuch" 1 und 2 (ältestes erhaltenes Grundbuch von Badenheim; Morgenbuch 1 spätestens 1800 begonnen, MB 2 kurz darauf; Nachträge bis 1806 reichend)
1817: Brandkataster (ältestes Feuerversicherungsregister von Badenheim, angelegt von Bürgermeister Isaak Maus)
1824: Ortsbürgerverzeichnis (Verzeichnis der Badenheimer Männer, die volles Bürgerrecht besaßen, angelegt von Bürgermeister Isaak Maus)
1831: Brandkataster (Feuerversicherungsregister)
1841: Grundbuch (ältestes modernes Grundbuch von Badenheim)[1]

*Die in diesen Quellen enthaltenen Namen geben je nach Erstellungszweck die Steuerpflichtigen (1787, 1795, 1824), die politisch Stimmberechtigten (1793, 1798, 1824) oder die Grundstücksbesitzer (1800, 1817, 1831, 1841) an, also in der Regel die Haushaltsvorstände und die Witwen, die teilweise in die Rechte und Pflichten ihrer Männer eintraten. Die Angaben wurden ergänzt durch die Berufs- und Ämter-Zuweisungen, die Pfarrer Jakob Peter Jakob in seiner „Badenheimer Chronik" (o.O.[d.i. Badenheim: Selbstverlag] 1930, hier: Heft 12) z.T. auf Grund von uns nicht wieder gefundenen zeitgenössischen Quellen vornimmt; Quellenkürzel:*

Jakob 1930

*Wo uns die genauen Lebensdaten bekannt wurden, haben wir sie hinzugefügt (*steht vor dem Geburtsjahr, † vor dem Sterbejahr, †gest. bedeutet: in der angegebenen Quelle als bereits gestorben vermerkt); in vielen anderen Fällen lassen die Erwähnungsjahre in unserer Liste wenigstens die ungefähren Lebensdaten erkennen. Die Namen wurden in der Schreibweise vereinheitlicht (Höfler/Höffler; Phillip/Philipp usw.) und in eine Liste überführt, die durch Nennung der Jahreszahl die jeweilige Quelle angibt; Witwen können u.U. unter zwei Namen*

*auftauchen, nämlich unter dem Vornamen ihres Mannes mit Zusatz „Wwe." oder aber unter ihrem eigenen Vornamen, dann in der Regel mit Endung „-in" hinter dem Familiennamen. Pfarrer und Lehrer sind kenntlichgemacht, da sie in der Regel ortsfremd waren, oft keine Familie hatten und oft nur wenige Jahre in Badenheim lebten. – Die drei Badenheimer, die auf dem 1845 auf dem Wöllsteiner Friedhof errichteten Gedenkstein für die Teilnehmer des napoleonischen Rußlandfeldzugs von 1812 zu finden sind, sind kenntlichgemacht.*
*Es entsteht damit ein Bild von dem Personenkreis, mit dem der erwachsene Isaak Maus zu tun hatte und den er in seinen Briefen und amtlichen Schriftstücken erwähnt. Frauen werden in diesen Quellen allerdings erst sichtbar, wenn sie nach dem Tod ihrer Männer in deren Rechte eintreten; Kinder erst dann, wenn sie männlich sind und als Erwachsene das Bürgerrecht erlangen, was Grundbesitz voraussetzte. Die Zahl lediger Frauen war sehr gering; wenn sie überhaupt in den Listen auftauchen, haben sie es dem Umstand zu verdanken, daß sie Grundbesitz hatten und daher Abgaben zahlen mußten. Und eine weitere Einschränkung ergibt sich aus den zahlreichen Fällen, in denen Namensgleichheit bei Familiennamen und Vornamen vorliegt: es ist unmöglich, aus den verwendeten Quellen allein herauszufinden, welche von den gleichnamigen Personen miteinander identisch sind (hier hat erst eine gesetzliche Regelung von 1832 Klarheit geschaffen, siehe im vorliegenden Band S. 372). Wir mußten daher der Versuchung widerstehen, der Übersichtlichkeit zuliebe gleichnamige Personen zu jeweils einem einzigen Eintrag zusammenzufassen.*

Zahl ohne weiteren Zusatz bedeutet: in diesem Jahr als lebend aufgeführt; „B" das Jahr der Bürgerrechtserteilung [nur bei den jüngeren Männern – Verleihung ab 1798 – nachgewiesen], „B1..." Bürgerrecht, aber ohne Nennung einer Jahreszahl ; GD 18.. = Gemeindediener 18.. [Pflichtamt für Jungbürger]; Übernahme = Jahr der Hofübernahme, wie in der jeweiligen Quelle vermerkt; → 18. an ... ist ein Eigentumsübertragungsvermerk in der jeweiligen Quelle; „HR" = Hofreite, „G" = Garten)

AHLES
- Ahles, Christoph (1831)
- Ahles, Jakob (1787)
- Ahles, Jakob (1795)
- Ahles, Jakob (1798)
- Ahles, Johann (1787)
- Ahles, Johann (1795)
- Ahles, Johann (1800/1806-1/2)
- Ahles, Johann (HR)(G) (1841)
- Ahles, Johannes (1793)
- Ahles, Johannes (1798)

– Ahles, Peter (*1784, B 1809, †1853) (1824)
– Ahles, Peter (1787)
– Ahles, Peter (1793)
– Ahles, Peter (1795)
– Ahles, Peter (1798)
– Ahles, Peter (1800/1806-1/2)
– Ahles, Peter (1817)
– Ahles, Peter (1831) [Nr.36]
– Ahles, Peter (1831) [Nr.48]
– Ahles, Peter (HR)(G) (1841)
– Ahles, Philipp (*1769, B 1..., †gest.) (1824)
– Ahles, Philipp (1800/1806-2)
– Ahles, Philipp (1817)
– Ahles, Philipp (1831)
– Ahles, Philipp (HR)(G) (1841)

ANDEL (ev. Lehrer)
– Andel, Johann (*1802, B 1824; „zug nach Wöllstein 1839“) (1824)

ANSCHEL
– Anschel, Moses [„Jud Amschel“] (1795)
– Anschel, Moses [„Anschel Moses“] (1798)
– Anschel, Moses [„Anschel Moises“] (1800/1806-1)

BALDNER
– Baldner, Jakob (1831)
– Baldner, Jakob (HR)(G) (1841)

BENDER
– Bender, Jakob (1798)
– Bender, Jakob (1800/1806-1/2)
– Bender, Jakob Erben (1817)
– Bender, Jakob Erben (1831)

BERNHARD
– Bernhard, Jakob Friedrich (Hafner 1787) (Jakob 1930)

BERTRAM
– Bertram, Anton (1787)
– Bertram, Anton (1795)
– Bertram, Anton (1800/1806-1/2)
– Bertram, Anton (Schmied 1774, 1800) (Jakob 1930)
– Bertram, Anton Wwe. (*1750, B 1823, †1840) (1824)
– Bertram, Anton Wwe. (1817)
– Bertram, Anton Wwe. (1831)
– Bertram, Barth. (1817)
– Bertram, Gabriel (*1764, B 1..., †1833) (1824)

- Bertram, Gabriel (1795)
- Bertram, Gabriel (1800/1806-1/2)
- Bertram, Gabriel (1817)
- Bertram, Gabriel (1831)
- Bertram, Gabriel (Leineweber 1797-1800) (Jakob 1930)
- Bertram, Gabriel (HR)(G) (1841)
- Bertram, Jakob (*1776, B 1..., †1823) (1824)
- Bertram, Jakob Wwe. (HR) (1841)

BOSSING
- Bossing, Friedrich Joseph (1800/1806-1/2)
- Bossing, Joseph (*1767, B 1801, †1824) (1824)
- Bossing, Joseph (1817)
- Bossing, Joseph (G) Wwe. (1841)
- Bossing, Peter [„Petter Bosing“] (1787)
- Bossing, Peter (1795)
- Bossing, Peter (1798)
- Bossing, Peter (1800/1806-1/2)

BÖHM
- Böhm, Georg (1831)
- Böhm, Martin (*1782, B 1818, †gest.) (1824)
- Böhm, Martin (Übernahme 1818) (1817)
- Böhm, Martin (Mühle) (1831)
- Böhm, Martin sen. (Mühle) (1841)

BRAND
- Brand, Adolph Joseph Erben (1800/1806-2)
- Brand, Paul (1787)
- Brand, Paul (1795)
- Brand, Paul (1800/1806-1/2)
- Brand, Paul (1817)
- Brand, Paul (1831)
- Brand, Paul jun. (*1783, B 1813, – ) (1824)
- Brand, Paul sen. (*1751, B 1..., †1832) (1824)
- Brand, Paul I. (HR) (1841)
- Brand, Paul II. (G) (1841)

BRANDT
- Brandt, Andreas (Schneider 1751-1789) (Jakob 1930)

DAUM
- Daum, Heinrich (Schneider 1748-1759) (Jakob 1930)
- Daumin, [Anna] Maria (1795)
- Daumin, Anna Maria (1800/1806-1/2)

DEBESCHE (kath. Pfarrer)
- Debesche, Franz (kath. Pfarrer als Ordensmann 1783-1802, als Weltpriester 1802-1820) (Jakob 1930)
- Debesche, Franz („curé catholique“) (1798)

DICKERSCHEID (kath. Lehrer)
- Dickerscheid, Georg Franz (1787)
- Dickerscheid, Georg Franz (1795)
- Dickerscheid, Georg Franz (1798)
- Dickerscheid, Georg Franz (1800/1806-1/2)
- Dickerscheid, Georg Franz (kath. Lehrer 1770-1809) (Jakob 1930)

DIEHL
- Diehl, Adam (1787)
- Diehl, Adam (1795)
- Diehl, Adam (1800/1806-1/2)
- Diehl, Jakob (*1796, B 1816, †1835) (1824)
- Diehl, Jakob (1831)
- Diehl, Jakob (Übernahme 1826) (1817)
- Diehl, Johann (Bäcker) (1817)
- Diehl, Johann [nur Einträge von 1806] (1800/1806-1/2)
- Diehl, Johann Adam (1798)
- Diehl, Johann Konrad [sen.] (1793)
- Diehl, Johann Konrad [sen.] (1798)
- Diehl, Johann Konrad jun. (1793)
- Diehl, Johann Nikolaus (1793)
- Diehl, Johann Nikolaus (Müller 1773-1797) (Jakob 1930)
- Diehl, Katharina Barbara [nur Einträge von 1806] (1800/1806-1/2)
- Diehl, Konrad (*1764, B 1..., †gest.) (1824)
- Diehl, Konrad (1800/1806-1/2)
- Diehl, Konrad (Müller 1776) (Jakob 1930)
- Diehl, Konrad jun. (1787)
- Diehl, Konrad jun. (1795)
- Diehl, Konrad sen. (1787)
- Diehl, Konrad sen. (1795)
- Diehl, Konrad Wwe. (1800/1806-1/2)
- Diehl, Konrad → 1826 an Diehl, Jakob (1817)
- Diehl, Konrad → 1826 an Diehl, Philipp jun. (1817)
- Diehl, Margaretha [nur Einträge von 1806] (1800/1806-1/2)
- Diehl, Nikola[!] Erben → 1818 an Böhm, Martin (1817)
- Diehl, Nikolaus (1795)
- Diehl, Nikolaus (1798)
- Diehl, Nikolaus (1800/1806-1/2)
- Diehl, Philipp (1787)
- Diehl, Philipp (1817)
- Diehl, Philipp jun. (*1791 [sic], B 1814, – ) (1824)

- Diehl, Philipp sen. (*1779, B 1..., – ) (1824)
- Diehl, Philipp sen. (HR)(G)(G) (1841)
- Diehl, Philipp [nur Einträge von 1806] (1800/1806-1/2)
- Diehl, Philipp Heinrich (* – , B 1828, – ) (1824)
- Diehl, Philipp Heinrich (1800/1806-1/2)
- Diehl, Philipp Heinrich (Übernahme 1827) (1817)
- Diehl, Philipp Heinrich (1831)
- Diehl, Philipp Heinrich (HR) (1841)
- Diehl, Philipp I. (1831)
- Diehl, Philipp jun. (Übernahme 1826) (1817)
- Diehl, Philipp jun. (1831)
- Diehl, Philipp jun. (HR) (1841)
- Diehl, Simon Wwe. (1787)
- Diehl, Wilhelm (1787)
- Diehl, Wilhelm Wwe. (1795)
- Diehl, Wilhelm Wwe. (1800/1806-1/2)

DIETRICH
- Dietrich, Johann (* – , B 1827, – ) (GD 1835) (1824)
- Dietrich, Johann (1795)
- Dietrich, Johann [„Dieterich"] (1798)
- Dietrich, Johann (1800/1806-1)
- Dietrich, Johann (1831)
- Dietrich, Johann (Schneider 1790-1796 [später „Mühlarzt"; Erbauer der 1832 abgebrannten Windmühle]) (Jakob 1930)
- Dietrich, Johann Wwe. (*1759, B 1..., †1833) (1824)
- Dietrich, Johann Wwe. (1817)
- Dietrich, Johann Wwe. (1831)
- Dietrich, Johann (HR) (1841)
- Dietrich, Johannes (1793)

EMRICH (luth. Lehrer)
- Emrich, Georg (1795)
- Emrich, Georg (1800/1806-1/2)
- Emrich, Georg („Ev. Luth. Schullehrer") (1798)
- Emrich, Georg (ev. Lehrer, erstmals erwähnt 1794, letztmals erwähnt 1797) (Jakob 1930)
- Emrich, Georg Wwe. (*1771, B 1..., †1836) (1824)
- Emrich, Georg Wwe. → 1826 an Jakob Höfler (1817)

ENDERS
- Enders, Johann (*1793, B 1821, – ) (1824)
- Enders, Johann (Übernahme 1822) (1817)
- Enders, Johann (1831)
- Enders, Johann (HR)(G) (1841)

ENGELTRUM
- Engeltrum, Franz (1787)
- Engeltrum, Franz (1795)
- Engeltrum, Franz (1800/1806-1/2)
- Engeltrum, Franz (1817)
- Engeltrum, Franz (1831)
- Engeltrum, Franz Jakob (*1791, B 1818, – ) (1824) [Kriegsteilnehmer 1812, †1856]

FELDMANN
- Feldmann, Heinrich [Karl] (Übernahme 1831) (1817)
- Feldmann, Heinrich Karl (Übernahme 1832 [sic!]) (1831)
- Feldmann, Heinrich Karl (HR)(G) (1841)

FERSTENFELD
- Ferstenfeld, Adam (1787)
- Ferstenfeld, Adam (1793)
- Ferstenfeld, Adam Wwe. (1795)

FEUDNER
- Feudner, Johann Peter (1793)
- Feudner, Johann Peter (Schreiner 1772-1784) (Jakob 1930)
- Feudner, Peter [„Feytener" o.ä.] (1787)
- Feudner, Peter [„Peter Feidner"] (1795)
- Feudner, Peter (1798)
- Feudner, Peter (1800/1806-1/2)

FISCHBORN
- Fischborn, Jakob (1787)
- Fischborn, Jakob (1793)
- Fischborn, Jakob (1795)
- Fischborn, Jakob (1798)
- Fischborn, Jakob (1800/1806-1/2)
- Fischborn, Jakob Wwe. (*1783, B 1..., † – ) (1824)
- Fischborn, Jakob Wwe. [übernimmt 1838 das ev. Pfarrhaus] (1817)
- Fischborn, Jakob Wwe. → 1831 an Feldmann, Heinrich Karl (1817)
- Fischborn, Jakob Wwe. → 1832[!] an Feldmann, Heinrich Karl", (1831)
- Fischborn, Jakob Wwe. (HR)(G) (1841)
- Fischborn, Johann (1800/1806-1/2)
- Fischborn, Johann Wwe. (*1777, B 1809, †1814) (1824)
- Fischborn, Johann Wwe. (1817)
- Fischborn, Johann Wwe. (1831)
- Fischborn, Johann Jakob (Schuhmacher 1771-1785) (Jakob 1930)
- Fischborn, Peter (*1735, B 1..., †1827) (1824)
- Fischborn, Peter (1787)
- Fischborn, Peter (1795)
- Fischborn, Peter (1798)

– Fischborn, Peter (1800/1806-1/2)
– Fischbornin, Maria (1787)

FISCHER
– Fischer, Ambros (1787)
– Fischer, Ambros (1795)
– Fischer, Ambros (1800/1806-1/2)
– Fischer, Ambros (Schneider 1771-1796) (Jakob 1930)

FITTICH
– Fittich, Christian Friedrich Heinrich (luth. Pfarrer 1735-1777) (Jakob 1930)

FOGT/VOGT
– Fogt, Georg (*1773, B 1805, †gest). (1824)
– Fogt, Georg [„Vogt"] (1817)
– Fogt, Georg (1831)
– Fogt, Georg [„Vogt"] [nur 1 Eintr. von 1806] (1800/1806-2)
– Fogt, Johann Georg [„Vogt"] (1800/1806-1)
– Fogt, Johann Heinrich (Hirte 1797) (Jakob 1930)
– Fogt, Wilhelm (HR) (1841)

GOTMAN
– Gotman, Karl Theodor (* – , B 1827, – ) (1824)

GÖRZ/GÖRTZ
– Görz, Jakob (*1785, B 1816, †gest.) (1824)
– Görz, Jakob (1817)
– Görz, Jakob (1831)
– Görz, Jakob (HR)(G) (1841)
– Görz, Johann Wwe. (1787)
– Görz, Johann Kilian (1793)
– Görz, Johann Nikolaus (Wagner 1757-1773) (Jakob 1930)
– Görz, Kilian (1787)
– Görz, Kilian (1795)
– Görz, Kilian (1800/1806-1/2)
– Görz, Kilian [„Görtz"] (1798)
– Görz, Konrad (*1786, B 1810, – ) (1824)
– Görz, Konrad (1817)
– Görz, Konrad (1831)
– Görz, Konrad (HR)(G) (1841)
– Görz, Philipp (*1745, B 1..., 1835) (1824)
– Görz, Philipp (1787)
– Görz, Philipp (1793)
– Görz, Philipp (1795)
– Görz, Philipp (1798)
– Görz, Philipp (1800/1806-1/2)
– Görz, Philipp (Schreiner 1777-1787) (Jakob 1930)

GÖTZINGER
– Götzinger, Nikolaus (1787)
– Götzinger, Nikolaus (1793)
– Götzinger, Nikolaus (1795)
– Götzinger, Nikolaus (1798)
– Götzinger, Nikolaus (1800/1806-1/2)
– Götzinger, Nikolaus (Schneider 1759, 1783, 1798) (Jakob 1930)

GRÄTZER
– Grätzer, Nikolaus Joseph (Bäcker 1768) (Jakob 1930)

GROSZ (kath. Lehrer)
– Groß, Adam Wwe. (1795)
– Groß, Adam Wwe. (1800/1806-1/2)
– Groß, Johann Adam (kath. Lehrer 1739-1769) (Jakob 1930)

GRUBER
– Gruber, Franz (*1797, B 1825, gest.) (GD 1829) (1824)
– Gruber, Franz (HR)(G)(G) (1841)

GRÜSING/GRIESING
– Grüsing, ... Wwe. [„Griesing“] (1817)
– Grüsing, ... Wwe. [„Griesing“] (1831)
– Grüsing, Heinrich Wwe. (*1759, B1, †1835) (1824)
– Grüsing, Katharina Wwe. [„Griesing“] (HR) (1841)

HABERMEHL (Pfarrer)
– Habermehl, Johann (Pfarrer) (*1747, B 1824, †1826) (1824)

HEES (kath. Pfarrer)
– Hees, Johann Valentin (kath. Pfarrer 1755-1781) (Jakob 1930)

HEINZ
– Heinz, Wilhelm (Bäcker 1798) (Jakob 1930)

HEYMANN [= Heyum?]
– Heymann, Abraham (*1798, B 1824, – ) (1824)
– Heymann, Abraham (1817)
– Heymann, Abraham (1831)
– Heymann, Abraham Wwe. (HR) (1841)
– Heymann, David → 1827 an Heymann, Moses (1817)
– Heymann, Moses (*1796, B 1824, – ) (1824)
– Heymann, Moses (Übernahme 1827) (1817)
– Heymann, Moses (1831)
– Heymann, Moses [„Heimann“] (HR)(G) (1841)

HEYUM [= Heymann?]
– Heyum, Moses [„Heium Moses“] (1798)
– Heyum, Moses [„Jud Heyum“] (1795)

HIRSCHMANN
- Hirschmann, Jakob (*1777, B 1815, †1829) (1824)
- Hirschmann, Jakob (1817)
- Hirschmann, Jakob (1831)
- Hirschmann, Jakob Wwe. (HR)(G) (1841)

HOCH
- Hoch, Adam (*1784, B 1..., †gest.) (1824)
- Hoch, Adam (1787)
- Hoch, Adam (1817)
- Hoch, Adam (1831)
- Hoch, Adam (HR)(G) (1841)
- Hoch, Johann (1787)
- Hoch, Johann (1795)
- Hoch, Johann (1798)
- Hoch, Johann (1831)
- Hoch, Johann (Gerichtsmann 1783) (Jakob 1930)
- Hoch, Johann Erben (1800/1806-1/2)
- Hoch, Johann (HR)(G) (1841)
- Hoch, Johann (Übernahme 1827) (1817)
- Hoch, Johann Adam (Wagner 1773-1787) (Jakob 1930)
- Hoch, Johann I. (*1798, B 1824, – ) (GD 1832) (1824)
- Hoch, Johann II. (1831)
- Hoch, Philipp (1787)
- Hoch, Philipp (1793)
- Hoch, Philipp (1795)
- Hoch, Philipp (1798)
- Hoch, Philipp (1800/1806-1/2)
- Hoch, Philipp (HR)(HR)(Haus) (1841)
- Hoch, Simon (1800/1806-1/2)

HÖFLER/HÖFFLER [nicht: Hössler]
- Höfler, Christoffel (1795)
- Höfler, Christoph (*1766, B 1798, †1838) (1824)
- Höfler, Christoph (1798)
- Höfler, Christoph (1817)
- Höfler, Christoph (1831)
- Höfler, Christoph (HR)(HR)(G) (1841)
- Höfler, Christoph (Schreiner 1790) (Jakob 1930)
- Höfler, Christoph (Übernahme 1835) (1817)
- Höfler, Christoph [„Stofel"] (1787)
- Höfler, Christoph [„Stofel"; doppelt genannt] (1787)
- Höfler, Christoph [sen.] (1793)
- Höfler, Christoph jun. (1793)
- Höfler, Christoph jun. (1795)
- Höfler, Christoph jun. (1800/1806-1/2)
- Höfler, Christoph sen. (1800/1806-1/2)

– Höfler, Georg (*1772, B 1809, – ) (1824)
– Höfler, Georg (1787)
– Höfler, Georg (1795)
– Höfler, Georg (1798)
– Höfler, Georg (1800/1806-1/2)
– Höfler, Georg (1817)
– Höfler, Georg (1831)
– Höfler, Georg (Küfer 1787-1797) (Jakob 1930)
– Höfler, Georg Wwe. (*1763, B 1..., 1833) (1824)
– Höfler, Georg Wwe. → 1830 an Schnell, Johann (Sprendl.) → 1835 Höfler, Christoph (1817)
– Höfler, Georg (HR) (1841)
– Höfler, Jakob (*1796, B 1819, – ) (1824)
– Höfler, Jakob (Übernahme 1826) (1817)
– Höfler, Jakob (1831)
– Höfler, Jakob (HR) (1841)
– Höfler, Johann (*1747, B 1..., †1826) (1824)
– Höfler, Johann (1787)
– Höfler, Johann (1795)
– Höfler, Johann (1798)
– Höfler, Johann (1800/1806-1/2)
– Höfler, Johann (Übernahme 1824) (1817)
– Höfler, Johann Christoph jun. (1798)
– Höfler, Johann Georg (1793)
– Höfler, Johann Nikolaus (1800/1806-2)
– Höfler, Johann Otto (1800/1806-1/2)
– Höfler, Johann Otto (1793)
– Höfler, Johann Philipp (1831)
– Höfler, Johann Philipp jun. (*1775, B 1799, „ist nach Amerika“) (1824)
– Höfler, Johann Philipp → 1827 an Hoch, Joh. (1817)
– Höfler, Johann Philipp jun. (1800/1806-1/2)
– Höfler, Joseph [jun.] (1793)
– Höfler, Joseph jun. (1795)
– Höfler, Joseph [jun.] (1798)
– Höfler, Joseph jun. (1800/1806-1/2)
– Höfler, Joseph sen. (1787)
– Höfler, Joseph sen. (1793)
– Höfler, Joseph sen. (1795)
– Höfler, Joseph sen. (1798)
– Höfler, Joseph sen. (1800/1806-1/2)
– Höfler, Joseph Wwe. (*1760, B 1..., †1836) (1824)
– Höfler, Joseph Wwe. (1817)
– Höfler, Joseph Wwe. (1817)
– Höfler, Joseph Wwe. (1831)
– Höfler, Konrad (*1794, B 1..., – ) (1824)
– Höfler, Konrad (Übernahme 1824) (1817)
– Höfler, Nikla[!] (1817)

– Höfler, Nikola[!] (1831)
– Höfler, Nikolaus (*1775, B 1824, †gest.) (1824)
– Höfler, Nikolaus Wwe. (1787)
– Höfler, Nikolaus (HR) (1841)
– Höfler, Otto (1787)
– Höfler, Otto (1795)
– Höfler, Otto (1798)
– Höfler, Peter (*1793, B 1814, †1824) (1824)
– Höfler, Peter (1817)
– Höfler, Peter (1831)
– Höfler, Peter Wwe. (HR)(G) (1841)
– Höfler, Philipp (1795)
– Höfler, Philipp (1798)
– Höfler, Philipp Erben (1800/1806-1/2)
– Höfler, Philipp jun. (1787)
– Höfler, Philipp jun. [doppelt genannt] (1787)
– Höfler, Philipp sen. (*1755, B 1..., †gest.) (1824)
– Höfler, Philipp sen. (1787)
– Höfler, Philipp sen. (1800/1806-1/2)
– Höfler, Philipp Wwe. (*1733, B 1..., †1829) (1824)
– Höfler, Philipp Wwe. (1795)
– Höfler, Philipp Wwe. (1800/1806-1/2)
– Höfler, Philipp → 1827 an Höfler, Wilhelm (1817)
– Höfler, Philipp (1793)
– Höfler, Philipp Heinrich (*1785, B 1815, – ) (1824)
– Höfler, Philipp Heinrich (1817)
– Höfler, Philipp Heinrich (1831)
– Höfler, Philipp Heinrich (HR) (1841)
– Höfler, Philipp Konrad (* – , B 1826, – ) (GD 1831) (1824)
– Höfler, Philipp Konrad (Übernahme 1826) (1817)
– Höfler, Philipp Konrad (1831)
– Höfler, Philipp Konrad (HR)(G) (1841)
– Höfler, Wilhelm (1787)
– Höfler, Wilhelm (Übernahme 1827) (1817)
– Höfler, Wilhelm (1831)
– Höfler, Wilhelm jun. (*1793, B 1824, †gest.) (1824)
– Höfler, Wilhelm sen. (*1777, B 1809, †gest.) (1824)
– Höfler, Wilhelm (HR) (1841)

JACKEL
– Jackel, Anton (*1800, B 1823, ) (1824)
– Jackel, Anton (Übernahme 1830) (1817)
– Jackel, Anton (1831)
– Jackel, Anton (HR)(G) (1841)
– Jackel, Franz (*1794, B 1817, – ) (1824)
– Jackel, Franz (Übernahme 1829) (1817)
– Jackel, Franz (1831)

- Jackel, Franz (HR)(G) (1841)
- Jackel, Johann [Hof] (1831)
- Jackel, Johann [Wagnerwerkstätte] (1831)
- Jackel, Johann Simon (Schreiner 1791-1794) (Jakob 1930)
- Jackel, Simon (1787)
- Jackel, Simon (1795)
- Jackel, Simon (1800/1806-1/2)
- Jackel, Simon → 1829 an Jackel, Franz (1817)
- Jackel, Simon → 1830 an Jackel, Anton (1817)

JUNG/JUNGK
- Jung, Jakob (*1775, B 1810, †gest). (1824)
- Jung, Jakob (1817)
- Jung, Jakob (1831)
- Jung, Jakob (HR) (1841)

KARST
- Karst, Martin (*1787, B 1814, „Ist nach Amerika“) (1824)
- Karst, Martin (HR)(G) (1841)
- Karst, Martin (Übernahme 1829) (1817)
- Karst, Martin (Übernahme 1829) (1831)
- Karst, Paul (1787)
- Karst, Paul (1795)
- Karst, Paul („Adjunct“) (1798)
- Karst, Paul (1800/1806-1/2)
- Karst, Paul (Gerichtsmann 1783) (Jakob 1930)
- Karst, Paul Wwe. (*1754, B 1..., †1838) (1824)
- Karst, Paul → 1829 an Karst, Martin (1817)
- Karst, Paul → modo 1829 Karst, Martin (1831)
- Karst, Peter (*1792, B 1824, „Ist nach Amerika“) (GD 1830) (1824)
- Karst, Peter (Übernahme 1826) (1817)
- Karst, Peter (1831)
- Karst, Peter (HR) (1841)

KNÖBLER/KNÖPLER/KNEBLER
- Knöbler, Anton (*1746, B 1..., †1831) (1824)
- Knöbler, Anton (1787)
- Knöbler, Anton (1795)
- Knöbler, Anton (1800/1806-1/2)
- Knöbler, Anton (Gerichtsmann 1783) (Jakob 1930)
- Knöbler, Joseph Karl [neu in MB2, nur 1806] (1800/1806-2)

KÖSTER (luth. Pfarrer)
- Köster, Johann Georg (luth. Pfarrer 1702-1726) (Jakob 1930)

KÖTH/KETH
- Köth, Anton [ersetzt den Namen Schmahlin, Elisabetha] (1800/1806-1/2)
- Köth, Johann Philipp (*1795, B 1817, „Ist nach Amerika“) (1824)

– Köth, Johann Philipp (1817)
– Köth, Johann Philipp (1831)
– Köth, Philipp (HR)(G) (1841) [„ab 1848"]

KRUFT
– Kruft, Johann Nikolaus (1793)
– Kruft, Johann Nikolaus (Schuhmacher 1783-1797) (Jakob 1930)
– Kruft, Nikolaus (1787)
– Kruft, Nikolaus (1795)
– Kruft, Nikolaus (1800/1806-1)
– Kruft, Nikolaus Erben [abweichend von MB 1] (1800/1806-2)

LAHM
– Lahm, Johann (* – , B 1825, – ) (GD 1836) (1824)
– Lahm, Johann (Übernahme 1834) (1817)
– Lahm, Johann (HR) (1841)
– Lahm, Johann Martin (1793)
– Lahm, Johann Philipp (1800/1806-1/2)
– Lahm, Martin (1787)
– Lahm, Martin (1795)
– Lahm, Martin (1798)
– Lahm, Martin (1800/1806-1/2)
– Lahm, Martin Wwe. (*1760, B 1..., †1830) (1824)
– Lahm, Martin Wwe. → 1836 $^{1}/_{2}$ an Lahm, Otto (1817)
– Lahm, Martin Wwe. (1831)
– Lahm, Martin Wwe. und Lahm Otto (HR) (1841)
– Lahm, Otto (1817) ($^{1}/_{2}$ Übernahme 1836)
– Lahm, Otto und Lahm, Martin Wwe. (HR) (1841)

LAHR
– Lahr, Heinrich (*1823, B 1..., „Ist nach Amerika") (1824)

LAUBENSTEIN
– Laubenstein, Friedrich (1793)
– Laubenstein, Friedrich (1795)
– Laubenstein, Friedrich (1798)
– Laubenstein, Friedrich (1800/1806-1/2)
– Laubenstein, Friedrich (Schmied 1790-1796; „von Niederhausen, heiratet 1789 Susanna Schweiß") (Jakob 1930)
– Laubenstein, Peter (*1793, B 1816, – ) (1824) [Kriegsteilnehmer 1812]
– Laubenstein, Peter (1817)
– Laubenstein, Peter (1831)
– Laubenstein, Peter (HR)(G) (1841)

LOREY
– Lorey, Elisabeth (Übernahme 1835) (1817)
– Lorey, Elisabeth und Lorey, Wilhelm (HR) (1841)

- Lorey, Philipp Wwe. (G) (1841)
- Lorey, Philipp Heinrich Wwe. (*1783, B 1..., „Ist nach Amerika“) (1824)
- Lorey, Philipp Heinrich Wwe. [„Lorrey“] (1831)
- Lorey, Philipp Heinrich Wwe. [„Lorrey“] → 1835 an Lorey, Wilhelm u. Lorey, Elisabeth (1817)
- Lorey, Wilhelm (Übernahme 1835) (1817)
- Lorey, Wilhelm und Lorey, Elisabeth (HR) (1841)

LUDWE/LUDWEH
- Ludwe, Andreas (*1760, B 1..., 1825) (1824)
- Ludwe, Andreas (1795)
- Ludwe, Andreas (1800/1806-1)
- Ludwe, Thomas (Schlosser 1775-1791, „aus Wallhausen, macht Zeiger an Sonnenuhr der neuen katholischen Kirche“) (Jakob 1930)

MANCHE
- Manche, Joel[?] (HR) (1841)
- Manche, Paul (*1783, B 1824, †1852) (1824)
- Manche, Paul [oder: Joel?] (1817)
- Manche, Paul [oder: Joel?] (1831)

MANDLER (luth. Lehrer)
- Mandler, Joseph (ev. Lehrer, 1739-1768) (Jakob 1930)

MAURER
- Maurer, Anton Wwe. (1787)
- Maurer, Johann (*1790, B 1815, †gest). (1824)
- Maurer, Johann (G) (1841)
- Maurer, Nikolaus (1787)
- Maurer, Nikolaus Wwe. (1795)
- Maurer, Wilhelm [Johann Wilhelm] (*1764, B 1..., 1839) (1824)
- Maurer, Wilhelm (1795)
- Maurer, Wilhelm („Agent“) (1798)
- Maurer, Wilhelm (1800/1806-1/2)
- Maurer, Wilhelm (1817)
- Maurer, Wilhelm (1831)
- Maurer, Wilhelm (Wagner 1790-1794) (Jakob 1930)
- Maurer, Wilhelm (HR) (1841)

MAUS
- Maus, Christian (*1788, B 1811, – ) (1824)
- Maus, Christian (HR)(G)(G) (1841) [„ab in 1842“]
- Maus, Isaak (*1748, B 1..., 1833) (1824)
- Maus, Isaak (1787)
- Maus, Isaak (1795)
- Maus, Isaak (1798)
- Maus, Isaak (1800/1806-1/2)

- Maus, Isaak (1817)
- Maus, Isaak (1831)
- Maus, Konrad (*1791, B 1814, †gest). (1824)
- Maus, Konrad (1817)
- Maus, Konrad (1831)
- Maus, Konrad (HR)(G)(G) (1841) (HR) [Ntr.: 1850: Maus, Johann]
- Maus, [Wilhelm] Heinrich Wwe. (1787)
- Maus, W[ilhelm] Heinrich Wwe. (1795)
- Maus, Wilhelm Heinrich Wwe. (1800/1806-1/2)
- Mausin, Margaretha (1787)

MERKEL
- Merkel, Johann (Schneider 1792) (Jakob 1930)
- Merkel, Johann (1795)
- Merkel, Johann (1800/1806-1/2)
- Merkel, Johann (1817)
- Merkel, Johann (1831)
- Merkel, Johann (Schuhmacher 1796-1800) (Jakob 1930)
- Merkel, Johann Wwe. (*1759, B 1..., 1835) (1824)

MERTENS
- Mertens, Georg (1795)
- Mertens, Georg (1800/1806-1)
- Mertens, Michel (*1776, B 1805, †1834) (1824)
- Mertens, Michel (1800/1806-1/2)
- Mertens, Michel (1817)
- Mertens, Michel (1831)
- Mertens, Michel (Haus) (1841)

METZGER
- Metzger, Jakob (*1774, B 1824, †1853) (1824)
- Metzger, Jakob (1817)
- Metzger, Jakob (1831)
- Metzger, Jakob (HR) (1841)

MICHEL
- Michel, Johann (1831)

NÖTH
- Nöth, Franz Wwe. (1795)

NUSS
- Nuß, Georg (* – , B 1825, „abgezogen nach Gumbsheim 1829“) (1824)

PARTENHEIMER
- Partenheimer, Nikolaus [Pleitersheim?] (1817)
- Partenheimer, Nikolaus [Pleitersheim?] (1831)
- Partenheimer, Nikolaus (Pleitersheim) (Haus)(G) (1841)

PFEIFER
- Pfeifer, Agnes (HR) (1841)

PILGER
- Pilger, Anton (1800/1806-1/2)
- Pilger, Anton (Schultheiß) (1787)
- Pilger, Anton (Schultheiß) (1795)
- Pilger, Anton Joseph (Schultheiß 1759-1800, kath.) (Jakob 1930)
- Pilger, Georg Anton (1800/1806-1/2)
- Pilger, Johann (*1762 , B 1..., †gest.) (1824)
- Pilger, Johann (1817)
- Pilger, Johann (1831)
- Pilger, Joseph Karl (1787)
- Pilger, Joseph Karl Erben (1800/1806-1/2)
- Pilger, Katharina Wwe. (HR)(G) (1841)

PORTH
- Porth, Adam (HR) [Hof von Joh. Fischborn Wwe. 1835 übernommen] (1841)

RIESLING
- Riesling, Johann (1787)
- Riesling, Johann (1793)
- Riesling, Johann (1795)
- Riesling, Johann (1800/1806-1/2)
- Riesling, Johann (Leineweber 1790) (Jakob 1930)
- Riesling, Urban (*1780, B 1801, – ) (1824)
- Riesling, Urban (1800/1806-1/2)
- Riesling, Urban (1817)
- Riesling, Urban (1831)
- Riesling, Urban (HR) (1841)

RIETH (luth. Pfarrer)
- Rieth, Georg Heinrich (luth. Pfarrer 1780-1783) (Jakob 1930)

RITTERSPACHER (luth. Pfarrer)
- Ritterspacher, Johann Philipp (luth. Pfarrer 1778-1780) (Jakob 1930)

RUPERT
- Rupert, Jakob (1795)
- Rupert, Jakob (1800/1806-1/2)
- Rupertin, Maria Margretha (1800/1806-1/2)

SCHEID
- Scheid, Philipp (*1757, B 1..., †1831) (1824)
- Scheid, Philipp (1793)
- Scheid, Philipp (1795)
- Scheid, Philipp (1798)

– Scheid, Philipp (1800/1806-1/2)
– Scheid, Philipp → 1827 an Diehl, Philipp Heinrich (1817)

SCHLAMP
– Schlamp, Christian (*1792, B 1824, – ) (1824)
– Schlamp, Christian (Übernahme 1834) (1817)
– Schlamp, Christian (HR) (1841)
– Schlamp, Elisabetha (HR)(G) (1841)
– Schlamp, Gerhard (1787)
– Schlamp, Gerhard (1795)
– Schlamp, Gerhard (1798)
– Schlamp, Gerhard (1800/1806-1/2)
– Schlamp, Johann (*1782, B 1813, – ) (1824)
– Schlamp, Johann (1787)
– Schlamp, Johann (1817)
– Schlamp, Johann (1831)
– Schlamp, Johann (HR)(G) (1841)
– Schlamp, Johann Wwe. (*1755, B 1..., †1835) (1824)
– Schlamp, Johann Wwe. (1795)
– Schlamp, Johann Wwe. (1800/1806-1/2)
– Schlamp, Simon (1800/1806-1/2)
– Schlamp, Simon (1817)
– Schlamp, Simon (1817)
– Schlamp, Simon (1831)
– Schlamp, Simon (HR)(G) (1841)
– Schlamp, Simon (*1773, B 1798, †gest.) (1824)
– Schlamp, Valentin (1787)
– Schlamp, Valentin (Gerichtsmann 1783) (Jakob 1930)

SCHMAHL
– Schmahl, Bernhard (1787)
– Schmahl, Ludwig (1787)
– Schmahl, Ludwig (1795)
– Schmahl, Ludwig (1798)
– Schmahl, Ludwig (1800/1806-1/2)
– Schmahl, Ludwig (Glaser 1764-1787) (Jakob 1930)
– Schmahlin, Elisabetha [Name ersetzt durch Anton Koeth] (1800/1806-1/2)
– Schmahlin, Margaretha (1800/1806-1/2)

SCHMIDT (kath. Pfarrer)
– Schmidt, Johann Franz Xaver (kath. Pfarrer 1747-1753) (Jakob 1930)

SCHNEIDER
– Schneider, Johann [„Schneyter"] (1787)
– Schneider, Johann (1793)
– Schneider, Johann (1795)
– Schneider, Johannes (1798)

– Schneider, Johann (1800/1806-1/2)
– Schneider, Philipp (1800/1806-2)
– Schneider, Philipp (1817)
– Schneider, Philipp (1831)
– Schneider, Philipp (G) (1841)
– Schneider, Philipp jun. (*1779, B 1..., – ) (1824)
– Schneider, Philipp sen. (* – [!], B 1824, †1827) (1824)
– Schneider, Philipp II. (HR) (1841)

SCHNELL
– Schnell, Johann (Sprendl.) (Übernahme 1830) (1817)
– Schnell, Johann (Sprendl.) (1831)
– Schnell, Lorenz (* –, B 1827, „ist ausgewandert nach Neu-Isenburg im Jahr 1833") (GD 1833) (1824)

SCHNORRENBERGER
– Schnorrenberger, Isaias (*1764, B 1..., †1834) (1824)
– Schnorrenberger, Isaias (1800/1806-1)
– Schnorrenberger, Isaias (1817)
– Schnorrenberger, Isaias (1831)
– Schnorrenberger, Isaias (HR)(G) (1841)
– Schnorrenberger, Isaias (Schneider, keine Jahresangaben) (Jakob 1930)

SCHÖMEL/SCHEMEL
– Schemel, Karl (*1789, B 1817, – ) (1824)
– Schemel, Karl (1817)
– Schemel, Karl (1831)
– Schemel, Karl (HR) (1841) [Kriegsteilnehmer 1812]

SCHWEISZ
– Schweiß, [Johann] Georg (1787)
– Schweiß, [Johann] Georg Erben [„W." gestrichen] (1795)
– Schweiß, Jakob (1787)
– Schweiß, Jakob (1795)
– Schweiß, Jakob (1798)
– Schweiß, Jakob (1800/1806-1/2)
– Schweiß, Jakob → 1824 an Höfler Johann Philipp jun. (1817)
– Schweiß, Johann Georg (1793)
– Schweiß, Johann Georg (Schmied 1795) (Jakob 1930)
– Schweiß, Johann Philipp (1793)
– Schweiß, Johann Philipp [Name gestrichen] (* – , B 1825, – ) (1824)
– Schweiß, Philipp († 1779; Gerichtsmann 1757; „war 50 Jahre Gerichtsmann") (Jakob 1930)
– Schweiß, Philipp (1795)
– Schweiß, Philipp Wwe. (1800/1806-1/2)
– Schweiß[?], Johann Jakob (1793)

SECKLER
– Seckler, Johann Philipp (Schneider 1768-1784) (Jakob 1930)

SENGER/SÄNGER
– Senger, Andreas (*1799, B 1824, – ) (1824)
– Senger, Andreas (1817) [übernimmt 1827 Hirtenhaus]
– Senger, Andreas (1831)
– Senger, Andreas [„Sänger"] (Haus)(G) (1841)
– Senger, Bartel (1800/1806-1/2)
– Senger, Bartholomä [„Sänger"] (1795)
– Senger, Ignaz Karl (1817)
– Senger, Ignaz Karl (1831)
– Senger, Jakob (*1797, B 1823, †gest.) (GD 1826) (1824)
– Senger, Jakob (Übernahme 1838) (1817)
– Senger, Jakob [„Sänger"] (HR) (1841)
– Senger, Jos. Karl Wwe. (*1792, B 1816, †1834) (1824)
– Senger, Joseph Wwe. [„Sänger"] (HR) (1841)

SIESKIND/SÜSZKIND
– Sieskind, Abraham [„Süßkind Abram"] (1798)
– Sieskind, Abraham (1800/1806-1/2)
– Sieskind, Abraham (HR) (1841)
– Sieskind, Abraham jun. (*1783, B 1824, – ) (1824)
– Sieskind, Abraham jun. (1817)
– Sieskind, Abraham jun. (1831)
– Sieskind, Abraham sen. (*1750, B 1..., †1824) (1824)
– Sieskind, Abraham sen. [„Jud Sieskind"] (1795)
– Sieskind, Abraham sen. → 1834 Lahm, Johann (1817)
– Sieskind, Abraham sen. (1831)

SIVERS (kath. Pfarrer)
– Sivers, Gerhard Heinrich Anton (kath. Pfarrer 1753-1755) (Jakob 1930)

SPORK
– Spork, Christian (1795)
– Spork, Christian (1800/1806-1)
– Spork, Christian (1817)
– Spork, Christian (1831)
– Spork, Christian (Leineweber 1779-1802) (Jakob 1930)
– Spork, Margaretha und Wilhelm (HR) (1841)
– Spork, Wilhelm (*1787, B 1812, †1854) (1824)
– Spork, Wilhelm (G) (1841)

STIEB
Stieb, Wilhelm (1798)

STREIB
- Streib, Johann (*1780, B 1805, – ) (1824)
- Streib, Simon (*1754, B 1824, †1833) (1824)

STREUBER (luth./prot. Pfarrer)
- Streuber, [Georg Christian] [„Hr. Streuber, Pfarrer“] (* – , B 1824, †1834) (1824)
- Streuber, Georg Christian (1798)
- Streuber, Georg Christian (luth. Pfarrer 1784-1822, prot. Pfarrer 1822-1834) (Jakob 1930)

TREIB
- Treib, Johann (1800/1806-1/2)
- Treib, Johann (1817)
- Treib, Johann (1831)
- Treib, Johann (HR) (1841)
- Treib, Johann (Leineweber 1738, 1748, 1777) (Jakob 1930)
- Treib, Konrad (1787)
- Treib, Konrad (1793)
- Treib, Konrad (1795)
- Treib, Konrad (1798)
- Treib, Konrad (1800/1806-1/2)
- Treib, Philipp Jakob (1787)
- Treib, Philipp Jakob (1793)
- Treib, Philipp Jakob (Leineweber 1771-1777) (Jakob 1930)
- Treib, Philipp Jakob Wwe. (1795)
- Treib, Philipp Jakob Wwe. (1800/1806-1/2)
- Treib, Valentin (1787)
- Treib, Valentin [„Valtin Treib“] (1800/1806-1/2)
- Treib, Valentin [„Valtin Treib“] (1798)
- Treib, Valentin [„Valtin Treib“] (1793)
- Treib, Valentin [„Valtin Treib“] (1795)
- Treibin, Barbara (1787)
- Treibin, Barbara (1795)
- Treibin, Barbara (1800/1806-1/2)
- Treibin, Barbara → 1834 an Schlamp, Christian (1817)
- Treibin, Barbara (1831)

WALTER
- Walter, Mathias (1797 „Kuhhirt und Gemeindediener“) (Jakob 1930)

WEICHT (luth. Pfarrer)
- Weicht, Johann Heinrich (luth. Pfarrer 1777-1778) (Jakob 1930)

WEINMANN (kath. Pfarrer)
- Weinmann, Kuno (kath. Pfarrer 1781-1783) (Jakob 1930)

WEINSHEIMER
- Weinsheimer, Jakob (*1760, B 1826, – ) (1824)
- Weinsheimer, Jakob (1787)
- Weinsheimer, Jakob (1795)
- Weinsheimer, Jakob (1798)
- Weinsheimer, Jakob (1800/1806-1/2)
- Weinsheimer, Jakob → 1821 an Karst, Martin → 1824 an Höfler, Konrad –† 1826 an Höfler, Phil. Konrad (1817)
- Weinsheimer, Jakob → 1827 an Weinsheimer, Johann (1817)
- Weinsheimer, Jakob → modo 1827 Weinsheimer, Johann (1831)
- Weinsheimer, Johann (*1792, B 1820, – ) (1824)
- Weinsheimer, Johann (Übernahme 1827) (1817)
- Weinsheimer, Johann (Übernahme 1827) (1831)
- Weinsheimer, Johann (HR) (1841)

– Also ca. 200 Personen unter 85 Familiennamen; davon 15 Pfarrer oder Lehrer (immer nur in einer Generation), 36 Witwen, 13 sonstige Frauen; außerdem 9 nicht namentlich genannte Erben (Erbengemeinschaften?)

## Auswärtige mit Grundbesitz in Badenheim:

Brand, Katharina Wwe. (Pettenheim[?, Partenheim?]) (1800/1806-1/2)
Feldmann, Heinrich Karl (1831) (1831 Übernahme lt. Brandkataster 1817)
Feldmann, Karl Heinrich (1831) (1832 Übernahme lt. Brandkataster 1831)
[wohl 1831/1832 neu nach Badenheim zugezogen, daher oben doppelt geführt]
Feyen, Henrich (Wöllstein) (1800/1806-1/2)
Gaßner, Johann (Neubamberg) (1800/1806-1/2)
Hangen, Michael (Sprendlingen) (1800/1806-2)
Heiß, Michael (Sprendlingen) (1800/1806-2)
Karst, Johann (Sprendlingen) (1800/1806-1/2)
Koeth, Anton (Schwabenheim) (1800/1806-1/2)
Partenheimer, Nikolaus (Pleitersheim) siehe oben im Hauptalphabet, da 1817 und 1831 ohne Hinweis auf Auswärtigkeit aufgeführt
Schnabel, Johann (Schnubmühl) (1800/1806-2)
Schnell, Johann (Sprendlingen) (1831)
Schnell, Johann (Sprendlingen) (1817) (Übernahme 1830)
Simon, Christian (Sprendlingen) (1800/1806-2)
Simon, Friederich (Sprendlingen) (1800/1806-2)
Simon, Johann (Sprendlingen) (1800/1806-2)
Stoppelbein[?], Bernhard (Sprendlingen) (1800/1806-2)

## Nicht eindeutig entzifferbare Namen:

>Feischel, Heischel o.ä.<, Urban Wwe. (1795)
>Franz o.ä.<, Georg (1787)
>Karst, Ignaz oder St..., Ignaz o.ä.< (1831)
>Koch o.ä.<, Philipp (1787)

>Mantola o.ä.<, Johannes (1787)
>Noh?, Roh?<, Philipp Wwe. (1795)
>Reger, A.< [Knöbler? Senger?] (1798)
>Walheiser o.ä.<, Philipp (1795)
>Zammerin o.ä.<, Elisabetha (1787)

## 4.2 Badenheimer Häuserbuch

*Von Badenheim ließ sich trotz intensiver Suche bisher kein Bild auffinden, das vor die Postkartenzeit (Fotos um 1900) zurückreicht. Es gibt anscheinend auch keine alte Beschreibung in einem Reiseführer o.ä. – Badenheim lag weder am vielfach besungenen Rhein, noch hatte es eine spektakuläre Burgruine zu bieten; für Künstler und Reisebeschreiber scheint es einfach nicht existiert zu haben.*
*Doch zum Glück hat sich im ehemaligen Badenheimer Gemeindearchiv eine genaue Gemarkungskarte noch aus der Lebenszeit von Isaak Maus (angefertigt 1832) erhalten, die zudem künstlerisch sehr schön ausgeführt ist: es sind nicht nur die Felder und Gebäude geschmackvoll zart koloriert und dabei sogar zwischen Wohngebäuden und Wirtschaftsgebäuden unterschieden, sondern es ist zudem eine fiktive Lichtquelle im linken oberen Eck der Pläne angenommen. Die Gebäude werfen daher Schatten. Und obwohl sie streng von oben und maßstäblich genau dargestellt sind, erwecken sie daher unwillkürlich nicht den Eindruck eines amtlichen Planes, sondern einer wirklichen Ansicht aus der Luft.*
*Zudem hat Isaak Maus als Bürgermeister 1817 den ersten Brandkataster angelegt: eine Liste, die alle Gebäude Badenheims mit Eigentümern und Versicherungssumme aufführt. Dieser Brandkataster wurde fast zeitgleich mit der Gemarkungskarte, nämlich 1831, aktualisiert und etwas präzisiert.*
*Gelingt es also, diese fiktive künstlerische Luftansicht mit den Gebäudebeschreibungen aus dem gleichzeitigen Brandkataster zu kombinieren, so wäre das ein recht informativer Ersatz für das Fehlen einer alten Abbildung von Badenheim. Nur stellte sich diese Kombination als gar nicht so einfach heraus: Der Plan von 1832 ist zwar schön und klar, aber ohne Legende zu den Ziffern. Die beiden Brandkataster von 1817 und 1831 haben zwar untereinander die gleiche Numerierung, nur paßt diese nicht zum Plan von 1832. Die Lösung scheint das Grundbuch von 1841 zu bieten, das eine „alte" und eine „neue" Numerierung nebeneinander aufführt. Die „neue" ist die des Plans von 1832, die alte jedoch leider nicht die der Brandkataster. – So blieb nur der Versuch, an Hand der Eigentümernamen eine eigene solche Umnumerierungstabelle zu erstellen und durch Vergleich der Gebäudebeschreibungen im Brandkataster von 1831 mit dem Dargestellten auf dem Gemarkungsplan von 1832 auf ihre Glaubwürdigkeit zu überprüfen. Das erwies sich als Puzzle mit Überraschungseffekten, denn die Annahme, daß sich von 1831 bis 1841 in den Eigentumsverhältnissen nicht allzuviel geändert habe, stellte sich als frommer Wunsch heraus. Trotzdem ist es uns gelungen, nahezu lückenlos Klarheit zu erlangen und die Häuser im heutigen Badenheim zu lokalisieren.*
*Unser Häuserbuch kann daher zu fast allen Gebäuden im Ortskern von Badenheim sagen, wie sie am Lebensende von Isaak Maus aussahen und wem sie*

*gehörten; der Anhang führt das Häuserbuch mit allen Eigentümerwechseln fort bis in unser Jahrhundert und damit fast bis zum Beginn unserer Erinnerung. Manch ein heute zunächst rätselhafter Grundstückszuschnitt findet damit seine historische Erklärung; umgekehrt sind gerade manche der kleinteiligsten Winkel des alten Badenheim mittlerweile in großzügigeren Einheiten aufgegangen.*

## Grundlagen:

1) für die Gebäudebeschreibung:

Brandkataster der Gemeinde Badenheim [angelegt Dez. 1831; im Findbuch des LA Speyer fälschlich auf 1835 datiert][1]

2) für die Numerierung:

Numerierung des Grundbuchs von 1841 = des Ortsplanes von 1832, hier dreistellig; dazu die Eigentümernamen aus dem Grundbuch von 1841[2]

Reihenfolge der Einträge:

– Numerierung des Ortsplanes von 1832, aus dem der passende Ausschnitt auf der gegenüberliegenden Seite abgebildet ist (dreistellig, z. B. „001")
– heutige Adressenangabe (z.B. „Hauptstr. 2")
– die Gebäudebeschreibung nach dem Brandkataster (BK) von 1831, beginnend mit der dortigen Ordnungsnummer (z.B. „BK 16"), dem Eigentümereintrag von 1831 („Höfler, Joseph Wittib") und – zur Kontrolle – der Kategorisierung des Grundbuchs von 1841: (HR) = Hofreite, (G) = Garten, alles andere ist ausgeschrieben; dann folgt die Beschreibung durch den Brandkataster (1st. = einstöckig, 2st. = zweistöckig). Die Versicherungssummen haben wir nicht übernommen; sie können von Interessierten nach unseren Vorarbeiten in Speyer leicht aufgefunden werden und dem Fachmann einen gewissen Aufschluß über Größe, Alter und Zustand der damaligen Gebäude geben.

*Die für das Umfeld von Isaak Maus wichtigsten Gebäude seien hier herausgegriffen:*
*– sein Hof: Nr.067/068 (heute: Hauptstr. 29, mit der Gedenktafel), später von seinem zweiten Sohn Christian übernommen*
*– der Hof seines dritten Sohnes Konrad: Nr.017/018 (heute: Hauptstr. 30) (sein ältester Sohn Wilhelm hingegen heiratete nach Bosenheim)*
*– der Hof seines engsten Mitarbeiters, des langjährigen Gemeindeschreibers und Bewunderers seiner Gedichte, Paul Karst: Nr.049/050 (heute: Hauptstr. 37)*
*– das alte Rathaus, von dem aus er von 1809 bis 1825 die Geschicke der Gemeinde lenkte: Nr.079 (heute: Hauptstr. 25)*
*– die „neue" Badenheimer Kirche, für deren Einweihung er 1829 das Festlied dichtete: Nr.103*

## Die Badenheimer Gebäude mit der Numerierung des Ortsplanes von 1832 und mit Eigentümernamen sowie Gebäudebeschreibungen aus dem Brandkataster von 1831:

| Nr. | heute | Eigentümer | Bestand |
|---|---|---|---|
| 000 | Bahnhofstr.1 | (BK 15) Diehl, Jakob<br>[das einzige alte Haus, das nicht in Flur I liegt, sondern in Flur IV] | Wohnhaus 2st. mit gewölbtem Keller<br>Scheuer u. Stall [Nachtrag: „jetzt Scheuer mit gewölbtem Keller"]<br>Scheuer samt Holzschopp 1st.<br>Holzschopp u. Kelterschopp 1 st. |

| Nr. | heute | Eigentümer | Bestand |
|---|---|---|---|
| 001 | Hauptstr.2 | (BK 16) Höfler, Joseph Wittib (HR) | Wohnhaus 1st. [Nachtrag: „jetzt zweystöckig"]<br>Stall<br>Scheuer mit gewölbtem Keller<br>Schopp |
| 002 | Teil von Hauptstr.2 | (BK 17) Höfler, Joseph Wittib (Haus) | Wohnhaus 1st.<br>Stall |
| 003 | Hauptstr.4 | (BK 18) Hoch, Adam (HR) | Wohnhaus 2st.<br>Stall m. Überbau<br>Scheuer mit Pferdestall<br>Schweinestall<br>Schopp |
| 004/005 | Hauptstr.6 | (BK 19) Görz, Konrad (HR) (G) | Wohnhaus 1st. mit Balkenkeller<br>Scheuer<br>Stall |
| 006 | Hauptstr.8 | (BK 20) Diehl, Philipp jr. (HR) | Wohnhaus 2st.<br>Stallung<br>Scheuer<br>Schopp |
| 007 | Hauptstr.12 | (BK 22) Maurer, Wilhelm (HR) | Wohnhaus 2st.<br>Branntweinbrennerei und Stallung<br>Scheuer mit gewölbtem Keller<br>Schweinestall |
| 007 1/2 | Hauptstr.10 | (BK 21) Maurer, Wilhelm (Haus) | Wohnhaus 2st |
| 008 | Hauptstr.14 | (BK 23) Höfler, Georg (HR) | Wohnhaus 2st. mit gewölbtem Keller<br>Stall<br>Scheuer<br>Schweinestall |
| 009 | Hauptstr.16 | (BK 24) Höfler, Johann Philipp (HR) | Wohnhaus 2st. mit gewölbtem Keller<br>Stall 1 st.<br>Scheuer<br>Futterstall[?] mit Schweinestall |
| 010 | Hauptstr.18 | (BK 25) Weinsheimer, Johann (HR) | Wohnhaus 2st.<br>Stall und Schopp unter einem Dach<br>Scheuer mit gewölbtem Keller<br>Schopp mit Stall |

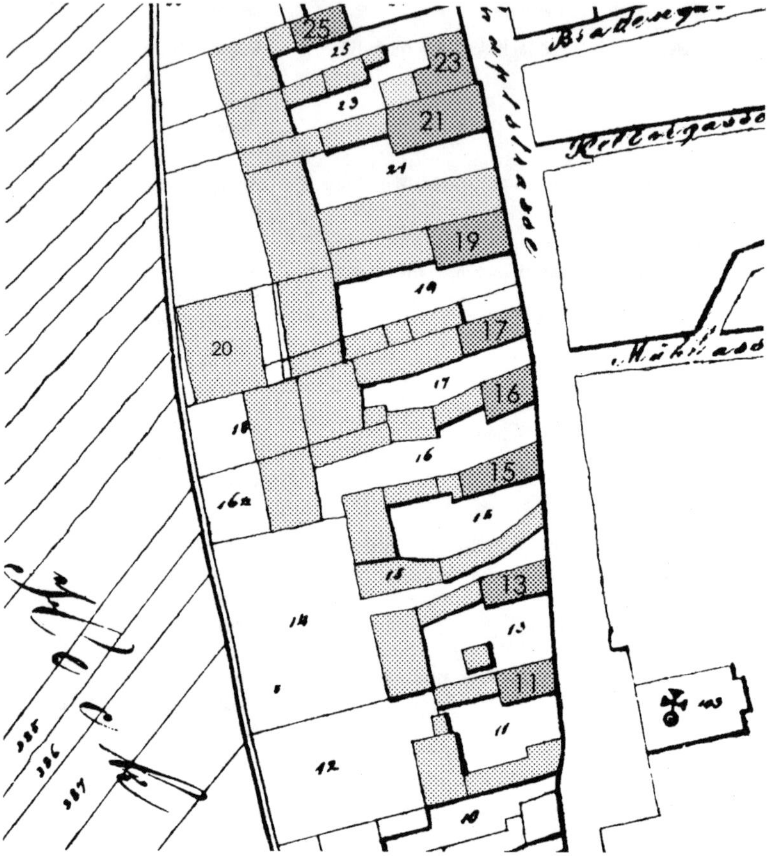


| Nr. | heute | Eigentümer | Bestand |
|---|---|---|---|
| 011/012 | Hauptstr.22 | (BK 26) Evangelische Gemeinde [Interims-Schulhaus, später Pfarrhaus] (HR) (G) | Schulhaus: Wohnhaus 2st. mit gewölbtem Keller<br>Stall 1st.<br>Scheuer<br>Schopp<br>[„Backhaus, jetzt Schweinestall u. Abtritte"] |
| 013/014 | Hauptstr.24 | (BK 27) Brand, Paul (HR) (G) | Wohnhaus 2st. mit gewölbtem Keller<br>Stallung<br>Scheuer mit Balkenkeller<br>Stall mit Kniestock<br>Schweineställe |

| Nr. | heute | Eigentümer | Bestand |
|---|---|---|---|
| 015 | Hauptstr.26 | (BK 28) Höfler, Wilhelm (HR) | Wohnhaus 2st.<br>Häuschen, 1st.<br>Stall 1st.<br>Scheuer mit 2 Kellern<br>Stall u. Schopp |
| 016 | Hauptstr.28 | (BK 29) Schneider, Philipp (HR) | Wohnhaus 2st.<br>Branntweinbrennerei 2st.<br>Stall 2st.<br>Scheuer mit Stall u. gewölbtem Keller<br>Schopp und Stallung 2stöckig |
| 017/018 | Hauptstr.30 | (BK 30) Maus, Konrad (HR) (G) | Wohnhaus 2stöckig<br>Stall und Schopp 2st.<br>Scheuer mit gewölbtem Keller<br>Kelterhaus(?) mit Schopp 2st. u. gewölbtem Keller<br>Holzschopp mit Pferdestall 1st |
| 019/020 | Hauptstr.32 | (BK 31) Diehl, Philipp I. (HR) (G) | Wohnhaus 2st.<br>Scheuer mit Kellerhaus u. 2 gewölbten Kellern<br>Stallung 2st.<br>Stall mit Holzschopp u. Kniestock<br>Scheuer mit 2 gewölbten Kellern, Ueberbau mit Kellerschopp<br>Nebenbau, 1st. mit Kniestock und gewölbtem Keller |
| 021/022 | Hauptstr.34 | (BK 32) Fischborn, Joh. Wittib (HR) (G) | Wohnhaus 2st.<br>Stallung<br>Scheuer u. Keller gewölbt u. Ueberbau<br>Schopp<br>Kelterschopp mit Kelterschopp [?] |
| 023/023½ | Teil von Hauptstr.38 | (BK 33) Hirschmann, Jakob (HR) (G) | Wohnhaus 2st.<br>Stall u. Schopp<br>Nebenbau u. Stall 2st.<br>Scheuer mit gewölbtem Keller<br>Schulhaus: [neuerer Nachtrag] Wohnhaus 2st. |
| 024/025 | Teil von Hauptstr.38 | (BK 34) Die katholische Gemeinde [Schulhaus; das neue katholische Schulhaus wurde nach 1852 in der Ernst-Ludwig Straße erbaut] (G) (HR) | Stall<br>Scheuer mit Kniestock und gewölbtem Keller<br>Stall |

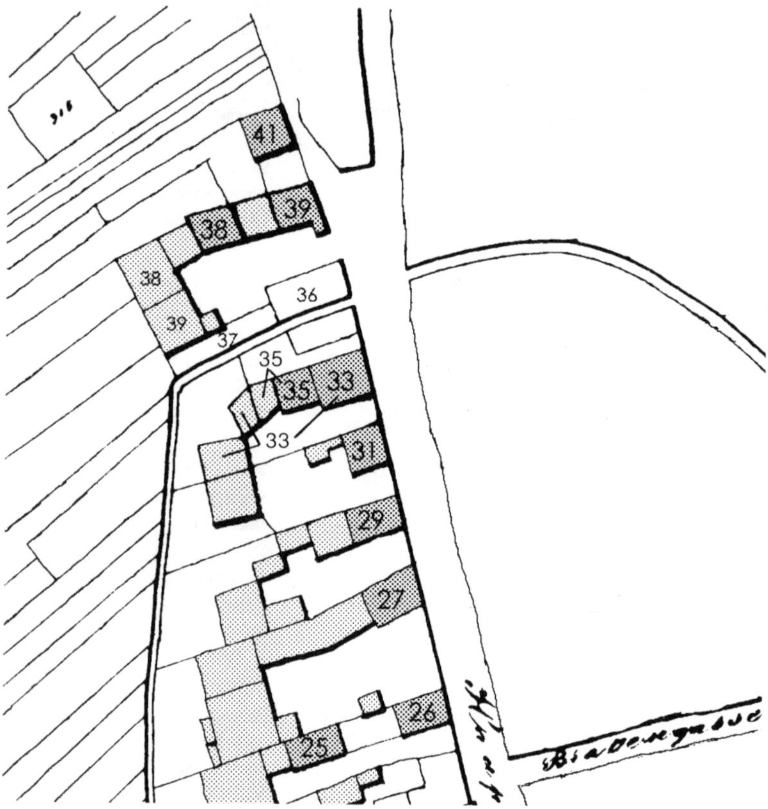
41
39
38
38
39
36
37
35
35
33
33
31
29
27
26
25

| Nr. | heute | Eigentümer | Bestand |
|---|---|---|---|
| 026 | Hauptstr.40 | (BK 35) Höfler, Nikola[!] (HR) <so 1841; 1831 nur Haus> | Wohnhaus 1st. |
| 027/028 | Hauptstr.42 | (BK 36) Ahles, Peter (HR) (G) | Wohnhaus 2st. mit Kniestock<br>Stallung<br>Scheuer mit 2 Tennen und 2 gewölbten Kellern<br>Schopp und<br>Schweineställe |
| 029/030 | Hauptstr.44 | (BK 37) Höfler, Christoph (HR) (G) | Wohnhaus 1st.<br>Stallung<br>Scheuer<br>Kelterschopp |
| 031/032 | Hauptstr.46 | (BK 38) Laubenstein, Peter (HR) (G) | Wohnhaus 1st.<br>Stall<br>Scheuer |
| 033/034 | Teil von Hauptstr.48 | (BK 40) Höfler, Philipp Konrad (HR) (G) | Wohnhaus 2st.<br>Stall<br>Scheuer mit Balkenkeller<br>Holzschopp mit Kniestock<br>Schweinestall |
| 035/035$^{1}/_{2}$ | Teil von Hauptstr.48 | (BK 39) Enders, Johann (HR) (G) | Wohnhaus 1st. mit Balkenkeller<br>Stall 1st. |
| 036 | | (G) | |
| 037/038 | 037 und Wirtschaftsteile von 038 und 039 heute: Hauptstr. 52 | (BK 41) Fischborn, Jakob Wittib [1831 oder 1832 Übergang an Karl Heinrich Feldmann] (G) (HR) | Wohnhaus 1st.<br>Schopp mit Überbau<br>Scheuer<br>Schweinestall |
| 039 | Wohnteile von 038 und 039 heute: Hauptstr.54 | (BK 42) Görz, Jakob (HR) | Wohnhaus 2st. [Nachtrag: „jetzt Schneiderwerkstätte"]<br>Stall<br>Scheuer [Einschub] |
| 040/041 | Weg zwischen Hauptstr.54 und Hauptstraße 58 | (BK 42$^{1}/_{2}$) Partenheimer, Nikolaus (G) (Haus) | Wohnhaus 1st. mit Balkenkeller |

| Nr. | heute | Eigentümer | Bestand |
|---|---|---|---|
| 042/043 | Hauptstr.45 | (BK 43) Köth, Johann Philipp (HR) (G) | Wohnhaus 2st.<br>Stall 2st.<br>Scheuer<br>Stall |
| 044/045 | Hauptstr.43 | (BK 44) Schlamp, Johann (HR) (G) | Wohnhaus 2st.<br>Scheuer mit Balkenkeller und Stall<br>Stall 2st.<br>Schopp mit Kelterhaus<br>Schweinestall<br>Thorhaus mit Thor |
| 046/047 | Teil von Hauptstr.41 | (BK 46) Höfler, Peter (G) (HR) | Wohnhaus 1st.<br>Scheuer und Stall mit Balkenkeller<br>Wohnhaus 1st. [anscheinend erst 1864, wohl neuerer Eintrag] |
| 048 | Hauptstr.41 | (BK 45) Schnell, Johann (Sprendlingen) [1830 von Georg Höfler Wwe. übernommen; 1835 an Christoph Höfler] (HR) | Wohnhaus 2st.<br>Scheuer u.<br>Stall |
| 049/050 | Hauptstr.37 | (BK 47) Karst, Martin [bis 1829 Karst, Paul] (HR) (G) | Wohnhaus 2stöckig<br>Stall und Überbau<br>Scheuer |
| 051/052 | Hauptstr.35 | (BK 48) Ahles, Peter (G) (HR) | Wohnhaus 2st.<br>Scheuer mit gewölbtem Keller und gewölbtem Kuhstall<br>Stall mit Überbau<br>Scheuer und Stall |
| 053 | Hauptstr.33 | (BK 49) Riesling, Urban (HR) | Wohnhaus 2st.<br>Stall<br>Schopp<br>Scheune mit Balkenkeller |
| 054 | Bratergasse 6-8 hinten; heute ohne Gebäude | (BK 51) Fogt, Georg (HR) | Wohnhaus 1st. und Stall [Nachtrag: „jetzt zweistöckig"]<br>Scheuer mit Balkenkeller<br>Stall mit Kniestock |
| 055 | Bratergasse 6-8 vorn; heute ohne Gebäude | (BK 50) Dietrich, Johann Wittib (HR) | Wohnhaus 2st. mit Anbau<br>Stall |

| Nr. | heute | Eigentümer | Bestand |
|---|---|---|---|
| 056 | Bratergasse 10 | (BK 52) Sieskind[!], Abraham jun. (HR) | Wohnhaus 2st. mit Überbau<br>Nebenbau<br>Scheuer u. Stall mit Balkenkeller |
| 057 | Bratergasse 12 | (BK 53) Höfler, Philipp Heinrich (HR) | Wohnhaus 1st. mit Stall<br>Scheuer mit Balkenkeller<br>Schweinestall |

| Nr. | heute | Eigentümer | Bestand |
|---|---|---|---|
| 058 | (G) | | |
| $058^1/_{10}$ | (G) | | |
| $058^2/_{10}$ | (G) | | |
| 059/060 | Teil von Bratergasse 11 | (BK 59) Ahles, Philipp (G) (HR) | Wohnhaus 1st.<br>Scheuer |
| 061/062 | Bratergasse 11 | (BK 54) Heymann, Moses (G) (HR) | Wohnhaus 1st.<br>Stall |
| 063 | Bratergasse 9 | (BK 58) Lahm, Martin Wittib (HR) | Wohnhaus 2st.<br>Scheuer und Stall |
| 064 | Bratergasse 7 | (BK 57) Lorey [„Lorrey"], Philipp Heinrich Wittib [= Anna Sara, geb. Maus] (HR) | Wohnhaus 2st. und Stall |
| 065 | Bratergasse 3 | (BK 55) Jung, Jakob (HR) | Wohnhaus 1st. [Nachtrag: §jetzt 2stöckig§]<br>Stall<br>Scheuer |
| 066 | Hauptstr.31 | (BK 56) Treib, Barbara (HR) | Wohnhaus 2st.<br>Stall<br>Scheuer |
| 067/068 | Hauptstr.29 | (BK 63) Maus, Isaak (HR) (G) | Wohnhaus 2st.<br>Stall<br>Stall u. Schopp<br>Scheuer<br>Rindvieh- und Schweinestall |
| 069 | Kellergasse 5 | (BK 62) Sieskind, Abraham sen. (HR) | Wohnhaus 1st.<br>Schopp und Stall |
| 070 | Kellergasse o.Nr., verbunden mit Mühlgasse 6; heute ohne Gebäude | (BK 61) Manche, Paul [oder Joel?] (HR) | Wohnhaus 1st.<br>Viehstall |
| 071 | | (Scheuer) | |
| $071^1/_{10}$ | | (Scheuer) | |

| Nr. | heute | Eigentümer | Bestand |
|---|---|---|---|
| $071^{1}/_{2}/072$ | (Garten: heute Teil von Kellergasse 10; Haus: heute Mühlgasse 10) | (BK 68) Merkel, Johann (G) (HR) | Wohnhaus 2st.<br>Scheuer u. Stall mit Balkenkeller |
| 073/074 | Kellergasse 5 | (BK 60) Bertram, Gabriel (G) (HR) | Wohnhaus 2st.<br>Stall |
| $074^{1}/_{2}$ | | (G) | |
| 075 | Mühlgasse 14 | (BK 69) Engeltrum, Franz (HR) | Wohnhaus 2st.<br>Scheuer<br>Stall<br>Stall |

| Nr. | heute | Eigentümer | Bestand |
|---|---|---|---|
| 076/076$^{1}/_{2}$ | Mühlgasse 6 | (BK 67) Pilger, Johann (HR) (G) | Wohnhaus 1st.<br>Schopp 2st.[!] mit Stall u. Balkenkeller und Scheuer |
| 077 | Mühlgasse 4 | (BK 66) Senger, Ignaz Karl (HR) | Wohnhaus 1st. [Nachtrag: „abgebrochen„]<br>Stall [Nachtrag: „abgebrochen“, beide 1857 durch neue Gebäude ersetzt] |
| 078 | Hauptstr.27 | (BK 64) Die Gemeinde (HR) | Das Backhaus: Wohnhaus 2st.<br>Stall |
| 079 | Hauptstr.25 | (BK 65) Die Gemeinde | Rathaus („Das Gemeindehaus“): 2st. |
| 080/080$^{1}/_{10}$ | Teil von Mühlgasse 16 | (BK 82) Baldner, Jakob (G) (HR)[!] | Wohnhaus 2st. mit Balkenkeller<br>„Tanzsaal“ |
| 081 | zwischen Mühlgasse 16 und 18 | (BK 71) Mertens, Michel (Haus) | ein halbes Wohnhaus 1st. |
| 082 | Teil von Mühlgasse 16 | (BK 70) Griesings Wittib (HR) | Wohnhaus 1st. |
| 083 | Teil von Mühlgasse 20 | (BK 72) Schemel, Karl (HR) | ein halbes Wohnhaus 2st.[!] und Stall<br>Stall |
| 084/ 085$^{1}/_{2}$ [!] | Teil von Mühlgasse 24 | (BK 73) Jackel, Anton (HR) (G) | Wohnhaus 1st.<br>Stall<br>Scheuer |
| 085/085$^{1}/_{4}$ | Teil von Mühlgasse 24 | (BK 74) Jackel, Franz (HR) (G) | Nebenhaus<br>Viehstall |
| 086/087 | ohne Nummer an Mühlgasse 24 grenzend | (BK 75) Senger, Andreas (G) (Haus) | Das Hirtenhaus: Wohnhaus 1st. |
| 088/090$^{1}/_{2}$ | heute ohne Nummer | (BK 76) Schnorrenberger, Isaias (HR) <so 1841, 1831 nur Haus> (G) | Wohnhaus 2st. [Nachtrag: Korrektur: 1st.] |
| 089 | | (G) | |
| 090 | | (G) | |
| 091 | Mühlgasse 9 | (BK 77) Bender, Jakob Erben (HR) | Wohnhaus 1st.<br>Scheuer, Stall u. Keller |

| Nr. | heute | Eigentümer | Bestand |
|---|---|---|---|
| 092 | Mühlgasse 7 | (BK 78) Metzger, Jakob (HR) | Wohnhaus 1st.<br>Scheuer mit Stall u. Balkenkeller |
| 093 | Mühlgasse 3 | (BK 80) Karst, Peter (HR) | Wohnhaus 2st.<br>Scheuer mit Balkenkeller<br>Stall |

| Nr. | heute | Eigentümer | Bestand |
|---|---|---|---|
| 094 | Teil von Hauptstr.23 | (BK 81) Heymann, Abraham (HR) | Wohnhaus 2st. mit Überhaus<br>Stall 1st. |
| 095 | Hauptstr.23 | (BK 01) Bertram, Anton Wittib (HR) | Wohnhaus 2st.<br>Scheuer<br>Schweinestall |
| | | (BK 02) Bertram, Anton Wittib | Schmiedegebäude 2st. |
| 096/097 | Hauptstr.21 | (BK 03) Hoch, Johann (HR) (G) | Wohnhaus 2st.<br>Stallung<br>Scheuer<br>Kelterhaus<br>Schweinestall |
| 098/099 | 098: heute Teil von Hauptstr.21;<br>099: heute Teil von Mühlgasse 7 | (BK 79) Spork, Christian (HR) (G) | Wohnhaus 1st. - Stall [nur 50 bzw. 10 fl.!] |
| 100 | | (G) | |
| 101/102 | Teil von Hauptstr.21 und Teil des Kirchenguts | (BK 04) Die lutherische Gemeinde [Pfarrhaus, wenig später nach 011 verlegt] (HR) (G) | Pfarrhaus 2st.<br>Stallung 2st.<br>Scheuer mit Stall u. 2 Kellern<br>Schopp<br>Schweinestall<br>Holzschoppen 2st. |
| 103 | Ev. Kirche (erbaut 1828/29) | (BK 05) Die lutherische Gemeinde | [Brandkataster 1817: „Die lutherische Kirche samt Thurm" mit Vers.summe 530 fl. und Vermerk: „Dec. 1827 abgerissen"; „Die neue evangelische Kirche" mit Vers.summe 6000 fl. und „Zeit der Versicherung": Decbr. 1829]. - Brandkataster 1831 nur: „Die evangelische Kirche", 6000 fl. |
| 103$^{1}/_{2}$ | Hauptstr.15 | (BK 06) ev. Gemeinde: altes Schulhaus [1831 zwar noch aufgeführt, aber gestrichen; müßte nach Brief von Isaak an Wilhelm Maus v. 16.01.1830 zu diesem Zeitpunkt bereits abgebrochen gewesen sein; das neue ev. Schulhaus wurde kurz danach an der selben Stelle erbaut] | Wohnhaus 1st., Stall [wohl kein eigenes Gebäude] |

| Nr. | heute | Eigentümer | Bestand |
|---|---|---|---|
| 129 | Mühle | (BK 12) Böhm, Martin | Wohnhaus 2st.<br>Stallung<br>Schopp<br>Scheuer<br>Pferd- und Schweinestall<br>Waschhaus |

| Nr. | heute | Eigentümer | Bestand |
|---|---|---|---|
| 104 | 1975 abgebrochen, da in die Straße ragend | (BK 07) Höfler, Jakob (HR) | Wohnhaus 2st m. Stall u. Keller<br>Scheuer m. Stall [später: „jetzt Backhaus mit Backofen"] |
| 105/106 | Hauptstr.11 | (BK 08) Schlamp, Simon (HR) (G) | Wohnhaus 2st. mit gem. Keller<br>Stall m. Schopp<br>Scheuer mit Balkenkeller und Kniestock<br>Stallung 2st. |
| 107/108 | Hauptstr.9 | (BK 09) Schlamp, Simon (HR) (G) | Wohnhaus 2st. mit gewölbtem Keller<br>Stall<br>Scheuer mit 2 Tennen, gewölbtem Keller und Schweineställen |
| $108^1/_2$ | | (G) | |
| 109 | | (G) | |
| 110 | Hauptstr.7 | (BK 10) Diehl, Philipp Heinrich (HR) | Wohnhaus 2st.<br>Stall<br>Scheuer mit gewölbtem Keller<br>Viehstall |
| 111 | Hauptstr.5, zurückgebaut | (BK 11) Treib, Johann (HR) | Wohnhaus 2st.<br>Scheuer<br>Stall mit Überbau<br>Schoppen, 2st.<br>Stall 2st. |
| $112/112^1/_2$ | Kath. Kirche | (BK 13) Die katholische Gemeinde | Kirche samt Turm (2.000 fl.) |
| 113 | (erbaut 1772-1775)<br>Hauptstr. 1 | (BK 14) Die katholische Gemeinde (HR) | Pfarrhaus: Wohnhaus 2st.<br>Schopp<br>Scheuer |
| 114-128 | | Äcker und Wiesen | |

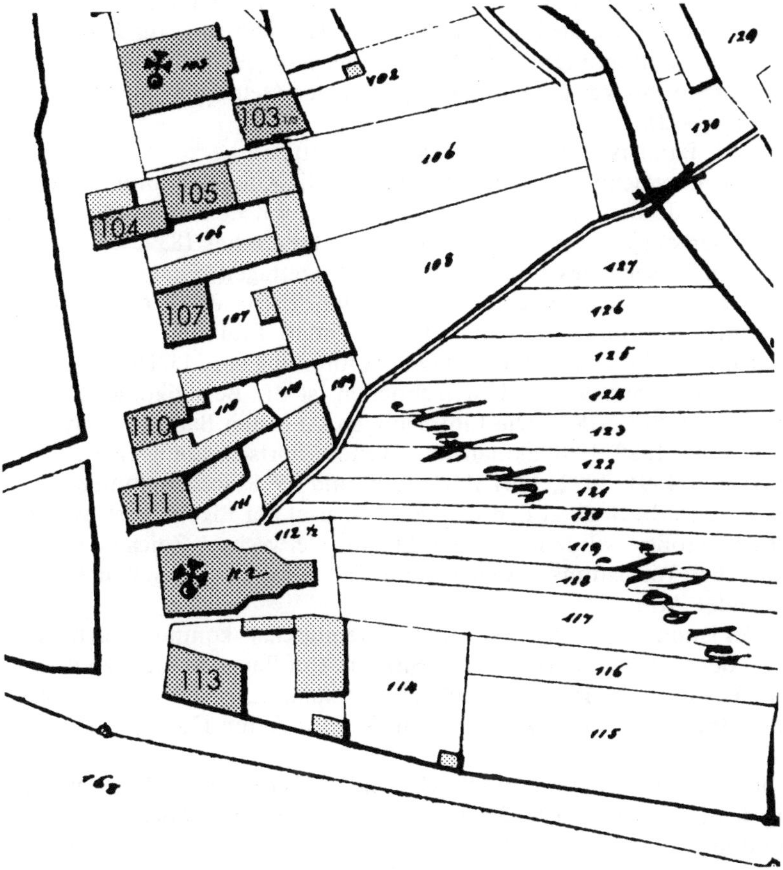
103
105
104
107
110
111
113

## Anhang:
## Fortführung des Häuserbuches bis ins 20. Jahrhundert

Dem Grundbuch der Gemeinde Badenheim 1. Theil, I. Band sind die folgenden Angaben für die Fortschreibung des Häuserbuches für die Zeit nach Isaak Maus entnommen. Die Grundbücher sind Teil der unter U 236 im Landesarchiv Speyer gesammelten Akten der Gemeinde Badenheim (U 236/Nr. 2 – 3).

Dem I. Band ist folgendes Testat vorgeheftet:

„Der Unterzeichnete bescheinigt hiermit die Übereinstimmung der für die Gemeinde Badenheim aufgestellten Grundbücher mit dem vorhandenen Steuerkataster. Darmstadt, den 28.ten Dezember 1839, Debus."

Auf der 3. Seite des Grundbuches ist eingetragen:

„Der gegenwärtige erste Band des ersten Theils des Grundbuchs der Gemeinde Badenheim enthaltend dreihundert fünf und vierzig Blätter wurde in Gemäßheit des Artikel 14 der Verordnung vom 13. Dezember 1839 ... cotiert und paraphiert." Unterschrieben ist die Bestätigung mit „Hoffmann" am 4. März 1841. Die Eintragungen im ersten Band wurden in den Jahren 1867, 1889, 1890 aktualisiert. Weitere Fortschreibungen wurden in den Jahren 1891. 1892, 1901,1903, 1905 und 1908 vorgenommen.

Das Häuserbuch zeigt den häufigen Wechsel der Eigentümer. Wenn die Betriebe größer wurden, war der Eigentümerwechsel Zeichen des wirtschaftlichen Wachstums, in den anderen Fällen war er nicht selten Ausdruck bleibender Armut.

In der landwirtschaftlichen Struktur Rheinhessens kommt es nicht darauf an, wo der einzelne Betrieb seinen Sitz hat. Der Bauer ist nicht an die Lage seiner Felder gebunden.Es herrscht eine „erstaunliche Mobilität"[1] des Haus- und Hofbesitzes. Dies erklärt, warum es keine festen Hof- oder Häusernamen gibt.

Die Eintragungen des Grundbuchs sind im folgenden nach der Numerierung des Ortsplans von 1832 geordnet. Sie werden in der Schreibweise des Grundbuchs wiedergegeben. Die Abkürzungen stehen für HR = Hofreite; GG = Grabgarten (Garten zum Gemüseanbau).

Angaben zur Art des Eigentumsübergangs (Kauf oder Schenkung) sind nur dort aufgeführt, wo das Grundbuch sie ausdrücklich nennt.

Nachträge aus den Brandkatastern 1817 und 1831, die für Jahre nach 1832 – dem Jahr der Erstellung des Katasterplanes – vorgenommen wurden, sind mit eckigen Klammern [...] eingefügt.

| Nr. der Karte | heutige Hausnummer | Eintragung im Grundbuch |
|---|---|---|
| 000 HR | Bahnhofstr.1 | 1848 Diehl, Adam<br>1891 Diehl, Adam<br>1902 Hellriegel, Katharina, geb. Diehl, Witwe von Heinrich Nikolaus Hellriegel |
| 001 HR/ und 002 Haus | Hauptstr. 2 | [1834 Höfler, Wilhelm Zweiter]<br>1841 Hoch, Philipp;<br>1850 Hoch, Johann der Zweite<br>1862 Hoch, Philipp<br>1865 Bertes, Johann zu Frei-Laubersheim<br>1891 Bertes, Johann; |
| 003 HR | Hauptstraße 4 | 1862 Hoch, Adam<br>1868 Hoch, Adam Zweiter;<br>1879 Hoch, Gustav;<br>1891 Hoch, Gustav |

*Die Häuser Nr. 001–006 an der Hauptstraße im Oberort. Auf der rechten Straßenseite das Haus Nr. 111 vor dem Umbau und die katholische Kirche.*

| | | |
|---|---|---|
| 004 HR/005 GG | Hauptstraße 6 | 1843 Görtz, Philipp;<br>1862 Görtz, Konrad;<br>1876 Görtz, Friedrich;<br>1891 Görtz, Friedrich; |
| 006 HR/007 1/2 Haus | Hauptstraße 8 | 1851 Diehl, Johann; Diehl, Philipp jun.;<br>1875 Diehl, Elisabeth<br>1891 Diehl, Elisabeth, Ehefrau des Schlamp, Heinrich |
| 007 HR | Hauptstraße 10 u.12 | 1858 Maurer, Wilhelm;<br>1861 Maurer, Johann;<br>1891 Maurer, Peter; |
| 008 HR | Hauptstraße 14 | 1844 Höfler, Nikolaus;<br>1891 Höfler, Nikolaus Erster;<br>1892 Staab, Jakob und Ehefrau Katharina geb. Foos;<br>1895 Höfler, Friedrich;<br>1896 Brand, Hermann, Ehefrau Anna Margareta; |
| 009 HR | Hauptstraße 16 | [1838 Hoch, Philipp]<br>1843 Kneib, Johann;<br>1849 Höfler, Wilhelm;<br>1862 Höfler, Wilhelm der Zweite;<br>1875 Höfler, Wilhelm, Ottilie Höffler;<br>1884 Höfler, Wilhelm Zweiter;<br>1891 Höfler, Nikolaus Erster; |
| 010 HR | Hauptstraße 18 | 1845 Weinsheimer, Peter;<br>1877 Weinsheimer, Wilhelm;<br>1891 Weinsheimer, Wilhelm |
| 011/012 | Hauptstraße 20/22 | 1841 das evangelische Schulgut;<br>1891 das evangelische Pfarrgut |
| 013 HR/014 GG | Hauptstraße 24 | 1843 Brand, Paul II;<br>1858 Brand, Anton<br>1891 Höfler, Friedrich; Höfler, Katharina geb. Partenheimer, dessen Ehefrau |
| 015 HR | Hauptstraße 26 | 1841 Höfler, Wilhelm;<br>1843 Höfler, Johann;<br>1891 Fischborn, Johann, Ehefrau Katharina geb.Höfler;<br>1913 Fischborn, Heinrich Erster; |
| 016 HR/016 1/2 GG | Hauptstraße 28 | 1841 Schneider, Philipp Zweiter;<br>1851 Maurer, Philipp und Konrad, Margarethe;<br>1890 Maurer, Heinrich; |

| | | |
|---|---|---|
| 017 HR/018 GG | Hauptstraße 30 | 1841 Maus, Konrad;<br>1850 Maus, Johann;<br>1888 Maus, Philipp Zweiter Sohn durch Schenkung; |
| 019 HR/020 GG | Hauptstraße 32 | 1841 Diehl, Philipp;<br>1844 Diehl, Philipp;<br>1873 Pitthan, Adolf Ehefrau geb. Diehl zu Wöllstein;<br>1874 Porth, Philipp;<br>1902 Porth, Philipp, Gemeindebürgermeister, Porth, Katharina geb.Müller, dessen Ehefrau |
| 021 HR/022 GG | Hauptstraße 34 | [1835 Porth, Adam;]<br>1841 Porth, Adam;<br>1862 Porth, Philipp;<br>1904 Porth, Philipp Zweiter; |
| 023 HR/023 ½ GG | Hauptstraße 38 | 1841 Hirschmann, Jakob Witwe.;<br>1847 Hirschmann, Karl Theodor;<br>1877 Hirschmann, Jakob;<br>1891 Hirschmann, Jakob;<br>1924 Hirschmann, Wilhelm Dritter; |

*Die Postkarte aus der Zeit nach 1912, als die Straßenbahn schon gebaut war, zeigt rechts die Hauptstraße im Unterdorf (links ab Haus Nr. 034, rechts ab Nr. 066). Das frühere Haus von Isaak Maus ist noch am Rand sichtbar. Im linken Bild (Blick in die obere Hauptstraße) sind links das Gemeindebackhaus und das Rathaus (Nr. 078 und 079) erkennbar.*

| | | |
|---|---|---|
| 024 GG/5 HR | Teil von Hauptstraße 38 | 1841 Schulgut , das Katholische;<br>1847 Fogt, Wilhelm von Badenheim;<br>1871 Fogt, Georg;<br>1891 Fogt, Georg;<br>1919 Fogt, Wilhelm Erster; |
| 026 Haus | Hauptstraße 40 | 1841 Höfler, Nikolaus;<br>1841 Höfler, Philipp Heinrich;<br>1859 Höfler, Anna Maria und Margaretha;<br>1891 Höfler, Anna Maria und Margaretha Zweite;<br>1904 Höfler, Anna Maria ohne Gewerbe und Höfler, Maria ohne Gewerbe<br>1917 Höfler, Maria und Fischborn, Heinrich Zweiter Witwe Katharina geb. Höfler; |
| 027 HR/028 GG | Hauptstraße 42 | 1841 Ahles, Peter;<br>1848 Ahles, Philipp Zweiter;<br>1889 Ahles, Johann Sohn;<br>1923 Ahles, Philipp Zweiter und Ehefrau; |
| 029HR/030 GG | Hauptstraße 44 | 1841 Höfler, Christoph, Höfler, Georg Zweiter;<br>1868 Höfler, Wilhelm;<br>1891 Höfler, Wilhelm;<br>1902 Lufft, Maria, geb. Naumann, Wwe. erster Ehe von Wilhelm Höfler; |
| 031 HR/032 GG | Hauptstraße 46 | 1841 Laubenstein, Peter;<br>1863 Laubenstein, Peter Zweiter;<br>1872 Laubenstein, Margarethe und Christina<br>1878 Foos, Anton Zweiter Ehefrau Christina Laubenstein<br>1891 Christina Laubenstein, Ehefrau des Fries, Andreas Zweiter |
| 033 HR/ | Teil von Hauptstraße 48 | 1841 Höfler, Philipp Konrad;<br>1858 Höfler, Wilhelm Fünfter |
| 035 HR/035 $^1/_2$ GG | Teil von Hauptstraße 48 | 1841 Enders, Johann;<br>1864 Enders, Susanne;<br>1891 Enders, Susanne; |
| 036 GG | Hauptstraße 54 | 1841 Görtz, Jakob;<br>1853 Laubenstein, Peter;<br>1856 Laubenstein, Friedrich;<br>1869 Laubenstein, Friedrich Ehefrau Barbara Frank<br>1887 Laubenstein, Heinrich durch Schenkung<br>1891 Laubenstein, Heinrich; |

| | | |
|---|---|---|
| 037 GG/038 Häuser/039 HR | Hauptstraße 52 und 54 | 1841 Feldmann, Heinrich Karl;<br>1878 Feldmann, Peter Zweiter Ehefrau Elisabeth Sänger zu Armsheim<br>1901 Weinsheimer, Philipp Erster; |
| 040 GG/041HR | Weg zwischen Hauptstraße 54 und 58 | 1841 Partenheimer, Nikolaus zu Pleitersheim;<br>1845 Höfler, Wilhelm Zweiter;<br>1855 Manche, Jonas;<br>1855 Manche, Jonas, Babette und Franz;<br>1859 Matthes, Gabriel in Wöllstein;<br>1862 Diehl, Philipp Heinrich;<br>1869 Weinsheimer, Katharina;<br>1891 Weinsheimer, Katharina;<br>1893 Schlamp, Heinrich;<br>1900 Bäcker, Jakob; |
| 042 HR/043 GG | Hauptstaße 45 | 1841 Köth, Philipp;<br>1843 Jackel, Franz;<br>1854 Jackel, Johann Zweiter;<br>1882 Jackel, Franz Zweiter;<br>1895 Jackel, Franz Zweiter; Jackl, Bernhard; |
| 044 HR/045 GG | Hauptstraße 43 | 1841 Schlamp, Johann;<br>1870 Ahles, Christoph Wwe;<br>1870 Ahles, Peter;<br>1915 Ahles, Philipp Erster; |

*Die Hauptstraße im Unterdorf mit den Häusern Nr. 033 (rechts) und Nr. 042 bis 096 auf der linken Seite.*

| | | |
|---|---|---|
| 046 GG/047 HR | Teil von Hauptstraße 41 | 1835 Höfler, Christoph;<br>1840 Höfler, Wilhelm Dritter;<br>1841 Höfler, Peter Wwe;<br>1846 Höfler, Philipp Dritter;<br>1877 Höfler, Philipp Erster;<br>1891 Höfler, Philipp Erster;<br>1909 Höfler, Ludwig; |
| 048 HR | Hauptstraße 41 | [1835 Höfler, Christoph]<br>1841 Höfler, Christoph;<br>1849 Zottmann, Karl Theodor;<br>1884 Zottmann, Karl ;<br>1885 Jackel, Johann Dritter;<br>1891 Jackel, Johann Dritter; |
| 049 HR/050 GG | Hauptstraße 37 | 1841 Karst, Martin;<br>1849 Weinsheimer, Philipp;<br>1854 Jackel, Friedrich;<br>1891 Jackel, Friedrich;<br>1896 Wolf, Johann und Ehefrau Bernhardine, geb.Jackel; |
| 051 GG/052 HR | Hauptstraße 35 | [1838 Ahles, Johann]<br>1841 Ahles, Johann;<br>1862 Ahles, Philipp Dritter;<br>1891 Ahles, Philipp Ludwig; |
| 053 HR | Hauptstraße 33 | 1841 Riesling, Urban;<br>1843 Clemens, Regina;<br>1891 Clemens, Regina;<br>1898 Stumpf, Franziska;<br>1907 Schaller, Heinrich; |
| 054 HR | Bratergasse 6-8 / hinten, heute ohne Gebäude | [1838 Fogt, Wilhelm]<br>1841 Fogt, Wilhelm;<br>1874 Fogt, Wilhelm Zweiter;<br>1913 Übergang an die Gemeinde, die bürgerliche; |
| 055 HR | Bratergasse 6-8 / vorne, heute ohne Gebäude | 1841 Dietrich, Johann;<br>1888 Dietrich, Johann;<br>1888 Jackel, Susanne; durch Kauf;<br>1891 Jackel, Susanne; |
| 056 HR | Bratergasse 10 | 1841 Süßkind, Abraham;<br>1842 Süßkind, Elisabeth und Henriette;<br>1849 Süßkind, Abraham Ehefrau Maria, geb.Simon;<br>1849 Metzger, Samuel; |

| | | |
|---|---|---|
| | | 1866 Metzger, Salomon;<br>1870 Metzger, Simon Wwe. Johannette Lazarus<br>1882 Görtz, Jakob;<br>1901 Rick, Gottfried; |
| 057 HR | Bratergasse 12 | 1841 Höfler, Philipp Heinrich;<br>1859 Höfler, Georg Dritter;<br>1876 Höfler, Anna Maria;<br>1904 Höfler, Anna Maria und Höfler Margarethe Zweite; |
| 058 1/10 und 058 2/10 | Gärten am Ende der Bratergasse | |
| 060 HR | Teil von Bratergasse 11 | 1841 Ahles, Philipp;<br>1841 Ahles, Peter Johann;<br>1854 Diehl, Margarethe;<br>1873 Pitthan, Adolf Ehefrau geb. Diehl zu Wöllstein |
| 061 GG 062 HR | Bratergasse 11 | 1841 Heymann, Moses;<br>1857 Heymann, Moses Erben<br>1857 Heymann, Salomon und Heymann, Moses; Simon Matthes<br>1862 Heymann, Moses und Simon Matthes;<br>1866 Schneider, Philipp;<br>1891 Lahm, Philipp;<br>1910 Lahm, Wilhelm; |
| 063 HR | Bratergasse 9 | [1836 Lahm, Martin Wittib $^{1}/_{2}$ und Lahm, Otto]<br>1838 Lahm, Martin Wittib $^{1}/_{2}$ und Lahm, Otto $^{1}/_{2}$<br>1841 Lahm, Martin Wwe. und Lahm, Otto;<br>1849 Lahm, Otto;<br>1873 Lahm, Philipp;<br>1891 Lahm, Philipp;<br>1910 Lahm, Wilhelm; |
| 064 HR | Bratergasse 7 | [1835 Lorey, Wilhelm und Lorey, Elisabeth]<br>1841 Lorey, Elisabeth und Lorey , Wilhelm;<br>1847 Höfler, Wilhelm Vierter von Badenheim<br>1850 Hoch, Johann Zweiter;<br>1850 Süßkind, Abraham Zweiter und Ehefrau Luise Werz<br>1873 Süßkind, Abraham Zweiter<br>1891 Süßkind, Abraham Zweiter;<br>1901 Staab, Jakob Zweiter; |
| 065 HR | Bratergasse 3 | 1841 Jungk, Jakob;<br>1851 Jungk, Nikolaus;<br>1886 Jungk, Philipp Zweiter;<br>1902 Staab, Jakob Zweiter und Ehefrau Katharina geb. Jackel |

| | | |
|---|---|---|
| 066 HR | Hauptstr. 31 | [1834 Schlamp, Christian]<br>1841 Schlamp, Christian;<br>1862 Schlamp, Johann Zweiter<br>1891 Schenk, Peter, Bäckermeister und Sophia geb. Maurer;<br>1899 Schenk, Peter, Bäckermeister und Sophia geb. Maurer;<br>1906 Karst, Johann; |
| 067 HR/068 GG | Hauptstr. 29 | 1841 Maus Christian;<br>1862 Maus, Philipp;<br>1871 Maus, Wilhelm;<br>1891 Maus,.Wilhelm;<br>1905 Maus, Christoph; |

*Das Wohnhaus von Isaak Maus (lfd. Nr. 067) vor dem Umbau 1960*

| | | |
|---|---|---|
| 069 HR | Kellergasse 5 | 1841 Lahm, Johann;<br>1857 Lahm, Katharina Margaretha;<br>1879 Poh, Anton Ehefrau geb. Müller durch Kauf; |
| 070 HR | Kellergasse ohne Nr., verbunden mit Mühlgasse 6, heute ohne Gebäude | 1841 Manche, Paul;<br>1855 Baumgärtner, Philipp;<br>1872 Baumgärtner, Philipp Wwe. Margarethe;<br>1889 Köhler, Michael und Ehefrau Christina, geb. Baumgärtner;<br>1904 Scheppert, Jakob Taglöhner und Scheppert,Katharina geb.Poh; |
| 071 HR<br>071 1/2 | Mühlgasse 6<br>Scheune an der Kellergasse | [1836 Gruber, Franz]<br>1841 Diehl, Philipp sen.<br>1863 Diehl, Margarethe;<br>1873 Pitthan, Adolf Ehefrau Margarethe Diehl zu Wöllstein;<br>1877 Poh, Anton;<br>1879 Poh, Anton Ehefrau geb. Müller<br>1883 Heymann, ... ;[unleserlich];<br>1884 Sänger, Andreas Zweiter durch Kauf<br>1889 Schömel, Jakob durch Kauf; |
| 071 1/2 GG/072 HR | Mühlgasse 10, angrenzend an Kellergasse; wird 1882 als das älteste Haus erwähnt | 1841 Gruber, Franz;<br>1859 Gruber, Johann;<br>1891 Gruber, Johann; |
| 073 G/074 HR | Kellergasse 15 | 1841 Bertram, Gabriel;<br>1850 Schnorrenberger, Johann Paul Wwe.;<br>1860 Schnorrenberger, Anna Maria;<br>1866 Mecky, Jakob zu Hackenheim;<br>1891 Mecky, Jakob;<br>1897 Breitwieser, Jakob; |
| 075 HR | Mühlgasse 14 | 1841 Pfeifer, Agnes<br>1854 Engeltrum, Franz Jakob;<br>1856 Engeltrum, Jakob;<br>1869 Weigand, Anna Maria und sieben Consorten zu Volxheim;<br>1888 Weigand, Philippina;<br>1897 Büchner, Johann Ehefrau Maragetha, geb. Weigand;<br>1909 Schömel, Heinrich und Ehefrau geb. Bappert in Sprendlingen; |

| | | |
|---|---|---|
| 076 HR/076 $^{1}/_{2}$ | Mühlgasse 6 | 1841 Pilger, Katharina Wwe; |
| | | 1846 Schömel, Georg Franz; |
| | | 1851 Schömel, Karl und Consorten; |
| | | 1851 Schömel, Johann; |
| | | 1876 Schömel, Johann Zweiter |
| | | 1891 Schömel, Johann Zweiter; |
| 077 bzw. HR | Mühlgasse 4 | 1841 Sänger,Josef Wwe.; |
| | | 1841 Senger, Johann; |
| | | 1841 Senger, Andreas; |
| | | 1855 Kulturveränderung [sic] |
| | | 1869 Senger, Andreas; |
| 078 HR | Hauptstraße 27 | 1841 Gemeinde, die bürgerliche [früher Gemeinde-Backhaus]; |
| 079 HR | Hauptstraße 25 | 1841 Gemeinde, die bürgerliche [heute Rathaus] |
| 080/080 1/10 HR | Teil von Mühlgasse 16 | 1841 Baldner, Jakob; |
| | | 1845 Baldner, Jakob Ehefrau; |
| | | 1866 Baldner, Jakob; |
| 081 Haus | zwischen Mühlgasse 16/18 | 1841 Mertens, Michael |
| | | 1844 Mertens, Jakob Badenheim; |
| | | 1878 Konrad, Andreas; |
| | | 1892 Griesheimer, Johann; |
| | | 1902 Griesheimer, Johann Handarbeiter und Griesheimer Philippine geb. Stark; |
| 082 HR | Teil von Mühlgasse 16 | 1841 Griesing Katharina Wwe. |
| | | 1844 Baldner, Jakob; |
| | | 1845 Baldner, Jakob Ehefrau; |
| | | 1875 Geier, Valentin zu Siefersheim; |
| | | 1923 Ahles, Wilhelm Ehefrau, geb. Geier; |
| 083 HR | Teil von Mühlgasse 20 | 1841 Schömel, Karl; |
| | | 1857 Schömel, Elisabetha; |
| | | 1891 Schömel, Elisabetha; |
| | | 1898 Löffel, Adam Ehefrau Anna Maria; |
| 084 HR | Teil von Mühlgasse 24 | |
| | | 1841 Jackel, Anton; |
| | | 1886 Groß, Martin Ehefrau geb. Jackel durch Schenkung |
| | | 1891 Jackel, Appolonia Ehefrau des Groß Martin; durch Schenkung |
| 085 HR u. 85 $^{1}/_{4}$ GG | Teil von Mühlgasse 24 | 1841 Jackel, Franz; |
| | | 1854 Köhr, Franz; Ehefrau Appolonia geb. Jackel |
| | | 1886 Jackel, Appolonia Ehefrau des Groß, Martin |
| | | 1891 Jackel, Appolonia Ehefrau des Köhr, Franz |

| | | |
|---|---|---|
| 086 GG/087 Haus | | |
| Gemeinde-Hirtenhaus | an Mühlgasse 24 angrenzend, | 1841 Sänger,Andreas; |
| | heute neues Wirtschaftsgebäude | 1842 Metzger, Samuel; |
| | | 1849 Süßkind, Abraham erste Ehefrau Maria geb.Simon; |
| | | 1851 Süßkind, Sigmund; |
| | | 1860 Süßkind, Sigmund Ehefrau |
| | | 1874 Schömel, Jakob; |
| | | 1891 Schömel, Jakob; |
| | | 1902 Schömel, Jakob Landwirt und Schömel Katharina geb.Weigand |
| | | 1908 Schömel, Karl; |
| 088 HR/089 | ohne Nummer | 1841 Schnorrenberger, Isaias |
| G 090 $^{1}/_{2}$ G | | 1842 Schnorrenberger, Wilhelm; |
| | | 1849 Foos, Peter; |
| | | 1881 Foos, Jakob durch Schenkung; |
| 091 HR | Mühlgasse 9 | [1838 Sänger, Jakob] |
| | | 1841 Sänger, Jakob; |
| | | 1850 Metzger, Leopold; |
| | | 1868 Keller, Peter; |
| | | 1891 Keller,.Peter; |
| | | 1902 Keller, Peter Handelsmann und Keller, Elisabetha |
| | | 1914 Keller, Peter Zweiter und Ehefrau geb. Foos; |
| 092 Haus | Mühlgasse 7 | 1841 Metzger, Jakob; |
| | | 1853 Metzger, Moses; |
| | | 1891 Jackel, Katharina und Elisabetha; |
| | | 1899 Jackel, Elisabetha; |
| | | 1900 Maurer, Jakob Ehefrau Elisabetha,geb. Jackel; |
| | | 1902 Maurer, Elisabetha geb. Jackel Ehefrau des Landwirts Jakob Maurer; |
| 093 HR | Mühlgasse 3 | 1841 Karst, Peter; |
| | | 1849 Hoch, Johann Zweiter; |
| | | 1850 Höfler, Wilhelm Vierter; |
| | | 1891 Höfler, Wilhelm Vierter |
| | | 1892 Höfler, Wilhelm Sechster durch Schenkung; |
| 094 HR | Mühlgasse, Teil von Hauptstraße 23 | 1841 Heymann, Abraham Wwe. |
| | | 1860 Heymann, Heinrich |
| | | 1902 Heymann, Heinrich; |
| | | 1902 Heymann, Leopold Kaufmann in Amerika; |
| | | 1903 Hoff, Jakob und Hof Margarethe; |
| 095 HR | Hauptstraße 23 | [1835 Bertram, Jakob Wwe] |
| | | 1841 Bertram, Jakob Wwe. |
| | | 1856 Karnehm, Jakob Ehefrau Barbara Bertram; |
| | | 1888 Karnehm, Jakob Zweiter; |

| | | |
|---|---|---|
| 096 HR/097 GG | Hauptstraße 21 | 1841 Hoch, Johann;<br>1857 Hoch, Philipp;<br>1891 Hoch, Philipp;<br>1902 Hoch, Heinrich und Wilhelm;<br>1923 Zöller, Karl Ehefrau geb. Hoch; |
| 098 HR/099 GG | Teil von Mühlgasse 7 | 1841 Spork, Wilhelm und Margarethe;<br>1891 Heymann, Heinrich;<br>1891 Gemeinde, die israelitische;<br>1895 Staab, Jakob und Ehefrau Katharina, geb.Foos<br>1902 Staab, Jakob Zweiter und Ehefrau Katharina Jackel;<br>1923 Zöller, Karl Ehefrau geb. Hoch; |
| 101 HR/102 GG/103 GG | Teil von Hauptstraße 21 und Teil des Kirchenguts | [1838 Fischborn, Jakob Wittib]<br>1841Fischborn, Jakob Wwe.<br>1891 Fischborn, Jakob Wilhelm;<br>1893 geteilt<br>1891 Gemeinde, die evangelische; |
| 103 Kirche | | 1841 die evangelische Gemeinde; |
| 103 $^1/_2$ das Schulhaus | Hauptstraße 15 | 1841 die evangelische Gemeinde; |

*Die ev. Kirche und die ev. Schule, die von Architekt Georg Peter Wetter erbaut wurde.*

| | | |
|---|---|---|
| 104 HR | vor Hauptstraße 11, abgerissen | 1841 Höfler, Jakob;<br>1863 Höfler, Georg Vierter;<br>1991 Höfler, Georg Vierter;<br>1905 Höfler, Philipp und Höfler, Dorothea; |
| 105 HR/106 GG | Hauptstraße 11 | 1841 Schlamp, Simon;<br>1852 Fischborn, Johann Zweiter Ehefrau zu Planig; und Jakob Zweiter Ehefrau zu Pfaffen-Schwabenheim<br>1855 Fischborn, Johann Zweiter, Ehefrau Laura Maria Schlamp zu Planig<br>1860 Fischborn, Jakob Zweiter in Planig<br>1891 Fischborn, Jakob Zweiter |
| 107 HR/108 GG | Hauptstraße 9 | [1835 Schlamp,.Elisabetha]<br>[1836 Vestner, Zacharias]<br>1841 Schlamp, Elisabetha;<br>1859 Vestner, Margarethe;<br>1859 Zöller, Martin Erster in Pfaffen-Schwabenheim<br>1859 Vestner, Zacharias;<br>1888 Vestner, Heinrich in Pfaffen-Schwabenheim durch Schenkung<br>1921 Vestner, Julius; |

*Im Oberdorf öffnet sich die Hauptstraße zu einem Platz — mit den Häusern 107 und 110 links und Nr. 008 und 007 auf der rechten Seite. Im Hintergrund die katholische Kirche.*

| | | |
|---|---|---|
| 108 $^1/_2$/ 109 Gärten (hinter den Hofreiten 107 und 110) | | |
| 110 HR | Hauptstraße 7 | 1841 Diehl, Philipp Heinrich;<br>1871 Diehl, Konrad;<br>1891 Diehl, Konrad;<br>1908 Diehl, Lina<br>1910 Dexheimer, Wilhelm und Philipp |
| 111 HR | Hauptstraße 5 – zurückgebaut | 1841 Treib, Johann;<br>1849 Zottmann, Jakob;<br>1891 Zottmann, Jakob;<br>1913 Zottmann, Jakob und andere<br>1914 Zottmann, Johann Dritter; |
| 112/112 $^1/_2$ Kirche | | 1841 die katholische Gemeinde |
| 113 HR | Hauptstraße 1 | 1841 die katholische Gemeinde; [Pfarrhaus und Scheuer] |
| 114 – 128 Äcker und Wiesen hinter der katholischen Kirche | | |
| 129 HR | Mühle | 1841 Böhm, Martin;<br>1846 Böhm, Georg;<br>1863 Brandt, Paul Dritter;<br>1873 Brandt, Paul Dritter Ehefrau Maria;<br>1876 Brandt, Paul Dritter |

*Kath. Kirche, erbaut 1772–1775*

Richard Auernheimer

# 5 Badenheimer Alltag seit der Zeit von Isaak Maus im Spiegel des Gemeindearchivs

Inhaltsübersicht



Beschrieben werden im folgenden die Themen, die Isaak Maus in seinem Brief über die politische Arbeit im Provinzialrat am 8. Okt. 1818 als Beispiele der aktuellen politischen Diskussion seit der Ausdehnung des Großherzogtums Hessen–Darmstadt anführte: „Regierungskosten überhaupt. Findelkinder. Rheinbau. Straßenbau. Kataster, oder Vermessung aller Felder, um eine gleichere Steuervertheilung als bisher machen zu können. Maas und Gewicht. Kirche und Schulen."

Der Überblick über die Geschichte Badenheims seit der Zeit von Isaak Maus soll darstellen, was sich an Zeugnissen über große Ereignisse, über die Entwicklung des kommunalen Lebens und über private Schicksale in den Beständen des ehemaligen Gemeindearchivs finden läßt.

Die Aufmerksamkeit richtet sich besonders auf die Zeit nach 1816, in der in Rheinhessen ein neuer Staat entstand – ein Prozeß, der am ehesten mit der Entwicklung nach der deutschen Einheit ab 1989 zu vergleichen ist. Nicht eine Revolution, sondern der Aufbau einer neuen Verwaltung, die ganz normale Administration veranstaltete einen umfassenden Wechsel.[1] [...] „eine sichere Justizverwaltung, die Unverletzlichkeit jedes erworbenen Eigentums, die Wohltaten eines gut eingerichteten öffentlichen Unterrichts, die Freiheit des Glaubens und die Pressefreiheit" sollten sich des besonderen staatlichen Schutzes erfreuen. Das versprach der Großherzog von Hessen–Darmstadt am 8. Juli 1816 in der Besitzergreifungsurkunde[2]. Bürgerinnen und Bürger waren davon unterschiedlich betroffen. Es ist erkennbar, daß mit Isaak Maus ein erfahrener, kluger und selbstbewußter Bürgermeister die Gemeinde Badenheim in dieser unruhigen Zeit zu Veränderungen führte.

Die Konzentration auf wenige Jahre des langen Lebens von Isaak Maus soll einen Eindruck davon vermitteln, wie eng das 19. und 20. Jahrhundert miteinander verbunden sind. Es trennen die Vergangenheit und Gegenwart nur wenige Generationen. Viele Definitionen und Strukturen, die damals gefunden worden sind, gelten noch heute. Um eine Standortbestimmung vornehmen zu können, war es notwendig, die vorausgehende und die an Maus anschließende Zeit sprechen zu lassen.

Eine umfassende systematische Darstellung dieser Jahre war aus Zeit- und Platzgründen, aber auch aus Quellengründen nicht möglich. Die Akten sind unregelmäßig auf Jahre und Themen verteilt und das gesamte ehemalige Gemeindearchiv noch in dem ungeordneten Zustand, in dem es im Rahmen der Gebiets- und Funktionalreform in das Landesarchiv nach Speyer gebracht wurde. Es ist dort unter der Signatur Bestand U 236 (Gemeindearchiv Badenheim) aufbewahrt.

Ausgewertet wurden für die Darstellung in diesem Buch die Akten: Grundbücher 1839-1895 (U 236 Nr. 2/3); Parzellenbrouillon der Gemarkung Badenheim von 1887 und Güterwechsel 1804-1814 ( U 236 Nr. 5), Brandkataster 1817 und 1835 (U 236 Nr.5 und 40); Bevölkerungsverhältnisse und Heimatscheinregister 1835-1852 (U 236 Nr.5); Ortsbürgerverzeichnis 1824 (U 236 Nr. 6); Finanzangelegenheiten/Steuerakten (U 236 Nr. 7-8); Unterrichtswesen 1819-1922 (U 236 Nr. 21); Armen- und Wohltätigkeitspflege 1824-1932 (U 236 Nr. 25); Gesundheitspflege 1838-1907 (U 236 Nr. 27); Gemeindebuch 1794-1842 (U 236 Nr. 41) und Beschreibung der Flurgränzen der Gemarkung 1832 (U 236 Nr. 80); Ermittlung der landwirtschaftlichen Bodennutzung 1878-1909 und Gewerberegister der Gemeinde Badenheim 1859-1864, Gesinderegister 1837-1882 (U 236 Nr. 80); Ackerverkäufe 1779-1818 (U 236 Nr. 80) und Unterrichtswesen 1823-1896 (U 236 Nr. 83).

## 5.0 Jakob Peter Jakob: Im Eilschritt durchs 18. Jahrhundert

Unter dem Titel „Im Eilschritt durchs 18. Jahrhundert" faßte Pfarrer Jakob Peter Jakob in Heft Nr. 12 der von ihn herausgegebenen „Badenheimer Chronik" die wichtigsten Ereignisse und Daten des 18. Jahrhunderts zusammen. Der katholische Pfarrer schloß damit seine Ortsgeschichte von Badenheim ab, die vor allem die Auseinandersetzung zwischen den Konfessionen und ihr schließlich gutes Ende im „Kirchenvergleich" von 1772 behandelte. Die Beschreibung des 18. Jahrhunderts, die Pfarrer Jakob aus den sehr umfangreichen Notizen und aus den Kirchenakten der katholischen Pfarrei zusammenstellte, gibt einen Eindruck von einer Epoche, an deren Ende die alten „Regime" der neuen Zeit zum Opfer fielen.

Der folgende Text aus den Heften 11 und 12 der „Badenheimer Chronik“ wurde von Abkürzungen befreit; der eigenwillige Stil dieser Chronik wurde beibehalten:

Im Eilschritt durchs 18. Jahrhundert

[ ... ]
In der sogenannten vierten Dimension könnten wir ein abgerolltes Jahrhundert mit einem Blick in allen Einzelheiten überschauen. In unserer räumlichen und zeitlichen Begrenzung kann die Übersicht nur schrittweise geschehen.
[ ... ]

Die lutherischen Pfarrer des 18. Jahrhunderts

J. Nikolaus Jungk 1697-1702, J. Gg. Daniel Köster 1702-1726, J.Georg Stephani 1726-1735, Christian Friedrich Heinrich Fittich 1735-1777, J. Heinrich Weicht, 1777-1778, J. Philipp Rittersbacher 1778-1780, Georg Heinrich Rieth 1780-1783, Georg Christian Streuber, luth. Pfarrer 1784-1822, prot. Pfarrer 1822-1834.

Die katholischen Pfarrer des 18. Jahrhunderts

Simon 1699-1708, Ignatius Antonius Martels 1708-1735, J. Thomas Ignatius Leonhard 1733 bzw. 1735-1742, Anton Dahler 1742-1747, J. Franz Xaver Schmitt 1747-1753, Gerhard Heinrich Anton Sievers 1753-1755, J. Valentin Hees 1755-1781, Kuno Weinmann 1781-1783, Franz Debesche als Ordensmann 1783-1802, als Weltpriester 1802-1820.
Simon ist Karmeliter, Leonhard Mitglied des von Bartholomäus Holzhauser (starb 1658 als Pfarrer von Bingen) gegründeten Instituts der in Gemeinschaft lebenden Weltgeistlichen. [ ... ] Die übrigen sind [Augustiner-] Chorherren aus Kloster Pfaffen-Schwabenheim.

Die Schultheißen des 18. Jahrhunderts

Gerhard Görtz, zum ersten Mal 1695 erwähnt, im Amt bis 1708, (lutherisch nach dem Kirchenbuch[,] nicht reformiert, wie Schreiber Baraino angab.); Philipp Wilhelm Dietz, lutherisch, 1709-1728; J. Adam Brandt 1728-1738, katholisch; Joseph Adolf Brandt, katholisch, 1742-1759, Anton Joseph Pilger, katholisch, 1759-1800.
Schultheiß im Volksmund Scholles, im katholischen Kirchenbuch praetor.

Evangelisch-lutherische Lehrer

Johann Baltasar Thorwirth, 1713-1719; Friedrich Kasimir Stahl, 1720-1722; Georg Helf, 1726; J. Jakob Barth, 1728-1733; Josef Mandler 1739-1768; Georg Emrich, 1794-1797.

Katholische Lehrer

Erste Periode: J. Martin Dern, 1699-1704 (1704 als Lehrer in Sprendlingen erwähnt); J.Arnold Meyer, 1705 und 1706.
Unbekannt: 1719-1721 Zweite Periode: Johann Weber, 1735-1739; J.Adam Groß, 1739-1769; Georg Franz Dickerscheid, 1770-1809.
Alte Amtsbezeichnung: Schulmeister, Kirchen- und Schuldiener.
[ ... ]

Künstler

Dr. Albert Sadeler, Kunstmaler, in Badenheim ansässig; 1752-1762 (malt Probstbilder); Isaak Maus, der Bauerndichter. Sein Leben und Werk schildert Hans Klauer in „Heimatblätter" des Öffentlichen Anzeigers 1927. Erstes Bändchen Gedichte erschien 1786. Der einzige berühmte Mann aus Badenheim.

Chirurg

Franz Siebenwurst 1771, katholisch, in Badenheim wohnend; Adolf Josef Schüler Medicus circumforanius (Arzt, auf Märkten umherziehend).

Innung

22. Mai 1780 errichtet Graf Schönborn eine Innung für die Badenheimer Handwerker, Errichtungsurkunde und Zunftstempel befinden sich im katholischen Pfarrarchiv.

Das Ortsgericht Badenheim

1702 Schultheiß Gerhard Görtz, Nikolaus Diel der Alt, Kilian Höfler, Valentin Bürger, Reinhard Feischede, Nikolaus Dreib, Heinrich Jackel
1703 ebenso
1709 Schultheiß Philipp Wilhelm Dietz, Altschultheiß Görtz, Diel, Höfler, Bürger Feischede, Hans Simon Bertram, Nikolaus Weißgerber.
1721 Schultheiß Dietz, Görtz, Bertram, Weißgerber, Johann Brandt, Philipp Diel, Christoph Höfler.
1728 Schultheiß Josef Adam Brandt, Görtz, Bertram, Weißgerber, Höfler.
1732 dieselben und Nikolaus Knöpler, Philipp Schweiß.
1737 Oberschultheiß Johann Adam Brandt, Unterschultheiß Johann Jost, Bertram, Weißgerber, Höfler, Knöpler, Schweiß.
1750 Schultheiß Josef Adolf Brandt, Schweiß, Urban, Feischede, Martin Pilger, Valentin Weinsheimer, Adam Jakob Wörner, Wilhelm Heinrich Maus, Josef Knöpler.
1757 Schultheiß Anton Pilger, Schweiß, Feischede, Pilger, Weinsheimer, Wörner, Maus, Knöpler, Heinrich Bertram.
Philipp Schweiß starb 1779, war 50 Jahre Gerichtsmann.
1783 Schultheiß Anton Pilger, Johann Hoch, Paul Karst, Anton Knöpler, Valentin Schlamp.

Handwerker

Müller: J. Peter Seiler, 1701-1721; J. Adam Seiler, 1729; Anton Pilger 1743-1760; J. Simon Diehl, 1768 (durch umfallenden Mühlstein Kopf zerquetscht und tot); Konrad Diehl, 1786; Johann Nikolaus Diehl, 1773-1797.
Bäcker: Michael Emmert, 1702; Wilhelm Schneider 1704; Jakob Schneider 1747, 1748; Heinrich Feischede 1743; Josef Jakob Embach 1744; Heinrich Pfeifer, 1749; Johann Krätzer, 1765-1770; Nikolaus Josef Krätzer, 1768; Wilhelm Heinz 1798.
Küfer: Gerhard Diehl, 1760; Georg Höfler 1787-1797.
Böttcher: Johann Fischer, 1744.
Häfner: Jakob Friedrich Bernhard 1787.
Zimmermann: Johann Pilger, 1699-1728; Martin Pilger, 1737-1748; Jakob Aar, 1705; Heinrich Bertram 1749.
Schreiner: Anton Reiffert, 1728; Paul Karst, 1750; J. Peter Feudner, 1772-1784; Philipp Görtz 1777-1787; Christoph Höfler 1790; J. Simon Jackel 1791-1794.
Glaser: Ludwig Schmahl, 1764-1787.
Schlosser: Thomas Ludwe, 1775-1791, aus Wallhausen, macht Zeiger an Sonnenuhr der neuen katholischen Kirche.
Schmiede: Philipp Schweiß, 1738; Johann Georg Schweiß, 1795; Heinrich Bertram 1744; Anton Bertram, 1774; 1800; Johann Philipp Seckler, 1774; Friedrich Laubenstein von Niederhausen, heiratet 1789 Susanna Schweiß, 1790-1793.
Wagner: Martin Maurer, 1701-1737; Johann Adam Hoch, 1749-1759; Johann Adam Hoch 1773-1787; Johann Nikolaus Görtz, 1753 (im Bache tot aufgefunden); Johann Nikolaus Görtz, 1759-1773; Wilhelm Maurer. 1790-1796.
Schumacher: Reinhard Feischede 1702; Urban Feischede 1747-1749; Jakob Seelbach 1738-1777; Wigand Kruft 1759-1777; J. Nikolaus Kruft 1783-1797; Philipp Adam Fürstenfeld, 1758-1766; Georg Schmahl, vor 1779; Johann Jakob Fischborn 1771-1785; J. Jakob Schweiß, 1777; Johann Merkel 1796-1800.
Schneider: Johann Philipp Seckler, 1735-1738; Christoph Schweppenhauser, 1738; Andreas Brandt, 1751-1789; Ambros Fischer, 1771-1796; Heinrich Daum, 1748-1759; J. Michael Götzinger 1753; Nikolaus Götzinger 1759, 1783, 1798; Johann Philipp Seckler, 1768-1784; Johann Merkle [richtig = Merkel?] 1792; Johann Dietrich 1790-1796; Isaias Schnorrenberger.
Rasierer: Nikolaus Knöpler 1718-1725.
Leinweber: Adam Jakob Wörner, 1773; Johann Treib, 1738, 1748, 1777; Peter Franz 1770; Philipp Jakob Treib 1771-1777; Gabriel Bertram 1797-1800; Christian Spork 1779-1802; Johann Riesling 1790.
Hirten: Paul Höß, Schweine- und Ziegenhirt. 1717; Heinrich Gentzler, Schafhirt.
Kuhhirten: Anton Weyrauch, 1758, J. Heinrich Fogt, 1797; Matthias Walter, 1797 Kuhhirt und Gemeindediener.

Kirchen

Alte Simultan- bzw. evangelische Kirche 1829 durch Neubau ersetzt. Die katholische ist 1772 bis 1775 erbaut worden. Bauakten sind nicht vorhanden. Benediziert 1. Oktober 1775 durch Propst Caesar von Maubuisson-Pfaffen-Schwabenheim unter Assistenz der Chorherren Kuno Weinmann und Kritzbach; der Dekan der Schwabenheimer Kanonie Gerhard Heinrich Sivers predigt, Propst Caesar hielt das Hochamt.

Glocken

1775 im Kirchturm zwei Glocken. Die größere (Jesus-Maria-Josef-Theresia-Glocke) ist Eigentum der bürgerlichen Gemeinde (hängt jetzt im Rathaus). Die kleinere (Michael-Glocke) ist Eigentum der katholischen Gemeinde. Inschrift: „Indico divinum Compana Catholica Cultum“ (Ich zeig als katholische Glocke den Gottesdienst an). Beide Glocken wurden am 27. Juli 1745 in Mainz von Weihbischof Nebel geweiht. Die katholische Glocke sprang 2 Jahre später. 1747 kam Ersatzglocke, 246 Pfund schwer mit gleicher Inschrift, aber dem heiligen Antonius von Padua geweiht und am 30. Mai 1747 von Weihbischof Nebel in Mainz konsekriert.
1789, 19. März, Weihe der jetzigen Glocken (Dreifaltigkeitsglocke und die kleinere Maria-Philippus-Jakobus-Glocke). Dekan Pfarrer J. B. Leydecker, Gau-Bickelheim, nahm Weihe vor.
[ ... ]

Katholische Kirchenorgel

Erbaut von Orgelmachern Friedrich und Konrad Grosch in Partenheim. 1790 Anleihe bei Hofrat Maximilian Schott, Mainz, 150 Gulden; 1789 bei Dechant Leydecker Gau Bickelheim 200 Gulden.
Zahlungen an Grosch 1788: 125 Gulden, 1789: 200 Gulden, 1790: 250 Gulden. 19.10.1789 bei Abholung der neuen Orgel den Zoll zu Wolfsheim [ge]zahlt mit 12 Kreuzern. 2. November 1789 an Schreinermeister Keindel zu Wolfsheim für extra gemachte Bildhauerarbeit an der Orgel 8 Gulden.
1789 an Hoforganist Becker in Mainz wegen Abprobierung der neuen Orgel 11 Gulden. An Grosch für nachträglich bestelltes Register, Trompete, 77 Gulden. An Schultheiß Pilger für Verköstigung der Orgelmacher 111 Gulden, 15 Kreuzer. Hofrat Schott Witwe hatte bei Pfarrer Debesche und Schultheiß Pilger mündlich erklärt, die vom 14. Februar 1794 schuldigen 120 Gulden seien der Kirche geschenkt; die Erben Schott verklagten 1802 die Kirche auf Zahlung und gewannen die Klage. Lehrer Dickerscheid scheint das Orgelspiel nicht verstanden zu haben. Seine Tochter, Frau Eleonore Bossing wird 1804 und 1808 in katholischer Kirchenrechnung als Organistin erwähnt.

Gedenktage

1. Evangelische : [ ... ] 24. Oktober 1748 bzw. am Sonntag zuvor (19. Sonntag nach Trinitatis) Erinnerung an Westfälischen Frieden 1648.

2. Katholische: [ ... ] 19. März 1789 Glockenweihe; Anfang Juni 1772 – 10. Oktober 1775 Gottesdienst im Rathaus; 1. Oktober 1775 Benediktion der Kirche; 12. März 1787: Erzbischöfliche Verfügung, den deutschen Kirchengesang einzuführen. Lateinchoral lebt in Badenheim bis 1841.
[ ... ]

Steuerverordnung von Frau Gräfin Schönborn vom 4. Mai 1733

Bisher zahlte Arm und Reich gleichmäßig. Wer kein liegend Gut hat, schätzt trotzdem 6 Morgen, 3 freie und 3 zinsbare und darf dafür eine Kuh und ein Kalb auf die Gemeindewiese führen. Wer 6 Morgen hat, schätzt nach Anschlag derer, die mehr als 6 Morgen haben. Sind sie alle zinsbar, schatzt er trotzdem die Hälfte als frei und darf dafür eine Kuh und ein Kalb auf der Gemeindewiese haben. Wer mehr als 6 Morgen hat, gibt von jedem freien Morgen 4 Kreuzer, von jedem zinsbaren Morgen 4 Kreuzer weniger soviel mal zwei Heller, als Simmerkorn davon gereicht werden müssen.
Auf 6 Morgen darf eine Kuh gehalten werden. Schaftrieb wird verpachtet und Ertrag zum Unterhalt von Gemeinde-Gebäuden und -Brunnen verwendet werden. Häuser, Höfe, Gärten werden vermessen und nach Morgenzahl zur Schatzung herangezogen.
Ochsen und Pferde sind frei, jede Kuh zahlt 4 Kreuzer.

Steuerleistung

1708: 54 Steuerzahler bringen 65 Gulden auf; 1712: 60 Steuerzahler bringen 95 Gulden auf; 1750: 86 Steuerzahler bringen 286 Gulden auf. Bei letzteren ist die Schatzung des Hofgutes inbegriffen (etwa 2 Gulden).

Juden 1750

Heyumb schatzt 0 Gulden, 2 Albus, 4 Pfennig; Moses Heyumb schatzt 3 Gulden; Abraham Siskindt schatzt 3 Gulden.

Einwohner im Jahre 1795

58 Familien, 54 Männer, 61 Frauen, 70 Söhne, 95 Töchter, 6 Knechte, 14 Mägde, zusammen 300 Seelen.

Viehstand

1750: keine Pferde, 53 Ochsen, 151 Kühe, 96 Schweine, 100 Gänse;
1795: 14 Pferde, 16 Ochsen, 125 Kühe, keine Angaben für Schweine und Gänse.
[ ... ]

Salz aus Bad Kreuznach

Am 29. Juli 1795 schreibt die Gemeinde an die Salinen-Inspektion Kreuznach: „Die eineinhalb Malter Salz, die die Gemeinde vor 3 Wochen bekam, sind aufgezehrt. Da wir uns nun ohne Salz nicht länger halten können, so bitten wir, daß Sie, um die öfteren Fuhren zu ersparen, für die hiesige Gemeinde 3 Malter gegen Bezahlung abgeben mögen." Daraufhin bekam die Gemeinde 2 Malter Salz aus der mittleren Saline. Am 14. September wird wieder um Salz gebeten und pflichtmäßig attestiert, daß in hiesiger Gemeinde kein Salz verkauft oder verhandelt wird, sondern solches jederzeit zum eigenen Gebrauch allen Einwohnern ausgeteilt wird.

## Zehnt und Gemarkung

Laut Gemeinderatsbericht vom 23. Juni 1795 waren in der Gemarkung Badenheim mit Früchten bestellt in Morgen: Weizen 130, Korn 108, Gerste 83, Hafer 0, Kohl 0, zehntfrei 26 Morgen Korn, 18 Morgen Weizen, 20 Morgen Gerste. Im Bericht an den Zehnt-Inspektor Jung sind 19 Morgen Korn, 29 Morgen Weizen und 30 Morgen Gerste als zehntfrei und dabei der Glokkenzehnt mit 6 Malter, der Boos'sche Zehnt ist mit 15 Malter angegeben. Der große Zehnt ist in Distrikte abgeteilt: 3 Achtel dem Grafen Schönborn, als der Ortsherrschaft, 1 Achtel dem Herrn von Boos, 4 Achtel dem evangelischen Pfarrer.
Der kleine Zehnt ist niemals versteigert worden. Der evangelische Geistliche hat für seinen Anteil am kleinen Zehnt das Faselschwein zu halten. Die landwirtschaftlich genutzte Bodenfläche wird im Gemeindebericht von 23. Juni 1795 angegeben mit 621 Morgen Acker [= 155,25 ha], 34 Morgen Wingert [=8,5 ha], 59 Morgen Wiese [= 14,75 ha] Darunter herrschaftlicher, adeliger und geistlicher Besitz 107 Morgen Äcker, keine Wingert, 28 Morgen Wiesen. Bei Ganzherbst bringt der Morgen 6–8 Ohm.
Andere Angaben: 618 Morgen Acker, 34 Morgen Wingert, 52 Morgen Wiese, Weide 0, zusammen 704 Morgen zu 160 Ruten Nürnberger Maßung gerechnet.
[ ... ]

## Jäher Tod

Am 20. Januar 1712 Reitender Zweibrücker Bote Philipp Seyl aus Stadecken vom Pferd zu Tode gestürzt am Obertor. Am 12. März 1724 Kind des Johann Jakob Seiler 2 Monate alt, abends gesund gelegt und morgens in der Wiege tot gefunden. 31. Mai 1745 Johann Peter Geis von Franzosen mit Schrot in Unterleib geschossen und selbigen Tags gestorben, 65 Jahre alt. 27. November 1753 Wagner Johann Nikolaus Görtz, 23 Jahre alt, tot im Bache liegend. 1759 herrscht Dyssenterie, 212 Todesfälle im Kalender, 29 im Kirchenjahr. 15. Oktober 1768 Müller Johann Simon Diehl durch Umfallen eines Bodensteins der Kopf zerquetscht, war auf der Stelle tot, 27 Jahre alt.
1775 beim Bau der Kirche fällt ein Zimmermann vom Dache; er wird arbeitsunfähig (katholische Kirchenrechnung 1791).
7. September 1781 Johann Groß, 22 Jahre alt, fällt vom hohen Baum und stirbt; war 3 Jahre in holländischem Militärdienst. 15. April 1786 Jungfrau Anna Maria Bertram, 25 Jahre alt, tot gefunden. 16. Juni 1786 Philipp Görtz, 64 Jahre alt, im Hof vom Schlage gerührt und sofort tot.

Die verstorbenen Säuglinge der evangelischen Gemeinde wurden nicht vom Geistlichen, sondern „des Abends von den Weibern begraben".

Friedhof

Der Begräbnisplatz um die evangelische Kirche diente beiden Konfessionen bis einschließlich 1826, wo der jetzige Friedhof angelegt wurde, der am 1. Januar 1827 in Gebrauch genommen ward.
[ ... ]

Soweit Pfarrer Jakob Peter Jakob in der „Badenheimer Chronik"[3].

## 5.1 Der Kirchenvergleich

Nachdem die katholische und lutherische Gemeinde jahrzehntelang erbittert um Kirchenbenutzung, Pfarreinkünfte und Schulen gestritten hatten, kam im Jahr 1772 eine Einigung über die gemeinsame Nutzung von Kirche und Friedhof zustande, der Badenheimer „Kirchenvergleich". Erleichtert wurde dieses Ergebnis durch den Neubau der katholischen Kirche, der im gleichen Jahr begonnen wurde. In der Bauzeit bis 1775 hielten die Katholiken ihren Gottesdienst im Rathaus ab.

Jakob Peter Jakob berichtet in Heft 11 der „Badenheimer Chronik"[4]:

Vertreter der evangelisch-lutherischen Gemeinde waren Pfarrer Fittich, der Kirchenälteste Johann Wilhelm Diehl, und die weiteren zwei Bevollmächtigten Johann Philipp Höfler und Valentin Schlampp. Die katholische Gemeinde wurde vertreten durch den Schultheis Anton Pilger und dem Bevollmächtigten Josef Knöpler. Als Regierungsvertreter und Aktuar wirkte Oberappellationsrat Hahn.
Geschlossen wurde der Vergleich in Zweibrücken am 11. Mai 1772. Er ist das Ergebnis vielfältiger Unter- und Zuredungen und behandelt den Stoff in sechs Abschnitten. Der wesentliche Inhalt des Vertrags ist folgender:

Die Katholiken:

1. räumen binnen Monatsfrist, also bis 11. Juni 1772 Kirche, Turm, Kirchhof und das daraufstehende alte Schulhäuschen mit dem darunter befindlichen Pfarrkeller. Alle diese Dinge gehen ins alleinige Eigentum der evangelischen Gemeinde über. Altar, Taufstein, Beichtstuhl und von den Katholischen angeschafften Kirchenschmuckgegenstände nehmen dagegen die Katholischen von vorne herein mit.
2. Verzichten auf die bisherige Hälfte der Kirchengefälle.
3. Verzichten auf das Pfarrhaus, den Pfarrgarten und die Nebengebäude, ausgenommen, was sie selbst angekauft haben.
4. Verzichten auf das Schulhaus und die Schulbesoldung.
5. Verzichten auf die Pfarrgüter, den Zehnt vom Desenheimer Feld, welches alles der katholische Pastor seit 1735 zur Hälfte genossen. Für das Übergangsjahr läßt der evangelische Pfarrer die augenblicklichen Pächter des katholi-

schen Pfarrers gegen Empfang des Bestandsgeldes von 90 Gulden die Früchte ernten.

Die Evangelischen:

1. gestatten den Katholischen freie, öffentliche und unbeschränkte Religionsübung. Die zwei vorhandenen Heiligenhäuschen dürfen bleiben, neue nicht errichtet und die vorhandenen bei Verfall nur in Form und Maß wie bisher wieder hergestellt werden.
2. Überlassen den Katholiken die Halbschied der Kirchengefälle. Über die Verwaltung der Kirchengefälle müssen die Katholischen richtige Rechnung ablegen vom Jahre 1735 an. Fortan verwaltet jede Konfession ihre Hälfte nach eigenem Ermessen und auf eigene Kosten.
3. Zahlen zum Ankauf eines Bauplatzes für die zu erbauende katholische Kirche aus den Gemein-Wiesen-Nutzungen 300 Gulden.
4. Geben zur Anschaffung eines katholischen Schulhauses aus ihren eigenen Mitteln 150 Gulden heraus.
5. Helfen zur Erbauung der katholischen Kirche 8 Tage lang unentgeltlich Materialien herbeiführen und leisten entsprechende Handfrohnen.
6. Geben von der evangelischen Pfarrbesoldung dem katholischen Pastor alljährlich zu Martini ab: 2 Malter Weizen, 4 Malter Korn, 4 Malter Gerste. Dem katholischen Schulmeister alljährlich 2 Malter Korn und 2 Malter Gerste – alles in Kreuznacher Maßung und guter speichermäßiger Frucht.
6.[7.] Geben dem katholischen Schulmeister von den 3 Maltern Korn gemeinen Backhauszinses die Hälfte (also eineinhalb Malter), die Hälfte des einviertel Morgen großen gemeinen Ackers an der Carlenbach (also einachtel Morgen) und das Simmer Glockenkorn, das Glockenbrot und die Glockengarbe, die von den Katholischen gegeben werden. Die ganze übrige Besoldung bekommt der evangelische Schulmeister, also eineinhalb Malter Korn Backhauszins, ein Achtel Morgen gemeinen Ackers an der Carlenbach, Glokkenkorn, -brot und -garbe von den protestantischen Einwohnern des Dorfes Badenheim und allen auf dessen Dorfbann begüteten Fremden, den hergebrachten Glockenzehnt und die Schank'sche milde Stiftung.
7.[8.] Geben den Katholischen die von diesen angeschaffte Glocke heraus. Die gemeinschaftliche Glocke und Uhr werden im Rathaus aufgestellt. Das Stellen der Uhr und das gemeine Geläut besorgt der evangelische Schulmeister 2 Monate, der katholische 1 Monat lang.

Ferner wurde bestimmt:

Was Katholiken seit 1735 für Wachs, Hostien, Wein und Kirchenwäsche verausgabt haben, ebenso die jährlich dem katholischen Schulmeister für Säuberung der Kirche gezahlten 6 Gulden, wird von vorneherein in Abzug gebracht; dagegen überlassen die Katholiken den Holzschuppen nebst dem Gelände, worauf derselbe steht (das Katholische angekauft haben), und den in der Pfarrscheuer befindlichen Balkenkeller und Stall (für Errichtung eines größeren Viehstalls).

Zugunsten der Evangelischen werden von 1735 an ebenfalls jährlich 5 Gulden für Kommunikantenwein und -Hostien in Abzug gebracht, ebenso die Hauszinsen, die der evangelische Pfarrer und der evangelische Schulmeister seit 1735 verwohnt haben.
All diese Dinge werden vor der Teilung in Abzug gebracht. Die Evangelischen bekommen den Kirchhof in Eigentum, müssen die Ringmauer, Tor und Türchen auf ihre eigenen Kosten unterhalten. Die Katholischen dürfen ihre Toten mit katholischen Zeremonien auf den evangelischen Friedhof begraben. Weil die Katholischen alle Gutmachungen und Abtretungen binnen Monatsfrist bewerkstelligen und beenden wollen, zahlen ihnen die Evangelischen aus eigenen Mitteln noch 50 Gulden.
Jeder Teil hält seine Feiertage, der andere Teil braucht nicht mitzufeiern. Bis zur Fertigstellung ihrer eigenen Kirche halten die Katholischen ihren Gottesdienst im Rathaus.
Bei gemischten Ehen soll, falls nichts vorher ausgemacht ist, der Pfarrer des Bräutigams das Recht der Trauung haben, und die Knaben sollen der Religion des Vaters, die Mädchen der Religion der Mutter folgen.
[ ... ]
In Conformität des Religionsvergleichs wurde 1772 getraut Matthäus Gerhard Görtz (ev.) mit Maria Katharina Jackelin (kath), Tochter des Schreiners Wilhelm Jackel.
Das Ortsgericht soll mit Katholischen und Augsburger Konfessionsverwandten in gleicher Anzahl vom betreffenden Amte besetzt werden.
Beide Teile verzeihen sich gegenseitig.
So geschehen [in] Zweibrücken, den 11. Mai 1772. [Links unterzeichnet von] Christian Friedrich Heinrich Fittich, evangelisch-lutherischer Pfarrer zu Badenheim, Johann Wilhelm Diel, Kirchenältester, Valentin Schlampp, Johann Philipp Höfler als Bevollmächtigter des evangelischen Teils. [Rechts unterzeichnet von] Anton Pilger, Schultheiß, Josef Knöpler als Bevollmächtigte des katholischen Teils. [ ... ]
Der reine Ertrag der nun mehrigen Pfarrbesoldung wurde 1807 nach zehnjährigem Durchschnitt berechnet:

| | |
|---|---|
| Ertrag des Zehnten | 660 Gulden |
| Ertrag des Pfarrgutes | 437 Gulden |
| insgesamt | 1097 Gulden |

Die auf die evangelischen Pfarrbesoldung fallende jährliche Abgabe, nämlich an den katholischen Pfarrer 4 Malter Korn, 4 Malter Gerste, 2 Malter Weizen und an den katholischen Schullehrer 2 Malter Korn und 2 Malter Gerste, berechnete sich auf 82 Gulden 36 Kreuzer.
Diese Abgabe ist bei der Berechnung von vornherein abgezogen worden. Seit der französischen Revolution ist der Zehnte weggefallen. Darnach mußte sich die Abgabe jährlich auf 5 Malter, 4 einhalb Simmer Frucht oder auf 32 Gulden 54 Kreuzer erniedrigen.
Infolge der Revolutionskriege kamen bis 1807 auf das Pfarrgut 1229 Franken 53 Centimes Kriegsschulden, wovon 1808 schon 307 Franken 38 einviertel Centimes ohne Zutun des Pfarrers bezahlt waren.

Festgestellt zu Badenheim, 14. Oktober 1807; Schönfeld, Pfarrer zu Wendelsheim, Kirchenschaffner Philipp Hoch, Experten Anton Knebler, Kirchenvorsteher und Maurer, Maire.
[ ... ]

Der Kirchenvergleich war eine wichtige Grundlage für die Entwicklung von Toleranz und Verständnis zwischen den Konfessionen. Gleichzeitig setzte er die Kirchengemeinden in die Lage, ihre Aufgaben zu erfüllen. Dazu gehörten, seitdem es Volkschulen gab, die Schulen im Dorf.

„Seit 1816 sind fast in allen Staaten des Deutschen Bundes die erfreulichsten Schritte dafür gethan worden, indem man nicht nur für gebildete Lehrer eifrigst sorgte, sondern auch die Stellung und Verhätnisse derselben vielfach verbesserte.“[5]

## 5.2 Die Schulen in Badenheim

Bis weit ins 19. Jahrhundert wurden die Kinder in Badenheim in getrennten Schulen unterrichtet. Von den alten Schulhäusern stand das eine neben der evangelischen Kirche, das andere, die katholische Schule, befand sich zunächst hinter der Hauptstraße 40; später wurde es durch einen Neubau in der Ernst-Ludwig-Straße ersetzt.

Träger der Schulen waren die beiden Kirchen und die bei ihnen eingerichteten Schulfonds, die auch die Einnahmen aus dem jeweiligen Schulgut verwalteten. Die bürgerliche Gemeinde mußte darauf achten, daß die kirchlichen Schulträger ihre finanziellen Aufgaben erfüllten, und trug durch Pachteinnahmen zur Finanzierung bei. Die Gemeinde hatte dafür zu sorgen, daß die Schullehrerstellen besetzt waren; der Bürgermeister führte die Lehrer zusammen mit dem jeweiligen Pfarrer in ihr Amt ein. Der Unterhalt der Schule, wurde aus verschiedenen Quellen finanziert: aus dem Schulfonds, aus Pachtzins des Schulguts, aus dem Schul- und Holzgeld der Kinder und – wie aus der Versteigerung der Gemeindewiesen bekannt – aus Umlagen, die Nutzer und Steuerpflichtige in der Gemeinde zu zahlen hatten.

„Das zweifache Verhältnis der Volksschulen, zur Gemeinde und zum Staate, ist in neuerer Zeit sehr richtig festgehalten worden; denn die Erhaltung und Beaufsichtigung derselben ist zunächst den Gemeinden zur Pflicht gemacht, der Staat dagegen hat die Verbindlichkeit übernommen, subsidiarisch zur Erhaltung der Schulen beizutragen, die Rechte der Lehrer und alle Schulverhältnisse gesetzlich festzustellen und eine oberste Schulverwaltung anzuordnen.“[6]

Eine Schulpflicht im heutigen Sinne gab es am Anfang des 19. Jahrhunderts noch nicht. Immerhin war es aber schon selbstverständlich, daß die

Kinder ab dem Alter von 6 Jahren die Schule besuchten, denn auch dann, wenn in einer der beiden Schulen der Lehrer fehlte, fiel der Unterricht nicht aus. Die Kinder mußten dann in die Schule der anderen Konfession gehen.

„Die Sache der Schulen ist ein bischen delikat", schrieb Isaak Maus im Brief vom 8. Oktober 1818. „Die mehrsten stimmen auf eine Trennung des ReligionsUnterrichts von dem Wissenschaftlichen. Die Ortsschule, sagen sie, lehrt: Lesen, Schreiben, Rechnen, Singen[...]."

Die Diskussion um die Besoldung der Lehrer und um die Sachkosten der Schule dauerte noch fast sechzig Jahre. Dem langen und beharrlichen Drängen der Hessischen Schulbehörde war es schließlich zu verdanken, daß sich die evangelische und katholische Schule wenigstens in einem gemeinsamen Schulvorstand zusammenfanden.

Der Bau, die Unterhaltung der Schulhäuser in der Hauptstraße und an der Ernst-Ludwig-Straße sowie die Bezahlung der Lehrerstellen waren in den Jahren der hessischen Verwaltung seit 1816 das Thema vieler Briefe zwischen der Großherzoglichen Provinzregierung und der Bürgermeisterei in Badenheim. Kein Wunder, daß bei so unsicherer Finanzierung nicht selten der Zustand der Schule als schlecht, aber auch die Besoldung der Lehrer als zu niedrig und nicht ausreichend beklagt wurden. „Indessen fehlen uns gute Lehrer, und Besoldungs-Fond[s], um bessere Lehrer zu bekommen. Da treibt sich denn die Sache im Zirkel herum. Der eine will zuerst die Lehrer, der andere zuerst die Besoldungen, der dritte Lehr-Formen", schreibt Isaak Maus in seinem Brief vom 8. Oktober 1818 aus dem Provinzialrat. Das Schulwesen hatte im neuen Staat und Jahrhundert eine große Bedeutung. Ab 1819 beginnen in Badenheim die Akten, in denen die Geschichte der Schulen aufgezeichnet ist.

## Die evangelische Schule

Am Anfang steht eines der ständigen Probleme: Der Mangel an geeigneten Lehrern. 1822 verließ der Schulkandidat Kehl die evangelische Schule in Badenheim, bei der er bis zu diesem Jahr angestellt war. Bei der neuen Anstellung sollte ein erfahrener Lehrer gefunden werden. In den Unterlagen der Gemeinde findet sich auch hier die Sorge um die richtige Lehrerbesoldung: „Der Anstellung eines guten Schullehrers muß daher notwendig die Verbesserung des Schulgehalts vorausgehen". Die Schulbehörde stellte deshalb die Forderung, die Besoldung von 134 auf 300 Gulden im Jahr zu erhöhen. Am 1. Juni 1822 wurde der Schulkandidat Andel von Planig zum neuen Schullehrer in der evangelischen Schule in Badenheim ernannt. Das Gehalt von Lehrer Andel setzte sich zusammen aus

| | |
|---|---|
| 1. Schulgeld von 32 Kindern | 48 Gulden |
| 2. Ertrag vom Schulgut | 28 Gulden |
| 3. Ertrag der Dienstbesoldung | 28 Gulden 10 Kreuzer |
| 4. Ertrag des Polizeigeläutes | 7 Gulden 30 Kreuzer |
| 5. Pacht von der Gemeindewiese vom Jahr 1822 – an die Schulbesoldung überwiesen | 60 Gulden |
| 6. Zuschuß aus dem Schulverbesserungsfonds | 30 Gulden |
| Ertrag der Schulbesoldung: | 201 Gulden 40 Kreuzer |
| sodann für Versehung des evangelischen Kirchendienstes | 22 Gulden 50 Kreuzer |
| zusammen | 223 Gulden 90 Kreuzer |

Am 2. April 1823 erhielt der Lehrer Andel „zum Ankauf nöthiger Bücher aus den von den Landständen zur Verbesserung des Schulwesens verwilligten Fonds“ 40 Gulden ausbezahlt, ebenso am 31. August 1826. Nach einer Visitation im Frühjahr 1829 schrieb die Schulverwaltung an den Bürgermeister: „Wir freuen uns über den guten Zustand Ihrer Schule, sie werden den Lehrer in seinen lobenswerten Bestreben zu erhalten und aufzumuntern wissen.“

Leider verabschiedet sich am 22.Juni 1832 Lehrer Andel nach Guntersblum. Sein Nachfolger ist Johann Schwarz von Wörrstadt. Lange Zeit gibt es offensichtlich keinen Wechsel mehr in der evangelischen Schule, denn erst am 9. Dezember 1868 wird Wilhelm Bollenbach von Volxheim zum neuen Lehrer ernannt.

## Vom vergeblichen Versuch, eine gemeinsame Schule einzurichten

Seit 1824 wurden Pläne entwickelt, an der Stelle des alten Schulhauses und der alten evangelischen Kirche eine neue Gemeindeschule und eine neue Kirche zu errichten. Im Schreiben von 17. Mai 1824 riet die Großherzogliche Regierung zu behutsamem Vorgehen. Einer Entscheidung darüber sollten mehrere Erörterungen in der Gemeinde vorausgehen.

> Eine Gemeindeschule schiene uns vor allen Dingen am angemessensten, indem die ganze schulbesuchende Jugend nur aus beiläufig 60 Köpfen besteht, wovon nach der Aufnahme der Schüler von 1821 circa 2/5 auf den katholischen und 3/5 auf den evangelischen Antheil fallen. Wenn nur ein Lehrer notwendig wäre, könnte bequem ein angemessener Gehalt aufgebracht und dafür ein tüchtiger Lehrer verlangt werden; auch wäre nur ein

> Schulgebäude nötig und für die Zukunft zu erhalten, und wenn beide Schulgüter vereinigt würden, würde es sich ergeben, daß mit dem Kostenüberschuß von 1823, dem halben Wiesenpacht, den beiden Schulhäusern und Gütern und einem Zuschuß von 300 bis 400 Gulden aus dem Kirchen- und Schulfonds eine Gemeindeschule erbaut und ein Kapitalstock erübrigt werden könnte, welcher mit dem Gehalt fürs Uhrenaufziehen und das Polizei-Geläut, vielleicht bis auf einen ganz mäßigen Beitrag, ohne Mühe aufgebracht werden könnte. [...]

Es verstehe sich im übrigen als selbstverständlich, daß dann beide Konfessionen gleiche Ansprüche hätten, und daß sie das Gemeindevermögen anteilig für die Schule nutzen könnten. Es wurde angenommen, daß der katholische Anteil nach der Bevölkerung von 1822 ein Drittel betragen müßte.

## Beteiligung der Bürger

Der Bürgermeister (bis Mitte 1825 war es noch Isaak Maus) konnte im Schreiben der Regierung noch weitere Argumente und Verfahrenshinweise lesen:

„Sie werden daher den Gemeinderath nachmals versammeln und mit demselben über die Bildung der Gemeindeschule berathschlagen. Um den Gesamtwillen besser erkennen zu können, haben Sie noch dreißig der einsichtsvollsten und dabei beteiligten Gemeindeglieder, wovon nach Verhältnis zehn katholischer und zwanzig evangelischer Konfession seyn müssen, zuzuziehen und von welchen Sie das Protokoll gleichfalls unterzeichnen zu lassen haben."

Dieses Protokoll sollte „in möglichster Kürze, damit wegen Dringlichkeit des Gegenstandes baldige definitive Entscheidung erfolgen kann," der Regierung zugesandt werden.

Bei positiven Ausgang der Beratung im Gemeinderat und der Verhandlungen mit den Kirchengemeinden sollte der katholische Schulkandidat zu einer anderen Schule versetzt werden, der katholische Lehrer von Sprendlingen könne den Kirchendienst in Badenheim versehen, „sofern sich nicht ein dazu geeignetes Subjekt im Orte selbst finden läßt". Das überflüssige Schulgebäude sollte verkauft werden, der Erlös als Kapital angelegt werden, um damit durch die Zinsen das Lehrergehalt aufzubessern.

Wie schwierig das Thema erschien, ergibt sich aus dem abschließenden Rat der Regierung: „Sollten Sie aber glauben, daß die Katholiken gar nicht in den Vorschlag eingehen werden, so brauchen Sie den Inhalt des Gegenwärtigen nicht kund zu machen, und haben Sie nur Ihren gutachtlichen Bericht über das Weitere zuzusenden".

Erst im Juni 1825 ging die Diskussion weiter. Die Regierung schrieb an den Bürgermeister erneut: „Dem Vernehmen nach soll der Vorstand der Gemeinde Badenheim nunmehr für die Einführung einer Gemeindeschule [ ... ] gestimmt haben, was bei dem Vortheilhaften und minder Kostspieligen der Sache auch wohl erfolgen mußte". Die schriftliche Einwilligung sollte nun bald vorgelegt werden. Es wurde bereits der Mainzer Architekt Georg Peter Wetter beauftragt, bei seinem nächsten Besuch im Kanton Wöllstein zu untersuchen, „wie und auf welche Weise ein Gemeinde-Schulhaus am zweckmäßigsten erhalten werden könnte."

Am 12. Oktober 1825 wurde der Bürgermeister aufgefordert, Vorschläge zur Planung einer Kirche, des Pfarrhauses und der Schule einzuholen. Darin soll angegeben werden

> 1. auf welche Weise die Kirche abgebrochen und die Materialien verwandt werden sollen,
> 2. wie seinerseits die Materialien des alten evangelischen Schulhauses verwendet werden sollen,
> 3. wie hoch die Materialien der beiden Gebäude angenommen werden im Falle einer Versteigerung an den Meistbietenden oder wenn sie den Unternehmern der neuen Bauten unter Bedingungen überlassen werden,
> 4. wieviel der Kirchenfonds vorschießen kann und in welcher Zeit,
> 5. wie hoch der Ankaufpreis der zu Verlagerung des Kirchhofes erforderlichen Felder sich belaufen kann,
> 6. wie die Gemeinde selbst zu den Kosten des Baues beizutragen im Stande ist, und auf welche Art und in welcher Zeit,
> 7. wie hoch die Gemeinde Anspruch an den Kirchen- und Schulfonds machen zu können glaubt,
> 8. in welcher Zeit die Bauten am füglichsten ausgeführt werden können, [...]
> 9. wie die Zahlungstermine für die Bezahlung der Baukosten hier am besten zu bestimmen sind. [...]

Der Mainzer Architekt Georg Peter Wetter erhielt den Auftrag, die Kosten für Kirche und Schulhaus zu errechnen. Er erstellte bis 1827 die Pläne und Kostenberechnungen: „Das Schulhaus wird, nach dem schon genehmigten Entwurf mit der neu zu erbauenden Kirche in gleicher Linie zweistöckig errichtet und zu ebener Erde die Wohnung für den Lehrer, und im zweiten Stock den Schulsaal nebst einem Zimmer erhalten" Ein Teil des ehemaligen Kirchhofes könnte zusätzlich für ein Ökonomiegebäude genutzt werden. Um die Gemeinde nicht zu überfordern, sollte dieses Gebäude aber erst später gebaut werden. Im Jahr 1828 wurden die Bauvorhaben in der Darmstädter und Mainzer Zeitung ausgeschrieben.

Die Baukosten für neu zu errichtende evangelische Schule wurden auf 8850 Gulden veranschlagt. Sie sollten aus dem Verkauf des alten Pfarrhauses, wofür 1350 Gulden angesetzt wurden, aus einem früheren Überschuß der Gemeinde in Höhe von 100 Gulden, mit dem bereits ausgezahlten Zuschuß aus dem Baufonds mit insgesamt 4000 Gulden und durch Umlagen oder Arbeiten, wofür 3450 Gulden angesetzt wurden, finanziert werden. Die Kosten des Kirchenneubaus, die im gleichen Brief dargestellt sind, werden mit 11500 Gulden angegeben.

Am 15. Dezember 1828 berichtet die Schulbehörde dem Bürgermeister über die Gründe der Entscheidung des katholischen Kirchenvorstands, der gemeinsamen Schule nicht zuzustimmen; die katholische Gemeinde habe nämlich „einen Vorsänger und Organisten nötig". Der Bürgermeister wird gebeten, sich umzusehen, ob nicht ein katholischer Lehrer einer benachbarten Gemeinde das Amt eines Vorsängers und Organisten besorgen könne. „Wir empfehlen Ihnen, bei dieser Angelegenheit mit möglichster Umsicht zu verfahren, damit die für die Gesamtgemeinde so wichtige Angelegenheit zu einem erfreulichen Ende gebracht werde." Mit einem Schreiben vom 7. Januar 1829 wird wieder an die gemeinsame Schule erinnert: „Der Vortheil, der aus der Einrichtung einer Gemeindeschule entsteht, ist zu groß, als daß wir glauben könnten, die Katholiken in Badenheim sähen ihn nicht ein."

Als Argumente für die gemeinsame Schule werden 1829 nochmals angeführt:

> Die Kinderzahl der Katholiken und jene der Evangelischen ist noch lange nicht so stark, daß ein Lehrer ihnen nicht vorstehen könnte. [ ... ]
> Durch die Vereinigung wird eine gleichförmige Lehrmethode bezweckt und der Grund zur christlichen Verträglichkeit gelegt. [ ... ]
> Die Gehälter der Lehrer betragen gegenwärtig

| | | |
|---|---|---|
| für den katholischen Lehrer | 138 fl 20 Kr | |
| für den evangelischen Lehrer | 236 fl 34 Kr | |
| | 374 fl 54 Kr | |
| Hieraus können erhalten: | | |
| a) der katholische Kirchendiener etwa | 40 – 50 fl | |
| b) der Gemeindelehrer | 280 fl | |
| Heizungsentschädigung | 44 fl 54 Kr | 324 fl 54 Kr |
| | 374 fl 54 Kr | |

Der Bürgermeister sollte mit noch mehr Nachdruck verhandeln: „Sie werden den katholischen Geistlichen und die angesehensten katholischen Ortsbürger versammeln und ihnen Gegenwärtiges vorlegen; daß dies geschehen, sich bescheinigen lassen und ihre schriftlichen Erklärung wegen Errichtung einer Gemeindeschule als eines besonders für sie in finanzieller Hinsicht so vorteilhaften Instituts einsenden."

Am 10. Juni 1829 ließ sich der katholische Lehrer versetzen. Dies wäre eine günstige Gelegenheit gewesen, die Schulen zusammenzulegen.

Die katholischen Kinder wurden wieder in den Unterricht zu Lehrer Andel geschickt. Der Kirchenvorstand solle sich endlich entscheiden, kam aus Mainz eine Aufforderung. Am 8. August 1829 verlangt die Schulbehörde vom Bürgermeister einen schriftlichen Bericht über die Pläne der katholischen Kirchengemeinde, wer den Kirchendienst seit dem Abgang des Lehrers Nuß versehen solle, was dafür bezahlt werde, woraus genau die Einkünfte von Nuß bestanden hätten, worin der Zuschuß zu den Lehrerkosten bestehen solle, wovon die Katholiken ein Gehalt von 200 Gulden aufzubringen gedächten und wie der in Pfaffen Schwabenheim angestellte Lehrer für den Kirchendienst bezahlt werden solle.

Über die Antwort zeigt sich die Behörde im Brief vom 24. Okt. 1829 ungehalten: „Da man Katholischerseits das Nützliche einer Vereinigung der Schule noch immer nicht einsieht, und darum fortwährend auf der seitherigen Meinung beharrt, so wollen wir für den Augenblick wenigstens auf die Errichtung einer Gemeindeschule zu Badenheim nicht weiter bestehen."

Auch nachdem 1829 die Kirche schon fertiggestellt und eingeweiht war, wurde das Projekt des neuen Schulhauses noch weiter verfolgt, dieses Mal als Schule für die evangelische Gemeinde. Die Großherzogliche Landbaukommission beauftragte den Schreiner Hinze, neue Schulbänke anzufertigen, „jedoch in solcher Weise, daß dieselben später in dem neuen Schulhaus gebraucht werden können."

Die versprochenen Zuschüsse brachten die Badenheimer nicht schneller zur Entscheidung. Im Juni 1830 wurden sie wieder mal gemahnt. Es sollten Angebote für die Auftragsvergabe eingesandt werden. Mit Schreiben vom 31. August 1830 wird daran erinnert, „daß die Gemeinde dem Lehrer eine angemessene Wohnung schuldig ist". Außerdem habe die Gemeinde schon einen Zuschuß von 4300 Gulden erhalten.

Inzwischen war auch mit der Renovierung der alten katholischen Schule begonnen worden, sie wurde am 31. August 1830 abgeschlossen. Noch war es die alte Schule an der unteren Hauptstraße.

Ende 1830 gab es erneut Probleme. Die Gemeinde wollte in der evangelischen Schule auf einen Teil der Schulausstattung verzichten. Der Bürgermeister behauptete nämlich, daß der Kochofen in der Lehrerwohnung ein „Kommoditäts-Gegenstand"sei. Es wird ihm entgegengehalten:

„In allen neuen Schulhäusern und, wo es thunlich ist, auch in den alten erhalten die Lehrer Kochöfen, damit sie Holz aufsammeln können, wodurch ihr – in der Regel – ohnehin spärliches Gehalt etwas verbessert wird. Aus diesem Grunde haben wir auch die Anschaffung eines solchen für Badenheim angeordnet, weil das Gehalt des Lehrers Andel für seine Leistungen als gering anzusehen ist."

Der alte Ofen könne im übrigen mit den anderen Einrichtungsgegenständen, die der Gemeinde gehörten, versteigert werden. Ein genaues Datum des Neubaus der evangelischen Schule ist aus den Akten nicht zu entnehmen. Der Streit um den Kochofen läßt aber darauf schließen, daß im Dezember 1830 die Schule noch nicht fertig gebaut war.

## Die katholische Schule

Die katholische Schule litt besonders unter Geldnot. Die katholische Gemeinde war kleiner als die evangelische, das Schulgut und der Schulfonds schlechter ausgestattet. Am 11. August 1823 wird deshalb von der Provinzialregierung die Dienstentsagung des Lehrers Holl angenommen. Verständnisvoll schildert die Schulverwaltung die aktuellen Beschwerden und entwickelt neue Ideen: „Die katholische Schulbesoldung beträgt am höchsten Anschlag 100 Gulden. Davon kann ein geschickter Lehrer, welcher sich seinem Amte wirklich widmet, nicht leben." Er muß Zusatzeinkünfte erzielen. Die Großherzogliche Regierung schlug deshalb immer wieder vor, beide Schulen in Badenheim zu vereinigen. In der Gemeinde-Schule würde dann aller die Religions-Verschiedenheit betonende Unterricht unterbleiben. Vom Lehrer Andel könnte den Kindern der evangelischen Konfession der Religionsunterricht in besonderen Stunden erteilt werden. „In unserem Gemeinden diesseitiger Provinz bestehen seit einigen Jahren solche Schulen zur allgemeinen Zufriedenheit der Einwohner."

Die Gemeinde antwortete am 26. August 1823 der Regierung, so daß die Schulbehörde am 5. September 1823 schließlich feststellte: „Es ist kein katholischer Schulkandidat bekannt, welcher die notwendigsten Kenntnisse besitzt, um ihm die katholischen Schüler anvertrauen zu können."

Es blieb daher nichts anderes übrig, „als [daß] die katholischen Kinder einstweilen am Unterricht im Lesen, Schreiben und Rechnen bei Lehrer Andel teilnehmen und der katholische Kirchenvorstand für die Versehung des Kirchendienstes sorge." Der Kirchendienst, der mit dem Amt des Schullehrers verbunden war, war das eigentliche Problem und der Anlaß für die Beharrlichkeit, an den getrennten Schulen festzuhalten. Am 20. November 1823 wird mit dem Schullehrerkandidaten Georg Nuß von Flonheim ein neuer Anfang gemacht. Er soll aber erst nach einer 2. Prüfung nach Badenheim kommen. Die 1. Prüfung hatte er nicht bestanden. Im Januar 1824 schickt die Regierung schließlich das Ernennungsdekret zur „Behändigung an denselben" und fordert den Bürgermeister auf, „gemeinschaftlich mit dem Herrn Pfarrer den Lehrer in seine Stelle einzuführen und mit den ihm obliegenden Pflichten bekanntzumachen."

Nach den ersten Erfahrungen gab es bald Anlaß, dem Lehrer eine Fortbildung zu verordnen. Am 11. Mai 1824 heißt es: „Lehrer Nuß soll beim Lehrer Andel hospitieren, um mehr Erfahrung zu erwerben."

Im August 1824 beschwerte sich Lehrer Nuß bei der Regierung, daß er von seinem Gehalt für das Jahr 1824 „bis jetzt erst 10 Gulden erhalten habe und sich deshalb in der größten Verlegenheit befinde". Die Gemeinde wird deshalb angewiesen, den Rückstand der Zahlungen auszugleichen. Sie berichtet aber zunächst nur, daß das Geld für das Gehalt eben nicht ausreiche. Am 8. Juni 1825 wird von der Provinzregierung eine Gehaltszulage von 30 Gulden jährlich bewilligt, um die wirtschaftlichen Verhältnisse des Lehrers zu verbessern. Am 20. Mai 1828 erhält er wieder eine einmalige Gratifikation von 30 Gulden.

Zur Besetzung der Lehrerstelle wird 1829 der Schulkandidat Schaller von Ebersheim mit einem Gehalt von 200 fl nach Badenheim gesandt. Am 4. Oktober 1832 erhält die Gemeinde die Klage des Lehrers Schaller auf den Tisch. Die Hälfte des Pachtzinses vom Kirchen- und Schulgut sei ihm vorenthalten worden. Der Pachtzins betrug 1832 aktuell 12 Gulden. Der Lehrer erhielt aber nur 6 Gulden, weil im Anstellungsdekret auch von 6 Gulden die Rede war. Am 9. Oktober gibt es Beschwerden gegen den Lehrer. Er soll deshalb versetzt werden, aber es steht kein Nachfolger zur Verfügung. „Den Lehrer Schaller mahnen wir aber hiermit nochmals allen Ernstes, durch sein Benehmen keinen ferneren Anlaß zur Klage zu geben; indem die Nachsicht gegen ihn jetzt erschöpft ist und jede neue Beschwerde die unangenehmsten Folgen für ihn haben würde."

Am 24. Oktober 1833 folgt der Schulkandidat Philipp Kaestler von Zotzenheim, geboren am 8.Juni 1809, als neuer Lehrer in der katholischen Schule. 1836 will er die endgültige Anstellung erwerben, kommt aber nicht zum vorgesehenen Prüfungstermin nach Darmstadt.

In der Folgezeit kehrt in der katholischen Schule wieder Ruhe ein. Dem Neubau der evangelischen Schule folgte nun auch die Errichtung einer neuen katholischen Schule in der „Obergasse", der Ernst-Ludwig-Straße. Es dürfte das erste Haus an dieser Straße gewesen sein. Eine Kostenschätzung belief sich auf 3900 Gulden. Der Bauauftrag wurde am 4. März 1852 erteilt.

Dem Schulvorstand[7] gehörten unter anderem Paul Brandt und Peter Karst an. Nach Lehrer Ludwig Odenweller übernimmt am 7. November 1854 Lehrer Distlerdie Schule. Zu dieser Zeit ist A. Weniger katholischer Pfarrer. Am 17. Mai 1867 meldet die Schulbehörde die Zahlung der Bezüge an die Witwe von Lehrer Burtschall, der nach kurzer Tätigkeit in Badenheim gestorben war. 1875 hieß der Lehrer an der katholischen Schule Vogt. Sein Gehalt wurde bereits in der neuen Währung des Deutschen Reiches ausgezahlt. Es betrug:

| | |
|---|---|
| – Zinsen vom Schulbesoldungskapital | 14 M 20 Pf |
| – Umlagen von Badenheim | 146 M |
| – dergleichen von Pleitersheim | 68 M 57 Pf |
| – Schul- und Holzgeld | 90 M |
| – Beitrag des Bonifatiusvereins | 366 M 94 Pf |

## Die staatliche Finanzierung soll helfen

Zehn Jahre zuvor hatte der Kirchenvorstand unter Leitung von Pfarrer H. Drescher, J. Jackel, Wilhelm Fogt, F. Koehr, Anton Brandt und Johann Bertes eine Eingabe an die Provinzialverwaltung mit der Forderung gerichtet, der Staat solle die Finanzierung der Schule übernehmen. Die katholische Schule habe das Recht, als öffentliche Schule oder Ortsschule fortzubestehen.

Der Gemeinderat lehnte es ab, das Gehalt der Lehrer der katholischen und der evangelischen Schule von je 300 auf 350 Gulden jährlich zu erhöhen. Neu ist, daß diese Besoldung nach dem Willen der Großherzoglichen Regierung nun für beide Schulen gelten sollte.

Der Gemeinderat stellt deshalb in einer sehr ausführlichen Erwiderung an die Provinzregierung die Gründe dar, die eine Verbesserung der Lehrerbesoldung aus Mitteln der Gemeinde ausschließen.

Im Schreiben vom 10. Juni 1865 heißt es:

[ ... ] „Die Kräfte beider Konfessionen sind schon jetzt überspannt, denn
1. steht die Zahl der Lehrer zu der Umlageanzahl der Gemeinde nicht in dem richtigen Verhältnis; die Überspannung würde aber zur Überbürdung werden, wenn die Gemeinde noch die zuvor erwähnten Beträge sollte aufbringen müssen.
2. ist es der Fall, daß bei großer Mittellosigkeit die katholische Konfession bis jetzt schon mehr leisten mußte, als ihr eigentlich streng genommen konnte zugemutet werden, und daß die evangelische Konfession mit 3200 Gulden Schulden schon seit beinahe 40 Jahren belastet ist.
3. daß die Gemeinde Badenheim die so dringend nöthige Parzellenvermessung, die bedeutende Kosten verursacht, vornehmen zu lassen [aufgefordert ist]
4. ist die Gemeinde Badenheim schon zu vielen kostspieligen Bauten seit beinahe 40 Jahren gezwungen gewesen, mit Unterhaltungskosten von 500 bis 600 Gulden. Für die Vermessung müssen 10 – 12 000 Gulden eingeplant werden, um die Gemeinde in die glückliche Lage zu versetzen, in welcher alle anderen umliegenden Gemeinden durch eine andere Bodenbeschaffenheit ohne weiteres Zutun sich schon von jeher befinden.“ [ ... ]

Dann wird auf die Lage und Beschaffenheit der Weinberge hingewiesen, die im Vergleich mit der der Nachbargemeinden sehr ungünstig sei:

> [ ... ] „Denn sehr häufig ist es der Fall, daß die Erwerbsquelle, aus mühsam erzieltem Weine Geld zu erlösen der Gemeinde Badenheim verschlossen ist, da der Frost gar zu häufig die Hoffnungen auf einen gelungenen Herbst zu vernichten vermag, wie eben das diesjährige Verhältnis, daß nämlich fast alles erfroren ist, leider nun zu viel beweist. So sind nun Nässe, Trockenheit und Frost der Alp, der auf die fast nur Ackerbau treibende Gemeinde Badenheim fortwährend drückt; demgegenüber nur die größte Zähigkeit der Einwohnerschaft, die [ ... ] den Naturhindernissen anzukämpfen verstand, zu begegnen wußte."

Außerdem habe die kleine Gemeinde Badenheim „zwei Kirchen, zwei Pfarr- und zwei Schulhäuser und ein Gemeindehaus zu unterhalten [ ... ], welche Gebäude der Gemeinde alljährlich nicht unbedeutende Unterhaltungskosten verursachen."

Dieses dramatische Schreiben verfaßte der Gemeinderat unter dem Vorsitz von Bürgermeister Adam Porth. Im Gemeinderat waren die Mitglieder Phillipp Maus, Joh. Diehl, Chr. Diehl, Jungk, Georg Höffler II und Georg Böhm. In einem Brief an den Bürgermeister dankte der katholische Pfarrer für die Unterstützung in dem Bemühen, die Finanzlast der Schule von den Kirchengemeinden auf die öffentlichen Haushalte zu übertragen.

1876 wurde endlich der Beschluß über einen gemeinsamen Schulvorstand und damit über die gemeinsame Schulträgerschaft gefaßt. In ihn wurden Vertreter der Gemeinde, des Gemeinderats und der beiden Kirchen entsandt. Im Gemeinderat waren zu der Zeit Philipp Maus, Joh. Maus, Peter Ahles, Georg Jungk, Johann Bertes, Heinrich Fischborn und Bürgermeister Adam Porth, der auch gleichzeitig Vorsitzender des gemeinsamen Schulvorstandes wurde. Außerdem waren der Pfarrverwalter Fabrizius für die evangelische Gemeinde und der katholische Pfarrer Drescher Mitglieder des Schulvorstandes. Lehrer Bollendorf vertrat die Schule, der Beigeordnete Adam Diehl, Johann Maus und Johann Diehl wurden als weitere Mitglieder benannt. Die Verfassung von 1871 kannte keine Zuständigkeit des Reiches in der Schulpolitik; entsprechend gebrochen war das Bildungsmonopol des Staates. Erst in der Reichsverfassung vom 11. August 1919 beginnen allgemeine Schulpflicht, staatliche Schulaufsicht und Finanzierung Wirklichkeit zu werden.

## 5.3 Wirtschaftliche Verhältnisse

### Maße und Gewichte

Das größte Hindernis für den Handel war die Kleinstaaterei in Deutschland. Wer von einem zum anderen Land fahren wollte, mußte immer wieder Zoll bezahlen: Achtunddreißig Zoll- und Mautlinien beklagt Friedrich List[8] in seiner Bittschrift für ein einheitliches Zollsystem. Aber ähnlich schwierig waren die ungleichen Maßeinheiten, die auch den Handel im grenznah gelegenen Badenheim erschwerten. In der Allgemeinen deutschen Real-Enzyklopädie für die gebildeten Stände, die als Conversations-Lexikon im Brockhausverlag Leipzig 1846[9] erschienen ist, werden die Maße und Gewichte, die Anfang des 19. Jahrhunderts galten, ausführlich dargestellt. „Da die absolute Größe jeder Maßeinheit an sich willkürlich ist, so kann es nicht auffallen, daß die Maße der einzelnen Länder sehr verschieden sind, und ihre Mannichfaltigkeit ist so groß, daß die Kenntnis der in den verschiedenen Ländern gültigen Maße und Gewichte eine eigene Wissenschaft (die Metrologie) bildet". In der früheren Zeit habe man die Einheiten des Längenmaßes Elle, Fuß, Zoll von dem menschlichen Körper entlehnt, eine Bestimmung, die offenbar im höchsten Grade schwankend sei und „die noch jetzt stattfindende Verschiedenheit zur Folge" haben müsse. Erst in der neueren Zeit sei man auf den Gedanken gekommen, aus der Natur unveränderliche Maßeinheiten zu entnehmen, um dadurch ein Universalmaß zu erhalten. Dazu gehörte das 1673 erfundene Sekundenpendel. Eine Kommission der französischen Nationalversammlung machte 1791 den Vorschlag, die Maßeinheit von der Größe der Erde herzuleiten und zwar den zehnmillionsten Teil des Erdquadranten oder der Entfernung des Pols vom Äquator als Einheit des Längenmaßes zu wählen. „Dieser Vorschlag wurde sofort angenommen" und die Größe jener Maßeinheit, die Mètre genannt wurde, und die damit definierte Länge einer Strecke genau vermessen. Dem Lexikon von 1846 sind die für Hessen-Darmstadt geltenden Maßeinheiten zu entnehmen:

1. Längenmaß:
Nach dem Gesetz vom 10. Dezember 1817 ist in Hessen-Darmstadt der Fuß gleich $^1/_4$ Meter und decadisch eingeteilt, die Elle gleich 24 Zoll oder 3/5 Meter; die Klafter hat 10 Fuß, die Wegstunde 20.000, die Meile 30.000 Fuß. Im Badischen betrug der Fuß nach dem Gesetz vom 27. Januar 1829 3/10 Meter. Er hatte 10 Zoll zu 10 Linien; die Ruthe hatte 10 Fuß. Die Wegstunde war einer Länge von 4444 4/9 Meter gleichgesetzt.

2. Flächen- oder Feldmaß:
In Hessen-Darmstadt hat der Morgen 400 Quadratklafter und ist einem Viertel Hektar gleichgesetzt. In Preußen umfaßt ein Morgen 180 Quadratruthen oder ca. 0,255 Hektar.

3. Hohlmaß für Flüssigkeiten:
Für Hessen-Darmstadt galt 1 Maß gleich 128 Cubikzoll oder 2 Liter, geteilt in 4 Schoppen. In Preußen war ein Quart gleichgesetzt mit 64 preußische Cubikzoll oder ca. 1,145 Liter, 1 Ochshoft hat $1^1/_2$ Ohm, 3 Eimer 6 Anker und 180 Quart; beim Bier hat ein Gebräue 9 Kufen, 18 Faß, 36 Tonnen, eine Tonne aber 100 Quart. Nur das Badische kennt Fuder und Stützen. Ein Fuder hat 10 Ohm, 100 Stützen und 1000 Maß.

4. Fruchtmaß:
Ein Malter beträgt in Hessen-Darmstadt 128 Liter, geteilt in 4 Simmer, 16 Kumpf, 64 Gescheit, 256 Mäßchen

5. Gewichte:
Die Gewichtseinheit hieß in Deutschland überall Pfund und wurde gewöhnlich in 32 Loth zu 4 Quäntchen eingeteilt. In Hessen-Darmstadt war das Pfund 1/2 Kilogramm, der Zentner 100 Pfund.

## Geld im Badenheim der Maus-Zeit

Bis zur Gründung des neuen Deutschen Reiches und zur Einführung der Reichsmark (1871/1873) war Deutschland kein einheitliches Währungsgebiet.

Im Süden Deutschlands und im Rheinland rechnete man nach Gulden (fl.) und Kreuzern (kr.), in Sachsen und Preußen nach Talern (Rthl.) und Groschen (gr.), in den Handelsstädten Norddeutschlands nach Mark und Schilling.

Der Gulden war ursprünglich eine Goldmünze (daher der Name), die u.a. in Florenz geprägt wurde (daher die Abkürzung „fl."). Zur Zeit von Isaak Maus war er längst eine Silbermünze mit einem Gehalt von 11,69 g Silber (nämlich 1/20 „Mark" Silber). 1 Gulden war unterteilt in 60 Kreuzer.

Der Taler ist benannt nach dem Bergbauort Joachimstal. Die zur Maus-Zeit und danach gebräuchlichen Taler hatten einen Gehalt von 16,70 g Silber (nämlich 1/14 „Mark" Silber); 1 (Reichs-)Taler wurde unterteilt in 24 Groschen.

Das ergab äußerst unpraktische Umrechnungsfaktoren zwischen Talern und Gulden, zusätzlich noch dadurch kompliziert, daß ein Teil der Gulden-Länder mit dem „Zwanzigguldenfuß" (siehe oben: 1 fl. = 1/20 „Mark" Silber), ein anderer Teil – darunter Hessen-Darmstadt – mit dem „Vierundzwanzigguldenfuß" (sog. „rheinischer Gulden"; 1 fl. rh. = 1/24 „Mark" Silber; es gab gar kein entsprechendes Geldstück!) rechnete.[10] Je nachdem war ein Taler etwa 7/5 oder 9/5 Gulden wert. Badenheim gehörte zum Gulden-Gebiet, doch rückte das Talergebiet sehr nahe heran, als 1816 Kreuznach an Preußen fiel. – Geldwertumrechnungen in heutiges Geld sind sehr problematisch, da der heutige Warenkorb ein völlig anderer ist. Eine Umrechnung mit vielen Unsicherheiten kommt auf einen Wert von rund 100 DM heutiger Zeit für einen Taler um 1800, also auf rund 60-70 DM für einen Gulden.

Gerechnet wurde in Gulden und Talern, tatsächlich bezahlt wurde in einer Vielzahl von älteren und neueren, in- und ausländischen Münzen. Da es noch keine Geldscheine gab, mußten auch große Summen in Geldstükken bezahlt werden, wobei man dann oft auf größere Goldmünzen aller Art auswich, z.B. auf die von Isaak Maus beim Pferdekauf genannten Louisd'or oder auf Friedrichd'or (jeweils im Wert von 5-6 Reichsthalern oder etwa 10 Gulden).

Einen kleinen Eindruck von dem Münzwirrwarr, der damals herrschte (und in dem sich auch der Bauer zurechtfinden mußte, wenn er nicht übervorteilt werden wollte), gibt Isaak Maus' Gedicht „An meinen Bruder nach der Ernte" („Der Pflüger hat den Dichterspleen ...", 1985, S.87f., Auszug im vorliegenden Band S. 15f.), wo der städtische Kunde nacheinander alles an großen Münzen hervorkramt, was er in seiner Geldkatze findet.

Nützlicher als obige Pauschalumrechnung sind vielleicht einige Preisangaben aus unseren Badenheimer Unterlagen. Ein Arbeitspferd kostete laut Isaak Maus (Brief an Wilhelm Maus vom 15.12.1830) normalerweise 8-9 Louisd'or oder 80-90 fl.; der Verkauf einer offenbar stattlichen Kuh brachte $62^1/_2$ fl. rh. (25.06.1809); ein Morgen Acker kostete 130 fl. (26.08.1804); Badenheimer Wohnhäuser mittlerer Größe kosteten um die 1000 fl.; der Bau der neuen evangelischen Kirche in Badenheim verschlang 11.500 fl.; sie wurde mit 6.000 fl. gegen Feuer versichert, wie überhaupt die Versicherungssumme in der Regel etwa bei der Hälfte des Gebäudewerts gelegen zu haben scheint. Der Bar-Lohn eines Knechtes betrug in den 1830er Jahren jährlich 50 Gulden, der Jahreslohn einer Magd 30 Gulden, der Taglohn eines Arbeiters ohne Verpflegung 20-24 Kreuzer, in den Jahren vorher maximal einen halben Gulden.

## Gewerbe in Badenheim

1840 wurden folgende Berufe und Handwerker in Badenheim aufgeführt:

Johann Ahles als Branntweinbrenner, Jakob Baldner als Ellenwarenkrämer, Branntwein- und Speierlingskrämer.[11] In dem gleichen Gewerbe war auch Elisabeth Weißenbach tätig. Martin Böhm war Mahlmüller auf dem

Handel und für Zunder. Philipp Heinrich Diehl ist als Weinwirt, Schuster und Branntweinzapfer eingetragen. Johann Maurer besaß eine Erlaubnis als Branntweinbrenner für den Eigenbedarf. Heinrich Enders betrieb Bierhefehandel. Weinwirte waren Adam Hoch, Wilhelm Höfler II und Urban Riesling

Typische Handwerksberufe übten Heinrich Karl Feldmann aus, der Wagner war, Jakob Görtz als Schreiner, Konrad Höffler als Küfer, Martin Karst als Glaser, Otto Lahm und Heinrich Lahr als Schuster, Peter Laubenstein als Schmied, Karl Schömel als Schuhmacher, Andreas Sänger als Schneider, Christian Schlamp als Bäcker und Johann Endres als Maurer für Reparaturen. (Einen Maurer Enders erwähnte Isaak Maus im Brief vom 14. Oktober 1817 im Zusammenhang mit der Reparatur des Ofens: „indeßen der Maurer Enders ihm ein neues Kleid anpoliert".)

1840 gab es in Badenheim noch eine größere Zahl von Leinwebern: Wilhelm Fogt, Jakob Sänger, Wilhelm Schnorrenberger, Wilhelm Spork und Johann Philipp Weigand. Die jüdischen Mitbürger waren vorwiegend Viehhändler und Metzger, so Joel Manche als Viehhändler im Kleinen und Samuel Metzger als Fleischer ohne Laden, aber mit Vieh- und Fruchthandel und Abraham Süßkind als Ellenwarenhausierer und Fleischer.

Bürgermeister Adam Porth führte in den Jahren 1859 bis 1864 ein Gewerberegister für Badenheim. In ihm sind folgende Gewerbebetriebe aufgelistet:

| | |
|---|---|
| Johann Ahles | Branntweinbrenner |
| Jakob Baldner | Spezereikrämer, Ellenwarenkrämer, Zapfer von Wein und Branntwein |
| Georg Böhm | Mahlmüller mit 3 Gängen, Mahlmüller im Großen |
| Philipp Heinrich Diehl | Schuhmacher |
| Johann Dietrich | Kartoffelhändler im Großen, Mehlhändler im Kleinen, Spezereikrämer, Steinkalkhändler im Kleinen und Niederlage, Ölkuchenhändler hausierend (Erlaubnis von 1860), Branntweinzapfer |
| Johann Becker | Maurer mit einem Gehilfen (nur 1862) |
| Katharina Becker | Näherin mit einer Gehilfin (nur 1862) |
| Johann Grubner | Barbier |
| Samuel Heymann | Baumwollzeughändler hausierend |
| Heinrich Heymann | Fruchthändler [Getreidehändler] ohne Niederlage |
| Heinrich Heymann II | Fruchthändler ohne Niederlage (Erlaubnis von 1862) |
| Salomon Heymann | Fruchthändler ohne Niederlage; Mehlhändler im Kleinen; Metzger, der nicht ständig schlachtet, Viehhändler |
| Moses Heymann Witwe | Viehhandel im Kleinen, Metzger, der nicht ständig schlachtet, mit 2 Gehilfen, Mehlhandel im Kleinen |

| | |
|---|---|
| Bertram Hoch II | Zapfer von Wein, Bier und Branntwein, Beherbergung von Fremden |
| Johann Hoch II | Zapfer von Wein, Bier und Branntwein |
| Georg Höffler IV | Bäcker |
| Friedrich Jackel | Schneider |
| Johann Jackel Witwe | Zapfer von Wein, Bier und Branntwein, Wagner, Küfer |
| Johann Jackel II | Schweineschlachter |
| Ignaz Karst | Schreiner |
| Otto Lahm | Schuhmacher |
| Friedrich Laubenstein | Grob- und Hufschmied |
| Peter Laubenstein II | Grob- und Hufschmied ohne Gehilfen |
| Wilhelm Maurer | Branntweinkrämer, Küfer |
| Leopold Metzger | Fruchthändler ohne Niederlage, Samenhändler im Kleinen, Viehhändler mit kleinem Vieh, Metzger, der nicht ständig schlachtet, Makler mit Wein und Branntwein |
| Moses Metzger | Fruchthändler ohne Niederlage, Metzger, der nicht ständig schlachtet |
| Samuel Metzger | Fruchthändler ohne Niederlage, Samenhändler im Kleinen, Kleinviehhändler, Metzger, der nicht ständig schlachtet |
| Johann Schömel | Schuhmacher (1860-63) |
| Abraham Süskind | Ellenwarenkrämer, Spezereikrämer, Kartoffelhändler im Kleinen, Branntweinzapfer Baumwollzeughändler hausierend (Erlaubnis vom 8. Dezember 1847) |
| [unleserlich] Süßkind | Hausierhändler mit inländischen Baumwollen (Erlaubnis von 1858) |

## Baustoffe aus der Umgebung

In einem Kostenvoranschlag von 1839 für den Bau des katholischen Schulhauses findet man Informationen darüber, woher die Baumaterialien für den Hausbau in Badenheim üblicherweise bezogen worden sind. Aus einem Umkreis von 10 bis 20 km mußte das Material auf Fuhrwerken, die einen halben Kubikklafter transportieren konnten, herbeigebracht werden. Es war dies:

Bauholz aus Bingen[12]
Kalk aus Heimersheim oder Alzey
Ziegeln aus Heimersheim und Alzey
Haustein aus Flonheim und Stein-Bockenheim
Mauersteine aus den Steinbrüchen von Wöllstein
Sand von Siefersheim
Pflastersteine von Wöllstein

*In späterer Zeit machten die Gewerbebetriebe mit Reklameschildern auf ihr Angebot aufmerksam. Auf dieser Karte der Lebensmittelhandlung Erich Frey aus den Fünfziger Jahren hat das Auto die Hauptstraße bereits erobert, die Straßenbahn ist eingestellt.*

Wie es auf einer Baustelle aussah, erwähnt Isaak Maus im Brief vom 19. November 1829 : „Hätte Dein Bruder Christian, das Geld zu seinem Kuhstallbau [ ... ] in der Lotterie gewonnen, so dürfte es ihm an Bauholz nicht fehlen. Steine hat er mehr als 15 hundert Zentner im Hof und auf der Gasse liegen; auch ein Loch mit Kalch gefüllt, wo mehr als 50 Leichen Platz darin gehabt hätten. Nun fehlt es noch an 3 bis 4 Boden gutes Holz und billige Handwerker: die sich bis Frühjahr wohl finden werden.“

Welche Aufträge an Badenheimer Handwerker vergeben wurden, zeigt eine Auswertung von Angeboten aus dem Jahr 1852. Johann Dietrich führte Maurerarbeiten für 3 Gulden 40 Kreuzer aus – 60 Kreuzer unter dem veranschlagten Preis. Die Pflasterarbeit übernahm Johann Enders für 7 Gulden. Den Sand lieferte Philipp Heinrich Diehl für 15 Gulden 50 Kreuzer. Die Steinlieferung aus Wöllstein brachten Philipp Heinrich Diehl III, Philipp Görz, Heinrich Fischborn II, Wilhelm Löffel, Anton Jackel, Philipp Höffler III. Angeboten wurde ein halber Kubikklafter (eine Wagenladung) für 5 Gulden 50 Kreuzer.

## Große Not um 1825: Arbeitsmarktprogramme

In der Mitte der 1820er Jahre des 19. Jahrhunderts herrschte große Not in Rheinhessen. Nach der Beschreibung von Wilhelm Heße waren durch die hohen Rheinzölle in Holland und durch die Exportverbote, die den Getreidehandel nach Frankreich und England verhinderten, die Marktpreise für Getreide so stark gesunken, daß die Taglohnsätze von 28 Kreuzer auf 24 Kreuzer sanken. Für Taglöhner gab es trotzdem kaum mehr Arbeit. „Unter diesem Drucke der Zeiten erwachte bei vielen ärmeren Bewohnern des Landes der Wunsch, das von der Natur so reich begabte Heimatland zu verlassen und nach Brasilien auszuwandern."[13] Die großherzogliche Regierung in Darmstadt warnte die Bürgermeister vor Agenten, die Auswanderer anwerben wollten.

Heße schreibt weiter, daß auch die vielen Bauhandwerker der Provinz kaum mehr Beschäftigung fänden. Wenige Privatleute bauten. Ohne öffentliche Aufträge mußte eine noch größere Arbeitslosigkeit befürchtet werden. Deshalb wandte sich die Provinzialregierung an die höchste Staatsbehörde mit der dringenden Bitte, „den ärmeren Bewohnern des Landes Gelegenheit zu Arbeitsverdienst in den verschiedenen Teilen der Landschaft zu bereiten". Als besonders geeignet für die Umsetzung hielt man die notwendige Erneuerung und den Ausbau der Verkehrsverbindungen. Wilhelm Heße nennt dafür die Gründe;

> „a) Der schwere Boden Rheinhessens hemmt, sobald nur einige Tage Regenwetter eintritt, in den Gegenden, in welchen keine Kunststraßen vorhanden sind, den Verkehr. Ein Land, in welchem die Bevölkerung auf einer Quadratmeile 8000 Seelen beträgt, bedarf sehr vieler, zu jeder Jahreszeit gut fahrbarer Straßen.
> b) Durch sie wird der Ackerbau in der schlimmen Jahreszeit erleichtert, in dem dann die nötigen Dungmittel zu jeder Zeit auf viele Felder gebracht werden können.
> c) Der Werth der solchen Straßen naheliegenden Grundstücke wird bleibend erhöht.
> d) Die bei dem Neubau erforderlichen Arbeiten sind großentheils von der Art, daß, da sie keine besondere Kunstfertigkeit erfordern, die meisten Taglöhner solche leicht verrichten können."[14]

In den Jahren 1826 bis 1832 wurde dieses Straßenbauprogramm durchgeführt. 1827-1829 wurde im übrigen auch der Rhein bei Oppenheim verlegt.

## Staatliche Hilfen für den Weinbau

In den schwierigen Jahren um 1825, in denen der Preisverfall die Wirtschaft lähmte, entschloß sich die großherzogliche Staatsregierung, den Winzern für den Kauf von Fässern staatliche Finanzhilfe zu gewähren. Mit Rundschreiben vom 3. August 1826 teilte sie dem Bürgermeister mit, daß sie bereit sei, „für diejenigen Weinbauern der Provinz, welche für den bevorstehenden Herbst Fässer aus eigenen Mitteln anzukaufen dermalen ausser Stand sind, gegen demnächstigen Rückersatz des Preises etc. die Ankaufskosten vorzuschießen".

Bei der Vergabe der Zuwendungen sollte die Gemeinde aber prüfen, ob die Antragssteller sich wirklich in wirtschaftlichen Schwierigkeiten befänden.

„Wir müssen Ihnen jedoch dabei die größte Vorsicht und Gewissenhaftigkeit angelegentlich empfehlen, damit durchaus nur solche Personen, bei welchen der gänzliche Mangel der Mittel zur eigener Anschaffung von Fässern entschieden vorliegt, in diese Verzeichnisse aufgenommen werden; in dem nur unter dieser Bedingung die Ausführung der beabsichtigten wohlthätigen Maßregel irgend möglich werden kann [ .... ]."

Die Durchführung gestaltete sich schwierig. Deshalb folgte am 28. August 1826 ein neuer Erlaß:

„In jedem Ort der Provinz Rheinhessen, wo der Weinbau zu den Grundlagen des Wohlstands der Einwohner gehört, werden einige der angesehensten und zutrauenswürdigsten Personen, etwa der Pfarrer und einige Notables, dem Bürgermeister beigegeben, um mit ihm eine Commission für den beabsichtigten wohlthätigen Zweck zu bilden, und vor allen Dingen die Liste derjenigen aufzustellen, welche, nach ihrer gewissenhaften Überzeugung, die für die diesjährige Weinlese erforderliche und zu bestimmende Anzahl Fässer, ohne ihren Ruin oder ohne den Wucherern sich Preis geben zu müssen, in dem dermaligen Augenblicke nicht sich selbst anzuschaffen vermögen, oder um diese Liste, wo sie bereits von den Bürgermeistern aufgestellt worden, nochmals zu revidieren und definitiv zu arretieren [ ... ]."

Auch 1828 beschäftigte sich ein Rundschreiben mit der Gewährung von Beihilfen für den Kauf von Fässern. Im Schreiben vom 27. August 1828 werden noch genauere Vorgaben gemacht:

„Die Listen müssen Namen und Zunamen enthalten, Anzahl der Fässer und Bezeichnung der Gattung derselben." Die Listen mußten von allen Mitgliedern der Kommission unterschrieben sein. Die Unterstützungszahlung wurde für 6 Monate zinsfrei gewährt. Danach betrug der Zinssatz 5 % mit einem Zuschlag von 3 % als „Erhebgebühr".

Dem Bürgermeister und der Kommission wurde der dringende Hinweis gegeben, „die Aufmerksamkeit planmäßig darauf zu richten, daß nach der wohlthätigen Absicht Sr. Königlichen Hoheit des Großherzogs nur der wahrhaft Bedürftige unterstützt, und ihm der Vorschuß nicht durch die Theilnahme vermögender Spekulanten entzogen oder verringert werde."

Auf dem gedruckten Schriftstück findet sich der handschriftliche Vermerk des Bürgermeisters:
„Berichtet am 12. September 1828: negativ".
Zuschüsse für den Ankauf von Fässern wurden auch im Jahr 1835 in Aussicht gestellt, nachdem 1834 ein außergewöhnlich gutes Weinjahr gewesen war.

## Unwetter und schlechte Ernten

Die Gemeinden Rheinhessens wurden in den Jahren, in denen Mißernten drohten, immer wieder zu Spendensammlungen aufgerufen. 1822 und 1824 hat jeweils ein schlimmes Hochwasser Rheinhessen heimgesucht. Am 16. Juli 1830 vernichtete ein Unwetter die ganze „Körnererndte"in der Umgebung von Alzey. Am 6. November 1830 kam eine Überschwemmung dazu. Deshalb wurde erneut zu Spenden aufgefordert, weil „die bis jetzt erfolgten Beiträge zur Unterstützung der Beschädigten gering ausgefallen sind."
Es sollten neben Geld auch Naturalien gespendet werden. 1830 war ohnehin ein schlechtes Jahr. „Regen, und immer Regen hat uns schon wochenlang geniert" schreibt Isaak Maus am 19. Juni 1830.
1831 fiel die Weinlese schlecht aus. 1832 führte das andauernd schlechte Wetter zu einer wirtschaftlichen Krise. Die Regierung sah sich am 1. Juni 1832 zu einem „Aufruf zur Unterstützung der hilfebedürftigen Klasse wegen der sehr erhöhten Preise der Lebensbedürfnisse" veranlaßt:
„Vermögende sollen zu reichlichen Gaben geworben werden, damit den wahrhaft Notleidenden die nöthigen Unterstützungen verabreicht werden können, und durch wirklichen Mangel nicht Auftritte herbeigeführt werden, wie deren leider in der That schon statt gefunden haben – die aber weit weniger der bedrängten Lage des Volkes selbst, als vielmehr anderen nur zu bekannten Einwirkungen von der einen, so wie einer beklagenswerten Verblendung von der anderen Seite beizumessen sind [ ... ]."
Die Unterstützungskommissionen in den Gemeinden sollten ein Übergreifen der Unruhen verhindern. „Sowie es auch die sicherste Kontrolle seyn dürfte, wenn jede Gemeinde die Verpflegung ihrer Orts-Armen übernehmen und an auswärtige Armen nichts verabreichen würde", heißt es im Schreiben vom 1. Juni 1832 weiter.
Am 18. Juni 1832 trat der Gemeinderat in Badenheim unter Vorsitz von Bürgermeister Ahles zusammen. Ihm gehörten zu dieser Zeit die Mitglieder Urban Riesling, Johann Hoch, Paul Brandt, Jakob Jungk und Martin Karst an. Eingeladen waren auch die Kirchenvorstände beider Konfessionen. Sie behandelten den „Aufruf zur Unterstützung der Hilfsbedürftigen

bei der gegenwärtigen Teuerung". Der Bürgermeister trug den großherzoglichen Erlaß vom 1. Juni 1832 vor. Dann schreibt das Protokoll:

„Nach verschiedenen Deliberationen ergab sich folgendes Resultat: Da die Zahl der Hilfsbedürftigen in hießiger Gegend sehr unbedeutend, sonach nicht nöthig ist, einen besonderen Fonds zu bilden, um dieselben zu unterstützen, so ist man in dieser Beziehung dahin überein gekommen, daß die Hilfsbedürftigen auf jeden Tag, ihre nöthigen Lebensbedürfnisse jeder Art bei den bemittelten Einwohnern einsammeln und auf diese Art, solang die außerordentliche Theuerung dauert, unterstützt werden sollen [...]."

Die Preisschwankungen, die die landwirtschaftlichen Produkte erfuhren, lassen sich aus einer Übersicht ablesen, die Adolf Trieb 1987[15] für Eppelsheim erstellt hat. Alle politischen Unsicherheiten und Krisen vervielfachten den Getreidepreis. Wenn in den Jahren um 1825, wo der Preisverfall besonders stark war, der Malter Weizen 4 – 7 Gulden kostete, das heißt ungefähr den Monatslohn eines Tagelöhners, war der Preis in der Zeit des Übergangs zum neuen Staat Hessen-Darmstadt um 1816 vierfach so hoch gewesen. Am Anfang des 4. Jahrzehnts stieg er auf das Doppelte, sank dann in den schwierigen Jahren ab 1833, um dann ab 1838 bis 1848 auf einem Niveau von 10 – 12 Gulden pro Malter zu bleiben. 1847, ein Jahr vor der neuen Revolution, kletterte der Preis auf 18 Gulden pro Malter.

## Politische Unruhe in schwerer Zeit

Ein „Auftritt", wie ihn die Regierung beklagte, war das Hambacher Fest am 27. Mai 1832, das im übrigen in Rheinhessen, auch wenn sonst ein neuer revolutionärer Geist aufkam, nur vereinzelte Auswirkungen hatte. In Westhofen war der Versuch, den neuen Landesherrn durch einen „Ludwigsbaum" zu ehren, von der Regierung mißverstanden und als politische Demonstration geahndet worden. Die „Nachricht vom Hambacher Karl", die in Isaak Maus' Brief von Anfang September 1833 in Badenheim auftauchte, „amüsiert das hiesige Publikum".

„Wir auf dem Lande, sehen diesem merklichen Schauspiel ruhig zu, so lang es unsere Existenz nicht angreift. Unseren Beutel geht es freilig an, allein so lang man nicht mehr fo[r]dert, als wir natürlich geben können, leidet unsere Existenz nicht dabei", schrieb Maus am 9. Nov. 1833 an seinen Sohn. Und weiter:

„Die Rheinprovinz ist weit besser daran als die beiden andern: Wir haben keinen Adel, keine Zehnten; die Grundzinßen sind meistens abgekauft; [...] vor den Gerichten gilt Gleichheit, u.s.w."

Agrarstatistik

Trotz vieler Statistiken, die bereits in der ersten Hälfte des Jahrhunderts geführt werden mußten, fehlen genaue Angaben über die Situation der Landwirtschaft in dieser Zeit. Die hessische Regierung führte erst 1874 eine verbesserte Statistik für die Landwirtschaft ein. Mit Schreiben vom 10. Juni 1874 kamen die Formulare zu „Nachweisungen über verschiedene Gegenstände der landwirtschaftlichen Statistik, welche zunächst behufs Aufstellung einer internationalen landwirtschaftlichen Statistik entworfen worden sind, zugleich aber zur Ansammlung eines in vielfacher Beziehung für die besonderen Interessen der inländischen Landwirtschaft sehr nützlichen Materials dienen werden." Das erste Berichtsjahr war 1873. In der Übersicht über die im Jahresdurchschnitt verwendeten Mengen an Dünger wurde angegeben:

„120 Fuhren Zweispänner [Stallmist] von Pferden; 50 Fuhren Zweispänner von Ochsen oder Kühen; 350 Zentner Phosphate."

Die Übersicht über landwirtschaftliche Geräte und Maschinen nannte:
a) 130 alte Pflüge, „wie sie früher in der Gegend gebräuchlich waren"
b) 26 „vervollkommnete Pflüge", 4 Exstirpatoren und Hackinstrumente, 16 glatte Walzen, eine Gras-Mähmaschine, 6 Göpel-Dreschmaschinen.

Zu landwirtschaftlichen Arbeiten wurden 1873 50 Pferde, 11 Ochsen und 28 Kühe eingesetzt. Es gab in Badenheim 90 Melkkühe, 560 Legehühner, 40 Bienenstöcke und 30 Schafe.

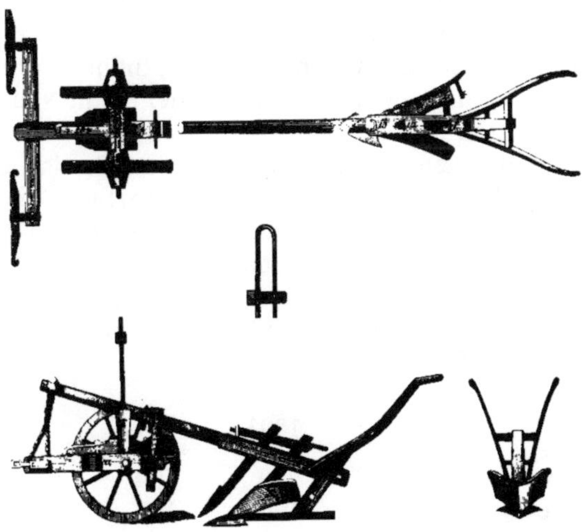

Die Auswertung der statistischen Angaben zur Bodennutzung in der Zeit von 1878 bis 1899 ergibt folgendes Bild:

| Nutzungsart (in Hektar) | 1878 | 1883 | 1893 | 1899 |
|---|---|---|---|---|
| Ackerfeld, Grabgärten | 369,0 | 368,7 | 348,8 | 337,0 |
| Wiesen, Grasgärten und Weiden | 23,0 | 23,8 | 22,9 | 23,0 |
| Weinberge (im Ertrag) | 24,3 | 24,4 | 42,4 | 33,2 |
| Hofreiten | 3,5 | 3,7 | 3,6 | o.A. |
| unbesteuerbare Fläche | 12,9 | 12,9 | 15,2 | o.A. |
| | 432,5 | 432,5 | 432,7 | |

Der Vergleich der Anteile der Weinbergsfläche an der Gemarkungsfläche Badenheims zeigt große Veränderungen:

Anteil der Wingerte an der Gemarkungsfläche in Prozent

| | | |
|---|---|---|
| 1795 | 08,5 ha | 2.0 % |
| 1878 | 24,3 ha | 5,6 % |
| 1899 | 33,2 ha | 7,7 % |
| [1926 | 33,0 ha | 7,7 %] |
| [1995 | 69,0 ha | 16 %] |

Bei den Angaben zu den Ernteerträgen fällt besonders die hohe Zahl der Obstbäume auf, die es damals in der Badenheimer Gemarkung noch gab, obwohl der Winter 1879/80 die „Obstnutzung" schwer geschädigt hat. In diesem Winter waren 178 Apfelbäume, 22 Birnbäume, 1108 Zwetschenbäume, 2 Kirschenbäume, 6 Aprikosenbäume und 2 Nußbäume erfroren. Die Bestände verringerten sich aber auch sonst immer mehr. Neue Formen der Bewirtschaftung setzten sich durch.

„Für das Birnbäumchen hinter der Mühle muß ein anderer Platz bestimmt, und dasselbe bei nassem Wetter verpflanzt werden. Hast Du, im Hof oder Garten, Raum dafür, so sey bedacht darauf, es ist Schade, daß diese gute Sorte nicht gesichert steht", hatte Isaak Maus im Brief vom 15. Oktober 1820 geschrieben. Diese war bereits Vergangenheit. Allein in den vierzehn Jahren von 1886 bis 1899 veränderte sich der Bestand an Obstbäumen beträchtlich: Die Statistik berichtet:

| | 1886 | 1893 | 1899 |
|---|---|---|---|
| Apfelbäume | 950 | 900 | 500 |
| Birnbäume | 210 | 196 | 140 |

*Der Ortsrand mit den Anwesen am Appelbach. Noch bestimmen auf der Postkarte aus der 1. Hälfte des 20. Jahrhunderts Obstbäume das Bild.*

| | 1886 | 1893 | 1899 |
|---|---|---|---|
| Zwetschen | 950 | 850 | 450 |
| Kirschen | 2 | keine | keine |
| Aprikosen | 6 | 4 | keine |
| Nußbäume | 125 | 50 | 25 |

## Veränderung des Viehbestandes im Laufe des Jahrhunderts

Mit Stichtag 10. Januar 1883 wurde eine detaillierte Viehzählung durchgeführt. Aus ihr läßt sich ablesen, wie sich die Landwirtschaft veränderte. Gab es nach den Angaben in Jakobs „Badenheimer Chronik“ 1750 noch keine Pferde in der Landwirtschaft, 1795 14 Pferde, stieg die Zahl der Pferde, die vorwiegend „zur landwirtschaftlichen Arbeit“ benutzt wurden, im Lauf des 19. Jahrhunderts auf mehr als einhundert. Einige Betriebe waren wohl auch als Fuhrunternehmer tätig. Landwirtschaftliche Betriebe mit 3 Pferden waren: Heinrich Schlamp, Johann Jackel, Philipp Ahles im Unterdorf, Zacharias Vestner, Philipp Johann Maurer, Philipp Porth und Philipp Ahles II. Zwei Pferde hatten Nikolaus Jungk, Peter Maurer, Anton Brand, Johann Fischborn, Jakob Mecky, Kellergasse, Wilhelm Maus und Heinrich Hoch. Ein Pferd besaßen die Betriebe von Christoph Ahles, Johann Bertes, Friedrich Höfler, W. Weinsheimer, Peter Ahles, Georg Stumpf, Philipp Schneider, Adam Süßkind, Jakob Karnehm II, Konrad Diehl, Johann Maus, Georg Fogt, Johann Luft III und Philipp Weinsheimer im Unterdorf.

Bei den Angaben zum Rindviehbestand wurden 1883 kaum Ochsen eingetragen. Die höchste Zahl an Kühen, nämlich 17, hatte Philipp Porth. Mehr als 10 Kühe gab es bei Philipp Ahles im Unterdorf, Wilhelm Maus, Zacharias Vestner und Philipp Ahles II. Bei den meisten anderen standen zwischen 2 und 5 Kühe im Stall. Die Zahl der Schweine und Schafe war selten höher als 3 Stück. Nur bei Philipp Ahles im Unterdorf gab es 11 und bei Wilhelm Maus 6 Schweine. Ziegen waren 1883 kaum noch gemeldet woren. Es gab nur noch zwei davon. Dagegen erscheint die Zahl der Bienenstöcke unerwartet hoch. Anton Brand hatte 9 Bienenstöcke, Friedrich Karst im Unterdorf 10, der Lehrer Bollenbach 6, Philipp Ahles 12 und A. Frey 6 Bienenstöcke.

## 5.4 Die bürgerliche Gemeinde

Im Bestand des Landesarchivs Speyer gibt es mehrere Protokollbücher der Gemeinde Badenheim. Ein Protokollbuch von 1794 enthält einen Teil der Ratsprotokolle bis 1841. Daneben führte Isaak Maus ein getrenntes Protokollbuch, das insbesondere Eintragungen über die Versteigerungen von Backhaus, Gemeindewiesen und Holznutzung enthält. Die Gemeinde behandelte im Vergleich zu heute zwar alle Angelegenheiten, nachvollziehbar in den Akten ist davon aber relativ wenig.

Dazu kommt, daß ab 1816 die Verwaltung in der Provinz Rheinhessen des Großherzogtums Hessen–Darmstadt nach neuen Maßstäben aufgebaut wurde. Die Fortschritte, die die Franzosenzeit gebracht hat, wurden zwar in vielem beibehalten, dennoch müssen wir uns die Situation in den Dörfern und Gemeinden etwa so vorstellen, wie der Prozeß der deutschen Einigung nach dem 3. Oktober 1990 abgelaufen ist: Neue Gesetze und Verordnungen sollten die öffentlichen Aufgaben regeln. Dabei war innerhalb einer Generation oder innerhalb eines Lebens der Schritt aus der Zeit des Absolutismus in ein Zeitalter der Bürgerrechte zu bewältigen. Kein Wunder, daß vieles erst ganz am Anfang stand. Die Grundlagen der neuen Verwaltung mußten erst noch gelegt werden.

### Zur Landverteilung in Rheinhessen

Die neue französische Herrschaft, die nach dem Frieden von Campo Formio 1797 das Departement Mont Tonnère einrichtete, reformierte die Verwaltung nach den Maßstäben des französischen Zentralstaates, brachte den Code Civil (1804) und damit die Überwindung alter zum Teil noch bestehender Abhängigkeiten[16]. Weil die Klöster, Stifte und Herrschaften aufgelöst wurden, begann die neue Verwaltung bald, die Güter und Grundrenten zu veräußern. Wilhelm Heße macht in seiner Darstellung der „Entwicklung Rheinhessens von 1798 bis Ende 1834“ dazu folgende Bemerkungen:[17]

„Da noch kein allgemeines Vertrauen in den Bestand der neuen Herrschaft vorhanden war, enthielten sich viele Landleute, auch bei dem Ungewohnten dieser Maßregel, selbst zu kaufen. Hierdurch kam ein großer Theil dieser Güter in die Hände weniger unternehmender Spekulanten, welche sie um sehr geringen Preis erwarben, und später dann um das Vier- bis Achtfache an die Landleute in kleineren Theilen verkauften. Doch war selbst unter solchen Verhältnissen der Erwerb derselben für diese noch sehr vorteilhaft.

Ein großer Theil der Felder, welcher als Pachtgut geringen Ertrag lieferte, kam nun in die Hände freier Eigentümer, wurde von da an gut gebaut, und legte den Grund zum sicheren Wohlstand vieler Familien."

Von 1804-1814 wurde eine Landverteilung im Department Donnersberg durchgeführt. Unter 236/5 liegt in Speyer das Register der „Erklärungen der Grundstücke, welche zufolge des Gesezzes von dritten Frimär 7.ten Jahrs in der Gemeinde Badenheim seit dem Jahr 12 [ 1803 ] statt hatten". Als abgehende Eigentümer sind unter anderem eingetragen: Ludwig Schmahl, Joseph Höffler sen., Adam Diehl, Urban Riesling, Anton Knöbler, Johann Gaßner, Philipp Heinrich Diehl, Wilhelm Görtz. Ein großer Teil der Gemarkung wurde in diesen Jahren neu verteilt.

„Ging die alte Verfassung auf Sicherheit, so ging die neue auf Freiheit."[18]

„Man klagt über in manchen Gegenden eingetretene wahre Bodenzertrümmerung, welche den Verfall des Landbaus und das Verschwinden des Bauernstandes zur Folge gehabt. [ ... ] Wenn sich im allgemeinen Verkehre ein rechtes Gleichgewicht herstellt, so mag man wohl vertrauen, daß immer allseitiger die Vorteile der neuen Freiheit genossen [werden]."

Dies war die Wirkung der französichen Gesetzgebung. Der Code Civil verwirklichte auf dem Gebiet des Rechts das revolutionäre Programm der Gleichheit der Bürger.[19]

## Eingliederung in Hessen-Darmstadt

Am 12. Juli 1816 übernahm das Großherzogtum Darmstadt die linksrheinische Provinz, die ihr nach dem Friedensabkommen von Paris vom 30. Mai 1814 zugeordnet worden war.[20] Später erhielt sie den Namen Rheinhessen. Ablesbar ist dies an den Gesetz- und Verordnungsblättern des Großherzogtums. Sie wechselten ihre Überschrift vom „Amtsblatt der Großherz. Hessischen General-Kommission zu Mainz", zum „Amtsblatt für den Großherz. Hessischen Landesteil auf der linken Rheinseite" (1817-1818 ) und schließlich zum „Amtsblatt für die Großherzoglich Hessische Provinz Rheinhessen" (1818-1819). Ab 1819 hieß es nur noch „Großherzoglich Hessisches Regierungsblatt" (1819-1918).

In der förmlichen Besitzergreifungsurkunde vom 8.Juli 1816 wird das Gebiet der Provinz beschrieben. Zu ihr gehören „folgende zum ehemalige

Departement Donnersberg gehörig gewesenen und bisher provisorisch verwalteten Lande, namentlich

1. die Stadt Mainz und ihr Gebiet, mit Kastell und Kostheim,
2. der Kreis Alzey, ausschließlich des Kantons Kirchheim-Boland, und
3. die Kantone Worms und Pfeddersheim aus dem Kreise Speyer.

[ ... ] Der in Unserem Großherzogtum seit Jahren bereits ausgesprochene Grundsatz von gleicher Verteilung aller Staatslasten soll auch in dem neuen Bestandteil desselben pünktlich beobachtet werden. [ ... ]“ verspricht der neue Gebietsherr.

Hessen-Darmstadt war dennoch nicht der fortschrittlichste Staat in dieser Zeit. Seitdem die landständische Verfassung abgeschafft war, nutzte der Großherzog die Gelegenheit, in der Umbruchzeit nach Napoleon das alte absolutistische Ziel vieler Regierungen zu verwirklichen, jede konkurrierende Herrschaft im eigenen Lande auszuschalten.

Die politischen Wirkungen dieser Verfassungsänderung waren bis in die Dreißigerjahre des neunzehnten Jahrhunderts spürbar. Der Konflikt mit den Landständen dauerte an und entzündete sich besonders an der Behandlung der polnischen Freiheitsbewegung.

„Immer mehr nahm indes die Aufregung der Gemüter besonders in Rheinhessen zu, namentlich auch in Folge der Parteiansichten für und wider die polnische Sache. Die polnischen Flüchtlinge fanden die lebhafteste Teilnahme; es bildeten sich im Dezember 1831 und Januar 1832 für die Unterstützung derselben selbst Mädchen- und Frauenvereine. [ ... ] Es erfolgte hierauf das Verbot gemeinschaftlicher Adressen an den Bundestag; auch erließ die Regierung Verfügungen gegen Volksfeste und Volksversammlungen, gegen das Tragen von Abzeichen usw., und am 12. März 1832 eine strenge Verordnung gegen den Beitritt zu politischen Vereinen“, berichtet der Artikel über Hessen-Darmstadt in der Real-Encyklopädie des Brockhaus-Verlages.[21]

## Die Bürgermeister im 19. Jahrhundert

In der französischen Zeit war Johann Wilhelm Maurer bis 1809 Bürgermeister (Maire). Ab 1809 wurde Isaak Maus Maire und später Großherzoglich hessischer Bürgermeister von Badenheim, zu dem Pleitersheim und Pfaffen-Schwabenheim zeitweise gehörten. Isaak Maus war bis 1825 im Amt.

Die Tätigkeit des Maires war ein unbezahltes Ehrenamt[22] und erforderte angesichts vieler fortschrittlicher, aber zum Teil unbeliebter Neuerungen wie der Einführung des metrischen Maßsystems, der Einheitsbesteuerung statt der hergebrachten vielfältigen Abgaben und wegen schikanöser Einzelregelungen viel Idealismus und Pflichtbewußtsein. Der Wechsel der Regierungen nach 1814 – zunächst stand Rheinhessen unter preußisch-österreichischer Verwaltung und kam erst 1816 zu Hessen-Darmstadt – setzte den Maire und späteren Bürgermeister dem Vorwurf aus, mit der falschen Seite verbündet zu sein. „Viele Bürgermeister drohen, ihre Demission zu nehmen, wenn man fortfahre, sie zu chikaniren, und die Kreisdirektion solche unbesonnenen Menschen anhöre. Ich bin aber nicht dieser Meinung. So wenig ich mich kränken würde, abgesetzt zu werden, so wenig hab ich aber auch gegenwärtig Lust, meine Stelle niederzulegen“, teilt Isaak Maus seinem Sohn am 17. März 1816 mit.

Die Reihenfolge der Nachfolger von Isaak Maus ergibt sich aus den Unterschriften der alle drei Jahre zu erstellenden Bevölkerungsstatistik. Im Jahr 1826 unterschrieb Bürgermeister Simon Schlamp den Statistikbogen, 1834 war es Bürgermeister Peter Ahles, 1837 Bürgermeister Konrad Maus, ebenfalls 1840. 1843 war es Bürgermeister Philipp Ahles, der vermutlich bis 1849 Bürgermeister blieb. Ab 1855 ist Adam Porth bis in die Achtziger Jahre Bürgermeister. 1886 und 1900 unterschrieb Bürgermeister Adam Diehl die Einwohnerstatistik, 1905 und 1910 Bürgermeister Philipp Fischborn.

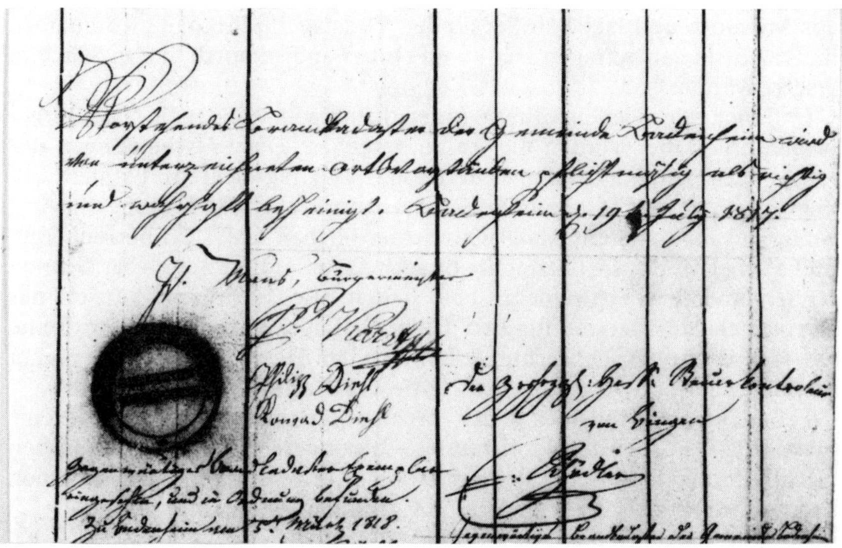

## Kommunale Dienste und Ämter

Die Dienste der Nachtwächter, der Feldschützen, der Feuerläufer, der Tagwächter oder Bettelvögte bestanden in den Dörfern nach überkommenen Recht, das teilweise bis ins 16. Jahrhundert zurückreichte. Die Aufgaben wurden jährlich vergeben. Verpflichtet wurden die jungen Männer, die neu in die Liste der Bürger aufgenommen wurden, nachdem sie das Alter von 25 Jahren erreicht hatten.

Am 20. Dezember 1823 wurde wieder einmal ein Beschluß über die Bezahlung der Nachtwächter gefaßt. Das Protokoll führt eine Neuerung an: „Da nach unseren Regierungsverordnungen das Gehalt der Nachtwächter nicht mehr in Naturalien, sondern in Geld bestehen soll, so ist heute der Bürgermeister im Beiseyn des sämtlichen Gemeinderathes und des Gemeindeeinnehmers, Herrn Maurer, mit deren Einwilligung mit den beiden Nachtwächtern Michel Mertens und Isaias Schnorrenberger übereingekommen, daß sie für das laufende [Jahr] 1823 an Baarem Gehalt 40 Gulden bekommen sollen. Auch wurden besagte Nachtwächter wieder angenommen fürs Jahr 1824, um den nähmlichen Gehalt, für jeden 20 Gulden ohne weiteres."

Die Feldschützen wurden für jeden Wochentag festgelegt. 1824 waren es in der Reihenfolge der Nennungen, wie sie in der Niederschrift aufgeführt sind: Franz Jackel für den Dienstag, Jakob Sänger für den Freitag, Wilhelm Spork für den Donnerstag, Josef Bossing für den Montag, Jakob Bertram für den Mittwoch und Jakob Höfler für den Samstag. Im Protokoll wurde noch hinter Bossing eingetragen „starb im Februar und ist durch Simon Schlamp ersetzt worden."

Im Januar eines jeden Jahres wurden die jungen Männer als neue Bürger eingeführt. Dabei wurden die Ämter vergeben. Die Entscheidungen des Jahres 1824 galten auch den Feuerläufern und Tagwächtern. Es hieß, daß die Feuerläufer Köth, Johann Schlamp, Höfler und Urban Riesling ihr Amt weiter ausüben sollten. Als Nachtwächter blieben Isaias Schnorrenberger und Michel Mertens; „Letzter bleibt auch Taghüter und Bettelvogt. Schnorrenberger wird als Schweinehirt beibehalten. Michael Mertens versieht das Bürgermeisterdieneramt für den Heinrich Lahr, an welchem die Reihe gewesen ist". Die Nachtwächter teilten sich den Dienst, der eine übernahm die erste, der andere die zweite Hälfte der Nacht.

Feuerläufer mußten auch in den Nachbarorten bei einem Brand helfen[23]. Sie wurden – daher die Bezeichnung – besonders für den Einsatz in den Nachbarorten ausgewählt. Sie mußten sogar Atteste mitbringen, die ihnen bescheinigten, daß sie beim Löschen geholfen hatten.

Die Aufgabe der Taghüter, der Bettel- oder Armenvögte war es, fremde Bettler abzuweisen, sowie allgemein für Ruhe und Sicherheit in der Gemeinde zu sorgen.

Ein weiteres Amt übernahm das sogenannte Polizeiläuten: „Das Polizeiläuten und Uhrstellen soll Michael Mertens vor der Hand behalten, bis etwa die Schullehrer es wieder versehen wollen."Diese Gemeideämter wurden laut Protokollbuch bis 1842 jährlich neu bestimmt.

1824 wurde auch die Versteigerung des Gemeinde-Faselochsen vorgenommen. Der Pächter hatte viele Hinweise zu beachten, wie der Faselochse gehalten werden mußte: „Der Pächter hat den Ochs in gutem Zustand und Fütterung zu erhalten, muß ihm zu gehöriger Zeit Haber und Salz geben, damit der Ochs an Kräften bleibt. ... Der Pächter hat die zwei Ochsenwiesen zum Genuß und die bekannten Wiesenwege zu beweiden."

## Verlosung der Nutzung der Gemeindewiesen und Holzversteigerung

Die Gemeindewiesen wurden jährlich verpachtet. Am 19. Juni 1820 schrieb Isaak Maus das Protokoll der Verlosung für das Jahr 1821. Die Pacht oder das Bestandgeld wurde auf 2 Gulden für jedes Los festgesetzt, „welches alljährlich auf Martini an den Gemeindeeinnehmer bezahlt werden muß". Die Einnahmen flossen zur Hälfte in die Gemeindekasse, zur anderen Hälfte dienten sie „zur Verbesserung der hiesigen Schulen".

Das Protokoll der Versteigerung des Oberholzes von Weiden und Bellen [Ulmen], die auf dem Gemeindefeld standen, verzeichnet am 27. März 1822 folgende Bedingungen:

„1. das Holz wird in Loosen versteigert
2. und muß in Zeit gefällt sein
3. nebst dem Steigzins mindestens 1/10 anbezahlt zur Bestreitung der Kosten
4. die Bezahlung geschieht auf Martini 1823"

Es wurden 8 Lose versteigert. Die Gebote reichten von 1 Gulden 45 Kreuzer bis 4 Gulden 35 Kreuzer. Angebote gaben ab Jakob Fischborns Witwe, Karl Schömel, Franz Jackel, Wilhelm Spork, Johann Dietrich, Michel Mertens.

Bei der Versteigerung des Holzeinschlags am 15. März 1824 heißt es als zusätzliche Bedingung: „Das Holz wird nach Ortsbrauch gehauen ohne Schaden des Nachwuchses." Geboten haben Isaias Schnorrenberger für 1 Gulden, Johann Enders für 2 Gulden 5 Kreuzer, Schullehrer Nuß für 2 Gulden, Michel Mertens für 3 Gulden 5 Kreuzer. Den Zuschlag erhielten Johann Enders, Michel Mertens und Georg Nuß.

## Jagd und Fischerei

Die Jagd- und Fischereiversteigerung am 16. Juni 1823 erfolgte im Beisein des Revierförsters Haag von Mandel und des Gemeindeeinnehmers Maurer. In den Paragraphen des Vertrags wurde festgelegt, daß „zur Herbstzeit, soweit die Weinberge zugetan sind, darin nicht gejagt werden darf; der Steigerer ist für seine Mitkollegen verantwortlich, sowie für ihre Treiber".

Laut Protokoll boten die Interessenten kräftig mit. Es begann H. Maurer mit 11 Gulden, Urban Riesling bot 15 Gulden, dann H. Maurer 17 Gulden, Urban Riesling wieder 18 Gulden. Schließlich erhielt den Zuschlag Simon Schlamp für 31 Gulden. „Da kein weiteres Gebot erfolgt, so ward diese Jagd und Fischerei dem Simon Schlamp für dreißigein Gulden zugeschlagen und hat dasselbe unterschrieben Maus, Bürgermeister". Die Genehmigung des Protokolls durch die Verwaltung in Mainz erfolgte am 31. Juli 1823.

## Verpachtung des Gemeindebackhauses

„Heute, den siebenten März eintausendachthundertundeinundzwanzig habe ich, Isaak Maus, Bürgermeister", so beginnt die Niederschrift des Verpachtungsaktes des Gemeindebackhauses in Badenheim, das auf 3 Jahre verpachtet werden soll. Die Vergabe erfolgte an Christian Schlamp, der den Vertrag für 3 Jahre unterschrieb. 1824 hatte er einen Mitbewerber, der 40 Gulden bot, während Christian Schlamp mit 67 Gulden den Zuschlag für dann 6 Jahre erhielt.

Eine besonders wichtige Einrichtung war das Gemeindebackhaus. Das „Noth- und Hülfsbüchlein für Bauersleute“ von 1788 nennt einige Gründe für diese damals vielerorts geförderte Neuerung, nämlich, daß es weniger Holz verbrauche, weil ein Backofen, der alle Tage geheizt werde, nicht soviel Feuerung brauche, als wenn man ihn alle 8 oder 14 Tage heize; „desgleichen auch, daß so viel Backöfen im Dorfe sind, so viel mal auch Feuersgefahr dabey ist, und um desto mehr, je seltener die Leute beim Backofen beschäftiget sind.“Sonst hatte das Gemeinde-Backhaus auch noch den Nutzen, daß „die Leute einen Topf mit Sauerkraut, Erbsen, Linsen, Hirse und dergleichen dahin gaben, wo es für etliche Pfennige gar gekocht wurde; während daß sie ihre Arbeit verrichteten und Holz und Zeit ersparten“, so das „Noth- und Hülfsbüchlein“.[24]

Der Pachtvertrag zum Gemeindebackhaus enthielt deshalb eine große Zahl von Bestimmungen. Der Pächter, hier wird er auch Beständer genannt, hatte vor dem Einzug ins Backhaus der Gemeinde 200 Gulden als Kaution bar vorzulegen, welche er nach Ablauf des Vertrages wieder zurückerhielt. In dreizehn Paragraphen waren Pflichten und Rechte geregelt. Unter anderem hieß es in den einzelnen Artikeln des Vertrages:

„3. hat der Bäcker alljährlich auf Martini 3 Malter Korn an die beyde Gemeinde Klöckner und 4 Malter Korn an die beyden Nachtwächter abzugeben – nach der gegenwärtigen Großherzoglichen neuen Maßung, welche mit der ehesinnigen alten Kreuznacher Maßung übereinstimmt.

4. hat der Bäcker den Backofen auf seine Kosten in gutem Zustand zu erhalten. Die Gemeinde liefert die hierzu nöthigen Materialien sowie das Holz oder Stroh zum Anbrennen.

6. Die Backkunden machen den Abendteig, den Morgenteig aber macht der Bäcker und bringt von jedem Kunden einen Korb voll Teig zum Backhaus; den übrigen Teig sammt dem nöthigen Holz oder Stroh zum Heizen bringen die Kunden und tragen ihr Brod selbst nach Haus.

7. Es ist jedem Backkunden erlaubt, sobald das Brod in den Ofen geschossen ist, sein übrig gebliebenes Weckmehl mit der Hand von der Werkbank abzustreifen und mitzunehmen;

8. Verdirbt der Bäcker durch sein Verschulden das Brod, backt er zu wenig oder zu viel, so [ ... ] muß der Bäcker es dem Kunden ersetzen und ihn schadlos halten; [ ... ]

13. Die zwölf Monatliche Grundsteuer, Fenster- und Gewerbsteuer vom Backhaus nebst den Kosten der Publikation, Stempelpapier und Einregistrierung hat der Pächter zu entrichten“.

## Alte Gemarkungsbezeichnungen

Am 18. Mai 1822 wurde die Besichtigung der Gemarkungsgrenze von Badenheim vorgenommen. Der Steuerkommissionär hielt die näheren Umstände dieser Besichtigung, die die Gemarkungsgrenze von Badenheim zum ersten Mal genau wiedergibt, fest. „Nachdem von allen vorhandenen Materialien genau Kenntnis genommen war, wurde mit den hier angeführten Personen zur Grenzbegehung auf dem Felde geschritten."

Zugegen waren außer dem Geometer Schlamp und dem Bürgermeister Maus von Badenheim die Bürgermeister der angrenzenden Gemeinden: Abraham Zöller von Pfaffen-Schwabenheim, Jungk von Wöllstein, Jungk von Gau-Bickelheim und Weidmann von Sprendlingen, außerdem der Adjunkt Partenheimer von Pleitersheim, Philipp Partenheimer aus Pleitersheim und Jakob Zottmann aus Sprendlingen als Feldgeschworene. Das Protokoll dieser Grenzbegehung führt alle auf der Grenze liegenden Grundstücke auf und enthält handgezeichnete Karten der Badenheimer Gemarkung. (236/80)

Die nächste Grenzbegehung fand unter Bürgermeister Ahles mit dem Großherzoglichen Steuerkommissionär Klein und dem „Lokalkundigen" Philipp Diehl senior am 10. August 1832 statt. Spätere Beschreibungen der Gemarkung Badenheim sind das Parzellenbrouillon von 1887 und die Darstellung der Grundstückspläne der Gemarkung Badenheim, die in den Jahren 1926-1932 angefertigt wurde.

Neben den einzelnen Flurkarten enthält die „Beschreibung der Flurgränzen der Gemarkung Badenheim" aus dem Jahr 1832 eine Darstellung der landwirtschaftlichen und weinbaulichen Nutzung. Für die Zuordnung der einzelnen Fluren gilt:

„Die Flur I wird gegen Norden von der Flur II, gegen Osten von der Flur X, gegen Süden von der Flur IX und IV und gegen Westen von der Flur III begrenzt." Die Begehung der Fluren erfolgte gegen den Uhrzeigersinn, auch die Beschreibung folgt dem Rundgang in dieser Richtung.

„Flur I enthält die Hofreithen und Gärten des Dorfes, Ackerfeld auf dem Hostert [hinter der kath. Kirche], Ackerfeld und Hofreithe auf dem hinteren Wehr [die heutige Mühle], Ackerfeld und Wiese hinter der Mühl auf die Bach stoßend, Ackerfeld und Wiesen auf die Hartwies stoßend, Wiesen auf der Hartwies am Mühlteich, zwischen dem Hammen und dem Sprendlinger Pfad, Ackerfeld und Wiesen auf der Hartwies, [links vom Appelbach] Ackerfeld im Gärtchen, auf der viereckigen Wies, Ackerfeld und Wiese in der unteren Silz, in der oberen Silz, Ackerfeld in der Dreispitz, Ackerfeld hinter der Heck auf das Dorf stoßend. Die Nordgrenze dieser Flur läuft längs der Appelbach bis zum Acker des Conrad Diehl [ ... ]"

Es folgt die Aufzählung aller an die Gemarkungsgrenze stoßenden Grundstücke.

„Flur II enthält Ackerfeld auf dem Berg, auf dem Schelmen, Ackerfeld und Weinberge im Riedel, auf dem Galgenberge, Ackerfeld und Weinberge auf Schwabenheimer Angewann stoßend, Ackerfeld auf der Dörrwies, Ackerfeld und Weinberge im Schlittweg, im Sumpf, im Rübenwingert, auf der oberen und mittleren Höchst, Ackerfeld und Weinberge im Schlittweg auf den Effchespfad stoßend, Ackerfeld und Weinberge vor dem Berg, Wiesen am Schlittweg und Mittelhöchst, Wiesen zwischen Sprendlinger Pfad und Eselspfad, auf dem Kühschiß, Wiesen in der Weidenspitz.

Flur III enthält das Ackerfeld auf der Altbach [links vom Appelbach an die Pfaffen-Schwabenheimer Gemarkung grenzend], Ackerfeld in der Mittelgewann, Ackerfeld in der Krummgewann und das Ackerfeld an der Kreuznacher Straße [grenzt an die Straße nach Pleitersheim].

Flur IV enthält Ackerfeld hinter der Heck, in der Keitzwies, in den neun Morgen, Ackerfeld in dem Laubenheimer Weg, auf der Hall, hinter Auf der Hall, Ackerfeld, Hofreithe und Garten vor der oberen Pforte [Gebiet um die Gemeindehalle], Acker und Wiesen in der Au, Ackerfeld auf der Au, Ackerfeld am Schafsteg, in der Kleewies [rechts vom Appelbach], im Wäldchen auf den Bach stoßend, Ackerfeld und Wiese im Wäldchen obere Gewann, daselbst mittlere Gewann, daselbst untere Gewann, Acker und Wiese zwischen den zwei Bächen [Appelbach und Mühlbach].

Flur V enthält Ackerfeld im Freilaubersheimer Weg, auf dem hintersten Weiher im Spies [grenzt im Süden an die Gemarkung Wöllstein und westlich an Pleitersheim].

Flur VI enthält Ackerfeld auf dem See, im Lettengrund, in den kurzen acht Morgen, in den langen acht Morgen, in der Seit, auf dem Lettenhübel [auf dem Lettenhübel stand für kurze Zeit die Windmühle des Johann Dietrich, vergleiche die Briefe von I. Maus von 20.9.1831 und 26.6.1832], hinter dem Silzberg am See anfangend, Silzberg, Mittelgewann, auf dem Flonheimer Rech [an der Straße nach Wöllstein], auf dem Silzberg, hinter dem Silzberg, auf den See stoßend, Ackerfeld am Flonheimer Rech, in der Hur und auf der Rossel.

Flur VII enthält Acker auf der Seit, in den langen acht Morgen, in der Flotz, in der Seegewann, in dem weißen Stein, Ackerfeld ober der Langgewann, an der Alzeier Straße [B 50, BAB-Anschluss], in der Lach, Ackerfeld in der kurzen Seegewann.

Flur VIII enthält Ackerfeld im Seibertsgärtchen, im Böckelheimer Weg, unter dem Hagelkreuz, im Sprendlinger Feld, in der Scheumühlgewann, auf der Alzeyer Straße, in den 14 Morgen, am Hadernußbaum, auf Seibertsweidchen, ober der Lies, Ackerfeld in den Aumorgen im Entenpfuhl und am Haderrechter Nußbaum.

Flur IX enthält Ackerfeld am Judenkirchhof [heute Isaak-Maus-Straße], im Steinacker auf der [Wöllsteiner ] Straße, im Steinacker auf das Wäldchen stoßend, Ackerfeld in der Lettenkaut, unter dem Falter [spätere Schreibweise: Falltor; Falltor war die Bezeichnung für das Gatter an Viehweiden das so gebaut wurde, daß es von selbst zufiel] neben dem Weg, auf die Straße stoßend, im vorderen Grasweg, im vorderen Falter, Ackerfeld am Lettenhübel, im mittleren Falter, im Leisböhl, im Grasweg, in der vorderen Lies, im Johanner Weg.

Flur X enthält Ackerfeld im Seibertsgärtchen, in der Spitzgewann, Ackergeld am Stahlberg, im Eselspfad, am Judenkirchhof oder Palmenstein, Ackerfeld hinter der Mühle, Ackerfeld und Weinberge am weißen Stein, Ackerfeld und Weinberg im Kälberkern, am Hammen, im Sprendlinger Pfad, Ackerfeld und Weinberge im Schlittweg, im Bäckerchen, Weinberge auf dem alten Berg, auf dem Steinig, Ackerfeld auf dem Berg".

Auch im Ortskern gab es eine eigene Einteilung. Sie lautete: Gemeindegraben [zwischen Hauptstraße und Appelbach im unteren Dorf] – Im Ort [Hauptstraße 33 bis 21 und Gäßchen] – Hinter der Katholischen Kirche – In der Hauptstraße im Oberort [Hauptstraße 2-16] – Hauptstraße im Oberdorf [Hauptstraße 22-26] – Hauptstraße im Unterdorf [rechts und links der Hauptstraße ab Hausnummer 34 und 35].

## Bezeichnung gleichnamiger Ortsbürger

Die Bürgerliste der Gemeinde Badenheim weist trotz der geringen Zahl von Namen immer wieder gleichlautende Kombinationen von Vor- und Familiennamen aus. Dieses Problem bestand offensichtlich in vielen Gemeinden und führte dazu, daß am 27. November 1832 der Großherzog Ludwig ein Dekret unterschrieb, das die Bezeichnung gleichnamiger Ortsbürger regelte. Unter der Überschrift „I. Gemeinschaftliche Bestinmungen für die 3 Provinzen" verfügte Ludwig II. folgendes:

„In vielen Gemeinden des Landes hat bisher der Gebrauch bestanden, daß gleichnamige Personen, nämlich solche, welche die nämlichen Vor- und Zunamen führten, mit Zahlen I, II, III usw. oder auch mit alt und jung bezeichnet zu werden pflegten, und diese Bezeichnungen wechselten, sooft durch einen Todesfall eine Veränderung in der Zahl oder sonst sich ergab.

Hierdurch sind häufig in den Hypothekenbüchern, Contracten-Protokollen, Steuercontrollen etc. Irrthümer und Mißverständnisse und als deren

Folge, prozessualische Weitläufigkeiten entstanden, zu deren Hebung für die Zukunft Wir folgendes landesherrlich verordnen:

Art. 1 Die Bezeichnungen von gleichnamigen Personen in der nämlichen Gemeinde durch alt und jung und alle andere ähnlicher Art sollen hinführo in öffentlichen Verhandlungen nicht mehr geduldet, sondern alle gleichnamigen Personen durch fortlaufende Zahlen bezeichnet werden.

Art. 2 Die Zahl, welche eine gleichnamige Person einmal hat, kann, solange sie lebt und in der nämlichen Gemeinde bleibt, nicht mehr geändert werden, wenn gleich Personen, welche frühere Nummern hatten, mit Tode abgegangen oder aus der Gemeinde weggezogen sind.

Art. 3 Die Bezeichnung einer gleichnamigen Person nimmt in dem Zeitpunkte ihren Anfang, wo sie in die Steuerregister des Ortes eingetragen wird. Sie geschieht durch den Steuercommissär, im Einvernehmen mit dem Bürgermeister."

## Namensgebung für die jüdischen Mitbürger

Für die jüdischen Mitbürger galten schon seit der französichen Verwaltung bürokratische Regeln für ihre Namensgebung. Es ist unklar, ob es mehr der Versuch war, die Mitglieder der jüdischen Gemeinden in das neue Staatswesen einzugliedern, oder eher die Absicht, den Unterschied noch stärker hervorzuheben. Nach dem Dekret vom 20. Juli 1808 mußten sich die jüdischen Mitbürger verpflichten, die Vor- und Nachnamen festzulegen.

Deshalb erschienen bei dem Bürgermeister Maurer Abraham Heymann, um für seinen Sohn, geboren am 19. August 1796, den Vornamen Moses festzulegen. Er selbst hatte den Namen Abraham am 25. Oktober 1808 angenommen und gleichzeitig für einen weiteren Sohn den Namen Abraham, für seine Frau und für die Tochter die Namen Anna ausgewählt. Andere Kinder wurden David, Klara, Martha und Sarah genannt. Die Familie Süskind wählte die Namen Abraham für Vater und Sohn, und für die Mutter den Namen Martha. Die Familie Jakob bestimmte Sarah und Simon als Vornamen. Die jüdische Familie Metzger legten die Vornamen Jakob, Sarah, Samuel und Simon fest. Die einzelnen Erklärungen wurden vom Bürgermeister unterschrieben und von David Simon, dem Vorsteher der jüdischen Gemeinde in Badenheim, mit unterzeichnet.

Die Namensgebung stand im Zusammenhang mit einer von der Verwaltung des Departements Donnersberg angeordneten statistischen Erfassung der jüdischen Einwohner. Diese Aufgabe war dem Israelitischen Konsistorium vom Departement des Donnersberges übertragen worden. In einem Rundschreiben an die Gemeinden vom 24. Juli 1809 erklären die Mitglieder des Konsistoriums die Verpflichtung aus dem Gesetz und bitten um Mitwirkung an der Erhebung:

„Sie kennen, werthe Mitbrüder, unseren unermüdlichen Eifer für das Wohl aller in diesem Departement wohnenden Israeliten; Sie kennen aber auch den Umfang und Mannichfaltigkeit der Pflichten, wozu uns die Gesetze verbinden". Deshalb wird um die Erteilung der Auskünfte gebeten. Diese Informationen sollten zusammengestellt werden nach folgenden Fragen:

„Wie stark ist die Anzahl aller jüdischen Individuen, sowohl in ihrem Wohnorte, als in den Orten, die zur Mairie, worin sie wohnen, gehören? Wieviel sind Hausväter, Hausmütter, Söhne und Töchter? Wie ist der Alte und Neue, Vor- und Familienname eines jeden? Was ist dessen Alter, Stand, Profession, Handel oder Gewerbe?"

Die Angaben waren in Tabellen einzutragen, die alle drei Monate, vom 1. Mai 1809 an gerechnet, nach Mainz geschickt werden mußten. Insbesondere war ein Verzeichnis der Armen, die „beständig nach Almosen herumziehen", anzulegen. Schließlich sollte bestätigt werden, daß „alle israelitischen Individuen dem Dekret seiner Kaiserlichen-Königlichen Majestät [Napoleon] vom 20. Juli 1808, das den Israeliten die Annahme eines beständigen Vor- und Familiennamens befiehlt, genüge geleistet haben. Unterschrieben war der Brief des Israelitischen Konsistoriums von Oberrabbiner Samuel Levi.

Die Verwaltung in Hessen–Darmstadt übernahm diese Regelungen. Noch im Jahr 1878 galten die Unterschiede in den Gesetzen, die im laisierten Saat den Austritt aus einer Kirche oder Religionsgemeinschaft zuließen. „Auf den Austritt aus der israelitischen Religionsgemeinde ohne gleichzeitigem Austritt aus dem Judentum findet dieses Gesetz keine Anwendung", lautete Artikel 5 des Gesetzes über die bürgerlichen Wirkungen des Austritts aus einer Kirche oder Religionsgemeinschaft.[25]

## Abgaben von Zuwanderern

In- und Ausländer, die das Ortsbürgerrecht begehrten, mußten Vermögen nachweisen und auch einen Betrag an die Gemeinde zahlen, in der sie zuziehen wollten.Mit Schreiben vom 30. November 1831 legte die Regierung in Darmstadt die einzelnen Beträge fest, die als sogenanntes „Inferendum" (lat.: das Einzubringende) gezahlt werden mußten.

„Nach derselben [Bestimmung] werden nämlich als Vermögens-Quantum erfordert:

[ ... ]

| | |
|---|---|
| 1) Wenn Mann und Frau Inländer sind, die aus einem Orte des Großherzogtums in das andere ziehen | 250 Gulden |
| 2) Wenn nur ein Theil aus einem Orte in das andere zieht, | 125 Gulden |

3) Wenn beide Theile Ausländer sind, 1000 Gulden
4) Wenn ein Theil Ausländer ist, und sich mit einem Inländer verheirathen will, 200 Gulden
5) Wenn der Ausländer sich als ledig niederlassen will 500 Gulden".

Eine Ausnahme behielt sich die Regierung vor:
„Dabei bleibt jedoch ausdrücklich vorbehalten, von der Einbringungssumme zu dispensieren, wenn besondere Umstände, z.B. ausgezeichnete Thätigkeit und Aufführung oder Geschicklichkeit voraussehen lassen, daß auch ohne solche Summe der Rezipierende ein solches Etablisment zu gründen, oder sich ordentlich und redlich zu ernähren vermöge, sowie denn auch andererseits der Besitz und die Nachweisung des oben erwähnten Inferendums allein kein Recht zu der Aufnahme gewährt, sondern stets noch zu erwägen bleibt, ob auch mit solchem Vermögen der um Aufnahme Ansuchende nach menschlichem Ansehen sich redlich zu ernähren im Stande sein wird." [ ... ]

## Aufnahme in die Bürgerliste

Gemeindebürger wurden nur junge Männer, die das 25. Lebensjahr vollendet hatten. Immer zu Beginn des Jahres fand die Aufnahme neuer Bürger statt. In den Jahren 1830 bis 1857 wurden 18 Bürger aufgenommen. Es war dies: Heinrich Carl Feldmann mit Beschluß des Gemeinderats vom 31. Dezember 1830, Johann Wilhelm Höfler II, Konrad Lahm, Wilhelm Fogt im Jahr 1832, Christoph Ahles und Philipp Diehl III 1835, Philipp Hoch, Wilhelm Höfler III, Johann Ahles und Jakob Baldner im Jahr 1836, Georg Höfler 1838, Heinrich Sitzborn und Simon Metzger 1839, Wilhelm Schnorrenberger 1840, Philipp Hoch, Jakob Bertram II, Moses Metzger 1854 und Jakob Mertens im Jahr 1857

Im Gesetz über die Gemeindenutzungen der Ortsbürger vom 21. Juni 1852 ist geregelt, daß zur Teilnahme an den „Gemeindenutzungen" nur solche Ortsbürger zugelassen werden, die 1. das 25. Lebensjahr zurückgelegt haben, 2. verheiratet sind und 3. in der Gemeinde wohnen.

Verwitwete oder geschiedene Ortsbürger wurden den verheirateten Ortsbürgern gleichgestellt. „Die Witwen von Ortsbürgern treten, was den Anteil an den Gemeindenutzungen betrifft, für die Dauer ihres Witwenstandes in das Recht ihres Ehemannes ein."

Unter die Gemeindenutzung wurde der Gebrauch von Gemeindeeinrichtungen, die Nutzung von Gemeindewiesen oder der Erwerb von „Losholz" gezählt. Der Anspruch der Gemeindebürger auf solche Leistungen gliederte sich nach Klassen. Artikel 7 des Gesetzes vom 21. Juni 1852 regelt:

„Besteht in einer Gemeinde eine besondere Klasse von ausschließlich oder in größerem Umfang zur Teilnahme an den Gemeindenutzungen berufenen Ortsbürgern, so rückt bei dem Abgang eines Angehörigen dieser Klasse aus der Zahl der übrigen gar nicht oder in einem geringeren Umfang allmendierten Ortsbürger der nach dem Datum des Eintrags in die Bürgerliste älteste Ortsbürger in jene Klasse und die damit verbundenen Gemeindenutzungen ein.“[26]

## Der Heimatschein als Paß-Ersatz

Wenn junge Leute das Dorf verlassen wollten, um anderswo eine Arbeitsstelle anzutreten, mußten sie wie alle anderen Bürger des hessischen Staates einen Heimatschein beim Bürgermeister beantragen. Der Heimatschein ersetzte einen Paß und enthielt eine genaue Personenbeschreibung mit Angaben über Geburtsdatum, die Schuhgröße in Zoll, Haarfarbe, Stirne, Augenbrauen, Nase, Mund, Bart, Kinn, Gesichtsfarbe, Statur und besondere Zeichen, Stand oder Geschäft und das Reiseziel. In der Regel wurden bei Dienstboten die Heimatscheine nur auf ein Jahr ausgestellt. Handgeschriebene Verzeichnisse der ausgestellten Badenheimer Heimatscheine sind im Landesarchiv für die Jahre 1835 bis 43, 1843 bis 46, 1846 bis 52 in drei Heften erhalten. Die folgende Auswertung der Zeit von Juli 1835 bis November 1836 zeigt, daß aus Badenheim mehr junge Leute weggegangen sind (21 in 4 Jahren), als Dienstboten oder Mägde ins Dorf kamen.

5. Juli 1835: „Heimatschein für unbestimmte Zeit“ für Eva Spork, 15 Jahre alt, „nach Frei Laubersheim, um daselbst zu dienen“
5. Juli 1835: „Heimatschein für 1. Januar 1836“ für Philippine Stellwagen, 14 Jahre alt, „nach Zotzenheim, um daselbst zu dienen“.
12. Juli 1835: für Susanne Enders. 33 Jahre alt, nach Wöllstein, „um daselbst zu dienen.“
23. August 1835: Heimatschein für Wilhelm Spork, 20 Jahre alt, nach Oberhilbersheim, „um daselbst zu dienen“.
12. Oktober 1835: Heimatschein für Philippina Matzen, 22 Jahre alt, nach Appenheim, „um daselbst zu dienen“.
28.Oktober 1835: Heimatschein für Phillip Görtz, 19 Jahre alt, nach Mainz, als evangelischer Schulkandidat in eine Hauslehrerstelle.
20. Jauar 1836: Heimatschein für Abraham Süskind, 19 Jahre alt, nach Mainz, „um daselbst zu dienen“.
29. Jaunar 1836: Heimatschein für Martin Spork, 19 Jahre alt, nach Oberhilbersheim, „um daselbst zu dienen“.
30. Januar 1836: Heimatschein für Philippina Matzen, 22 Jahre alt, nach Gau Bickelheim, „um daselbst zu dienen“.
9. Februar 1836: Heimatschein für Wilhelm Spork, Leineweber, 21 Jahre alt, nach Ockenheim, „in Arbeit zu treten“.

20. März 1836: Heimatschein für Elisabetha Anna Mertens, 24 Jahre alt, nach St.Johann, „in Arbeit zu treten."
20. März 1836: Heimatschein für Elisabetha Senger, 18 Jahre alt, nach Gau Bickelheim, „um daselbst zu dienen."
29. März 1836: Heimatschein für (Vorname unleserlich) Süßkind, 15 Jahre alt, nach Gau Bickelheim, „um daselbst zu dienen."
22. Mai 1836: Heimatschein für Johann Wilhelm Maus, Schneidergesell, 20 Jahre alt, nach Frankreich.
19. Mai 1836: Heimatschein für Johann Baumgärtner, Schreinergesell, 18 Jahre alt, zur Ausreise in die „deutschen Staaten"
10. November 1836: Heimatschein für Wilhelmine Streuber, nach Altenstadt Kreis Friedberg, „sich bei ihrem Schwager auf unbestimmte Zeit aufzuhalten".

## 5.5 Bevölkerungsstatistik

Ab 1822 wurde eine neue Bevölkerungsstatistik in Rheinhessen eingeführt. Sie mußte alle 3 Jahre ausgefüllt werden. Die ersten Statistiken wurden von Isaak Maus erstellt. In der Erhebung von 1822 wurden 390 Einwohner angegeben, davon 123 Katholiken, 206 Evangelische, 31 Reformierte, 27 Juden.

Zum Vergleich: Friedrich Lehne erwähnte 1802 in seinem Statistischen Jahrbuch[27] 359 Einwohner, davon 126 Katholiken, 196 Lutheraner, 19 Reformierte und 18 Juden. Es gab 1822 96 Männer und 113 Frauen und je 60 Mädchen und Jungen. Kind war nach der Statistik – wie heute – jeder Einwohner unter 14 Jahren. Es gab 11 Geburten im Jahr und 3 Todesfälle; ein Kind war gestorben. Unter Bemerkungen, die der Bürgermeister am Ende des Erhebungsbogens eintragen sollte, schrieb Isaak Maus:
„Obgleich keine Ehe in dieser Gemeinde geschlossen wurde, so fanden doch mehrere Verehelichungen statt, welche aber außerhalb der Gemeinde getraut wurden. Die ältesten Personen leben 85 Jahre. Übrigens haben sich keine besonderen Unglücksfälle ereignet." In der Statistik sind 1822 acht unbewohnte Häuser angegeben. 1825 wurden als unbewohnte Gebäude aufgeführt: 2 Kirchen, 1 Rathaus, 1 Hirtenhaus, 7 Privathäuser, 1 Schmiede, 54 Scheunen. 1825 waren es 400 Einwohner, davon 133 Katholiken, 321 Protestanten und 31 Juden.

1831 ist in der Statistik eingetragen, daß von den Einwohnern – „an der Zahl 70" [das heißt, es wurden nur die Steuerpflichtigen gezählt] – 41 dem Bauernstande angehörten. 17 waren Handwerker, 5 waren im Staatsdienste und 7 im Handelsstande. Der Bürgermeister, der den Bogen in diesem Jahr zu unterschreiben unterließ, meldete als Besonderheit, daß eine „ungewöhnliche Sterblichkeit" nicht vorkam, „woraus folgt, daß keine Krankheit herrschend war". Zur Gesundheitsvorsorge gab es neue Maßnahmen. „Die Pockenimpfung geschieht den Vorschriften gemäß." Personen von ungewöhnlichem Alter wurden 1831 nicht gemeldet. 1843 heißt es erst wieder: „Es hat jemand 90 Jahre erreicht." 1843 waren 456 Einwohner in Badenheim, davon 149 Katholiken, 269 Protestanten und 38 Juden.

1858 meldete Bürgermeister Adam Porth, daß es keine Person mit hohem Alter gebe. Außerdem war für ihn besonders erwähnenswert, daß sich in der Gemeinde ein Findelkind in Pflege bei Georg Höfler befand. Es war 7 Jahre alt. Nachdem der Fragebogen regelmäßig nach Blinden und Behinderten fragte, schrieb Adam Porth: „Blinde, Blödsinnige und Wahnsinnige befinden sich in dieser Gemeinde keiner. Es ist ein krüppelhafter Mensch hier, 36 Jahre alt, der seit seiner Jugend behindert ist und beständig auf einem Fußschemel herumrutscht. Nach ärztlichen Aussagen soll er jedoch noch zu heilen sein".

1885 gab es in Badenheim 84 bewohnte Häuser, 9 unbewohnte, 5 nicht zu Wohnungen dienende Gebäude. Es wurden 87 Haushaltungen gezählt und 6 einzeln lebende Personen. Es waren jetzt 476 Einwohnerinnen und Einwohner in der Gemeinde.

## 5.6 Soziales

### „Lebensweise der Landleute in Rheinhessen"

Der hessische Regierungsschuldirektor Wilhelm Heße veröffentlichte 1835 eine Beschreibung der Provinz Rheinhessen, in der er nicht nur die Entwicklung seit 1798, seit Beginn der französischen Verwaltung, sondern auch das private Leben in den Dörfern beschrieb. Auffällig ist die Ähnlichkeit dieser Beschreibung mit den Briefen von Isaak Maus an seinen Sohn Wilhelm.

Heße berichtet:

> „Die den Ackerbau treibenden Bewohner beginnen in der Regel mit Tagesanbruch ihr Geschäft, und arbeiten, wenig Ruhestunden abgerechnet, bis zur Abenddämmerung. [ ... ] In bemittelten Familien besteht das Frühstück in leichtem Kaffee mit Butterbrot. Die Arbeiter auf dem Felde genießen gegen 8 Uhr nach 5 stündiger Arbeit ein Stück Kornbrod mit Käse. Das Mittagessen besteht meistens aus Kartoffeln oder anderem Gemüse mit Schweinefleisch, oft ohne Fleisch. Selten ist der Genuß des Weines beim Mittagessen.[...] Gegen 7 Uhr am Abend wird zur Nacht gegessen. In der Regel besteht dieses aus Suppe, weichem Käse, im Sommer häufig aus saurer Milch. Bei anstrengenden Feldarbeiten erhalten die Arbeiter Wein und bessere Verpflegung. Doch wird gewöhnlich der Wein von geringen Jahrgängen in den Haushaltungen verbraucht. Am Sonntag genießt die bemittelte Familie Rindfleisch. Die Taglöhner und ärmeren Bürger nähren sich hauptsächlich von Kartoffeln und Milch."[28]

Über die Kleidung der Rheinhessen schrieb Wilhelm Heße:

> „Die Kleidung des rheinhessischen Landmanns ist wenig von der der Städter unterschieden. Die blaue, grüne oder graue Farbe des Tuches ist die gewöhnliche. Der Überrock ist das Sonntagskleid, die kurze Jacke das Arbeitskleid des Landmannes. Die Kopfbedeckung am Sonntag ein runder Hut, am Werktage eine Tuchmütze.
>
> Das weibliche Geschlecht auf dem Lande trägt in der Regel am Sonntag Kleider von baumwollenen gefärbten Stoffen, im Winter von Bieber oder Tuch. Häufig gehen die Weiber im Sommer ohne Schuhe und Strümpfe. Die Hauben sind bei den jüngeren Frauen und Mädchen beinahe verschwunden."[29]

## Gesinde

Nur wenige Betriebe hatten Dienstboten oder Mägde. Das Gesinde-Register der Bürgermeisterei Badenheim, das für die Jahre 1837 bis 1882 noch erhalten ist, führt immer wieder die gleichen Namen auf. Im Zeitraum von 1837 bis 1840 meldeten folgende Betriebe und Haushalte beim Bürgermeister, daß sie einen Dienstboten oder eine Magd eingestellt hatten:

Jakob Diehl Witwe, Simon Schlamp, Philipp Diehl II, Zacharias Vestner, Adam Porth, Carl Hirschmann, Peter Ahles, Johann Hoch, Christoph Áhles, Philipp Diehl I, Paul Brand, Johann Maurer, Johann Weinsheimer, Christoph Höfler, Philipp Konrad Höfler, Carl Feldmann, Moses Heymann (bei ihm wurde ein Religionslehrer im Jahre 1839 angemeldet) Philipp Diehl II, Christian Schlamp, der katholische Pfarrer Becker, Karl Theodor Zottmann.

Als Dienstboten und Mägde kamen meist junge Leute aus den benachbarten Dörfern nach Badenheim, ganz selten kam jemand aus einer anderen Provinz des Großherzogtums. Dies war zum Beispiel bei der Haushälterin, die der Pfarrer einstellte, der Fall. Die geringe Zahl der Anmeldungen in den drei Jahren läßt vermuten, daß in den einzelnen Betrieben kaum mehr als eine Magd oder ein Knecht gebraucht wurde. Einen großen Wechsel gab es nicht, auch wenn die Arbeitsverträge – für ein Jahr vereinbart – nicht auf eine zu lange Dauer angelegt waren. Dem Zugang von Dienstboten nach Badenheim entsprach die Zahl der jungen Leute, die in anderen Orten ihren Dienst antraten. Die Ausstellung der Heimatscheine läßt dies erkennen.

„Das Verhältnis zwischen Dienstherrschaft und Dienstboten ist im allgemeinen freundlich, obgleich auch hier die Klagen über Verschlechterung letzterer häufig gehört werden", berichtet Wilhelm Heße.[30]

Der Lohn eines Knechtes betrug zu dieser Zeit jährlich 50 Gulden, der Lohn einer Magd 30 Gulden im Jahr. Der Taglohn eines Arbeiters mit Verpflegung 12 bis 16 Kreuzer. Ohne Verpflegung erhielt der Taglöhner 20 – 24 Kreuzer.

## Armenrecht bei Gericht

Bei Gericht hatten arme und mittellose Bürger bereits 1824 einen Anspruch auf einen Erlaß der Gerichtskosten. Die Inanspruchnahme veranlaßte die Regierung 1824 aber, die Bürgermeister darüber zu informieren, „daß die zu große Leichtigkeit in Erlangung des Armenrechts bei Gericht zu manchen chikanösen Prozessen den Anlaß gebe." Notwendig war für die Erlangung des Armenrechts eine Bescheinigung des Bürgermeisters. Offensichtlich wurden solche Bescheinigungen nach Ansicht der Behörden zu großzügig erteilt. Das Ministerium des Innern und der Justiz forderte deshalb am 19. März 1824 die Bürgermeister auf, „daß in Erteilung der Dürftigkeits-Zeugnisse von den betreffenden Behörden fürohin mit größerer Strenge zu Werke gegangen werde".

## Hilfe für Bedürftige

Am 6.Januar 1838 verfügt der Bürgermeister Konrad Maus eine Mild-Steuer, da die Frau des Lorenz Schnell „armuths- und unpässlichkeitshalber" nicht imstande sei, den Zins für eine bei Johann Wilhelm Höfler II gemietete Wohnung zu bezahlen. Dafür wird ein jährlicher Betrag von 13 Gulden gebraucht. Deshalb wurden alle Steuerpflichtigen ersucht, einen „beliebigen Betrag" als Mildsteuer zu zahlen.

Es übergaben dem Gemeindediener Wilhelm Höfler 31 steuerpflichtige Haushaltsvorstände zusammen 11 Gulden 2 Kreuzer. Die Einzelbeträge betrugen 16, 17 1/2 und 30 Kreuzer. Nach den Eintragungen in der Steuerliste bezahlten alle ihren Beitrag direkt, obwohl sie sich auch zu einer späteren Zahlung hätten verpflichten können.

Aufgeführt sind in dieser Liste in der Reihenfolge, wie sie die Reihenfolge der Häuser in der Hauptstraße, in der Brater-, Keller- und Mühlengasse nahelegte, Adam Hoch, Philipp Diehl II, Johann Maurer, Georg Höfler, Philipp Hoch, Johann Weinsheimer, Johann Wilhelm Höfler, Konrad Höfler, Philipp Schneider, Konrad Maus, Philipp Diehl I, Adam Porth, Simon Hirschmann, Peter Ahles, Christoph Höfler, Philipp Konrad Höfler, Johann Philipp Köth, Johann Schlamp, Christoph Ahles, Peter Höfler Witwe, Johann Ahles, Philipp Heinrich Höfler, Jakob Jungk, Christian Maus, Christian Schlamp, Johann Hoch, Appolonia Fischborn, Jakob Höfler, Simon Schlamp, Zacharias Mertens, Johann Treib, und Jakob Diehl Witwe.

Die Miete wurde auch in den folgenden Jahren von der Gemeinde bezahlt. Der Beitrag von 30 Kreuzern entsprach etwa dem Arbeitslohn eines Tagelöhners für einen Tag. Die Einschätzung, die der Steuerpflichtige und der Steuereinnehmer vornahmen, richtete sich nach der Größe des

Haushalts und des Betriebs. Es wurden nur die Bürgerinnen und Bürger zur Umlage herangezogen, die in die Bürgerlisten aufgenommen waren.

## Unterstützung von Waisen

Der neue hessische Staat dehnte seine Angebote, die bereits zur Betreuung von Waisenkindern bestanden, auch auf das Gebiet von Rheinhessen aus. Die Landeswaisen-Anstalt wurde durch Spenden aus den Gemeinden unterhalten. Abgeleitet von Reformideen, die möglicherweise auch auf Johann Heinrich Pestalozzi (1746-1827) zurückgingen, war die Sorge um Kinder zur öffentlichen Aufgabe geworden. Die Organisation der Spenden geschah durch die Verteilung von sogenannten Büchsen, die in jeder Gemeinde aufgestellt wurden. Am 10. September 1827 teilte die großherzogliche Regierung der Bürgermeisterei in Badenheim mit, daß nach der Ausdehnung der Landeswaisen-Anstalt auf Rheinhessen die Sammeltätigkeit in den Gemeinden beginnen müsse:

„Nach ihrer früheren berichtlichen Bestellung sind in Ihrer Gemeinde drei Stück Büchsen nöthig. Sie werden diese bei dem großherzoglichen Bürgermeister des Kanton-Hauptortes holen und an den Orten, wohin sie nach unserem Rundschreiben vom 4. April 1826 Nr. 3510 bestimmt sind, aufstellen und mittelst des dabei befindlichen Bandes und der Schrauben festmachen lassen. Den Schlüssel behalten Sie.

Wir erwarten die Anzeige, daß und wo die Büchsen [ ... ] aufgestellt worden sind; dabei werden Sie uns melden, welche Gelder bis jetzt eingegangen sind."

Die Kosten für die Büchsen trug die Waisenhaus-Kasse. Die Büchsen waren am 3. Januar und am 3. Juli jeden Jahres zu öffnen; anschließend war der Regierung über das Ergebnis zu berichten. Die Sammelbeträge sollten in die Gemeindekasse eingezahlt werden, bevor sie weitergeleitet wurden. 1829 wurde die Gemeinde gemahnt, den Bericht abzugeben. Nach den Hinweisen der Regierung bestanden offensichtlich auch größere Probleme, die Bevölkerung für die Sammlungen zu motivieren. Auch die Geistlichen ließen es an Unterstützung fehlen, wird kritisch angemerkt.

## Warnung vor Auswanderung

Die großherzogliche Regierung wollte die Auswanderung begrenzen oder verhindern. Sie führte deshalb schon 1821 entsprechende Regelungen ein. Ein Gesetz vom 30. Mai 1821 nannte die Bedingungen der Auswanderung. Die Bürgermeister wurden am 7. März 1823 darauf hingewiesen:

„Hiernach also haben Sie die Anzeigen derer, welche auszuwandern wünschen, künftig mit Ihrem Berichte darüber, ob diesem Vorhaben kein gesetzliches Hindernis an sich im Wege stehe, an uns zu richten, damit alsdann von uns die gerichtliche Aufforderung der etwaigen Gläubiger (unter dem gesetzlichen Termine von drei Monaten) und zwar der neueren höchsten Bestimmung zufolge durch das Großherzogliche Kreisgericht dahier veranlaßt werden könne.

Alle Auswanderungslustigen werden Sie übrigens anweisen, wenigstens eine vorläufige Bescheinigung darüber, daß man sie in dem Staate, wohin sie überzuziehen gedenken, auch als Bürger annehmen werde, beizubringen, um von Ihnen dem eben gedachten Berichte beigefügt zu werden."

Am 7. April 1825 erhielten alle Bürgermeister die Mitteilung, daß es „gar nicht mehr zweifelhaft seye, daß heimliche Umtriebe auf die in manchen Bezirken ausgebrochene Auswanderungsseuche zum Verderben der Bürger Einfluß gehabt haben, und daß, um diesen frevelhaften Zweck zu erreichen, bereits mancherlei Schriften in Umlauf gesetzt worden sind." Urheber dieser Werbeschriften war ein Major Schäfer, der für Brasilien Söldner anwarb. Die schlechten Erfahrungen, die Auswanderer dort gemacht hatten, wurden den Gemeinden in amtlichen Mitteilungen zurückgemeldet.

Dennoch hatten die Hemmnisse, die das Verfahren der Abmeldung zur Auswanderung bereiten sollte, und die Warnungen keine große Wirkung. Im September 1825, als die Wirtschaftskrise in Rheinhessen anhielt, wurde die Ausstellung der Pässe eingeschränkt. Nach der Mitteilung vom 2. September war nur das „Großherzogliche Ministerium der auswärtigen Angelegenheiten berechtigt, nach Österreich, dem Brandenburgischen und dem eigentlichen Königreiche Preußen, nach Frankreich und den Amerika etc.etc. Reisepässe zu ertheilen. ...".

Am 11. Oktober 1825 war immer noch zu lesen: „Wir vernehmen, daß hier und da diesseitige Unterthanen es versuchen, heimlich nach Brasilien auszuwandern."

Andere deutsche Länder sahen dagegen in der Auswanderung eine Lösung der Probleme des strukturellen Wandels. „In neuerer Zeit ist man zu den von den Alten versuchten Mittel zurückgekehrt und empfiehlt die Auswanderungen als den einzigen Weg, die überflüssige Bevölkerung auf eine für beide Theile wohlthätige Weise loszuwerden. Wenigstens bekommen unsere ängstlichen Reichen bei dieser Gelegenheit die Armen aus dem Gesichte!", schrieb Friedrich Bühlau 1834.[31]

## 5.7 Sonstiges

### Geschichtsschreiber und Chronisten

Nach einem Großherzoglich Hessischen Erlaß sollte in jedem Ort ein Lehrer oder Pfarrer dazu ermuntert werden, kontinuierlich die Ortsgeschichte zu notieren. Badenheim hat kaum einen gefunden, der außer für sich selbst solche Notizen machte.

Neben Isaak Maus, dem hier die größten Verdienste zukommen, sind der Pfarrer Jakob Peter Jakob und Schulrat Karl Johann Brilmayer aus Mainz zu nennen. Brilmayer beschrieb Badenheim 1905 in seinem Handbuch über Rheinhessen. Von ihm stammt die nicht zutreffende Feststellung der ersten urkundlichen Erwähnung Badenheims im 8. Jahrhundert. Nachdem dies nicht bestätigt werden konnte, verzichtete man später ganz darauf, ein Datum einer frühen Erwähnung und damit einen Anlaß für ein Jubliäum zu finden. Allerdings übersah man dabei, daß Badenheim in einer Urkunde Ludwigs des Frommen im Jahr 835 zum ersten Mal erwähnt worden ist[32]. „Die Brüder Hebrarius und Hebradus haben bei einem Tausch einen Hof zu Badenheim mit einem Weinberg für den Karren Wein an das Kloster Brüm gegeben"

Pfarrer Jakob P. Jakobs Verdienst ist es dagegen, den Konfessionsstreit sorgfältig und kenntnisreich beschrieben zu und damit einen wichtigen Beitrag zur Verständigung zwischen den Konfessionen geleistet zu haben. Das neue katholische Pfarrzentrum ist deshalb nach ihm benannt.

## Badenheim auf der Landkarte, Wegstrecken

„Eine neue Brücke und [ein] verbesserter Weg, am Wäldchen, ist sehenswerth. Ein Thor würde wenigstens die Anfangsbuchstaben seines Namens auf die Steine haben hauen lassen, um der Nachwelt zu sagen, daß dies Werk unter seinem Consulat entstanden sey," schrieb Isaak Maus am 8. Dez. 1817.[33]

Auch nach dem Übergang in das erweiterte Großherzogtum Hessen–Darmstadt war es unter Bürgermeister Maus gelungen, die Straßenverbindungen von und nach Badenheim zu verbessern. Die Brücke, die hier an der Straße nach Sprendlingen errichtet worden war, sah vermutlich so aus, wie die gewölbte Brücke aus Bruchsteinen, die „Kuhbrücke" am nördlichen Dorfrand, die heute noch steht. Beide Brücken lagen an den Haupt-Straßen, wie die alten Karten zeigen.

In der Schmittschen Karte von Südwestdeutschland aus dem Jahr 1797 führt die Straße von Badenheim nach Pfaffen-Schwabenheim über die Kuhbrücke. Pleitersheim ist mit Badenheim nicht direkt verbunden.

Die Preußische Generalstabskarte von 1816 verbindet Bosenheim und Badenheim mit einem deutlich gekennzeichneten Weg südlich von Pfaffen-Schwabenheim. Eine Kuriosität stellt schließlich die „Karte eines Theils des ehemaligen Departements des Donnersbergs" dar, die J. Konrad Dahl in seinem Buch veröffentlichte. Badenheim existiert auf dieser Karte des Kantons Wöllstein aus dem Jahr 1806 überhaupt nicht. Dafür ist dort, wo sich die Gemarkung Auf der Hall befindet, eine Burg deutlich eingezeichnet.

J.Konrad Dahl veröffentlichte in seinem Buch den „Stundenzeiger der Entfernung für die Hauptorte unter einander und von Darmstadt". Man mußte gut zu Fuß sein, um Isaak Maus zu erreichen.[34]

## Altertümer und Kunstdenkmäler – Erhebung 1882

1882 wurden die Gemeinden im Großherzogtum aufgefordert, ein Verzeichnis der Altertümer und Kunstdenkmäler anzulegen. Bürgermeister Porth füllte den Erhebungsbogen am 16. August 1882 aus. Interessant ist, welche Angaben er nicht machen konnte oder wollte. Jeweils ein Nein ist eingetragen bei den Fragen nach geschriebenen Chroniken, Urkunden, alten Siegeln, Kapellen im Ort oder in der Gemarkung, alten Altären, Grabmalen und Statuen, nach Schlössern, Burgen in der Gemarkung, befestigten Friedhöfen, alten Wasserleitungen und Brunnen, Schanzen und Ringwällen, nach Mauerwerk römischen oder altdeutschen Ursprungs, Grabhügeln oder großen alten Steinen.

*Die Hauptstraße im Unterdorf. Selbst auf der Postkarte aus der Zeit um die Jahrhundertwende sind die schwierigen Straßenverhältnisse erkennbar.*

Beantwortet wurden von ihm die Fragen nach der Geschichte der Kirchen, der alten Gebäude und anderen wichtigen historischen Angaben. Zu den Kirchen schrieb er: „Die evangelische Kirche wurde 1827 bis 1828 und die katholische 1775 von dem Herrn Grafen von Schönborn erbaut. Über die Bauart beider Kirchen ist nichts besonders zu bemerken, als daß beide mit Thürmen versehen sind."

Bei den vor 1801 erbauten Gebäuden erwähnt Porth das Rathaus und Gemeinde-Backhaus. „Dieselben zeichnen sich durch ihre Bauart nicht aus. Erbaut wurden sie annähernd im 16. Jahrhundert. Das Rathaus ist mit einem Thurm mit Glocke versehen." Bei historischen Privatgebäuden heißt es: „Unter den Privatgebäuden ist nur eins durch Bauart und altertümliches Aussehen ausgezeichnet; dessen erster Stock ist Fachwerk. Die beiden Giebel sind massiv von Stein und laufen Treppenartig spitz zu. Das Haus ist noch voll erhalten. Laut Inschrift ist es 1594 erbaut und gehörte wahrscheinlich den Rheingrafen, die hier bis zur Zeit der französischen Revolution stark begütert waren. Der jetzige Besitzer heißt Johann Gruber." [Häuserbuch Nr. 072]

Hinsichtlich der Ortsbefestigungen schrieb der Bürgermeister: „Der Ort war früher nur mit einem Graben umgeben. Er hatte befestigte Thore ohne Thürme. Der frühere Graben war mit Bäumen bepflanzt. Alle diese Werke sind jetzt geschleift und meistens Gärten der Angrenzer."

**Lit. F. Stundenzeiger der Entfernung für die Hauptorte unter einander und von Darmstadt.**

| Entfernung in Stunden, von / nach | Darmstadt | Mainz | Alzei | Bechtheim | Bingen | Niederolm | Oberingelheim | Oppenheim | Pfeddersheim | Welstein | Werrstadt | Worms |
|---|---|---|---|---|---|---|---|---|---|---|---|---|
| Worms | 7½ | 9½ | 4¾ | 2½ | 11¾ | 7½ | 10 | 5¾ | 1¾ | 7¾ | 6¼ | — |
| Werrstadt | 8¼ | 4½ | 2¾ | 4 | 5¼ | 2 | 3½ | 3¼ | 5¾ | 3¼ | — | 6[illegible] |
| Welstein | 11¼ | 6¾ | 3¼ | 6¼ | 4¼ | 4½ | 4½ | 6½ | 6¼ | — | 3¼ | 7[illegible] |
| Pfeddersheim | 8½ | 9¾ | 3¼ | 2½ | 10¾ | 7¾ | 9 | 5¾ | — | 6¼ | 5¾ | 1[illegible] |
| Oppenheim | 5 | 4 | 4½ | 3¾ | 8 | 2½ | 5 | — | 5¾ | 6¼ | 3¼ | 5[illegible] |
| Oberingelheim | 10 | 3 | 6 | 7½ | 3¼ | 2½ | — | 5 | 9 | 4½ | 3½ | 10 |
| Niederolm | 7½ | 2½ | 4¾ | 6 | 5½ | — | 2½ | 2½ | 7¾ | 4½ | 2 | 7[illegible] |
| Bingen | 13 | 6½ | 7¾ | 10¾ | — | 5½ | 3¼ | 8 | 10¾ | 4½ | 5¼ | 1[illegible] |
| Bechtheim | 7 | 5¼ | 3 | — | 10¾ | 6 | 7½ | 3¾ | 2½ | 6¼ | 4 | 2[illegible] |
| Alzei | 9¼ | 7 | — | 3 | 7¾ | 4¾ | 6 | 4½ | 3¼ | 3¼ | 2¾ | 4[illegible] |
| Mainz | 7½ | — | 7 | 5¼ | 6½ | 2½ | 3 | 4 | 9¾ | 6¾ | 4½ | 9[illegible] |
| Darmstadt | — | 7½ | 9¼ | 7 | 13 | 7½ | 10 | 5 | 8½ | 11¼ | 8¼ | 7[illegible] |

Als alte Inschrift wurde nur die lateinische Inschrift über dem Portal der katholischen Kirche genannt. Bei der Frage nach Gemarkungsbezeichnungen mit ungewöhnlichen Namen wurde ebenfalls nur eine angeführt: „Eine Gewann führt den Namen ‚die Salzgasse' weiter im Desenheimer Feld, diese Namen weisen auf einen verschwundenen Ort Desenheim hin. Desenheim soll den Erzählungen nach im 30jährigen Kriege ganz zerstört worden sein." Die Gemarkung „Salzgasse" ist an der Straße nach Wöllstein in der Nähe von Badenheim. Alte Straßen waren 1882 nicht bekannt. Es gibt nur den Hinweis auf die Straße von Gau-Bickelheim nach Bingen, die heutige B 50: „Durch die Gemarkung führt die sog. Hohe Straße – Chaussee, welche nach Bingen führt, dann die ehemalige Landstraße von Kreuznach nach Mainz."

Interessant ist die Geschichte einer Ausgrabung in Badenheim: „Der hiesige Einwohner Jakob Hirschmann fand voriges Jahr [1881] beim Kiesgraben mehrere verrostete Lanzenspitzen, sowie 6 Skelette, von denen Schädel und die stärkeren Knochen noch so ziemlich gut erhalten waren. Vermutlich rühren diese Sachen ebenfalls vom 30jährigen Krieg her. Die Lanzenspitzen sind noch im Besitze des Finders, die Skelette hat er wieder versenkt."

## Beller-Markt und Brauchtum

„Eine halbe Stunde von Wendelsheim wird jährlich ein berühmter Jahrmarkt unter dem Namen Bellermarkt gehalten und zwar im blanken Felde, woran mehrere Ortschaften Theil nehmen. Dahin kommen Kaufleute und Krämer viele Meilen her – von Mainz, Worms, Man[n]heim, ja sogar von Frankfurt und Strasburg. Es werden auch eine Menge Weinhütten, ohngefähr 50 errichtet, und von allen Bierfiedlern aus dem ganzen Umkreis her bemusiziert. Daher besucht die dortige Gegend von weither den Jahrmarkt. Da findet man Gräfliche und Adlige, Civilbediente und Prediger, Frauenzimmer von Stand, auch Hans und Gretel, Creti und Pletti nebst einer ansehnlichen Menge Töchter der Freude, und die Anzahl dieser letztern soll sich, wie man sagt, noch jährlich vermehren", schreibt Christian Friedrich Laukhard in seiner Beschreibung rheinhessischen Lebens.[35]

Jahrmarkt oder Kerb gehörten zu den Höhepunkten des Jahres. In Badenheim wurde Anfang Mai die Kerb gefeiert. Eine Ankündigung vieler Besucher im Brief vom 3. Mai 1821 ist wohl so zu deuten.[36] Jedenfalls war es immer ein großes Fest, zu dem Verwandte und Bekannte ins Dorf kamen. In schweren Zeiten war auch schon das Feiern untersagt worden, um unnötige Ausgaben zu ersparen.[37]

Neben dem Beller-Markt, den Isaak Maus im Brief vom 14. September 1833 erwähnt, ist der Markt in St.Johann das wichtigste Volksfest in der Umgebung von Badenheim gewesen.

An Martini war Zahltag für Pacht, Lohn und Zinsen. „Der heilige Martinus [bringt] manch bravem Mann an sein Geld und andere an ihren Kredit" so Maus in einem Brief von 1830.

Zum Jahresende wurde im Dorf nochmals kräftig gefeiert. „Im hiesigen Dorf ging es heut ein wenig vernünftiger zu, als anderswo. Kein Schuß ist geschehen, kein Lerm gemacht worden", schrieb Maus am 1. Januar 1823 an seinen Sohn Wilhelm. „Ich schreibe diesen Sieg der Vernunft über die Thorheit, mehr als einer Ursache zu. Jedoch zum Lob der Einwohner, darf ich behaupten, daß sie für die besseren Gründe empfänglich waren."

Ende.

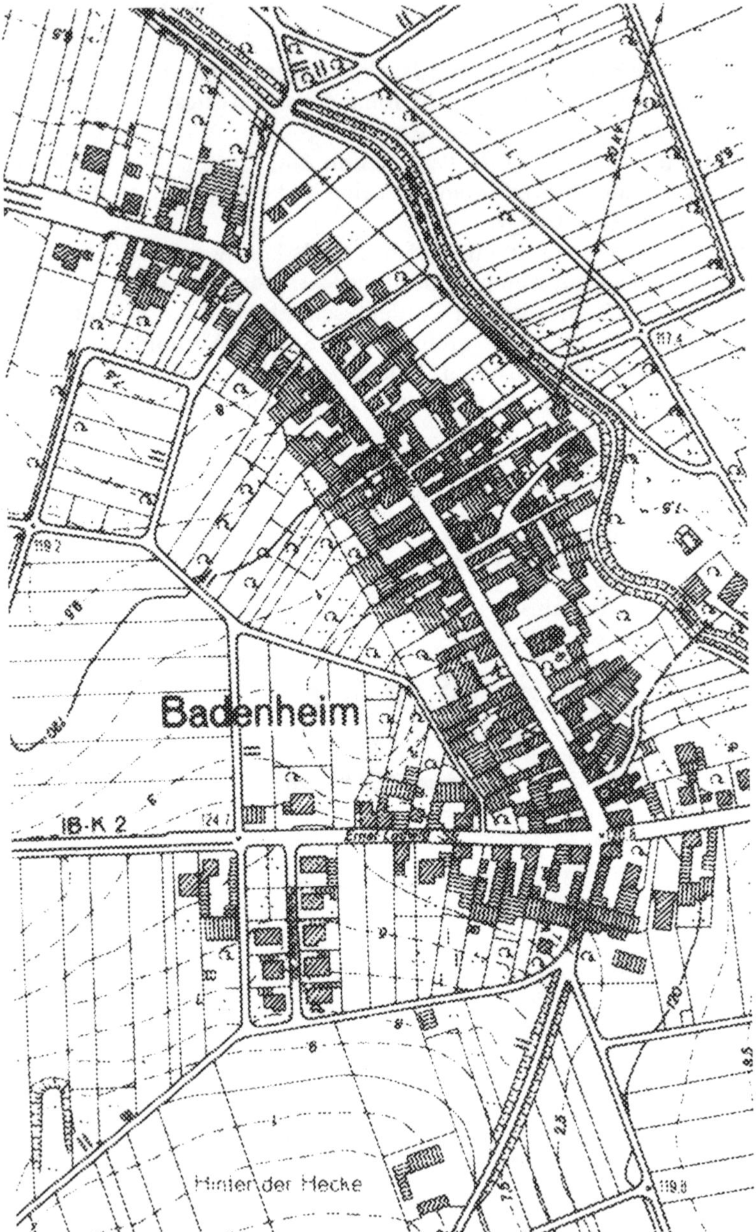


*Badenheim in der Deutschen Grundkarte 1:5000, 1985*

## Quellennachweis und Erläuterungen

Abkürzungen:

| | |
|---|---|
| Abb. = Abbildung | o.J. = ohne Jahreszahl |
| d.i. = das ist | o.O. = ohne Ortsangabe |
| hs. = handschriftlich | rh. = rhein. Gulden (vgl. S.350) |
| fl. = Gulden | Rthl. = Reichsthaler |
| kr. oder Xr. = Kreuzer | |

### Anmerkung zum Vorwort

1 Während unserer Fahnenkorrektur kam uns Heidrun Maus: Rheinhessen zur Zeit des Isaak Maus (Kreuznach: Selbstverlag 1998) zu Gesicht, wo 36 Briefe an Wilhelm Maus und die 4 „Bauernspiegel“-Briefe ediert werden; in 30 Briefen überschneiden sich die beiden Ausgaben. Für den Leser bringt die Doppelarbeit vielleicht sogar einen Vorteil: was in beiden unabhängigen Editionen gleich gelesen ist, wird mit hoher Wahrscheinlichkeit richtig gelesen sein.

### Anmerkungen zu Kap.1: Isaak Maus und sein Badenheim (S.13–28)

Fachwissenschaftliche Grundlage für das Folgende ist Reinhart Siegert: Isaak Maus, der „Bauersmann in Badenheim“. Ein bäuerlicher Intellektueller der Goethezeit und sein soziales Umfeld. Mit einer Personalbibliographie. In: Internationales Archiv für Sozialgeschichte der deutschen Literatur, Bd.10, Tübingen 1985, S.23–93. Dort sind die im vorliegenden Band abgedruckten Texte ausgewertet und erläutert. – Eine sehr ansprechende populäre Darstellung hatte zuvor Klaus Monath veröffentlicht: Isaak Maus (1748–1833). Leben und Werk eines deutschen Bauerndichters. Bad Kreuznach o.V. (Druck: Fiedler) 1979.

1 vom Sa., 01.02.1783: bis Badenheim brauchte der Bote seine Zeit; vielleicht las Paul Karst die Zeitung auch zusammen mit anderen und erhielt sie daher nicht sofort.

2 [Jakob Peter] Jakob: Badenheimer Chronik, (Badenheim) 1930, Nr.12.

3 Vgl. dazu Jakob: Badenheimer Chronik, 1930 (wie Anm.2), passim; Heinrich J. Maurer: Zum 250. Geburtstag von Isaak Maus, in: Alzeyer Geschichtsblätter, H.30, Alzey 1997, S.88–116, hier: S.98–104.

4 Maus: Lyrische Gedichte, Mainz 1821, S.VIII.

5 Maus: Lyrische Gedichte, Mainz 1821, S.III; Maus' Datierung und Altersangabe widerspricht den Daten im Kirchenbuch: beim Tod seines Vaters müßte er nicht 13, sondern 20 Jahre alt gewesen sein.

6 Nach den beiden Badenheimer „Morgenbüchern“ (Landesarchiv Speyer, Bestand U 236: Gemeindearchiv Badenheim, Nr.1, Stand: 1800/1806) besaß Isaak Maus insgesamt 90 Flurstücke mit zusammen 166 Morgen. Sollte der Badenheimer Morgen zu diesem Zeitpunkt bereits 0,25 ha bedeutet haben, wie das später beim hessischen Morgen der Fall war, so hätte Maus 42 ha Land und damit rund 1/10 der Badenheimer Gemarkung besessen, wobei sein Hof nicht der größte Hof im

Ort war. Den Widerspuch zu Maus' Angabe „50 Morgen" kann ich nicht auflösen; in „Etwas über Ackerbau" nennt er 1788 45 bis 50 Morgen als durchschnittliche Betriebsgröße für die Badenheimer Gegend.

7 Vgl. dazu Reinhart Siegert: Isaak Maus, der „Bauersmann in Badenheim". Ein bäuerlicher Intellektueller der Goethezeit und sein soziales Umfeld. Mit einer Personalbibliographie. In: Internationales Archiv für Sozialgeschichte der deutschen Literatur, Bd.10, Tübingen 1985, S.23–93, Anm.30.

8 Jakob: Badenheimer Chronik, 1930 (wie Anm.2), Nr.12 [ohne Seitenzählung].

9 Das linksrheinische Gebiet zwischen Karlsruhe und Mainz war vor der Französischen Revolution politisch extrem zersplittert; das größte und daher auch bekannteste Einzelterritorium war die Kurpfalz. Nach ihr nannte man daher allgemein auch das ganze Gebiet „Pfalz"; so auch im einleitenden Zeitungsartikel oder Isaak Maus selbst auf den Titelblättern seiner Veröffentlichungen (z.B. Maus: Ackerbau, 1788: „Bauersmann zu Badenheim, bei Kreutznach in der Pfalz").

10 W. Heße: Rheinhessen in seiner Entwickelung von 1798 bis Ende 1834, Mainz 1835, S.15: Stand 1834: 83 Gebäude; 445 Einwohner, davon 142 kath. (= 32%), 266 ev. (= 60%), 0 Mennoniten, 37 Juden (= 8,3%); S.37: Viehstand im Jahr 1834: 57 Pferde, 26 Ochsen, 116 Kühe, 104 Rinder, 20 Schafe, 100 Schweine. – Am Ende der Kriegszeit (1815) waren es noch 345 Einwohner gewesen (Karl Johann Brilmayer: Rheinhessen In Vergangenheit und Gegenwart, Gießen 1905, S.42).

11 Maus: Lyrische Gedichte, 1821, S.XX.

12 Heße: Rheinhessen, 1835 (wie Anm.10), S.36: 100 Morgen = 25 ha der Gemarkungsfläche von 428 ha sind mit Reben bebaut (= 5,8%); Jakob: Badenheimer Chronik, 1930 (wie Anm.2), Nr.12, nennt 34 Morgen von 714 Morgen landwirtschaftlich genutzter Fläche im Jahr 1795.

13 „Der Pflüger hat den Dichterspleen ...". Gedichte des rheinhessischen Bauern Isaak Maus aus Badenheim, ausgewählt und eingeleitet von Reinhart Siegert. Alzey: Verlag der Rheinhessischen Druckwerkstätte 1985, S.87f.

14 [Samuel Christoph Wagener:] Ueber die Pfalz am Rhein und deren Nachbarschaft. Besonders im Hinsicht auf den gegenwärtigen Krieg, auf Naturschönheiten, Kultur und Alterthümer. Von einem Beobachter, welcher die Feldzüge der verbündeten deutschen Heere gegen die Neufranken mitmacht. Bdch.2, Brandenburg 1795, S.176 u.178, s. Siegert: Maus, 1985 (wie Anm.7), S.54.

15 Zu den sozialen Folgen vgl. Maus: Gedichte und Briefe, Mainz 1786, S.182–189. Die dort abgedruckte Versepistel war an den Urheber des Zeitungsartikels gerichtet, der Maus zunächst in seiner dörflichen Umgebung „unmöglich" zu machen drohte; in seinen handschriftlichen „Sämmtlichen Schriften 1" (um 1818, S.129) nennt Maus den Namen: es war der Hofkammerrat A.J. Molitor in Mainz.

16 Paul Karst an Isaak Maus, Badenheim 03.02.1783, abgedruckt in Leben und Nachlaß von Isaak Maus. Hrsg. v. Heinrich Sander. Th.1, Mainz 1845, S.79f.

17 Vgl. Maus: Lyrische Gedichte, 1821, S.VIII–XIV, in unserem Wiederabdruck S.29–35.

18 Holger Böning: Heinrich Zschokke und sein „Aufrichtiger und wohlerfahrener Schweizerbote", Bern [usw.] 1983, S.118 (Zitat von 1760).

19 Isaak Maus an Wilhelm Maus, 26.08.1804, abgedruckt S.106.

20 Pflüger, 1985 (wie Anm.13), S.134.

21 Erhalten sind seine Wetteraufzeichnungen aus den Jahren 1808–1818, u.a. also auch zum Jahrhundert-Weinjahr 1811 (vgl. Isaak Maus: Lob des Elfer Weins in: Pflüger, 1985 – wie Anm.13 –, S.7).

22 Johannes Maus (Armsheim): Gedicht zur Gedenksteinsetzung für Isaak Maus auf dem Badenheimer Friedhof am 05.09.1896; vgl. S.172 (mit Quellennachweis).
23 Pflüger, 1985 (wie Anm.13), S.91 bzw. 89f. – *Herbstmonat: September; *Äol: der Gott der Winde.
24 Pflüger, 1985 (wie Anm.13), S.28f.
25 Isaak Maus an Wilhelm Maus, Badenheim 19.06.1830, hs.
26 Isaak Maus an Wilhelm Maus, Badenheim 27.07.1822, hs.
27 Aus „An meine Kinder zu Fürfeld, den 1. Januar 1810", abgedruckt in Pflüger, 1985 (wie Anm.13), S.126.
28 Isaak Maus an Wilhelm Maus, Badenheim 27.02.1825, hs.
29 Isaak Maus an Wilhelm Maus, Badenheim 08.12.1817, hs.
30 Pflüger, 1985 (wie Anm.13), S.92.
31 Pflüger, 1985 (wie Anm.13), S.113.
32 Isaak Maus an Wilhelm Maus, Badenheim 08.12.1817, hs.
33 Isaak Maus an Wilhelm Maus, Badenheim 02.01.1825, hs.

## Anmerkungen zu Kap. 2.1: Ein Leben in Badenheim (S.29–40)

1 Isaak Maus: Lyrische Gedichte, Mainz 1821, S. III–XX. – Zu den Datierungen, die z.T. von den Kirchenbucheinträgen abweichen, vgl. Reinhart Siegert: Isaak Maus, der „Bauersmann in Badenheim". Ein bäuerlicher Intellektueller der Goethezeit und sein soziales Umfeld. Mit einer Personalbibliographie. In: Internationales Archiv für Sozialgeschichte der deutschen Literatur, Bd.10, Tübingen 1985, S.23–93, hier: S.30, Anm. –
S. 35: *Einwohner: in Gemeindesachen stimmberechtigte Haushaltsvorstände.
2 Nach: Stammtafel der Familie Maus. Nach dem Entwurf von Is. Maus aufgestellt von Johannes Maus, Armsheim 1895 (hs. Original im Besitz von Nachkommen).
3 Karl Esselborn: Johannes Maus [1845–1922], ein rheinhessischer Bauerndichter. In: Hessische Heimat, Bd.1, Darmstadt 1920, S.221–244; hier: S.232, Anmerkung.
4 Esselborn: Johannes Maus, 1920 (wie Anm.2), S.230–238.
5 Brief, 21.05.1785, hs.; Staatsarchiv Darmstadt: D4 Nr. 486/2.

## Anmerkungen zu Kap. 2.2: Isaak Maus – der dichtende „Bauersmann in Badenheim" (S.41–63)

1 Die Schreibtafel, Lieferung 4, Mannheim 1775, S.48: Anm. zu Erstdruck eines Gedichtes von Isaak Maus („Das aufrichtige Mädgen"). Die Anm. könnte von J.N. Götz stammen; auf S.48 mit dem Schluß von Maus' Gedicht und der Anm. steht ein Gedicht mit Götz' Sigle „Z.". – Ähnlich auch Lfg.7, 1775, S.26.
2 Almanach der deutschen Musen auf das Jahr 1780. Leipzig o.J. [1779], S.132; unter anderen.
3 Kayserl. Frankfurter Reichs-Ober-Post-Amts-Zeitung 1783, Nr.18 (01.02.1783), ohne Seitenzahl.
4 Abgedruckt in: Leben und Nachlaß von Isaak Maus. Hrsg. v. Heinrich Sander, Th.1, Mainz 1845, S.79f.
5 Deutsches Museum 1782, (Leipzig), Bd.2, S.275–291. –
S.45: *Zephir: sanfter Westwind.

6 Deutsches Museum 1785 (Leipzig), Bd.1, S.463–471; es folgt Maus: Ankündigung (der „Gedichte und Briefe“), s. im vorliegenden Band S.52f.
S.49: *Wolf: Christian Wolff (1679–1754), vor Kant der wirkungsmächtigste Philosoph der deutschen Aufklärung, der auch mathematische Werke veröffentlichte.
7 Magazin der Philosophie und der schönen Litteratur, H.1, Mainz 1785, S.2–8; auf auf derselben Seite folgt: Ein Brief des Dichters Mauß an seinen Freund H... .
8 ebd. H.2, S.94/95. –
S.50: *Sekretär: damals Johann Michael Armbruster (1761–1814), ein namhafter Volksaufklärer; *an Hrn[.] von L.: wohl Ferdinand Adrian v. Lamezan; *Hr. Inspektor W.: wohl Daniel Ludwig Wundt.
9 Gleichlautende Ankündigung in „Deutsches Museum“ (Leipzig), Jg. 1785, Bd.1, S.469–471, „Deutsche Zeitung“ (Gotha), Jg. 1785, Umschlag z. 1. Quartal, ohne Seitenzahl; „Deutscher Merkur“ (Weimar), Jg. 1785, Anzeiger des Tt. Merkur, April 1785, S. LXVf. und in weiteren Zeitschriften.
10 handschriftlich, Original im Gleimhaus Halberstadt: HS A Invent. 2673–2675. –
S.53: *Friedrich d’Or: preußische Goldmünze, ein Mehrfaches des von Maus verlangten Preises.
11 Sander: Maus 1, 1845 (wie Anm.4), S.86–88. –
S.55: *Chrie: rhetorische Schulübung, in der eine Sentenz nach einem vorgeschriebenen Schema erläutert wird.
12 Deutsche Zeitung für die Jugend und ihre Freunde, Jg.3, Gotha 1786, blauer Umschlag zum 1. Quartal (Ende März); ebd. S.108 (14.St., 07.04.) Korrektur: „Auf dem Umschlage des 1sten Quartals dieses Jahrs muß es in der Anzeige des Herrn Maus statt 1 Rtlr. – 1 Gulden heißen.“
13 ebd. S.220 (29.St., 14.07.). –
S.57: *subskribiert: fest bestellt; pränumeriert: vorausbezahlt.
14 Isaak Maus: Gedichte und Briefe, Mainz 1786, S. III–X.
15 Gothaische gelehrte Zeitungen auf das Jahr 1786, 2.Halbjahr, S.701. –
S.62: *manent adhuc vestigia ruris: insofern bleiben Spuren der ländlichen Herkunft sichtbar.
16 handschriftlich, Original im Gleimhaus Halberstadt: HS A Invent. 2675; aus dem dort ebenfalls aufbewahrten Brief Maus’ an Gleim vom 28.07.1786 geht hervor, daß Maus schon bei Auslieferung seines ersten Gedichtbandes an eine zweite Auflage dachte. –
S.63: *Zimmermann: Johann Georg Zimmermann: Von der Einsamkeit, Leipzig 1773 und öfter, ein zu seiner Zeit berühmtes popularphilosophisches Werk.

## Anmerkungen zu Kap. 2.3: Badenheim zwischen den Fronten – Isaak Maus als Zeitzeuge der Revolutionskriege (S.64–91)

1 Hans Klauer: Vom Bauerndichter Isaak Maus und seiner Zeit. In: Heimatblätter. Beilage zum Oeffentlichen Anzeiger für den Kreis Kreuznach. Jg.7, Bad Kreuznach: Ferd. Harrach, 1927, Nr.5–14, hier: aus Nr.9–12. – Die Klauer noch vorliegenden eigenhändigen Prozeßnotizen Isaak Maus’ sind inzwischen verschollen.
2 Johann Friedrich Reichardt: Vertraute Briefe über Frankreich. Auf einer Reise im Jahr 1792 geschrieben. T.1. Berlin: Unger 1792, S.84f.
3 hier nach: Handwerker- und Bauern-Kalender des alten Vaters Gerhard [Hrsg.: Friedrich Cotta], Mainz 1793, S.101f.; anonym steht es u.d.T. „Antwort eines teut-

schen Landbauers auf die Erklärung der National-Versammlung Frankreichs an alle Völker“ bereits im Februarheft der Zeitschrift „Straßburgisches politisches Journal“, hsg. v. Friedrich Cotta, 1792, S.100f. Maus hat es nicht in seine Werke aufgenommen.

4 Auf die Erklärung der National-Versammlung Frankreichs an die Völker Europa's und die ganze Menschheit, in Rücksicht des bevorstehenden Krieges vom 29. December 1791. Von einem deutschen Bauern vom Rhein. [Verf.: Isaak Maus]. Straßburg: Joh. Heinr. Heitz „Im vierten Jahre der Freiheit“ [d.i. 1792], Flugblatt, Standort: Bayer. StaatsB München: P.o.germ.1320af, Beibd.2. Das doppelseitig bedruckte Faltblatt enthält die ersten 3 Strophen von Isaak Maus' und die letzten 5 Strophen von Eulogius Schneiders Gedicht – also ist dieses Exemplar entweder unvollständig [fehlendes Mittelblatt?] oder aber eine Kontamination zwischen Isaak Maus' und Eulogius Schneiders Antwort-Gedicht, die durch die von Maus vorgebene, von Schneider aufgenommene auffällige Strophenform möglich gemacht wird; die fehlenden Strophen sind nach „Straßburgisches politisches Journal“, Februar 1792, S.103f. ergänzt). –
S.73: *Kriegspanier: Kriegsfahne; *Ulanen: Soldaten zu Pferd.

5 Die originalen Anmerkungen zu den mit * versehenen Stellen lauten:
* Genius: Schutzgeist
** Alemannen: Deutschen
*** Olympus: Bedeutet den Himmel
**** Chimären: In der Einbildung bestehendem. – Außerdem: *Cartusch: berüchtigter Gewaltverbrecher, hingerichtet am 27.11.1721 in Paris.

6 A. Klebe; Reise auf dem Rhein durch die Deutschen Staaten [...] und durch die Französischen Departemente des Donnersbergs [...] im Sommer und Herbst 1800. Th,1, Frankfurt 1801, S.376f.

7 1 Blatt; Vorderseite vorgedrucktes Formular, ausgefüllt und dat. 03.02.1793 mit 20 Unterschriften; Rückseite 12 weitere Unterschriften und ein kurzes Begleitschreiben des Maire Andreas Surer von Wöllstein, datiert 04.02.1793; Aufbewahrungsort: Staatsarchiv Würzburg: Bestand MRA, Signatur: V.Klubisten Fasz. 203/II, Blatt 388/389).

8 Vgl. Isaak Maus: Wahl in Badenheim*, in: „Der Pflüger hat den Dichterspleen ...“, Alzey 1985, S.131–136.

9 Zeitung für Stadte, Flecken und Dörfer, insonderheit für die lieben Landleute alt und jung (sog. „Rothe Zeitung“), Braunschweig 1796, St.87, 05.11., anschließend an Kriegsberichterstattung „Franzosen-Krieg“. – Der genannte Feldprediger ist höchstwahrscheinlich Samuel Christoph Wagener.

10 [Samuel Christoph Wagener]: Ueber die Pfalz am Rhein und deren Nachbarschaft. Bdch.2, Brandenburg 1795, S.182f.

11 Maus: Poetische Briefe, 1819, S.206–210. –
S.84: *François Marquis de Barthélémy war in Basel Verhandlungsführer auf französischer Seite.

12 Vgl. Heinrich Steitz: Der Kanton Wöllstein zur Zeit der Französischen Revolution (1792–1798). In: Alzeyer Geschichtsblätter, H.22, 1988, S.88–119; hier: S.103f. – Das Original der Badenheimer Liste liegt in Paris, Archives de France, Signatur: F/1 c III/ Mont-Tonnere/3).

13 Original „Bingen, gedruckt bei E.J. Henß“; kein erhaltenes Exemplar bekannt. – Hier nach dem auszugsweisen Abdruck der Rede in: Briefe eines Reisenden an den Ufern des Rheins in den Jahren 1803 und 1804 mit Episoden [Verf.: Johann Gottlob Schulz], Altenburg 1805, S.24–30; die angegebenen Kürzungen stam-

men von Schulz.– Ein eigenhändiges Redemanuskript mit vielen Verbesserungen hat sich in Familienbesitz erhalten; es könnte gut das originale Redemanuskript gewesen sein, nicht aber die Druckvorlage: der Auszug bei Schulz weist weitere Verbesserungen auf.
14 Maus: Lyrische Gedichte, 1821, S.99f. – Brünn in Mähren wurde 1805 allerdings dann doch von Napoleon erobert.
15 Maus: Lyrische Gedichte, 1821, S.310f.

## Anmerkungen zu Kap. 2.4: Fremde und Freunde über Isaak Maus in Badenheim (S.92–104)

1 Jahrbuch meines Lebens von Ludwig Lindenmeyer nach der Handschrift hrsg. v. Karl Esselborn (Hessische Volksbücher 61–65), Darmstadt 1927, S.37.
2 [Samuel Christoph Wagener]: Ueber die Pfalz am Rhein und deren Nachbarschaft. Besonders in Hinsicht auf den gegenwärtigen Krieg, auf Naturschönheiten, Kultur und Alterthümer. Von einem Beobachter, welcher die Feldzüge der verbündeten deutschen Heere gegen die Neufranken mitmacht. Bdch.1–2, Brandenburg, 1795 [Reprint Limburgerhof: Hist. Verein der Pfalz, 1979]; hier: S.8, 24f., 169–182; die Schlußpassage (S.182–184) s. im Kapitel „Badenheim zwischen den Fronten", S.82–84. Die letzten Passagen sind datiert „Kant. Quart. Flonheim, im Oktober 1794".
3 [Rudolph Zacharias Becker]: Noth- und Hülfsbüchlein, Th.2, Gotha 1798, S.238f. (in Kap.37: „Der Herr Pfarrer Starke ergänzt [Wilhelm] Denkers Reisebeschreibung") und S.250 (in Kap.39: „Die Mildheimer zieren ihren Versammlungs-Saal mit Bildnissen").
4 W..., Kantor in F. [d.i. Johann Georg Wohlfarth (1763–1840), Kantor in Frohburg bei Merseburg]: Johann Gottfried Hofmann, Bauer zu Spergau, in: Sächsische Provinzialblätter 13, Altenburg u. Erfurt 1803, S.121–138, hier: 121f. – Hofmann (*27.10.1752 in Spergau) ist laut diesem Aufsatz nicht reich, aber ein Musterbauer mit großer Belesenheit und Allgemeinbildung, sozial ebenso behutsam wie Maus auf Integration bedacht, ebenfalls bei Gebildeten anerkannt; „Kleinjogg" (eigentlich Jakob Guyer, 1716–1785) war ein wegen seiner ungeheuren ökonomischen Tüchtigkeit berühmter Schweizer Bauer.
5 Briefe eines Reisenden an den Ufern des Rheins in den Jahren 1803 und 1804, mit Episoden. (Verf.: Johann Gottlob Schulz, auf S.344 genannt). Altenburg, 1805, S.22–31.
6 Die Spinnstube, ein Volksbuch für das Jahr 1850. Hsg. v. W.O.v. Horn [d.i. Philipp Friedrich Wilhelm Oertel], Frankfurt a.M. o.J. [1849], S.142–149. –
S.101: *schlechtes: wohl im Sinn von schlichtes, einfaches Haus – oder aber Stilisierung; Maus' Hof war einer der stattlicheren Badenheimer Höfe.
7 Jakob Hirschmann: Prosaische Briefe von Jakob Hirschmann, Ackersmann zu Sprendlingen. Eigenh. Handschrift, undatiert; hier: S.47f.: Hirschmann an J.H. Kaufmann, 29.08.1827.
8 ebd., S.106f.: Hirschmann an J.H. Kaufmann, 10.03.1829.
9 zit. nach Hans Klauer: Vom Bauerndichter Isaak Maus und seiner Zeit, in: Heimatblätter. Beilage zum Oeffentlichen Anzeiger für den Kreis Kreuznach. Jg.7, Bad Kreuznach, 1927, Nr.5–14; hier: Nr.13. – Es folgt Maus' Erwiderung „'s Kaufmanns Haus am Bächelche", s. „Der Pflüger hat den Dichterspleen ...", Alzey 1985, S.104–106.
10 Aloys Schreiber: Handbuch für Reisende am Rhein von seinen Quellen bis Holland [...]. 4., verb. u. stark verm. Aufl. Heidelberg o.J. [Vorwort 1831], S.207.

## Anmerkungen zu Kap. 2.5: Isaak Maus als Familienvater, Bürgermeister, Landwirt und politischer Kopf in Napoleonzeit und Vormärz (S.105–155)

1 Die Briefe umfassen meist einen Bogen oder einen halben Bogen gefaltetes Papier; oft dient die Außenseite als Umschlag und trägt die Adresse und Siegelspuren. Einige Briefe sind durch auf die Rückseite durchschlagende Tinte, durch Mäusefraß u.ä. schwer lesbar; zudem hat Isaak Maus hier beim Schreiben verständlicherweise geringere Sorgfalt walten lassen als in seinen Gedichtmanuskripten: im Gegensatz zu dort kommen hier auch Flüchtigkeitsfehler in der Orthographie vor; die Zeichensetzung ist oftmals lesehemmend dünn.

Anmerkungen zu einzelnen Briefstellen:
S.107: *K.: wohl eher Maus' Sohn Kristian (*1788) als Konrad (*1791). – *Köngernheim liegt zwischen Oppenheim und Wörrstadt; also waren die Töchter auf Besuch beim Onkel Christian Maus in Darmstadt.
S.109: *lebend sind: Anspielung auf Maden.
S.113: *„Delligens" = Diligence: Eilkutsche; *Julien[?] könnte Maus' Tochter Juliane (*1786) meinen; *Riddesheim: Rüdesheim, westlich von Kreuznach.
S.114: *Joh. Markt: der Markt in St. Johann bei Sprendlingen, der heute noch an diesem Tag stattfindet; *Rot: neuangelegtes, tiefgeackertes Feld.
S.116: *Chaptal: vgl. Brockhaus Enzyklopädie,Bd.3, Wiesbaden 1967, S.692b: „Chaptal, Jean Antoine Claude, französ. Chemiker und Arzt, * Nogaret (Lozère) 9.5. (4.6.) 1756, † Paris 30.7.1832, war Prof. in Montpellier und an der Pariser Ecole des Arts, 1800–1804 Min. des Innern. C. machte sich um die Entwicklung der französ. chem. Industrie verdient. Chaptalisieren, Trockenzuckerung, Verbesserung des Weines durch Zusatz von Zucker zum zuckerarmen Most (s. Weinverbesserung). Fälschlicherweise wird darunter oft auch das Entsäuern des Mostes mit kohlensaurem Kalk (Calciumkarbonat CaCO3) verstanden."
S.121: *Außenthalt: die auch nach der Hofübergabe dem alten Bauern zustehenden Vorbehaltsgüter.
S.127: *hier festlich zugehen wird: Anspielung auf die Badenheimer Kirchweih, die traditionell am ersten Mai-Wochenende gefeiert wird.
S.128: *Hinkel – Duden: „(mdal.) Huhn".
S.130: *Paul Karst ist seit Jahrzehnten Gemeindeschreiber und damit Bürgermeister Maus' Rechte Hand
*Urban Riesling ist Katholik.
S.131: *die 4 Jahre ev. Gottesdienst in der kath. Kirche deuten auf Abbruch der alten und Bau der neuen ev. Kirche hin; *Janhagel – interessant zur sozialen Differenzierung innerhalb Badenheims: der Janhagel = die Häusler der Hintergasse. – Aus dem Todesjahr von Maus' Frau Catharina Elisabeth (†26.10.1824) ist kein Brief erhalten. *Zeitpunkt: I. Maus unterzeichnet im Gemeindebuch am 03.01.1825 letztmals als Bürgermeister, unter der Bevölkerungsliste von Badenheim sogar noch am 20.04.1825; *Assignate: französische Staatsanleihe aus der Revolutionszeit, die bald nichts mehr wert war. (Vgl. Abb.: Assignate aus dem Nachlaß von Isaak Maus).
S.135: *Baumeister W.: Georg Peter Wetter, vgl. im vorliegenden Band S.342f.
S.141: *Ohm: in Badenheim nach Mainzer Maß 135,574 1.
S.143: *griechischen Presidenten: Joannes Kapodistrias (*1776, Präsident seit 1827), ermordet in Nauplia am 09.10.1831 – Isaak Maus und sein Umfeld waren bekanntlich wohlinformierte Zeitungsleser.
S.146: *Pasquill: Schmähschrift.

S.148 *Hambach: Anspielung auf das Hambacher Fest vom 27.05.1832 mit seinen demokratischen Reden; *Englische-Reitereien: Vorläufer der heutigen Karussells? („Reitschulen")

2 Der Brief erscheint bemerkenswert als Beleg für die durchaus merklichen sozialen und konfessionellen Differenzierungen innerhalb des kleinen Dorfes und für die Sonderstellung mancher Dorfteile. – Zur Datierung: laut Adresse ist Wilhelm Maus bereits Bürgermeister von Bosenheim (1819 ist er es noch nicht, 1822 im Briefwechsel erstmals nachgewiesen). Sollte Isaak Maus bereits nicht mehr Bürgermeister sein, so wäre dieser Brief spätestens 1825 geschrieben; jedoch könnte „Dem Hrn. Bürgermeister" auch ironisch auf Maus selbst bezogen sein – warum sollte ihm sonst die Witwe Pilger das alles erzählt haben? – Pilger war der katholische Schultheiß des Ortes vor der Französischen Revolution und der Hauptgegner Maus'. – *Augenausstechen: wohl Ironie Maus' gegenüber abergläubischen Bannvorstellungen (einem Bild die Augen auskratzen, damit einem Täter etwas geschieht).

3 Vier separate Briefabschriften auf besonders großen Bogen. – Vgl. seinen Brief an Wilhelm Maus vom 03.05.1821 (abgedruckt S.126f.): „Ich wünschte daher[,] daß ihr drei Brüder, zuweilen auch über häusliches Verhalten miteinander sprechen möchtet, und [recte um?] dadurch alle zum Guten und Anständigen ermuntert zu werden."

4 Nach Karl Esselborn: Johannes Maus, in: Hessische Heimat 1, Darmstadt 1920, S.221 von Isaak Maus' Enkel Georg Peter Maus (1812–1873, Bauer in Armsheim), nicht von Isaak Maus stammend; zuerst im „Rheinhessischen Beobachter" erschienen. Als Vorlage stand jedoch nur eine undatierte Abschrift ohne Quellenangabe zur Verfügung; u.U. sind darauf auch nicht alle Strophen enthalten. – *Flöß': Plural von „Floß" = Rinnstein, Gosse.

## Anmerkungen zu Kap. 2.6: Abschluß der dichterischen Laufbahn und Nachruhm (S.156–174)

1 Gedruckter Text (wohl von Maus selbst verschicktes Einzelblatt); erhalten z.B. als Beilage zum Briefwechsel Isaak Maus/ Karl Wilhelm Justi (UB Marburg: Zu Ms. 811/311), abgedruckt in zeitgenössischen Zeitungen und Zeitschriften.

2 Maus: Konzepte zu Briefen und anderen Aufsätzen. Zweites Heft. 1827, handschriftlich, quer eingebundenes Makulaturblatt: Vorbereiteter Druckvertrag; alle Lücken sind zum Einsetzen von Namen usw. freigelassene Manuskriptstellen.

3 Allgemeine Literatur-Zeitung (Halle), Jg.1820, Ergänzungsblätter Sp.54–56.

4 Leipziger Literatur-Zeitung 1820, Bd.2, Sp.2073–2076; Ankündigung seiner „Lyrischen Gedichte" mit Vermerk: „es ist zu wünschen[,] dass auch die 1786 erschienenen Gedichte mit aufgenommen werden, da von diesen nur sehr wenige Exemplare in den Buchhandel gekommen sind."

5 Gedruckter Text (wohl von Maus selbst verschicktes Einzelblatt); erhalten z.B. als Beilage zum Briefwechsel Isaak Maus/ Karl Wilhelm Justi (UB Marburg: Zu Ms. 811/312), abgedruckt in Zeitungen und Zeitschriften .

6 Leben und Nachlaß von Isaak Maus Bauersmann aus Badenheim. Hrsg. v. Heinrich Sander. Th.1, Mainz 1845, S.48–51.

7 ebd. S.48f., Anmerkung.

8 Sterberegister der Gemeinde Badenheim. Vorgedruckte Formulare mit hs. Einträgen. Aufbewahrungsort 1984: Ev. Pfarramt Zotzenheim. – Satzzeichen ergänzt.

9 hs. Eintrag im Kirchenbuch der Gemeinde Badenheim. Aufbewahrungsort 1984: Ev. Pfarramt Zotzenheim.
10 Zeitung für Städte, Flecken und Dörfer ... (sog. „Rothe Zeitung", Titel mehrfach geändert), Jg.48, Braunschweig 1834, Beilage zum 15.St., Mi., 19.02.
11 Jakob Hirschmann: Todten-Opfer der Freundschaft. Zum Andenken des Herrn Isaak Maus zu Badenheim. Von Jakob Hirschmann, Ackersmann zu Sprendlingen. Mainz 1834; Standort: Heimatmuseum Sprendlingen. – Auch abgedr. bei Sander: Maus, 1845 (wie Anm.6), Th.1, S.52–61; „Seligkeit" S.62–73; „Elegie" S.74–76.
12 J[ohann] H[einrich] Kaufmann: Nekrolog des Dichters und Bauersmann Isaak Maus in Badenheim. (Aus der Mainzer Zeitung). In: Großherzoglich Hessische Zeitung, Darmstadt, Jg.1834, Nr.35, Di., 04.02.). –
S.169: *Schwarz – richtig: Gerhard Heinrich Schmerz (1740–1810); *Götz: Johann Nikolaus Götz (1721–1781); *Koadjutor Dahlberg: Karl Theodor von Dalberg (1744–1817), Verwalter der Erfurter Enklave des Erzbistums Mainz, aufgeklärter Katholik und berühmter Schöngeist; *Wiegand: richtig: Weigand; *Wohlstand: das Wort meint damals nicht nur materielles Wohlergehen, sondern auch soziale Anerkennung, rundum glückliche Lebensverhältnisse.
13 Nachruf; ohne eigene Überschrift unter „Todesfälle", in: Allgemeiner Anzeiger und Nationalzeitung der Deutschen (Gotha), Jg.1834, Bd.1, Nr.50, 20.02.1834, Sp.586.
14 Neuer Nekrolog der Deutschen Jg.11(1833), Weimar 1835, Th.2, S.852–855.
15 Handschriftl. Eintrag Justis in sein Exemplar von Maus: Lyrische Gedichte, 1821 in der UB Marburg: XVI C 439m. – Karl Wilhelm Justi (1767–1846) war Professor der Theologie und Superintendent in Marburg.
16 Einweihungslied von seinem Urenkel Johannes Maus aus Armsheim zur Errichtung des heute noch vorhandenen Gedenksteins auf dem Badenheimer Friedhof (in der jetzigen Form errichtet 1896), Erstdruck vermutlich in: Alzeyer Beobachter, Jg.17, Nr.111 vom 12.09.1896, 2. Blatt (mir nicht zugänglich); hier nach Ferd[inand] Harrach: Ein Volksdichter des Nahetals [Isaak Maus]. [8] Fortsetzungen, ohne Seitenzählung. Vermutlich aus: Oeffentlicher Anzeiger (Kreuznach: F. Harrach), ca. 1920–1930 (undatiertes Exemplar im Besitz des Vereins für Heimatkunde e.V. für Stadt und Kreis Bad Kreuznach). – Der ursprüngliche Grabstein soll äußerst schlicht gewesen sein (Ludwig Hevesi: Isaak Maus, der Bauerndichter. In: Frankfurter Zeitung v. 27.7.1895, Nr. 204, Erstes Morgenblatt); über ihm soll sich »eine Linde, von Freundeshänden gepflanzt,« erhoben haben (Kaufmann: Maus, 1834, s. oben S.171).

## Anmerkungen zu Kap. 3.1: Gedichte (S.175–192)

1 Transkribiert nach Maus: Sämmtl. Schriften 1, um 1818, handschriftlich, S.403–405; Erstdruck im Anhang von Siegert: Maus, 1985, S.92.
2 Niederrheinisches Taschenbuch für Liebhaber des Schönen und Guten, hrsg. v. Fr[iedrich] Mohn, Jg.[2], Düsseldorf 1800, S.251). –
S.178: *fröhlich: im Original „fröhlig".
3 Maus: Poetische Briefe, 1819, S.105–115, stark gekürzt. –
S.179: *Rass': im Original „Raç'"; *Euklid: Mathematiker; „Vater der Geometrie".
4 Maus: Lyrische Gedichte, 1821, S.164–166.
5 Maus: Poetische Briefe, 1819, S.32–35, hier: S.34 und 35.
S. 182: *Diogen's Tonne: Diogenes war ein griechischer Philosoph, der zum Zeichen seiner Anspruchslosigkeit in einer Tonne lebte.

6 Aus der 74. Epistel, Maus: Poetische Briefe, 1819, S.267–270; hier: S.267f. – S.183: *Couvert: um ein Gedeck, nämlich für den sich alljährlich einstellenden Familienzuwachs.
S.184: *Etwa wie K**, M* und K*: Körner, Maus und ?; als der Dritte im Bunde kämen unter Maus' Freunden Ludwig Christian Kehr (1775–1848, Buchhändler in Kreuznach) oder Friedrich Jakob Koch (1769–1830, Pfarrer in Fürfeld) in Frage.
7 Maus: Poetische Briefe, 1819, S.280–282.
8 Gedichthandschrift; unter der Rubrik „Poetische Entwürfe" in Isaak Maus: „Konzepte zu Briefen und anderen Aufsätzen. Zweites Heft. 1827", S.13–23, unterbrochen von Makulaturseiten. –
S.187: *Carniol/Carneol: Edelstein (Achatart); *Knaster/Kanaster: feiner Tabak); *Tonne: der „weise Narr" Diogenes (wie S. 182).
9 Undatierte Einzelhandschrift aus dem Nachlaß; das Gedicht bricht mit „Bosheit gar" mitten in der Strophe ab; Rest der Seite unbeschrieben. Einige Korrekturen Maus' waren nicht zu entziffern, so daß die ursprüngliche Fassung bleiben mußte. –
S.191: *Obscurantus: „Dunkelmann" im Sinn von Reaktionär oder Dummkopf
S.192: *Streben: Metrum dieser Verszeile in der Handschrift so.
Auch bei den aus der Handschrift transskribierten Gedichten 8 und 9 sind Rechschreibung und Zeichensetzung der Lesbarkeit zuliebe behutsam heutigen Gepflogenheiten angenähert.

## Anmerkung zu Kap. 3.2: Etwas über Ackerbau und Landwirthschaft – Anhang: Rezensionen (S.193–231)

1 Um wissenschaftliches Zitieren aus diesem wenig bekannten, umfangreicheren Maus-Text zu ermöglichen, ist der Text hier zeichengetreu und mit Angabe des originalen Seitenwechsels nach der Originalvorlage wiedergegeben. Zur Erhöhung der Übersichtlichkeit wurden jedoch die im Original nur am Anfang zusammengestellten Inhaltsangaben zu den einzelnen Kapiteln zusätzlich als Überschrift über die betreffenden Kapitel gesetzt; im Original steht dort nur die fortlaufende Nummer. Die Tabellen sind als Abbildungen aus dem Original übernommen.
S.213: *zwölf Jahre: demnach hat Maus den elterlichen Hof 1776 in eigene Regie übernommen.
S.231: *Insinuation: Unterstellung; *kameralistischer Eigennutz: Interesse der Herrschaft an höheren Abgaben.

## Anmerkungen zu Kap. 3.3: Versuch einer Apologie (S.232–244)

S.232: *Apologie: Verteidigung, Rechtfertigung
S.233: *1788: offenbar hat Markgraf Carl Friedrich, ein großer Förderer der Landwirtschaft, Isaak Maus für seine Schrift „Etwas über Ackerbau" (1788) seine Anerkennung ausgesprochen. –
S.240: * Exekutionen: hier nicht Erschießungen, sondern Sanktionen wie Vermögensbeschlagnahmung und Amtsenthebung.

## Anmerkungen zu Kap. 3.4: Kurze Prosatexte (S.245–253)

1 Johann Ferdinand Schlez: Gedichte, Ansbach 1784, S.270f.
2 Maus: Poetische Briefe, 1819, S.168f. (im 44. Brief), in der Vorrede zu Maus: Lyrische Gedichte, 1821 erwähnt.

3 Leben und Nachlaß von Isaak Maus Bauersmann aus Badenheim. Hrsg. v. Heinrich Sander. Th.2, Mainz 1845, S.127f.
4 Maus: Poetische Briefe, 1819, S.300–307.
5 Isaak Maus: Poetische Entwürfe. Prosamanuskript; alte Seitenzählung: „103"; Vorderseite des Blattes: „Der Fuchs in seiner Morgenandacht", Rückseite: „Die Henne".
6 Prosamanuskript. Teil von I. Maus: „Konzepte zu Briefen und anderen Aufsätzen. Zweites Heft. 1827", S.[31]–[33].
7 Prosamanuskript. Teil von I. Maus: „Konzepte zu Briefen und anderen Aufsätzen. Zweites Heft. 1827", S.[56]–[60]. – Zur besseren Lesbarkeit ist der Text in Rechtschreibung und Zeichensetzung modernisiert; gelegentlich fehlende Ordnungsstriche sind ergänzt; die Natural-Ausgaben, die in der Handschrift als Nachtrag am Schluß stehen, sind zwischen Geldausgaben und Schluß der Erzählung eingeordnet. –
S.251: *ehestens: demnächst; *bankerut: bankrott; *Aufgab: Aufpreis
S.252: *Stennerchen: runde tischgroße Bütte
S.253: *Wir wissen seine [Englands] Einnahmen nicht: die Staatseinnahmen waren in vordemokratischen Zeiten Staatsgeheimnis, während die Staatsausgaben in groben Zügen nicht verborgen bleiben konnten.

## Anmerkungen zu: Register aller bisher bekannten Gedichte von Isaak Maus; hier: A Register der Gedichtanfänge (S.254–263)

1 Zeitung für Stadte, Flecken und Dörfer, insonderheit für die lieben Landleute alt und jung (sog. „Rothe Zeitung"), Braunschweig 1796, St.87, 05.11.
2 Die Schreibtafel, Lfg.7, Mannheim 1779, S.36.
3 Isaak Maus an Wilhelm Maus, Badenheim 15.11.1832, hs.
4 [Samuel Christoph Wagener:] Ueber die Pfalz am Rhein und deren Nachbarschaft, Bdch.2, Brandenburg 1795, S.82–183.
5 Die Schreibtafel, Lfg.7, Mannheim 1779, S.38.
6 Niederrheinisches Taschenbuch für Liebhaber des Schönen und Guten, hrsg. von Fr[iedrich] Mohn, Jg.[4], Düsseldorf 1803, S.194.
7 Reinhart Siegert: Isaak Maus, der „Bauersmann in Badenheim". Ein bäuerlicher Intellektueller der Goethezeit und sein soziales Umfeld. Mit einer Personalbibliographie. In: Internationales Archiv für Sozialgeschichte der deutschen Literatur, Bd.10, Tübingen 1985, S.23–93, hier: S.92f.
8 Niederrheinisches Taschenbuch (wie Anm.6), Jg.[4], 1803, S.201.
9 Die Schreibtafel, Lfg.7, Mannheim 1779, S.35.
10 Die Schreibtafel, Lfg.7, Mannheim 1779, S.31.
11 Isaak Maus an Wilhelm Maus, Badenheim 14.10.1810, hs.
12 Georg Wehsarg: Der rheinhessische Bauerndichter Isaak Maus [...], in: Hessischer Landkalender (Darmstadt) 1934, S.70–74 (Teiledition); vollständiger Text in Isaak Maus: Sämmtl. Schriften 1, um 1818, hs., S.363–369 (Nr.91).
13 Jakob Hirschmann: Todten-Opfer der Freundschaft, Mainz 1834, S.6f.
14 Leben und Nachlaß von Isaak Maus. Hrsg. v. Heinrich Sander, Th.2, Mainz 1845, S.158.
15 Sander: Maus (wie Anm.14) 1, 1845, S.54.
16 Deutsches Museum (Leipzig) 1784, Bd.1, St.1, S.23–27.
17 Isaak Maus: Etwas über Ackerbau, Frankfurt a.M. 1788, fol.4v.

18 Siegert: Maus, 1985 (wie Anm.7), S.92.
19 Fränkischer Musenalmanach für 1785, hrsg. v. Johann Friedrich Degen, Nürnberg o.J. [1784], S.36f.
20 Niederrheinisches Taschenbuch (wie Anm.6), Jg.[4], 1803, S.160–162.
21 Die Schreibtafel, Lfg.7, Mannheim 1779, S.26.
22 Erstdruck separat als Isaak Maus: Friedenslied für meine Freunde, Kreuznach 1801.
23 Erstdruck wohl als Flugschrift 1792 (vgl. im vorliegenden Band S.74).
24 Schluß von Isaak Maus: Rede bei dem Volksfeste im Kanton Wöllstein, Bingen (1798) (s. im vorliegenden Band S.89).
25 Sander: Maus (wie Anm.14) 1, 1845, S.54.
26 Sander: Maus (wie Anm.14) 1, 1845, S.84f.
27 Erstdruck separat als Maus: Trauer-Ode, am Grabe des Friedrich Aldolph von Ferber [...], Mainz o.J. [1794].
28 Niederrheinisches Taschenbuch (wie Anm.6), Jg.[4], 1803, S.209.
29 Die Schreibtafel, Lfg.7, Mannheim 1779, S.32.
30 Niederrheinisches Taschenbuch (wie Anm.6), Jg.[4], 1803, S.209.
31 [anonym]: Reise von Mainz nach Kölln im Frühjahr 1794, Kölln: Peter Hammer [d.i. Rostock: Stiller] 1795, S.64f.
32 Niederrheinisches Taschenbuch (wie Anm.6), Jg.[6], 1805, S.135f.
33 Die Schreibtafel, Lfg.7, Mannheim 1779, S.37.
34 Niederrheinisches Taschenbuch (wie Anm.6), Jg.[2], 1800, S.251.
35 Die Schreibtafel, Lfg.4, Mannheim 1775, S.46–48.
36 Deutsche Zeitung (Gotha) Jg.1785, unpag. Umschlag z. 1.Quartal.
37 Wilhelm Diehl: Aus dem Freundeskreis des Dichters Isaak Maus von Badenheim, in: Hessische Chronik 8, Darmstadt 1919, S.84f.
38 Heinrich Bechtolsheimer: Weizenähre, Rebenblatt und Tannenzapfen, 1926 (3.A., Alzey 1984, S.185).
39 Auf einzelnem hs. Blatt unter der Überschrift „Der leidende Greis; den 19ten Febr. 1829".
40 Sander: Maus (wie Anm.14) 1, 1845, S.54.
41 Niederrheinisches Taschenbuch (wie Anm.6), Jg.[2], 1800, S.206f. (mit gestochenem Notenblatt).
42 Deutsches Museum (Leipzig), Jg.1782, Bd.2, S.288–291.
43 Isaak Maus an Wilhelm Maus, Badenheim 04.08.1805, hs.
44 Niederrheinisches Taschenbuch (wie Anm.6), Jg.[6], 1805, S.197–199.
45 Die Schreibtafel, Lfg.7, Mannheim 1779, S.30f.
46 Deutsches Museum (Leipzig), Jg.1785, Bd.1, S.468.
47 Hessenland-Kalender für das Jahr 1953. Hrsg.: Landwirtschaftskammer Hessen-Nassau und Kurhessen, S.70 (mit Vermerk: „Noch unveröffentlicht, aus dem Nachlaß geborgen").
48 Jakob Hirschmann: Todten-Opfer der Freundschaft, Mainz (1834), S.5f.; Fortsetzung davon nur im Manuskript zu „Todten-Opfer", Bl.8 (dort von Hirschmann gestrichen).
49 Niederrheinisches Taschenbuch (wie Anm.6), Jg.[6], 1805, S.153–155.
50 Niederrheinisches Taschenbuch (wie Anm.6), Jg.[6], 1805, S.78f.
51 Erstdruck separat als Flugblatt: Isaak Maus: Dem Herrn General-Direktor Bella, bei Einrichtung der Civilgerichten[!] und andern wohlthätigen Verordnungen in Kreuznach, den 1sten Jenner 1797.
52 Sander: Maus (wie Anm.14) 1, 1845, S.81–83.

53 Der Patriot. Hrsg. von Georg Christian Gottlob Wedekind, Mainz 1792/93; hier: 3.Zählung [Anfang 1793; die einzelnen Lieferungen der Zeitschrift sind mit sich wiederholenden Buchstaben A–D bezeichnet, je 32 S. stark und getrennt paginiert], S.1–3.
54 Erstdruck als Flugschrift: Isaak Maus: An die Tapfern Sachsen [...], Mainz [Frühjahr] 1794.
55 Johann Ferdinand Schlez: Gedichte, Ansbach 1784, S.234–238.
56 Magazin der Philosophie und der schönen Litteratur (Mainz), Jg.1785, H.1, S.8–10; Beginn hier: „So hat denn mein Alter mich diesmal wirklich übertroffen?"
57 Niederrheinisches Taschenbuch (wie Anm.6), Jg.[4], 1803, S.193.
58 Sander: Maus (wie Anm.14) 1, 1845, S.54f.
59 Niederrheinisches Taschenbuch (wie Anm.6), Jg.[3], 1802, S.195–198.
60 Deutsches Museum (Leipzig), Jg.1785, Bd.2, S.177–183.
61 Jakob Hirschmann: Todten-Opfer der Freundschaft, Mainz 1834, S.8.
62 Die Schreibtafel, Lfg.7, Mannheim 1779, S.33f.
63 Die Schreibtafel, Lfg.7, Mannheim 1779, S.27–29.
64 Die Schreibtafel, Lfg.7, Mannheim 1779, S.36.
65 Jakob Hirschmann: Todten-Opfer der Freundschaft, Mainz 1834, S.10f.
66 Jakob Hirschmann: Todten-Opfer der Freundschaft, Mainz 1834, S.9.
67 Jahrbuch für die Menschheit Bd.1, Hannover 1788, S.337f.

## Anmerkungen zu Kap. 4.1: Die Badenheimer Familien zur Zeit von Isaak Maus (S.271–293)

1 Aufbewahrungsorte: 1793: Staatsarchiv Würzburg: Bestand MRA, Signatur: V.Klubisten Fasz. 203/II, Blatt 388/389; 1798: Paris, Archives de France, Signatur: F/1 c III/ Mont-Tonnere/3; alle übrigen Quellen im ehemaligen Gemeindearchiv Badenheim, heute im Landesarchiv Speyer, Bestand U 236, zusammen mit z.T. völlig anderen Materialien zu finden in folgenden Unterabteilungen: **1787** und **1795:** in Nr.7/I, **1800/1806** in Nr.1, **1817** in Nr.41, **1824** in Nr.6, **1831** in Nr.5, **1841** in Nr.2. – Das sogenannte „Morgenbuch" hält in Bd.1 die Eigentumsverhältnisse im Ortskern mit seinen Gebäuden und im nördlichen Teil der Gemarkung fest, in Bd.2 im Rest der Gemarkung.

## Anmerkungen zu Kap. 4.2: Badenheimer Häuserbuch (S.294–311)

1 Aufbewahrungsort: Landesarchiv Speyer: Bestand U 236 (Gemeindearchiv Badenheim), Nr.5, (Abt. XXVII) [ist eine Aktualisierung des von Isaak Maus angelegten Brandkatasters von 1817, jedoch an ganz anderer Stelle im Archiv abgelegt].
2 Aufbewahrungsort: Landesarchiv Speyer: Bestand U 236 (Gemeindearchiv Badenheim), Nr.2/3, (Abt. XXI).

## Anmerkung zu Anhang: Badenheimer Häuserbuch für die Zeit nach Isaak Maus (S.312–326)

1 Dieter Curschmann: Undenheim. Geschichte eines rheinhessischen Dorfes, Bd.1, Alzey 1998, S.112.

## Anmerkungen zu Kap. 5: Badenheimer Alltag (S.327–387)

1 Vgl. Andreas Schulz: Herrschaft durch Verwaltung. Die Rheinbundreform in Hessen-Darmstadt unter Napoleon (1803–1815). Stuttgart 1991, S.88: „In allen Rheinbundstaaten standen die Reformministerien vor dem Problem, neue, zum Teil sehr unterschiedlich strukturierte Gebiete in den Kernstaat integrieren zu müssen."

2 Zitiert nach Heinrich Bechtolsheimer: Die Provinz Rheinhessen in den ersten beiden Jahrzehnten ihres Bestehens. In: Beiträge zur Rheinhessischen Geschichte. Festschrift der Provinz Rheinhessen zur Hundertjahrfeier. Mainz 1916, S. 33 ff.

3 Jakob Peter Jakob: Badenheimer Chronik, Heft 12, (Badenheim): Selbstverlag 1930.

4 Jakob Peter Jakob: Badenheimer Chronik, Heft 11, (Badenheim): Selbstverlag 1930.

5 Real-Enzyklopädie für die Gebildeten Stände. Conversations-Lexikon, Bd.15, Leipzig: F.A.Brockhaus, 1848, S.35 (Artikel „Volksschulen"). Dort findet sich auch die Feststellung: „Im Großherzogthum Hessen wurden, besonders in Rheinhessen, durch den 1841 verstorbenen Oberschulrathsdirektor Hesse in Darmstadt bedeutende Verbesserungen mit Sachkenntnis und Humanität bewirkt."

6 Real-Enzyklopädie (wie Anm.5), Bd.15, 1848, S.34.

7 Zur Aufgabe der Schulvorstände vgl. Art. „Schulvorstände" im Lexikon der Pädagogik, Freiburg: Herder, 1915 ff., Bd.5, S.923: Die Schulvorstände waren die Ortsschulbehörden. „Es galt eine Behörde zu schaffen für die Verwaltung der wirtschaftlichen Angelegenheiten der Schule, für die Beteiligung der Gemeinde an der äußern und innern Ordnung des Schulwesens und für eine, wenn auch beschränkte, Mitwirkung bei Ausübung der Schulaufsicht."

8 Friedrich List: Bittschrift für ein einheitliches Zollsystem. Zit. n. Wolfgang Hardtwig und Helmut Hinze: Deutsche Geschichte in Quellen und Darstellung, Bd. 7: Vom Deutschen Bund zum Kaiserreich 1815–1871, Stuttgart 1997, S.148.

9 Real-Enzyklopädie (wie Anm.5), Bd.9, 1846, S.387 ff. (Artikel „Maß und Gewicht").

10 Diese Angaben aus zeitgenössischen Lexika, vor allem aus: Bilder-Conversations-Lexikon für das deutsche Volk, Bd.2, Lpz.: Brockhaus 1838, S.299 u. S.768; Bd.3, ebd. 1839, S.218; Bd.4, ebd. 1841, S.397.

11 Die Frucht des Speierlings, eines heute in Rheinhessen nur noch seltenen Baums, wurde als Zusatz für die Apfelweinbereitung gebraucht.

12 Das Holz stammte vorwiegend vom Schwarzwald und vom Fichtelgebirge, nicht aus dem Binger Wald. Vgl. Wilhelm Heße: Rheinhessen in seiner Entwickelung von 1798 bis Ende 1834. Mainz 1835, S.23. Andere Lieferungen kamen nach Heße „aus den baierischen Wäldern" am Donnersberg.

13 W. Heße (wie Anm.12), S.159 f.

14 W. Heße (wie Anm.12), S.161.

15 Adolf Trieb: Eppelsheim (Rheinhessen). Geschichte des Ortes seit den frühesten Zeiten bis zur Gegenwart. Eppelsheim 1937, S.184; zit.n. Wolfgang Bickel (Hrsg.): Rheinhessen. Zeugnisse seiner Geschichte, Frankfurt 1994, S.92.

16 Vgl. W. Heße (wie Anm.12), S.92: „Die nach und nach eingeführten Gesetzbücher, unter dem Namen Code Napoleon bekannt, gewährten dem Lande einen Vortheil, welchen es bei den früher üblichen verschiedenartigen Landrechten,

Statuten und Observanzen nicht kannte. Die Einwirkung dieser Gesetzgebung auf die Erwerbsquellen und den Charakter des Volkes war so bedeutend, daß wir es nicht unterlassen dürfen, diese in einem besonderen Abschnitte näher anzudeuten."

17 W. Heße (wie Anm.12), S.90.

18 Real-Enzyklopädie (wie Anm.5), Bd.6, 1844; S.482 (Artikel „Grundeigenthum"). Vgl. dazu Werner Schubert: Französisches Recht in Deutschland zu Beginn des 19. Jahrhunderts. Zivilrecht, Gerichtsverfassungsrecht und Zivilprozeßrecht. Köln/Wien 1977, S., 362 ff. Zum neuen Bodenrecht bemerkt Schubert, daß in den vier linksrheinischen Departements am 26. März 1798 die französische Bodengesetzgebung eingeführt wurde; dazu gehörten auch die Dekrete über Abschaffung der Feudalrechte und der Leibherrschaft von 1792 und 1793. Dennoch ist es fraglich, ob die Departements in den vollen Genuß dieser Befreiung von Abgaben kamen, denn die französische Verwaltung war am Fortbestehen möglichst vieler Grundabgaben interessiert. Erst durch das Dekret vom 1.10.1804, das Napoleon in Mainz unterzeichnete, entstand in dieser Frage Klarheit (S.372).

19 Wolfgang Leiser: Code Civil. In: Handwörterbuch zur Deutschen Rechtsgeschichte, hrsg. von Adalbert Erler und Eckehart Kaufmann, Aachen 1971, Sp.619–625. Zur Bedeutung des Code Civil siehe auch Elisabeth Fehrenbach: Traditionelle Gesellschaft und revolutionäres Recht, Göttingen 1974, S.14 ff.

20 Vgl. Friedrich Schmitt: Die provisorische Verwaltung des Gebietes zwischen Rhein, Mosel und französischer Grenze durch Österreich und Bayern in den Jahren 1814–1816, Meisenheim 1961, S.28. Die Besitzergreifungsurkunde ist zitiert nach Heinrich Bechtolsheimer: Die Provinz Rheinhessen, Mainz 1916, S.33 ff.

21 Real-Enzyklopädie (wie Anm.5), Bd.7, 1845, S.133 (Artikel „Hessen-Darmstadt").

22 Vgl. dazu Andreas Schulz: Herrschaft durch Verwaltung, Stuttgart 1991, S.121: „Durch die Rheinbündische Gemeindereform [1805–1821] entwickelte sich das Schultheißenamt zu einem Staatsamt, dessen Inhaber auf Lebenszeit ernannt wurde. [...] Er vereinte nahezu alle denkbaren [...] Herrschaftsfunktionen, die zuvor Rat, Magistrat und die Schöffengerichte innegehabt hatten, auf sich." W. Heße datiert die Einführung der neuen Gemeindeordnung in Rheinhessen auf das Jahr 1821. Durch sie wurde die Wahl der Bürgermeister und Gemeinderäte nach der französischen Zeit erneut eingeführt. Nach Heße „verursachten [die Wahlen] in manchen Gemeinden Reibungen, Partheiungen, Intriguen und Feindschaften, und zwar umso mehr, als jeder Ortsbürger ohne Rücksichtnahme auf Vermögen an denselben betheiligt ist" (S.144).

23 Vgl. Dieter Curschmann: Undenheim. Geschichte eines rheinhessischen Dorfes, Bd.1, Alzey 1998, S.203.

24 [Rudolph Zacharias Becker:] Noth- und Hülfs-Büchlein für Bauersleute, Gotha und Leipzig 1788, S.69.

25 Vgl. Gesetz- und Verordnungsblatt für das Land Rheinland-Pfalz, Sammlung des bereinigten hessischen Rechts für den ehemaligen Regierungsbezirk Rheinhessen 1814 bis 1845, Mainz 29. Mai 1970 (Sondernummer).

26 Ebenda, Nr.1a.

27 Friedrich Lehne: Historisch-statistisches Jahrbuch des Departements vom Donnersberge für das Jahr 10 der fränkischen Republik [= 1801/02], Mainz o.J., S.75 ff.

28 Wilhelm Heße: Rheinhessen in seiner Entwicklung von 1798 bis Ende 1834. Ein statistisch staatswirtschaftlicher Versuch. Mainz 1835, S.72–74.

29 Ebd. S.74 f.

30 Ebd. S.68.

31 Friedrich Bühlau: Der Staat und die Industrie. Beiträge zur Gewerbepolitik und Armenpolizei. (1834). Zit. n. Wolfgang Hardtwig und Helmut Hinze: Deutsche Geschichte in Quellen und Darstellungen, Bd.7: Vom Deutschen Bund zum Kaiserreich 1815–1871, Stuttgart 1997, S.133.

32 Vgl. Gudula Zeller: Die fränkischen Altertümer des nördlichen Rheinhessen. In: Germanistische Denkmäler der Völkerwanderungszeit, Stuttgart 1992, S.12. Über Badenheim auch Karl Johann Brilmayer: Rheinhessen in Vergangenheit und Gegenwart, Gießen 1905, S.42 f.

33 Isaak Maus an Wilhelm Maus, 08.12.1817, hs. – Wie schwierig die Verkehrsverhältnisse waren, beschreibt Heße: Rheinhessen (wie Anm.27), S.116: „In den Dörfern geschah zur Verbesserung der Ortsstraßen, der Hauptverbindungswege fast nichts. Viele der wohlstehendsten Dörfer hatten nicht einmal gepflasterte Straßen."

34 J. Konrad Dahl: Statistik und Topographie der mit dem Großherzogthum Hessen vereinigten Lande des linken Rheinufers, Darmstadt 1806, Anhang.

35 Christian Friedrich Laukhard: Leben und Schicksale, von ihm selbst beschrieben, Th.1, Halle 1792, S.146 f.

36 Isaak Maus an Wilhelm Maus, Badenheim 03.05.1821, hs.: „wo es wie gewöhlich hier festlich zugehen wird".

37 Zwanzig Gulden rechnete der „reiche Michel" in Isaak Maus' „Haushaltungs-Rechnung" für frisches Fleisch an Kirchweih. In seinem Haushalt wurde damit der halbe Jahreslohn eines Arbeiters an Kirchweih ausgegeben. W. Heße merkt kritisch an: „Das Kirchweihfest ist das Hauptfest des Ortes. Es dauert gewöhnlich drei Tage und verursacht einen viel zu bedeutenden Kostenaufwand. Familien, welche mehrere erwachsene Kinder haben, und im Wohlstande sich befinden, können ohne einen Aufwand von 50–100 fl. [Gulden] diese Tage nicht bestreiten. Die Freunde und Verwandten aus der Nähe und Ferne sind dann eingeladen, und werden mit Freude festlich bewirthet. Diesem Feste geht eine gründliche Reinigung des Hauses, selbst der kleinsten Hütte voraus." (Heße – wie Anm. 28 – S. 74).

# Abbildungsnachweis

Umschlagvorderseite und S. 5: „Isaac Maus"; Kupferstich, „gezeichnet nach dem Leben von I. F. Beer zu Fr[ank]furt. verziert u. gest.[ochen] v. C.F. Stoeltzel in Dresden." – Erstdruck: Journal von und für Deutschland, als Frontispiz zu Jg. 1786, Bd. 2. (Vgl. dazu Leben und Nachlaß von Isaak Maus, hrsg. v. Heinrich Sander, Th. 1, Mainz 1845, S. 144).

S. 17: „Isaak Maus, Bauersmann zu Badenheim." [Laienhaftes] Brustbild in ovalem Rahmen vor ländlicher Staffage. Original unbekannt. Abgebildet bei Willy Mathern: Du mein Naheland, Kreuznach 1961, S. 123.

S. 23: Ländliches Fest. Aus: [Rudolph Zacharias Becker]: Noth- und Hülfs-Büchlein, Th. 2, Gotha 1798, S. 321.

S. 24: Isaak Maus' Hof. Eintrag im Brandkataster der Gemeinde Badenheim von 1817 mit Aktualisierung der Versicherungssumme 1830 und 1834.

S. 27: Grabstein des Musterbauern Wilhelm Denker. Aus: [Rudolph Zacharias Becker]: Noth- und Hülfs-Büchlein, Th. 1, Gotha und Leipzig 1788, S. 306.

S. 28: „Der Mensch ist geboren zur Arbeit, wie der Vogel zum Fliegen". Frontispizkupfer zu Joseph Franz Mayer: Der erfahrne Oekonom, Wien 1791.

S. 36f.: Isaak Maus' nächste Verwandte. Nach: Stammtafel der Familie Maus. Nach dem Entwurf von Is. Maus aufgestellt von Johannes Maus, Armsheim 1895 (hs. Original im Besitz von Nachkommen).

S. 49: Pflügender Bauer. Kalenderbild.

S. 59: Titelblatt von Isaak Maus: Gedichte und Briefe, Mainz 1786.

S. 64: Liberté, Égalité, Fraternité. Revolutionärer Briefkopf zu einem Patenbrief von 1796. Stadtarchiv Landau (Pfalz). – Der Eigentümer ließ es offenbar lieber mit Freiheit, Gleichheit, Brüderlichkeit bewenden, denn die Worte „ou la mort" sind ausradiert.

S. 78f.: Munizipalitätserklärung der Gemeinde Badenheim, 1793 (s. Begleittext).

S. 91: Ausschnitt aus der Abbildung von S. 64.

S. 94: „Die Weinlese"; S.95: „Der Weinmostkauf". Radierungen von Johann Baptist Pflug (1785–1866), Anf. 19. Jh.

S. 104: „Aufklärung". Radierung von Daniel Chodowiecki (1726–1801) aus „Göttinger Taschen Calender für das Jahr 1792".

S. 112: Drescher. Kalenderbild.

S. 133: Assignate aus dem Nachlaß von Isaak Maus.

S. 144: Die Dorffeuerwehr im Einsatz. Aus: [Rudolph Zacharias Becker]: Noth- und Hülfs-Büchlein, Th. 1, Gotha und Leipzig 1788, S. 367.

S. 159: Isaak Maus. [Nachstich des Frontispizes zu Maus: Poetische Briefe, Mainz 1819. Original gezeichnet und gestochen von H. Schalck.] Frontispizholzstich zu: Leben und Nachlaß von Isaak Maus Bauersmann aus Badenheim. Hrsg. v. Heinrich Sander, Th. 1: Lebensgeschichtliche Umrisse, nebst dem Bildniß und dem Facsimile des Dichters, Mainz 1845.

S. 164: Begräbnisvermerk für Isaak Maus. Handschriftl. Eintrag im Kirchenbuch der Gemeinde Badenheim.

S. 174: Der Gedenkstein für Isaak Maus auf dem Badenheimer Friedhof, errichtet 1896. Aufnahme um 1930

S. 177: Landidyll. Aus: Denis Diderot: Enzyklopädie. Bildtafeln der Ausgabe 1762–1777 (Reprint), Augsburg 1995, Bd. 1., Tafel 9: „Agriculture" (Ausschnitt).

S. 178: Ernteszene. Kalenderbild.

S. 184: Sich zuprostendes Paar. Aus: [Rudolph Zacharias Becker]: Noth- und Hülfs-Büchlein, Th. 1, Gotha und Leipzig 1788, S. 140.
S. 193: Titelblatt von Maus: Etwas über Ackerbau, FFM 1788.
S. 232: Titelblatt von Maus: Versuch einer Apologie, FFM 1794.
S. 244: Soldaten schießen auf Bauern, die die Huldigung verweigern. Aus: M[oritz] C[asimir] Pothmann: Sittenbuch für den christlichen Landmann, Leipzig 1790, S. 82 [also *vor* dem französischen Einmarsch in die Pfalz und ohne Bezug darauf, sondern bezogen auf eine Huldigungsverweigerung in der Markgrafschaft Burgau].
S. 249: Schweineschlachten. Kalenderbild.
S. 253: Mit Ochsen pflügender Bauer. Radierung von Daniel Chodowiecki; aus: „Die Monate" (1777), hier der Monat März.
S. 270: Weinbaugeräte. Aus: Denis Diderot (wie Nachweis zu S. 177), Tafel 39: „Agriculture – Culture de la Vigne".
S. 293: Erntegeräte. Aus: Denis Diderot (wie Nachweis zu S. 177), Tafel 9: „Agriculture".
S. 294ff.: Badenheimer Häuserbuch. Die Grundrisse nach: Handrisse über die Grundstücke und Gebäude in der Gemarkung Badenheim. [...] Maasstab der Parzellenhandrisse = 1/2.000 der natürl: Länge. Bearbeitet durch den Gr. Steuerkommissär Klein im Jahre 1832. Landesarchiv Speyer: Bestand U 236 (Gemeindearchiv Badenheim), Nr. 85. Digital aufbereitet von Dipl. Geogr. Brigitte Auernheimer.
S. 313: Postkarte: Badenheimer Hauptstraße im Oberort. Aufnahme vor 1900.
S. 315: Postkarte: Hauptstraße im Ober- und Unterdorf. Zwei Ansichten; Aufnahmen um 1950.
S. 317: Postkarte: Hauptstraße im Unterdorf. Aufnahme aus der 1. Hälfte des 20. Jahrhunderts (Ausschnitt).
S. 320: Isaak Maus' Geburts-, Wohn- und Sterbehaus, Hauptstraße 29, vor dem Umbau 1968. Abgebildet bei: Willy Mathern: Du mein Naheland, Kreuznach 1961, S. 123.
S. 324: Postkarte: Badenheim. Evangelische Kirche und Schule. Postkarte von Buss & Kupfer, Bad Kreuznach, um 1950 (Ausschnitt).
S. 325: Postkarte: Haupstraße im Oberort und Katholische Kirche, Aufnahme aus der 1. Hälfte des 20. Jahrhunderts.
S. 326: Postkarte: Badenheim. Die katholische Kirche. Aufnahme um 1950 (Ausschnitt).
S. 354: Postkarte der Lebensmittelhandlung Erich Frey: Die Hauptstraße im Unterdorf um 1955.
S. 359: Pflüge. Aus: Denis Diderot (wie Nachweis zu S. 177), Tafel 3 „Agriculture – Labourage".
S. 361: Auewiesen am Appelbach. Aus: Postkarte von Buss & Kupfer aus der 1. Hälfte des 20. Jahrhunderts (Ausschnitt).
S. 365: Beglaubigung des Brandkatasters von 1817 (vgl. Vorspann und Anmerkung zum Kap. 4.1: Die Badenheimer Familien) durch den anlegenden Bürgermeister Isaak Maus: „Vorstehendes Brandkataster der Gemeinde Badenheim wird von unterzeichneten Ortsvorständen pflichtmäßig als richtig und wahrhaft bescheinigt. Badenheim d. 19. July 1817. Is. Maus, Bürgermeister. P. Karst mppra. Philipp Diehl. Konrad Diehl. Der grosherzogl: Hess: Steuerkontrol[l]eur Schädler." [Alter Gemeindestempel]
S. 368: Am Dorfbackhaus. Aus: [Rudolph Zacharias Becker]: Noth- und Hülfs-Büchlein, Th. 1, Gotha und Leipzig 1788, S. 65. (Im Hintergrund brennt ein Dorf, das noch so rückständig war, das Backen den einzelnen Haushalten zu überlassen).
S. 384: Postkarte: Hauptstraße im Unterdorf um die Jahrhundertwende.
S. 385: „Stundenanzeiger der Entfernung für die Hauptorte untereinander und von Darmstadt". Aus: J. Konrad Dahl: Statistik und Topographie der mit dem Großherzogthum vereinigten Lande des linken Rheinufers, Darmstadt 1806, Anhang.

# Personenregister

Das folgende Register enthält alle Namen und alle Titel von zeitgenössischen Zeitschriften aus Text und Anmerkungen; nicht aufgenommen sind lediglich die Auflistungen von Badenheimer Einwohnern auf S. 80, in Kapitel 5 und in Kapitel 6.
Zeitgenossen Maus' (d.h. Personen, deren Lebensdaten sich mit den seinen um 20 oder mehr Jahre überschneiden) sind durch Sternchen (*) kenntlichgemacht. Personen, die zu Maus als persönliche Bekannte (PM), Korrespondenten (KM) o.ä. in einer besonderen Beziehung stehen, sind nach Möglichkeit knappe biographische Angaben beigefügt; ihre Namen sind unterstrichen. PM heißt: zumindest ein ausführlicher Kontakt mit Maus (z.B. Besuch in Badenheim) ist nachweisbar; KM bedeutet, daß zumindest in einer Richtung ein Prosabrief oder eine Epistel nachweisbar ist. – T bedeutet, daß ein Text von der Hand dieser Person abgedruckt ist.

## Zeitschriften der Maus-Zeit:

Nicht im vorliegenden Band vertreten, aber im Zusammenhang mit Maus' Leben und Werk wichtig sind ferner:

Balbier*, Philipp Friedrich (PM; 1772-1812 Pfarrer in Wöllstein)
Cöntgen*, Heinrich Hugo (Kupferstecher in Mainz, schuf Titelvignette für Maus: Gedichte und Briefe, 1786)
Craß*, Andreas (Buchdrucker in Mainz; druckte Schriften Maus')
Creuzer* (Kreutzer), Christoph Andreas Leonhard (PM; 1768-1844; Professor u. ev. Geistlicher in Marburg)
Eilers*, Gerd (PM; 1788-1863; seit 1819 Direktor des Gymnasiums in Kreuznach)
Eisenhard* (KM; Tochter eines Pfarrers bei Schwalbach)
Fabel*, Karl Wilhelm Theodor (PM; 1756-1809; Pfarrer u.a. in Münster am Stein)
Friedbörig*, Gebrüder (KM; „Handelsleute in Bingen")
Gassner* (PM; Pfarrer in Neubamberg)
Gräff* (Gräf), Karl (PM; geb.1767; Architekt und Kaufmann in Kreuznach)
Graf*, Friedrich Alexander (KM; 1770-1835; prot. Pfarrer, Kirchenrat in Worms)
Höpfner*, Julius (PM; 1743-1797; Jurist u. Fachschriftsteller in Darmstadt)
Huth* (KM; Amtmann in Dieburg)
Ihlee*, Johann Jakob (PM, KM; 1762-1827; Handwerker, später Theaterdichter und -direktor in Frankfurt a.M.)
Jähring* (KM; Geheimrat in Darmstadt)
Klotz*, Immanuel (PM; geb.1768, sächsischer Feldprediger)
Lang*, Johann Adam (KM; geb. 1762; Jurist, Verwaltungsbeamter)
Laukhard*, Karl Friedrich (KM; 1756-1805; 1779-1805 prot. Pfarrer in Framersheim)
Lindenmeyer*, Karoline (PM; Frau von G.C.L. Lindenmeyer)
Lindheimer*, Friedrich (KM; gest. ca. 1820, Dr.jur., Lustspielautor)
Maubach* (PM?, KM; Salineninspektor in Münster am Stein)
Mosdorf* (Mosdorff, Moßdorff), August (KM; 1758-1843, hoher Beamter, Revolutionär)
Müller*, Nikolaus (KM; 1770-1851, Maler und Fachschriftsteller in Mainz)
Pfeifer*, Fr. (Tonsetzer; vertonte Maus' Lied „Die Jahreszeiten")
Schade* (KM; sächs. Wachtmeister)
Schneidler*, Georg Lorenz (PM?; 1761-1835, Direktor des Gymnasiums in Worms)
Schödde* (KM; Regierungsprokurator in Kassel)
Schulin*, Johann Philipp (KM; 1733-180?, Regierungsrat in Darmstadt)
Seybold*, David Friedrich (PM; 1747-1804, Philologe)
Simrock*, Karl (angeblich PM; 1802-1876, Philologe)
Stofft*, Johann Heinrich (KM, wohl PM; Vetter von I. Maus, Maire in Flonheim, gest. nach 1821)
Voß*, Johann Heinrich (KM; 1751-1826, Dichter, Ubersetzer u. Gelehrter)
Wagner*, Johann Ernst Ludwig (PM, KM; 1755-18..; 1777-1781 Pfarrer in Vendersheim, 1781-1801 Pfarrer in Udenheim)
Wailandt*, Johann Benjamin (1769[?!]-1799, Buchdrucker in Mainz; Drucker von Maus: Gedichte und Briefe, 1786)
Wehsarg*, Johann Georg (KM; 1743-1813, Pfarrer in Eichloch)
Weyer*, Jakob Lukas (KM; 1771-1818; 1800-1815 Pfarrer in Kreuznach, ab da in Speyer)